Gutachtliche Stellungnahmen in der sozialen Arbeit

Eine Anleitung mit Beispielen für die Mitwirkung in Vormundschafts- und Familiengerichtsverfahren

von

Dr. phil. Joachim Arndt
Professor an der Katholischen Fachhochschule NW, Abteilung Köln

Dr. jur. Helga Oberloskamp
Professorin an der Katholischen Fachhochschule NW, Abteilung Köln

Dipl. Psych. Dr. phil. Rainer Balloff
Wiss. Angestellter am Psychologischen Institut der Freien Universität Berlin

5. neubearbeitete Auflage

W0085657

Luchterhand

Die Deutsche Bibliothek – CIP-Einheitsaufnahme

Arndt, Joachim:
Gutachtliche Stellungnahmen in der sozialen Arbeit
Joachim Arndt ; Helga Oberloskamp. –
5. Aufl.
Neuwied ; Kriftel ; Berlin : Luchterhand, 1993
(Fachbücherei Praktische Sozialarbeit)
ISBN 3–472–01698–1
NE: Oberloskamp, Helga:

Satz: Fotosatz Froitzheim, Bonn
Gesamtherstellung: Bercker Graphischer Betrieb GmbH, Kevelaer
Printed in Germany, Januar 1994

Vorwort zur fünften Auflage

Nicht nur der publizierende Verlag, auch einer der Autoren wechselt. Der Psychologe Arndt wird dem Psychologen Balloff langsam »das Feld räumen«. Die vorliegende Neuauflage hält an der bewährten Struktur des Buches fest und bereitet den Verfasser-Wechsel behutsam vor. Geändert sind vor allem alle rechtlichen Aspekte, die sich aus dem 1991 in Kraft getretenen SGB VIII (zitiert als KJHG) ergeben. Im übrigen sind nur Literatur und statistische Angaben, soweit unvermeidlich, ergänzt oder ausgetauscht.

Wir hoffen, daß Ausbildung und Praxis sozialer Arbeit den neuen äußeren Rahmen akzeptieren.

Bonn/Berlin, im Oktober 1993   Die Verfasser

Vorwort zur ersten Auflage

Gutachtliche Äußerungen über Menschen werden vorwiegend als eine Domäne von Medizinern oder Psychologen angesehen, obwohl der Gesetzgeber z. B. in den Bereichen der Jugendgerichtshilfe oder der Mitwirkung in Vormundschafts-/Familiengerichtsverfahren auch von Sozialarbeitern/Sozialpädagogen qualifizierte gutachtliche Stellungnahmen verlangt.

Während Psychologen und Mediziner die Anfertigung von Gutachten während ihres Studiums erlernen und sich unter ihrer Fachliteratur zahlreiche einschlägige Veröffentlichungen finden, werden Sozialarbeiter/Sozialpädagogen in ihrer Studienzeit im allgemeinen nicht hinreichend darauf vorbereitet, die von ihnen später geforderten Stellungnahmen anzufertigen. Auch bietet ihre Fachliteratur für diese spezifische Aufgabenstellung nur begrenzt Orientierungshilfen. Die wenigen vorhandenen Anregungen beziehen sich vor allem auf den Bereich der Jugendgerichtshilfe, kaum auf den der Mitwirkung in Vormundschafts- und Familiengerichtsverfahren, obwohl hier zum Beispiel jährlich allein weit über 100.000 Scheidungsfälle und an die 10.000 Adoptionsfälle zu bearbeiten sind. Hinzu kommt, daß die spärlichen Empfehlungen überwiegend den Charakter von bloßen Richtlinien bzw. Hinweisen haben und sowohl einer theoretischen Begründung als auch einer Anleitung zur Umsetzung in die Praxis entbehren.

Einen Beitrag zur Veränderung dieser unbefriedigenden Situation zu leisten, ist das Ziel dieses Buches.

Bonn, im Februar 1981 *Die Verfasser*

Inhaltsübersicht

Abkürzungsverzeichnis

a. A.	anderer Ansicht
a. a. O.	am angegebenen Ort
Abs.	Absatz
AdVermiG	Adoptionsvermittlungsgesetz
AFET	Allgemeiner Fürsorgeerziehungstag, ab 1972: Arbeitsgemeinschaft für Erziehungshilfe
AG	Amtsgericht
Anm.	Anmerkung
Anm. d. V.	Anmerkung der Verfasser
ASD	Allgemeiner sozialer Dienst
BAT	Bundesangestelltentarif
BayObLG	Bayerisches Oberstes Landesgericht
BayWD	Bayerischer Wohlfahrtsdienst
BDP	Berufsverband Deutscher Psychologen
BGB	Bürgerliches Gesetzbuch
BGH	Bundesgerichtshof
BGHSt	Bundesgerichtshof, Entscheidungen in Strafsachen
BlWPfl	Blätter der Wohlfahrtspflege
BT-Drucks.	Bundestagsdrucksache
BVerfG	Bundesverfassungsgericht
bzw.	beziehungsweise
DAVorm	Der Amtsvormund
d. h.	das heißt
d. i.	das ist
DKSB	Deutscher Kinderschutzbund
DVBl	Deutsches Verwaltungsblatt
EMRK	Europäische Konvention zum Schutz der Menschenrechte und Grundfreiheiten
Erg. d. V.	Ergänzung der Verfasser
e. S.	elterliche Sorge
etc.	et cetera = und so weiter
evtl.	eventuell
f.	die folgende Seite
FamG	Familiengericht
FamGH	Familiengerichtshilfe
ff.	die folgenden Seiten
FGG	Reichsgesetz über die freiwillige Gerichtsbarkeit
FH	Fachhochschule
FN	Fußnote

FrankfKo	Frankfurter Kommentar zum KJHG (siehe unter Münder im Literaturverzeichnis)
FS	Festschrift
FuR	Familie und Recht
gem.	gemäß
GG	Grundgesetz
ggf.	gegebenenfalls
GVG	Gerichtsverfassungsgesetz
ISUV	Interessen- und Schutzgemeinschaft unterhaltspflichtiger Väter und Mütter
i. V. m.	in Verbindung mit
i. S. d.	im Sinne des
JA, JÄ	Jugendamt, Jugendämter
JA	Juristische Arbeitsblätter
JFG	Jahrbuch für Entscheidungen in Angelegenheiten der Freiwilligen Gerichtsbarkeit und des Grundbuchrechts
Jgdber.	Jugendbericht
JGH	Jugendgerichtshilfe
JHG	Jugendhilfegesetz
JugWo	Jugendwohl
JWG	Jugendwohlfahrtsgesetz
Kap.	Kapitel
KJHG	Kinder- und Jugendhilfegesetz
KG	Kammergericht (= das OLG in Berlin)
LBG NW	Landesbeamtengesetz Nordrhein-Westfalen
LG	Landgericht
LJA	Landesjugendamt
MitglRBrief	Mitgliederrundbrief des AFET
MSchrKrim	Monatsschrift für Kriminologie
MünchKo	Münchener Kommentar, Bürgerliches Gesetzbuch
NJW	Neue juristische Wochenschrift
np	Neue Praxis
o. g.	oben genannt
OLG	Oberlandesgericht

RdJB	Recht der Jugend und des Bildungswesens
S.	Seite, Satz
SGB	Sozialgesetzbuch
SjE	Sammlung jugendrechtlicher Entscheidungen
s. o.	siehe oben
SozArb	Sozialarbeiter
SozPäd	Sozialpädagoge
spi	Sozialpädagogisches Institut Berlin
StGB	Strafgesetzbuch
s. u.	siehe unten
u. a.	unter anderem
u. a. m.	und anderes mehr
u. E.	unseres Erachtens
usw.	und so weiter
u. U.	unter Umständen
VA	Verwaltungsakt
Verf.	Verfasser
VormG	Vormundschaftsgericht
VormGH	Vormundschaftsgerichtshilfe
VSBl	Verband Scheidungsgeschädigter – Bürgerinitiative gegen Kindesentzug und Unterhaltsmißbrauch
VwVfG	Verwaltungsverfahrensgesetz
z. B.	zum Beispiel
ZblJugR	Zentralblatt für Jugendrecht und Jugendwohlfahrt (bis 1983)
ZfF	Zentralblatt für Jugendrecht (ab 1984)
ZPO	Zivilprozeßordnung
z. T.	zum Teil

1. Einleitung

1.1 Der Stellenwert gutachtlicher Äußerungen in heutiger Ausbildung und Praxis

Studenten der Sozialarbeit/Sozialpädagogik, die in ein Praktikum beim Jugendamt (JA) oder bei einem freien Träger der Jugendhilfe gehen, machen die Erfahrung, daß sich ihre Praxisanleiter und deren Kollegen recht oft gegenüber Gerichten oder Behörden (z. B. Ausländerbehörde, Einwohnermeldeamt) zu irgendwelchen Fragestellungen qualifiziert äußern müssen. Diese ihre subjektive Feststellung ist auch objektiv zutreffend. Sie wird bestätigt durch eine Untersuchung aus den Jahren 1978/79 an Absolventen baden-württembergischer Fachhochschulen. Danach sind 75 % der Tätigkeitsmerkmale von Angehörigen sozialer Berufe dem Bereich Beratung und Begutachtung zuzuordnen[1].
Neuere Untersuchungen zur Frage prozentualer Beteiligungen von Arbeitsbereichen – Beratung und Begutachtung – bei Angehörigen sozialer Berufe sind uns nicht bekannt. Wahrscheinlich gibt es keine, zumal in der einschlägigen und recht umfangreichen neueren Literatur hierzu keine Hinweise zu finden sind. Dafür sprechen auch die Ausführungen von Lukas[2], der den allgemeinen Forschungsstand bezüglich der Arbeit der Jugendämter erst jüngst beklagt hat. Es ist jedoch davon auszugehen, daß sich beim nach wie vor sichtbaren statistischen Ansteigen von Konfliktlagen aller Art mit in der Regel erheblichen psychosozialen Auswirkungen weiterhin eine Ausweitung von Diagnostik, aber auch Beratung und Therapie erfolgen wird und auch Gerichte und andere Behörden immer mehr gutachtliche Stellungnahmen anfordern werden.
So gesehen, ist die damals mit 75 % herausgefundene Prozentzahl bezüglich der Tätigkeitsmerkmale von Beratung und Begutachtung bei Angehörigen sozialer Berufe heute eher höher als geringer anzusetzen.
Man kann somit davon ausgehen, daß ein großer Teil sozialarbeiterischen/ sozialpädagogischen Tuns in der fachlichen Begutachtung von Lebenssachverhalten besteht. Die hierbei zu beobachtende Hilflosigkeit der Praktikanten zeigt, daß die Fachhochschule (FH) ihnen bislang für diese Tätigkeit nichts oder nichts Hinreichendes mitgegeben hat. Auch in der Fachliteratur werden Sozialarbeiter (SozArb) und Sozialpädagogen (SozPäd) – abgesehen vom Bereich der Jugendgerichtshilfe (JGH) – wenige[3] diesbezügliche Empfehlungen für die Mitwirkung im Verfahren vor Vormundschafts- und Familiengerichten finden. Als einzige Lernhilfe bleiben in der Regel die Vorlagen der Kollegen aus der Praxis.

---

1 Kaiser, UNI Berufswahlmagazin 6/80, 6.
2 Lukas, Soziale Arbeit 1991, 110–117 = ZfJ 1991, 300–305.
3 Vgl.: Blume-Bannitza/Gros, S. 61–148; Sozialpädagogisches Institut Berlin (Hrsg.), S. 61–65; Kolodziej, S. 43–45; Oberloskamp/Adams, S. 63f. Für die Schweiz: Geiser, np 9/1986, 2 sowie Schmitter, np 9/1986, 27.

Hinsichtlich der Qualität dieser Orientierungshilfen werden allerdings – nach unserer Meinung zu Recht – vielfache Bedenken angemeldet[4]. Es besteht nämlich die Gefahr, daß durch diese Art des Lernens unter den SozArb von Generation zu Generation Mustervorschläge weitergegeben werden, die weder wissenschaftlichen Erkenntnissen noch den Erfordernissen der Praxis noch dem Berufsauftrag des SozArb/SozPäd und erst recht nicht den Bedürfnissen der Klienten entsprechen.

1.2 Ziel des Buches

Dieses Buch ist zum einen für **berufserfahrene SozArb** geschrieben, die Denkanstöße zur Reflexion ihrer Praxis im Bereich gutachtlicher Stellungnahmen suchen. Zum anderen ist es konzipiert für **Studenten der Sozialarbeit**, die eine differenzierte Orientierungshilfe für diese anspruchsvolle Aufgabe suchen. Darüber hinaus stellt es einen Diskussionsbeitrag zur Frage nach besseren Gutachtenformen in der Sozialarbeit dar. Es richtet sich somit sowohl an Praktiker und Studenten der Sozialarbeit als auch an **Kollegen der Fachhochschulen**. Nicht zuletzt könnten unsere Überlegungen **Vormundschafts- und Familienrichter** vermehrt dazu anregen, die JÄ stärker als Fachbehörde und weniger als bloße Informanten in Anspruch zu nehmen[5].

Dem verständlichen Bedürfnis mancher SozArb nach einem wenig zeitaufwendigen, für alle Fälle geeigneten **Patentrezept** für Stellungnahmen in der Jugendhilfe können und wollen wir nicht nachkommen, da dies fachlich nicht vertretbar wäre. Jedoch erscheinen uns bloße Grundsatzdiskussionen auch keine der beruflichen Praxis angemessene Hilfe zu sein. Aus diesem Grunde stellen wir im Folgenden einerseits einige konkrete Beispielgutachten und Handlungsempfehlungen bezogen auf verschiedene Bereiche der Mitwirkung im Gerichtsverfahren vor, erörtern andererseits aber auch eingehend Prinzipien der Gestaltung gutachtlicher Äußerungen, Einflüsse auf solche Stellungnahmen und Probleme im Umfeld der eigentlichen Gutachtentätigkeit.

Um die Frage nach der konkreten Ausformung gutachtlicher Stellungnahmen angemessen beantworten zu können, bedarf es zunächst der Überlegung, welche Funktion gutachtliche Stellungnahmen haben (Kap. 2). Sodann soll im

---

4 Vgl. z. B. die Kritik von Kemper, ZblJugR 1976, 478/480 f. und seinen Verweis auf Untersuchungen von Lempp und Wagner, die in Kurzform in FamRZ 1975, 70 referiert werden und in Abschnitt IV.4 Hinweise auf die mangelhafte Arbeit der JÄ enthalten. Ebenso Simitis u. a. in seiner Untersuchung zum Kindeswohl in der vormundschaftsgerichtlichen Praxis aus den Jahren 1973–1977, S. 68 ff., 94 ff., 132 ff., 165 ff., 195 ff., sowie Prestin, BlWPfl, 259/260a; Beres, ZblJugR 1982, 449; Plenumsdiskussion, in: Deutsches Familienrechtsforum, Bd. 2, S. 200/214/216; DKSB, S. 2; Dickmeis, ZblJugR 1983, 164/171.

5 So auch: Plenumsdiskussion, in: Deutsches Familienrechtsforum, Bd. 2, S. 200/215.

3. Kapitel überprüft werden, was SozArb/SozPäd mit ihren Äußerungen in der Gerichtspraxis bewirken (faktische Kompetenz), inwieweit ihnen der Gesetzgeber diese Aufgabe zugemessen hat (rechtliche Kompetenz), wie SozArb/ SozPäd selber zu diesem Tätigkeitsbereich stehen (eigenes Kompetenzverständnis) und worauf sich eine Kompetenz unter fachlichen Gesichtspunkten gründen läßt (Kompetenzbegründung). Im 4. Kapitel soll untersucht werden, welche Variablen die Abfassung gutachtlicher Stellungnahmen beeinflussen, ein Abschnitt, in dem implizit Gefahren- und Fehlerquellen in diesem Arbeitsbereich aufgezeigt werden. Hier werden wir verdeutlichen, wie der SozArb mit seiner Persönlichkeitsstruktur, das dem Sachverhalt zugrundeliegende Problem, die psychosoziale Situation des Klienten, die Sichtweise des Richters und die Einflüsse der den SozArb beschäftigenden Institution sich auf eine gutachtliche Äußerung auswirken können.

Das 5., 6. und 7. Kapitel stellen das »Herz« der Abhandlung dar. Hier sollen die allgemeinen **Merkmale** eines Gutachtens (Kapitel 5) herausgearbeitet und anhand von **Aktenfällen** (Kapitel 7) getestet werden. Wir sind dankbar, daß wir sowohl Praxisstellen gefunden haben, die uns hierfür Aktenmaterial geliefert haben, als auch Praktiker und Studenten, die bereit waren, zu Demonstrationszwecken ihre eigenen Ausarbeitungen von Stellungnahmen zur Verfügung zu stellen. Im 6. Kapitel sollen die **wichtigsten Gebiete** der Mitwirkung in Verfahren vor den VormGen/FamGen herausgegriffen und exemplarisch, jedoch **kursorisch inhaltlich** dargestellt werden. Dies scheint uns notwendig, um an unseren Gutachtenbeispielen Mängel und Fehlerquellen besser aufzeigen zu können. Es werden hier behandelt: Einschränkung bzw. Entzug der elterlichen Sorge, Sorgerechtsregelung bei Scheidung und Getrenntleben, Umgangsregelung und die Annahme als Kind. Bei der Gewinnung der in diesem Bereich entscheidungsrelevanten Fakten können eine Reihe von **methodischen und juristischen Problemen** auftauchen, die hier ebenfalls **kurz** angesprochen werden sollen.

Im Schlußkapitel (8. Kap.) schließlich soll geprüft werden, wie unsere Vorstellungen in der Praxis realisiert werden können.

1.3 Die Notwendigkeit integrativer Betrachtungs- und Handlungsweise

Bei den Vorschlägen, welchen Inhalt solche Stellungnahmen haben und in welcher Form sie abgefaßt werden sollten, wird einerseits durchaus berücksichtigt, daß die Praxis mit Schwierigkeiten verschiedenster Art zu kämpfen hat. Andererseits muß man aber auch in Rechnung stellen, daß SozArb von ihrer Ausbildung her eine Fachkompetenz besitzen müssen, auf die sie nicht nur dann verweisen können, wenn es ihnen angenehm ist.

Diese Fachkompetenz gründet darin, daß Sozialarbeit mittlerweile, wenn auch nach langem historischem Ringen, als etwas Eigenständiges akzeptiert wird[6], unbeschadet der Tatsache, daß noch immer eine allgemein anerkannte Theorie der Sozialarbeit, eine Sozialarbeitswissenschaft, fehlt und darüber hinaus viele andere Wissenschaften ihr »zuarbeiten« müssen. So kann eine gutachtliche Stellungnahme nur dann allen Anforderungen gerecht werden, wenn sie unter Einhaltung eines bestimmten rechtlichen Rahmens Erkenntnisse aus verschiedenen anderen Wissenschaften, z. B. der Psychologie, Medizin, Soziologie und Pädagogik[7], berücksichtigt. Jedoch reicht es dabei nicht aus, die Anteile dieser Wissenschaften quasi in Schubladen geordnet parat zu haben und – wie es bei Studenten häufig der Fall ist – sie nur »sortiert« abrufen zu können. Vielmehr ist es unerläßlich – und das macht neben dem methodischen Handeln gerade das Spezifische der Sozialarbeit aus – sogleich integrativ denkend und handelnd den Problembereich anzugehen, wofür allerdings fachspezifische Kenntnisse und Fertigkeiten sowie angemessene Einstellungen[8] Voraussetzung sind (und dies ist nicht gleichbedeutend mit dem Einsatz gesunden Menschenverstandes!).

Um den Anforderungen dieses integrativen Denkansatzes zu entsprechen, scheint es nur sinnvoll, daß Vertreter verschiedener Disziplinen ein Buch über gutachtliche Stellungnahmen in der Sozialarbeit schreiben. Wir, die Autoren, zwei Psychologen und eine Juristin, die auch über Kenntnisse in den darüber hinaus erfragten Disziplinen verfügen, sind seit mehreren Jahren als (Fach-)Hochschullehrer in der Ausbildung von SozArb/SozPäd tätig und bemühen uns seit langem in unseren Lehrveranstaltungen sowohl um Fächerintegration als auch um Theorie-Praxis-Bezug. Das können wir u. a. dank guter Kontakte zu öffentlichen und freien Trägern der Jugendhilfe. Aufgrund theoretischer Vorarbeiten und zahlreicher Praxisbeobachtungen, unter Einbeziehung von Erfahrungen aus eigener Gutachtertätigkeit, erarbeiteten wir eine »Theorie« der Gutachtengestaltung für Felder der sozialen Arbeit. Seit vielen Semestern bieten wir Seminare an, in denen Studenten systematisch üben, gutachtliche Stellungnahmen aufgrund von Aktenstücken anzufertigen. Außerdem führen wir seit einigen Jahren für Mitarbeiter von Jugendämtern und anderen Institutionen Fortbildungsveranstaltungen zu diesem Themenbereich durch. Die in diesem Zusammenhang gewonnenen Erfahrungen bestätigen in hohem Maße unsere Vorannahmen, trugen aber auch zu einer Präzisierung unserer Aussagen bei, die wir immer wieder in unsere Neuauflagen aufzunehmen versuchen.

---

6 Vgl. dazu Knapp, in: Knapp (Hrsg.), S. 122 ff.; Lowy, Sozialarbeit/Sozialpädagogik als Wissenschaft.

7 Zu den Inhalten der Einzelwissenschaften vgl. Oberloskamp, ZblJugR 1982, 519/521, sowie dies. 1986 a, S. 206.

8 Vgl. dazu Oberloskamp, ZblJugR 1982, 519/22 f.

2. Die Funktion gutachtlicher Stellungnahmen

2.1 Zur Disfunktionalität gutachtlicher Stellungnahmen

In zunehmendem Maße werden Stimmen laut, die warnend auf gesellschafts-
politische Implikationen eines (ausufernden?) Begutachtungswesens hinweisen. Aus der Vielzahl der direkt oder indirekt geäußerten Bedenken seien beispielhaft fünf genannt, die uns als besonders wichtig erscheinen:

1. Das heutige Beurteilungswesen orientiere sich nur in wenigen Ausnahmefällen an den Bedürfnissen der Betroffenen. In der Regel diene es nicht dem
Klienten, sondern »mittelbar oder unmittelbar ökonomischen, administrativen
und politischen Zwecken«[1].
2. Die vorfindbare Begutachtungspraxis betone zu sehr den technologischen
Aspekt und gerate so »leicht unter eine Verabsolutierung des Effektivitätskri-
teriums«, unter Vernachlässigung der ethischen Dimension solchen Tuns und
der Subjektivität dessen, der begutachtet[2].
3. Wer Gutachten erstellt, sei »mit sozialer Macht« ausgestattet. Er habe
»Möglichkeiten persönlich-privater, institutioneller oder gar öffentlicher Einflußnahme«[3].
4. Ein Begutachter psychosozialer Sachverhalte beteilige sich durch sein Tun
an der »Distribution von Lebenschancen« anderer[4], »ohne allerdings dafür persönliche Verantwortung zu übernehmen«[5].
5. Jeder Gutachter stehe im Rahmen seiner Tätigkeit »im Spannungsfeld frem-
der und eigener Handlungs- und Interessenkonflikte«, ohne diese jedoch in
ihrem vollen Gehalte wahrzunehmen, zu reflektieren und wertend dazu Stellung zu beziehen. Schuld daran sei vor allem die »zunehmende Verrechtlichung«[6] in unserer Gesellschaft sowie die Reduktion der gutachtlichen Tätigkeit auf die bloße »Gehilfenrolle«[7].
6. Eine gutachtliche Stellungnahme im Jugendamtsbereich, die nur auf diagnostischen und prognostischen Erwägungen beruht, sei nicht mehr zeitge-
mäß[8]. Ähnliches gelte im übrigen auch für die psychologischen Gutachten im
Gerichtsverfahren[9].

---

1 Hartmann 1984, 4.
2 Haubl, 35f. Vgl. dazu auch Jäger, 53–62.
3 Hartmann, 1984, 10.
4 Haubl, 1984, 33.
5 Lang 197.
6 Voigt (Hrsg.).
7 Hartmann, 1984, 10f.
8 Vgl. etwa Praktiker wie Kaufmann, ZfJ 1991, 18–22 sowie 1991, S. 319–342 und Knappert, ZfJ 1991, 398–403 sowie 1992, S. 143–152 und Wissenschaftler wie Scheuerer-
   Englisch, 1992, S. 213–225; Weber/Beck, 1991, S. 207–225.
9 Vgl. Balloff, 1992a, 62ff.; Balloff/Walter, FuR 1991, 334–341, sowie Salzgeber/Höf-
   ling, ZfJ, 1993, 238–245.

Ohne die Einschätzung der Problematik durch die erwähnten Autoren in allem übernehmen zu wollen, sind auch wir der Ansicht, daß die angesprochenen Bedenken im Zusammenhang mit der Beantwortung der Fragen nach der Funktion gutachtlicher Stellungnahmen einer kritischen Reflexion bedürfen. Wenn wir im folgenden dennoch weitgehend darauf verzichten und **dem »pragmatischen« Ansatz den Vorrang** geben, dann tun wir das aus zwei Gründen:

1. Das Problem der gesellschaftlichen, methodologischen und ethischen Implikationen der bestehenden Praxis gutachtlicher Stellungnahmen ist zu vielschichtig, als daß es in einem begrenzten Kapitel, als eines neben anderen, hinreichend erhellt werden könnte. Im Rahmen unserer Zielsetzungen sehen wir hier nur die Möglichkeit, auf die bestehenden Schwierigkeiten und Gefahren hinzuweisen.
2. Im Gegensatz zu Hartmann[10] meinen wir, daß jemand, der von Berufs wegen psychosoziale Gegebenheiten zu beurteilen hat, der ethischen Problematik seines Tuns nicht nur dadurch gerecht werden kann, daß er alles daran setzt, seine »Tätigkeit zu legitimieren oder aber . . . die Finger von ihr zu lassen«, sondern daß es auch eine Möglichkeit berufsethischen Verhaltens ist, sich fachlich zu qualifizieren. Letzteres macht den Schwerpunkt der Zielsetzungen unseres Buches aus.

Wenn wir anschließend doch auf einzelne Funktionen hinweisen, die gutachtlichen Stellungnahmen im Bereich sozialer Arbeit zukommen, so hoffen wir aufweisen zu können, daß ein solches Tun nicht in erster Linie ökonomischen, administrativen oder politischen Interessen zu dienen braucht, sondern auch als ein Tun im Interesse von Betroffenen zu realisieren möglich ist[11].

2.2 Anzustrebende Funktionen von gutachtlichen Stellungnahmen

2.2.1 Wahrung von Kinder- und Elternrecht

Eine Reihe gesetzlicher Bestimmungen (§ 1779 I BGB; §§ 49, 49 a, 56 d FGG; § 620 a III 1 ZPO) verpflichtet das Vormundschafts- bzw. das Familiengericht (VormG/FamG), vor einer Entscheidung das JA zu hören. Allen in diesen Vorschriften genannten Verfahren ist gemeinsam, daß sie juristisch die Rechte von Eltern gegenüber ihren Kindern, tatsächlich aber die Lebensverhältnisse von Minderjährigen betreffen. Um zu verhindern, daß bei diesen Streitigkeiten, die durch eine Situation oder ein Verhalten von Erwachsenen ausgelöst werden, die Interessen der betroffenen Kinder nicht ausreichende Berücksichtigung finden, sollen die JÄ als Fachbehörden die erzieherisch-rechtliche Ent-

---

10 Hartmann, 1984, 11.
11 Zu Fingers (Archiv für Wissenschaft und Praxis der sozialen Arbeit 1984, 140 ff.) diesbezüglich geäußerten Bedenken und deren Richtigkeit vgl. Trenk-Hinterberger, FamRZ 1985, 37.

scheidung des Richters vorbereiten[12]. Dies bedeutet allerdings nicht – wie zuweilen fälschlich von SozArb angenommen wird –, daß sie ausschließlich als **»Anwalt« des Kindes** einseitig, d. h. parteiisch, die Interessen des Kindes wahrzunehmen hätten. Vielmehr gilt auch für den SozArb die Bindung an Art. 6 II, III GG, wonach die Rechte der Eltern dem Recht des Kindes auf freie Entfaltung seiner Persönlichkeit (Art. 2 I GG) gleichwertig gegenüberstehen[13]. Erst wenn die Eltern ihre Pflichten dem Kind gegenüber nicht erfüllen, d. h. wenn ein Interessenkonflikt zwischen Eltern und Kind besteht, hat das **Kindeswohl** Vorrang vor dem Elternrecht[14]. Materielles Ziel einer jeden gutachtlichen Stellungnahme muß es daher sein, die Lösung zu finden, die das Wohl des Kindes unter größtmöglicher Wahrung der Rechte der Eltern gewährleistet. Die Hauptschwierigkeit bei der Bewältigung dieser Aufgabe besteht weniger in der theoretischen Abwägung von Elternrecht und Kindesinteressen, als vielmehr in der praktischen Entscheidung, was im konkreten Fall dem Kindeswohl dient. Fast kein anderer Begriff des Familienrechts ist so schillernd wie der des »Wohls des Kindes«. Und über kaum einen Begriff des Familienrechts ist in letzter Zeit in der Fachliteratur[15] so viel geschrieben worden. Als sicher kann gelten, daß höchstrichterliche Rechtsprechung und Literatur[16] das Wohl des Kindes dann gewährleistet sehen, wenn zu erwarten ist, daß das Kind sich zu einer eigenverantwortlichen und gemeinschaftsfähigen Persönlichkeit (§ 1 KJHG) entwickelt.

Ausgehend von § 1 JWG, dem Vorgänger von § 1 KJHG, und in Anlehnung an die bekannte These vom Kindeswohl als der »am wenigsten schädlichen Alter-

---

12 Jans/Happe, § 48 a Anm. 2 a.
13 BVerfG v. 29. 7. 1968, FamRZ 1968, 578.
14 BVerfG v. 21. 5. 1974, NJW 1974, 1609/1611; BVerfG v. 24. 3. 1981, DAVorm 1981, 351/361; BVerfG v. 3. 11. 1982, FamRZ 1982, 1197/1183; BVErfG v. 17. 10. 1984, ZfJ 1985, 41/44.
15 Vgl. dazu u. a.: Boxdorfer, RdJ 1972, 260; Mnookin, FamRZ 1975, 1; Gernhuber, FamRZ 1973, 229; Goldstein/Freud/Solnit, Jenseits des Kindeswohls; Hrsg. Gerber, Kindeswohl contra Elternwille!; Münder, RdJB 1977, 358; Hassenstein, MitglRBrief des AFET 1975, 66; Uffelmann, Das Wohl des Kindes als Entscheidungskriterium im Sorgerechtsverfahren; Lempp, ZblJugR 1979, 49; Giesen, FamRZ 1977, 594; Buschmann, RdJB 1977, 282/283; Kemper, ZblJugR 1976, 478/479; Münder LB, 5.1.2. und 5.3.4; Jans/Happe, Elterliche Sorge, § 1666 Anm. 10–14; Klußmann, Das Kind im Rechtsstreit der Erwachsenen; Blume-Bannitza/Gros, Der Sozialarbeiter in der Vormundschafts- und Familiengerichtshilfe, S. 21 ff.; Lamprecht, Kampf ums Kind, S. 9 ff.; Münder, RdJB 1981, 82/85; Beres, ZblJugR 1982, 449; Münder, BlWPfl 1983, 3; Kolodziej, BlWPfl 1983, 7; van Els, FamRZ 1983, 438; Coester, Das Kindeswohl als Rechtsbegriff; Goldstein/Freud/Solnit, Diesseits des Kindeswohls; Fthenakis, Kindeswohl – gesetzlicher Anspruch und Wirklichkeit, 1984 a; Lempp, FamRZ 1984, 741; Münder, RdJB 1985, 212; Salgo, np 1986, 333; Neddenriep-Hanke 1987, 15 ff.; Goldstein/Solnit 1989; Wallerstein/Blakeslee 1989; Stein-Hilbers, FuR 1991, 198–205; Vgl. auch Figdor 1991; Offe, 1992, S. 25–53; Balloff 1992 a, S. 35 ff.; Coester, FamRZ 1992, 617–625; Bahr-Jendges, Streit 1993, 27–38.
16 Zu den Einzelheiten siehe Uffelmann, a. a. O., S. 13 ff.

native« versuchen *Blume-Bannitza und Gros*[17] aus pädagogischer und psychologischer Sicht das Kindeswohl vor allem als ein Problem der Befriedigung
bzw. Versagung menschlicher Grundbedürfnisse aufzuweisen.

Solche Versuche, den unscharfen Begriff »Kindeswohl« durch andere interpre-
tationsbedürftige Begriffe zu ersetzen, trägt in der Regel wenig zur Lösung des
Problems bei[18]. Wenn Juristen und Angehörige einschlägiger Hilfswissenschaf-
ten trotz jahrelanger mühevoller Kleinarbeit wenig erfolgreich waren, diesen
Begriff so zu präzisieren, daß er von allen Beteiligten in einem einheitlichen
Sinne verwendet werden konnte[19], so ist es vielleicht schon als Erfolg zu wer-
ten, daß die Erkenntnis wächst, daß eine allseits befriedigende abstrakte Definition hier weder möglich noch wünschenswert ist. Denn in Anlehnung an
Gernhuber[20] ist zu befürchten, daß, wer alles zu sagen unternimmt, leicht in die
Gefahr gerät, unter zunehmender Abstraktion schließlich nichts mehr auszu-
sagen.

Ist man sich in der Theorie noch über den außergewöhnlich hohen Stellenwert
dessen einig, was mit »Kindeswohl« umschrieben wird, so zeigt die Empirie,
daß das in der Praxis keineswegs der Fall ist. Dies belegen Plessen und Bommert[21] zum Beispiel in einer Untersuchung, die psychologische Aspekte der
Sorgerechts- und Besuchsregelung zum Gegenstand hatte und in die 867
Rechtsanwälte, Familienrichter, Mitarbeiter von Jugendämtern, psychologische Gutachter und nichtprofessionelle Angehörige der Bevölkerung eingezo-
gen waren. Sie fanden, daß Teilaspekte des »Kindeswohls« – wie etwa Erhal-
tung der Kontinuität des Lebensraumes oder Berücksichtigung des Willens des
Kindes – in der Theorie einhellig hochbewertete Konstrukte! – in der Praxis
nicht selten relativiert werden und auf jeden Fall eine berufsgruppenspezifische
Bewertung erfahren. Darüber hinaus zeigten sich noch Einflüsse anderer
Variablen wie Alter, Geschlecht, Familienstatus und Berufserfahrung der an
solchen Verfahren der Entscheidungsfindung Beteiligten.

Vor dem Hintergrund solcher Erkenntnisse verzichten wir darauf, den bisherigen unbefriedigenden Versuchen, den Begriff Kindeswohl abstrakt und generell zu definieren, einen weiteren hinzuzufügen. Statt dessen versuchen wir
(Kap. 6) auf einige konkrete, für die Beurteilung des Kindeswohls je nach Verfahren unterschiedliche entscheidungsrelevante Fakten hinzuweisen.

2.2.2 Orientierungshilfe für den Richter

Wie bereits ausgeführt, ist das VormG/FamG gem. §§ 49, 49a FGG und aufgrund einer Reihe anderer Vorschriften verpflichtet, vor seiner Entscheidung
das JA »zu hören«. In der Praxis sieht dieses Anhören in der Regel so aus, daß
das Gericht dem zuständigen JA (d.i. gem. § 87b KJHG grundsätzlich das JA,

---

17 Blume-Bannitza/Gros, S. 21ff.
18 Lüderitz, FamRZ 1975, 605/606.
19 Vgl. die in FN 13 angegebene Literatur.
20 FamRZ 1973, 231.
21 Plessen/Bommert.

in dessen Bezirk die Eltern ihren gewöhnlichen Aufenthalt haben)[22] Informationen über den tätigkeitsauslösenden Vorgang (z.B. Durchschrift des Scheidungsantrags) mit der Bitte um Stellungnahme übersendet. Im JA erhält dann – entsprechend der internen Geschäftsverteilung – ein SozArb den Auftrag, die angeforderte gutachtliche Stellungnahme abzugeben. Denkbar ist es aber auch, daß es sich nicht um ein Verfahren handelt, das auf Initiative der Betroffenen durch deren Antrag oder Anregung bei Gericht beginnt, sondern daß der Anstoß vom JA selber ausgeht (z.b. Sorgerechtseinschränkung gem. § 1666 BGB oder Abänderung von Sorgerechtsregelungen gem. § 1696 BGB). In diesem Fall ist die Mitteilung des JA an das Gericht gleichzeitig Anrufung gem. § 50 III KJHG und Stellungnahme gem. § 50 II KJHG. In beiden Fällen wird der SozArb unabhängig von etwaigen früheren Vorgängen und Kenntnissen mit den Betroffenen und deren sozialem Umfeld Kontakt aufnehmen, um sich die notwendige **Tatsachenkenntnis** über den Klienten zu verschaffen. Welche Tatsachenkenntnisse er benötigt, hat der SozArb mit Hilfe seiner Fachkenntnisse auf psychologischem, soziologischem, pädagogischem etc. Gebiet zu beurteilen. Wenn er die erforderlichen Fakten so weit wie möglich beisammen hat, wird er **in der Regel** – wiederum auf der Grundlage seiner spezifischen **Fachkenntnisse** – unter Einhaltung des juristischen Rahmens dem Richter einen begründeten Entscheidungsvorschlag machen.

Der Richter ist bei seiner Entscheidungsfindung nicht nur auf das angewiesen, was die Betroffenen (evtl. vertreten durch ihre Anwälte) ihm in Schriftsätzen vortragen und was das JA an Erkenntnissen übermittelt[23]. Vielmehr hat er, da er die Wahrheit erforschen muß, alle in seinem pflichtgemäßen Ermessen liegenden Beweismittel auszuschöpfen, § 12 FGG. Deswegen wird er in der Regel die Beteiligten persönlich hören[24]. Wenn möglich, läd er zu diesen Terminen auch den zuständigen SozArb, so daß die schriftliche Anhörung des JA ggf. durch eine mündliche ergänzt wird, wobei die letztere möglicherweise aufgrund neu vorgetragener Tatsachen von der ersteren abweicht. Ggf. kann der Richter darüber hinaus noch ein Sachverständigengutachten einholen[25].

 Zusammenfassend läßt sich also feststellen, daß das »Anhören« des JA beinhaltet, daß es gezielt Tatsachen ermitteln und fachlich begutachten muß[26], wobei es nur in begründeten Ausnahmefällen von einem bestimmten Entscheidungsvorschlag absehen kann[27]. Hierbei steht es selbständig neben dem VormG/FamG, ist ihm also nicht untergeordnet[28]. Das Gericht macht sich vielmehr durch die Mitwirkung des JA (vgl. § 4 50 I KJHG), die über eine Amts-

---

22 Zu dem Streit, der hierüber seit einiger Zeit in der Praxis entstanden ist, vgl. u. S. 143.
23 KG v. 19. 9. 1960, FamRZ 1960, 500.
24 Vgl. §§ 50a, 50b, 50c, 55c, FGG und u. S. 127 ff.
25 Zu den Einzelheiten s. u. S. 50.
26 BGH v. 21. 5. 54, SjE E 14, 621 und 649 = FamRZ 1954, 219 = ZblJugR 1954, 236.
27 OLG Hamm v. 11. 8. 67, FamRZ 1968, 533 = NJW 1968, 454 = ZblJugR 1968, 25; BGH v. 18. 6. 1986, DAVorm 1986, 800/802; Oberloskamp, FamRZ 1992, 1241/1244.
28 Vgl. dazu unten S. 125 ff.

hilfe hinausgeht[29], die bessere Kenntnis des JA in Fachfragen der Psychologie, Pädagogik etc. und im methodischen Umgehen mit den Betroffenen zu eigen[30]. Das JA besitzt daher die Stellung einer sachverständigen Behörde oder Fachbehörde[31].

Das Gutachten hat somit die Funktion einer Orientierungshilfe für das Gericht, damit dieses die Zielsetzung: Beachtung des Kindeswohls bei größtmöglicher Wahrung der Rechte der Eltern optimal erreichen kann.

2.2.3 Hilfe in psychosozialen Problemen

Auch wenn es für die Betroffenen – mitunter selbst für den SozArb – wenig glaubhaft erscheinen mag, können qualifizierte gutachtliche Stellungnahmen, denen nach Möglichkeit beratende **Interventionen nach § 17 KJHG** zugrundeliegen, im Rahmen der Mitwirkung in Gerichtsverfahren einen Beitrag zur Lösung psychosozialer Probleme leisten.

Diese Feststellung gilt im allgemeinen auch dann, wenn der SozArb mit seiner Stellungnahme bewirkt, daß Eltern gemäß § 1666 BGB das Sorgerecht entzogen wird oder daß Elternrechte gemäß §§ 1671, 1672 BGB umverteilt werden, vorausgesetzt, dem Personenkreis, in dessen Rechte nunmehr aufgrund der gutachtlichen Stellungnahme eingegriffen wird, wurden zuvor Beratungen und Hilfestellungen anderer Art – etwa im Rahmen der Vorschriften nach §§ 17, 18 IV, 28 KJHG – angeboten.

Selbst bei Einschränkung oder Entzug des Umgangsrechts nach § 1634 BGB, mitbedingt durch die gutachtliche Äußerung des SozArb, ist das der Fall, sofern seine Stellungnahme dem Sachverhalt nur hinreichend gerecht wird.

In allen genannten Situationen trägt der SozArb durch dieses Tun zu einer Klärung der Situation bei, die für die Klienten nicht selten durch scheinbare Ausweglosigkeit, erhöhte seelische Spannungen und oftmals auch durch physische und wirtschaftliche Belastungen gekennzeichnet ist. Er hilft auf seine Weise mit, daß neue Fakten geschaffen werden und »die normative Kraft des Faktischen« Weichen neu stellen kann. Mit Hilfe seiner gutachtlichen Stellungnahmen kann er – bei entsprechend gutem Kontakt zu seinem Klienten – eine eventuelle angstbesetzte Distanz zwischen Klienten und Richter überbrücken helfen. Ferner vermag der SozArb als eine unparteiische Fachkraft eventuelle Einseitigkeiten von Stellungnahmen der Anwälte zu relativieren. Wenn nämlich streitende Eltern zur Wahrung ihrer Rechtsansprüche Anwälte einschalten, wird die Position der betroffenen Kinder hierdurch meist kaum verbessert. Einen ausschließlich die Interessen des Kindes berücksichtigenden eigenen **Anwalt des Kindes** – wie er zuweilen von der Literatur gefordert wird[32] – oder

---

29 So wohl auch § 3 II Nr. 2 SGB X und § 4 II Vw VfG zu entnehmen, die besagen, daß Amtshilfe dann nicht vorliegt, wenn Aufgaben erledigt werden, zu denen die Behörde kraft gesetzlichen Auftrags verpflichtet ist.
30 BGH, a. a. O. (FN 24); Münder LB 11.3.
31 Jans/Happe, § 48a Anm. 2 A; Münder LB 11.3 FrankfKo, § 50 RdNr. 2.
32 Goldstein u. a., S. 58 ff.; DKSB, S. 2; zweifelnd dagegen van Els, ZfJ 1984, 509.

einen bestellten[33] oder gesetzlichen Verfahrenspfleger[34] gibt es nämlich nicht. Auch nach Inkrafttreten des KJHG ist es beispielsweise weiterhin geboten, im Rahmen der Mitwirkung im Gerichtsverfahren (vgl. §§ 50 KJHG und 49, 49 a FGG) – sogar unabhängig von einer **Beratung nach § 17 KJHG** (man denke nur an die Eltern, die keine Beratung nach § 17 KJHG in Anspruch nehmen wollen oder keine gemeinsam getragene Lösung finden) – am Wohl des Kindes orientierte Stellungnahme abzugeben. Gerade für diese Kinder dürften die Stellungnahmen des SozArb eine notwendige Hilfe werden, sofern sie sich nicht parteiisch überwiegend mit Erwachseneninteressen befassen. Schließlich sollten die Auswirkungen der Tätigkeiten, die für die Stellungnahme notwendige Voraussetzung sind, z. B. Hausbesuch, Gespräche mit dem Kind und den streitenden Parteien usw., in diesem Zusammenhang nicht unterschätzt werden. Das psychodiagnostische Bemühen kann dadurch therapeutische oder pädagogische Auswirkungen haben.

Das wird besonders dann der Fall sein, wenn der SozArb, von systemtheoretischen Überlegungen geleitet, die zu begutachtende Familie nicht als bloßes »Objekt« seiner Stellungnahme, sondern als Kommunikationspartner ansieht[35].

Daher sollte von Anbeginn an, spätestens aber vor Abgabe einer abschließenden Stellungnahme, immer der Versuch einer prozeßbegleitenden, beratenden, konfliktmindernden und lösungsorientierten **Intervention** gemacht werden (Einheit von Diagnostik und beratender Intervention).

Ebenso sollte eine Begutachtung der familialen Situation nach einer Elterntrennung im Rahmen der Mitwirkungspflichten bei Gericht (§ 50 KJHG) durch gezielte konfliktmindernde Interventionen und Hilfestellungen anderer Art ergänzt werden (z. B. bei anhaltenden Konflikten der Eltern bei der Ausübung des Umgangsrechts: Praktisches Einüben oder sogar Begleiten der Besuche des Kindes beim nicht sorgeberechtigten Elternteil), ohne daß jedoch diese Interventionen einer sozialpädagogischen oder psychologischen Beratung – etwa nach §§ **17, 28 KJHG** – gleichzusetzen wären.

Begutachtung und beratende Interventionen – auch modifikationsorientierte Strategien genannt[36] – schließen sich somit nicht aus und tragen einem der zentralen Leitgedanken des KJHG »Hilfe vor Eingriff« Rechnung.

Über die Abgabe der gutachtlichen Stellungnahme hinaus kann daher der Kontakt der Betroffenen mit dem JA dazu führen, daß eine helfende Beziehung entsteht, die eine Ermittlungs- und Entscheidungshilfe für das Gericht weit übersteigt. Was der Sozialarbeiter mit dieser Arbeit leistet, ist daher mehr als

---

33 Vgl. dazu März, FamRZ 1981, 736/737 unter Bezug auf einen Vorschlag zur Reform des FGG, über den Kolhosser, ZZP 1980, 265/298, und Arnold, R. Pfleger 1979, 161 und 241/243 berichten.

34 Hierzu Salgo, ZfJ 1985, 259/264 und Salgo 1993.

35 Sternbeck/Däther, FamRZ 1986, 21. Zum systemtheoretischen Ansatz in der Familiengerichtsbarkeit vgl. auch: Troje/Meyer, Familiendynamik 1984, 304; Hagner, Familiendynamik 1984, 323.

36 Salzgeber/Höfling, ZfJ 1991, 388–394.

eine »Gerichtshilfe« im Sinne des JWG, die primär dem Gericht dient, sondern
– so die Terminologie des KJHG – eine »Mitwirkung in Gerichtsverfahren«,
d. h. eine Arbeit, die zwar auch dem Gericht die Fachkunde liefert, die es nicht
besitzt, die aber im übrigen darauf abzielt, den betroffenen Klienten die Dienste einer Fachbehörde anzubieten. Gelingt dies, werden die Betroffenen die
richterliche Entscheidung um so eher akzeptieren und sie als »Episode« im
Rahmen eines prozeßhaften Geschehens verstehen können[37].

Die Stellungnahme des SozArb und ihre Vorbereitung kann somit indirekt
Anstöße zu einer Neuorientierung des Verhaltens des Klienten geben. Jedoch
bleiben solche Anstöße meist unkontrollierbar und führen so evtl. zu unbeab-
sichtigten Nebenwirkungen, worauf später (2.3) hingewiesen werden soll.

Die ungewollten Nebenwirkungen können evtl. vermieden und die therapeu-
tisch-pädagogischen Akzente noch verstärkt werden, wenn den Betroffenen –
wie es unter der Geltung des JWG bereits von der Praxis verschiedentlich versucht und nunmehr nach Inkrafttreten des KJHG in der Vorschrift des § 17
KJHG generell für alle Familien vorgesehen ist – in der Trennungs- und Vor-
scheidungsphase eine sog. **Trennungs- oder Scheidungsberatung**[38] und neuerdings auch eine sog. **Trennungs- oder Scheidungsmediation**[39] (Mediation =
Vermittlung) angeboten wird.

Hierunter sind beratende Gespräche zu verstehen, die dazu dienen sollen,
anstehende Probleme (z. B. elterliche Sorge, Wohnung, Unterhalt) durchzu-
sprechen und wenn möglich zu gemeinsam getragenen Lösungen zu kommen.
In der Regel wird solche Trennungs- oder Scheidungsberatung von interdisziplinär besetzten Teams durchgeführt, zu denen neben Rechtsanwälten, Psychologen, Rentenberatern auch immer ein SozArb/SozPäd gehört. Modelhaft
werden solche Versuche u. a. in Stuttgart, München und Berlin angeboten[40].

Ob allerdings eine gutachtliche Stellungnahme – unabhängig von dem sie vor-
bereitenden Tun – Impulse für eine Neuorientierung geben kann, hängt
zunächst einmal davon ab, ob der Klient von der Stellungnahme **Kenntnis**
bekommt. Inwieweit dies der Fall ist, ist eine Frage der jeweiligen JA- bzw.
Berichtspraxis. Mit Sicherheit kann gesagt werden, daß immer noch nicht alle
gutachtlichen Stellungnahmen des SozArb den Klienten erreichen.

Manche JÄ lassen von vornherein je nach Fall ein bis zwei zusätzliche Durch-
schläge ihrer gutachtlichen Äußerung anfertigen, so daß das Gericht sie immer
ohne Mehraufwand weiterleiten kann. Eine Ausnahme wird allerdings auch
von diesen JÄ im Falle der Adoption gemacht – ein Verfahren, für das wir von

---

37 Zu den Möglichkeiten, die der SozArb im Zusammenhang einer Sorgerechtsregelung
   bei Scheidung hat, vgl. Oberloskamp 1986 in: Kindertherapie, S. 208.
38 Vgl. Menne, ZfJ 1992, 66–75; Witte/Sibbert/Kesten 1992.
39 Vgl. Niesel, Zeitschrift für Familienforschung 1991, 84–102; Proksch, Familiendynamik 1992, 395–414; kritisch: Häsing-Levend, Sozialmagazin 1992, 14–18; Werner-
   Schneider, Sozialmagazin 1992, 18–21. Mähler/Mähler, Familiendynamik 1992,
   347–372; Balloff/Walter, ZfJ 1993, 65–75, mit weiteren Nachweisen.
40 Vgl. zum sog. Stuttgarter Modell Deutsches Familienforum 1981, Tagungsbericht
   S. 103 ff., Deutsches Familienrechtsforum 1982, Tagungsbericht S. 75 ff. sowie 227 ff.,
   ferner der Familiennotruf München, ISUV München, USBl Berlin.

den betroffenen SozArb keine Begründung erhalten konnten. – Andere JÄ reichen nur dann ein zusätzliches Exemplar bei Gericht herein, wenn ein Anwalt am Verfahren beteiligt ist; dieser erstellt dann in der Regel eine Kopie für seinen Mandanten. Anwaltsbeteiligung haben wir immer dann, wenn Anwaltszwang besteht (Sorgerechtsregelung bei Scheidung, § 78 II ZPO). Jedoch ist in allen anderen Fällen die Einschaltung eines Anwalts möglich. – Wieder andere JÄ verfahren zwar wie zuletzt beschrieben, fertigen aber bei Anwaltsbeteiligung nur Kurzgutachten mit den wichtigsten Informationen. Darüber hinausgehende Mitteilungen machen sie dem Richter fernmündlich. – Schließlich gibt es JÄ, die aufgrund von Absprachen dafür Sorge getragen haben, daß die Klienten die gutachtlichen Äußerungen grundsätzlich weder von der Behörde noch vom Gericht erhalten. Statt dessen informieren die zuständigen SozArb die Klienten mündlich über den Inhalt der behördlichen Stellungnahme.

In allen Fällen, in denen die Betroffenen nicht von Amts wegen von der Stellungnahme Kenntnis bekommen, können sie diese eventuell im Wege der Akteneinsicht kennenlernen. Gegenüber dem Gericht gibt § 34 I FGG einen entsprechenden Anspruch[41], gegenüber der Behörde § 25 SGB X, wenn der Gerichtshilfe ein Sozialverwaltungsverfahren vorgeschaltet ist (z. B. Erteilung der Pflegeerlaubnis für künftige Adoptiveltern), bzw. § 25 SGB X analog[42], wenn es sich um reine Gerichtshilfe handelt (z. B. Sorgerechtsregelung). U. E. müßte unter rechtsstaatlichen Gesichtspunkten (Anspruch auf rechtliches Gehör, Art. 103 I GG) den Betroffenen die gutachtliche Stellungnahme zugeschickt werden, damit sie ggf. Schritte zur Wahrung ihrer Rechte unternehmen können[43]. Auch das mündliche Gespräch ohne vorheriges Zusenden sollte die Ausnahme sein; denn mündigen Bürgern kann es zugemutet werden, daß sie die Mitteilung nicht in abgeschwächter Form, sondern in vollem Umfang zur Kenntnis nehmen. Ein SozArb, der eine fachlich fundierte und umsichtig formulierte gutachtliche Stellungnahme abgegeben hat, braucht sich nicht zu scheuen,»mit offenen Karten zu spielen«. Allerdings sei zugegeben, daß dies u. U. das Arbeiten mit dem Klienten zumindest vorübergehend erschweren kann.

Die sozialarbeiterisch effektivste Lösung besteht sicher darin, die Stellungnahme zusammen mit den Betroffenen zu erarbeiten. Diese sind dann Subjekt und nicht Objekt jugendamtlichen Handelns und brauchen sich vor Gericht nicht mehr zu verteidigen.

---

41 So ausdrücklich im Hinblick auf den Jugendamtsbericht Bumiller/Winkler, § 34 Anm. 3 mit weiteren Literaturnachweisen.
42 Zu den Einzelheiten s. u. Kap. 6.2.2.1 (6), S. 142.
43 Zu den Einzelheiten s. u. Kap. 6.2.2.1 (6), S. 143.

2.3 Unerwünschte Nebenwirkungen funktionaler Stellungnahmen

Neben den bisher aufgezählten unmittelbaren Funktionen kann die gutachtliche Stellungnahme eine weitere mittelbare Funktion haben. Die Verpflichtung zur Abgabe einer Stellungnahme für das Gericht bewirkt, daß sich die Jugendbehörde mit Klienten befaßt, die entweder schon behördenbekannt sind oder nach der Entscheidung weiterer qualifizierter Unterstützung bedürfen oder (günstigenfalls) voraussichtlich nur dieses einzige Mal Kontakt mit dem JA haben. Bei allen Konstellationen sind die Klienten jedoch ein »Fall« geworden. Man hat eine Akte über sie angelegt, man hat sich mit ihren internen Verhältnissen befaßt, man hat Urteile über sie abgegeben. Diese Tatsache hat unbestreitbare Bedeutung für die Zukunft der betroffenen Menschen. Wann immer für sie Probleme auftauchen werden, die in den Kompetenzbereich von VormG/FamG oder JA fallen, wird man auf die alte gutachtliche Stellungnahme zurückgreifen und sie in die neu anzustellenden Überlegungen miteinbeziehen. Diese mittelbare Funktion der Festlegung des Klienten ist mindestens ebenso wichtig und entscheidend wie die einer Orientierungshilfe. Für den einen Betroffenen kann sie eine gute Reserve an »Vorschußlorbeeren« bedeuten, für den anderen eine Stigmatisierung. Beides ist gleichermaßen bedenklich; denn die gutachtliche Stellungnahme soll und darf nur eine Beurteilung der psychosozialen Gegebenheiten vom Ist-Zustand aus sein. Die einzige Möglichkeit, die Gafahr verhängnisvoller Etikettierungen kleinzuhalten, besteht darin, sorgfältig darauf zu achten, Fakten nicht mit Bewertungen zu vermischen. Fakten dürfen fortgeschrieben werden. Bewertungen sind unter Berücksichtigung neuer Fakten jeweils neu vorzunehmen.

3. Die Kompetenz von Sozialarbeitern für gutachtliche Stellungnahmen

3.1 Bericht oder Gutachten

Äußerungen von JÄ, die gegenüber VormG/FamG gemacht werden, sollen in der Regel keine bloße Zusammenstellung von entscheidungsrelevanten Tatsachen sein; sie haben nicht ausschließlich Informationscharakter, sondern darüber hinaus den einer Begutachtung des Gegenstandes der anstehenden gerichtlichen Entscheidung[1].

Einer gutachtlichen Stellungnahme entsprechen jungendamtliche Äußerungen insbesondere dann, wenn sie umfassende problemrelevante Informationen enthalten, die überprüft, problemorientiert zusammengestellt und auf mögliche Konsequenzen hin beurteilt wurden. Dem Richter auf diese Weise eine fachlich begründete Entscheidungshilfe zu bieten, ohne dabei die Interessen seiner Klienten aus dem Auge zu verlieren oder diese gar – z. B. durch leichtfertige Etikettierung – in solchen schriftlichen Äußerungen zu verletzen, ist die eigentliche Funktion von gutachtlichen Stellungnahmen der SozArb in diesem Bereich.

Unbeschadet ihrer Stellung vor Gericht[2] entsprechen SozArb mit ihren gutachtlichen Äußerungen, durch die sie dem Richter bei der Entscheidungsfindung helfen, einem gerichtlichen Sachverständigen, dessen Funktion der BGH u. a. wie folgt definiert: (Er) »ist ein Gehilfe des Richters. Er hat dem Gericht den Tatsachenstoff zu unterbreiten, der nur aufgrund besonders sachkundiger Beobachtungen gewonnen werden kann, und das wissenschaftliche Rüstzeug zu vermitteln, das eine sachgemäße Auswertung ermöglicht.« (Er) »ist jedoch weder berufen noch in der Lage, dem Richter die Verantwortung für die Feststellungen abzunehmen, die dem Urteil zugrundegelegt werden. Das gilt nicht nur von der Ermittlung des Sachverhalts, ... sondern auch von seinen ... Beobachtungen und Folgerungen.«[3]

Wenn man sich daher die Begriffe vergegenwärtigt, die in der Praxis für die Äußerungen des JA dem VormG/FamG gegenüber benutzt werden, so kann man mit Bestimmtheit sagen, daß das Wort »**Bericht**« fehl am Platze ist; denn es erfaßt nur einen Teilbereich dessen, was das JA als Fachbehörde zu leisten imstande und verpflichtet[4] ist. Ob im übrigen von **gutachtlichen Äußerungen** (so § 56d FGG) oder **gutachtlichen Stellungnahmen** (so unter dem JWG die langjährige Praxis, der sich dieses Buch angeschlossen hat) oder von **psychosozialen oder sozialpädagogischen oder Sozial-Gutachten** gesprochen wird, ist

---

1 S. o. S. 6 ff.
2 Siehe dazu unten S. 144 ff.
3 Vgl. BGHSt 7, 239; Pfäfflin, S. 4.
4 S. insbesondere BGH v. 21. 5. 1954, a. a. O. (S. 9 FN 26), der das als selbstverständlich voraussetzt.

gleichgültig. Die fünf Fomulierungen gehen richtigerweise davon aus, daß die fachliche Beurteilung der Fakten wesentlicher Bestandteil der jugendamtlichen Verlautbarung ist. Daher berücksichtigen die Begriffe »gutachtliche Äußerung bzw. Stellungnahme« die Tatsache, daß das JA von seiner Rechtsstellung her kein Gutachter ist[5], während der Begriff »Gutachten« – gleichgültig, welches Attribut hinzugefügt wird, um die Art der Fachlichkeit zu beschreiben, – die Rechtsstellung des Verfassers außer Betracht läßt und nur auf den Inhalt abstellt.

3.2 Faktische Kompetenz

Untersuchungen von Gerichtsentscheidungen nach §§ 1634 und 1671 BGB lassen erkennen, daß manche Richter gutachtlichen Stellungnahmen von JÄ nicht nur die Stellung von Sachverständigengutachten einräumen, sondern sogar darüber hinausgehen, indem sie auf die selbst Sachverständigen gegenüber geforderte eigenständige Ermittlung des Sachverhalts und Überprüfung der gutachtlichen Stellungnahmen weitgehend verzichten oder sie doch auf ein Minimum reduzieren[6]. Sicher ist in solchen Fällen die dem SozArb vom Richter faktisch zugesprochene Kompetenz ungebührlich erweitert – ein Vorgang, der jedoch nicht nur SozArb, sondern auch anderen Sachverständigen gegenüber beobachtet wurde[7].

3.3 Rechtliche Kompetenz

Vom Gesetzgeber wurde dem SozArb eine Kompetenz für gutachtliche Stellungnahmen zu dem von uns hier zu erörternden Bereich in verschiedenen Vorschriften zuerkannt.
§ 48 a JWG verlangte:

»Das Vormundschaftsgericht **hat**[8] das Jugendamt vor einer Entscheidung nach folgenden Vorschriften des Bürgerlichen Gesetzbuches **zu hören**...«

Der seit dem 1. 1. 1991 geltende § 49 FGG bestimmt:

»Das Vormundschaftsgericht **hört**[8] das Jugendamt vor einer Entscheidung nach...«.

Dasselbe besagen §§ 49, 49 a FGG für das VormG/FamG. Noch deutlicher ergibt sich für SozArb ein Auftrag zu ausdrücklich gutachtlichen Stellungnahmen aus § 56 d FGG. Hier heißt es u. a.:

---

5 S. u. S. 114 ff.
6 Simitis u. a., S. 139 ff.
7 Vgl. Pfäfflin, S. 89.
8 Hervorhebungen durch die Verf.

»Wird ein Minderjähriger als Kind angenommen, so **hat** das Gericht **eine gutachtliche Äußerung** der Adoptionsvermittlungsstelle (das kann ein JA oder ein freier Träger der Jugendhilfe sein; Anm. d. V.), die das Kind vermittelt hat, **einzuholen**... Ist keine Adoptionsvermittlungsstelle tätig geworden, ist eine **gutachtliche Äußerung** des Jugendamtes ... einzuholen.«

Die Rspr. zum JWG hatte die Aufgaben des JA, die sich aus den §§ 48 a JWG, 56 d FGG und den anderen Anhörungsbestimmungen ergaben, präzisiert.
– Sie hatte zunächst klargestellt, daß das **»Anhören«-Müssen** durch das Gericht nicht bedeutet, daß dieses dem JA lediglich Gelegenheit zu geben habe, sich zu äußern, so daß es in das pflichtgemäße Ermessen des JA gestellt war, Stellung zu nehmen oder nicht. Vielmehr ergab sich aus der Anordnung des § 48 a JWG im Anschluß an den § 48 JWG, daß das JA das VormG/FamG (vgl. § 52 a JWG) bei allen Maßnahmen **zu unterstützen hatte**, die die Sorge für die Person des Minderjährigen betreffen. Im Rahmen der Gerichtsverfahren, die in § 48 a JWG genannt waren, mußte die Unterstützung daher in Form einer Äußerung erfolgen[9].
– Zum **Inhalt** der Äußerung ergab die Rspr. folgendes:
(1) Das JA mußte Fakten sammeln, sie bewerten und einen Entscheidungsvorschlag machen[10].
(2) Das JA mußte zwischen Fakten und Bewertungen trennen, sonst waren die Informationen für das Gericht nicht verwertbar[11].
(3) Ausnahmsweise konnte der Entscheidungsvorschlag fehlen und statt dessen die Einholung eines Sachverständigengutachtens angeregt werden[12].
Repräsentative Rspr. zu den Neuregelungen des KJHG gibt es bisher noch nicht. Aus den zwei bekanntgewordenen Entscheidungen[13] folgt jedoch unzweideutig, daß sich grundsätzlich an den Verpflichtungen des JA nichts geändert hat. In der Fachliteratur[14] und der Praxis der JÄ wird allerdings unter Berufung auf § 50 II KJHG (»Das JA unterrichtet insbesondere...«) vertreten, daß das JA nicht verpflichtet sei, einen Entscheidungsvorschlag zu machen. Dies dürfte zutreffend sein für ein Reihe von Ausnahmefällen (fehlende Kooperationsbereitschaft der Eltern, Notwendigkeit eines Sachverständigengutachtens, Gleichwertigkeit der Eltern), es dürfte sich aber im Regelfall aufgrund der Fachlichkeit des JA verbieten.
Seit einiger Zeit vertritt Ullmann in verschiedenen Fachzeitschriften[15] die Meinung, daß es zwar rechtlich zulässig sei, daß das JA angehört werden müsse.

---

9 Zur Streitfrage, ob dies auch bei übereinstimmendem Elternvorschlag bei einverständlicher Scheidung gilt, s. u. S. 108.
10 BGH v. 21. 5. 1954, FamRZ 1954, 2/9 = ZblJugR 1954, 236; OLG Hamm v. 11. 8. 1967, DAVorm 1969, 75; BGH v. 18. 6. 1986, DAVorm 1986, 800/802.
11 BayObLG v. 11. 11. 1953, BayObLGZ 1953, 353.
12 OLG Hamm v. 11. 8. 1967, a. a. O. (FN 8).
13 OLG Frankfurt v. 28. 10. 1991, FamRZ 1992, 206; AmtsG Friedberg v. 1. 6. 1992, FamRZ 1992, 1333.
14 Oberloskamp, FamRZ 1992, 1241/1244.
15 FamRZ 1987, 1109; DAVorm 1988, 333; ZfJ 1988, 522.

Jedoch dürften gutachtliche Stellungnahmen – da sie diagnostische Elemente enthielten – nur von Ärzten oder ermächtigten Heilpraktikern (das können auch Dipl.-Psychologen sein) abgegeben werden. Zumindest müßten **SozArb/ SozPäd** unter der Aufsicht einer diesen Berufsgruppen angehörenden Person arbeiten. Dies folge zum einen aus § 1 Heilpraktikergesetz, der die Ausübung von Heilkunde (= Tätigkeit zur Feststellung, Heilung oder Linderung von Krankheiten) – ausgenommmen durch Ärzte – einem Erlaubnisvorbehalt unterstellt. Zum anderen ergebe sich dies aus Art. 8 II EMRK, der Eingriffe (z. B. gerichtliche Sorgerechtsregelung bei Scheidung und gutachtliche Stellungnahmen im Vorfeld) von öffentlichen Behörden in Privat- und Familienleben nur dann erlaube, wenn sie gesetzlich vorgesehen und zum Schutz von Gesundheit und Moral »notwendig« seien. Nationalrechtlich verbotene Eingriffe seien aber nicht notwendig.

Ob diese, bisher nur von Ullmann geäußerte Ansicht zutreffend ist, kann an dieser Stelle nicht untersucht werden. Eine weitere Fachdiskussion wird hier hoffentlich Klarheit bringen.

3.4 Eigenes Kompetenzverständnis der Sozialarbeiter

3.4.1 Kompetenzzweifel

Vergleicht man verbale Äußerungen von SozArb mit ihrem berufspraktischen Tun hinsichtlich der Frage, inwieweit sie sich als kompetent erfahren, gutachtliche Stellungnahmen in o. g. Bereichen abzugeben, so ist eine gewisse Diskrepanz zu beobachten. Sowohl in Seminarveranstaltungen mit Studenten des Studienganges Sozialarbeit, die während ihrer Praktika bereits die Gerichtspraxis kennenlernten, als auch in Fortbildungsveranstaltungen mit berufserfahrenen SozArb von JÄ tauchen bei Teilnehmern nicht selten Zweifel auf, inwieweit sie für gutachtliche Stellungnahmen als kompetent angesehen werden oder auch tatsächlich sind[16].

Anlaß zu solchen Selbstzweifeln sind u. a. ungünstige Erfahrungen mit Gerichten. Richter, die Stellungnahmen von JÄ nur der Form halber zur Kenntnis nehmen, sie bei ihrer Entscheidungsfindung ignorieren oder überwiegend abwertend berücksichtigen, begründen oder verstärken Kompetenzzweifel von SozArb. Die Begegnung mit Schverständigen, insbesondere die mit medizinischen oder psychologischen, die sich in derselben Angelegenheit auslassen, ist mitunter ebenfalls geeignet, bei beteiligten SozArb Zweifel an ihrer Kompetenz auszulösen. Das ist auch in der Konfrontation mit Rechtsanwälten zu beobachten, die bei Regelungen im Zusammenhang mit Scheidungen heute obligatorisch beteiligt sind (Anwaltszwang[17]).

Untersucht man diesbezügliche Äußerungen von SozArb, so zeigt sich, daß vor allem größere Sachkompetenz in einem speziellen Bereich, ausgeprägtes Rol-

---

16 So auch Nentzel, NDV 1971, 261/263.
17 § 78 II ZPO.

lenverhalten oder vermuteter bzw. wahrgenommener höherer Status der anderen Sachverständigen Insuffizienzgefühle von SozArb begünstigen können.

3.4.2 Kompetenzanspruch

Solchen verbal geäußerten Zweifeln an der eigenen Kompetenz steht eine berufliche Praxis entgegen, der zufolge sich SozArb von JÄ in Sachen gutachtlicher Stellungnahmen durchaus als kompetent erachten.

So zeigte sich bei der bereits erwähnten Studie von *Simitis* u. a.[18], daß bei 160 der 167 untersuchten Verfahren nach § 1634 bzw. 1671 BGB mindestens eine gutachtliche Stellungnahme des JA vorlag.

Ein Kompetenzanspruch der hier beteiligten SozArb wird u. E. in mindestens zwei Teilbefunden der erwähnten Studie sichtbar:

(1) Die überwiegende Zahl der SozArb erachtete sich als hinreichend qualifiziert, dem Gericht sehr konkrete Entscheidungsempfehlungen zu geben. In 118 von 160 untersuchten Verfahren nach §§ 1634 und 1671 BGB, also in 74 % der Fälle, lag von mindestens einem JA solch ein expliziter Entscheidungsvorschlag vor[19].

Ihr Kompetenzanspruch dürfte faktisch durch die Beschlußfassung der Gerichte verstärkt worden sein: 77 % der Beschlüsse entsprachen inhaltlich den Entscheidungsvorschlägen der JÄ. Berücksichtigt man, daß von den 118 Fällen 15 nicht mit einem Gerichtsbeschluß abgeschlossen wurden, so folgten die Gerichte den Entscheidungsempfehlungen der JÄ sogar zu 87 %.

(2) Nur sehr selten hielten Vertreter von JÄ neben ihrer eigenen gutachtlichen Stellungnahme die eines Sachverständigen für nötig[20]. Wenn die Vertreter der JÄ so selten Sachverständigengutachten anregten[21], liegt die Annahme nahe, daß die hieran beteiligten SozArb sich als hinreichend kompetent erachteten.

Die Fragwürdigkeit des Kompetenzanspruchs dieser SozArb zeigt sich insbesondere darin, daß nach den Befunden von *Simitis* u. a.[22] die gutachtlichen Stellungnahmen dieser SozArb überwiegend als mangelhaft eingeschätzt wurden.

3.5 Kompetenzbegründung

Solche und ähnliche Beobachtungen können dazu verleiten, SozArb eine Kompetenz für gutachtliche Stellungnahme im angesprochenen Bereich oder gar generell abzusprechen. Diese Einstellung mag durch eine undifferenzierte Verwendung des Kompetenzbegriffs noch verstärkt werden[23].

---

18 Simitis u. a., S. 132 ff.
19 A. a. O., S. 140.
20 A. a. O., S. 102, 136.
21 Und das, obwohl die Rspr. ausdrücklich zuläßt, daß der Entscheidungsvorschlag des JA fehlen kann, wenn es die Einholung eines Gutachtens vorschlägt; vgl. OLG Hamm v. 11. 8. 67, DAVorm 1969, 75.
22 A. a. O., S. 74, 135, 141.
23 Walter, ZblJugR 1973, 458.

Im folgenden soll gezeigt werden, welche Teilaspekte zu berücksichtigen sind, wenn von Kompetenz die Rede ist und davon, inwieweit SozArb den dabei sichtbar werdenden Anforderungen entsprechen.

In Anlehung an *Roth*[24] sind bei der Beurteilung der Kompetenz beruflichen Handelns mindestens Sachkompetenz, Selbstkompetenz und Sozialkompetenz zu unterscheiden.

3.5.1 Sachkompetenz

Betrachtet man die in §§ 49, 49a FGG beschriebenen Tatbestände, bei denen gutachtliche Stellungnahmen des JA einzuholen sind, so zeigt sich, daß Ärzte und Psychologen, gelegentlich auch Lehrer, in der Tat in manchen Bereichen eine vergleichsweise höhere Sachkompetenz als SozArb besitzen und auch besitzen müssen. Das gilt besonders für spezielle Einzelfragen wie die Abklärung von Ausmaß, Ursachen und Folgen pathologischer Zustände, Beurteilung von besonderen Entwicklungs-, Lern- und Kommunikationsstörungen, Bestimmung von Ausmaß und Bedingungsgefüge tiefgreifender Verhaltensauffälligkeiten. In solchen besonders schwierigen Fällen kann der Richter nach der ZPO bzw. dem FGG selbstverständlich einen Gutachter zu Rate ziehen.

Doch auch hier – wie natürlich noch mehr in den weniger schwierigen Fällen – kann u. E. der SozArb eine Sachkompetenz einbringen. Sie erscheint uns in vier Besonderheiten begründet, durch die sie sich von der der erwähnten Sachverständigen unterscheidet:

(1) Anders als die übrigen Sachverständigen hat der SozArb nicht nur berufsrechtliche Kenntnisse, d. h. Wissen im Hinblick auf seine eigene berufliche Stellung, sondern auch und vor allem **Rechtskenntnisse** in den Bereichen, die seine Klienten und deren Probleme betreffen.

(2) Seine hier erforderliche Sachkompetenz gründet nicht in erster Linie in vertieften Einzelkenntnissen aus dem Bereich der von ihm zu studierenden Sozial-, Rechts- und Verhaltenswissenschaften. Vielmehr liegt sie einerseits in einer durch sein Studium bedingten größeren Vertrautheit mit den oft recht divergierenden Sichtweisen und methodischen Ansätzen der Einzelwissenschaften, andererseits in der ihm abverlangten berufsfeldbezogenen **Integration von** z. T. weit auseinanderliegenden Wissensinhalten und methodischen Vorgehensweisen aus den einzelnen **Grundlagendisziplinen**.

(3) Anders als Psychologen, Ärzte und Pädagogen werden SozArb während ihrer Studienzeit und im berufspraktischen Jahr ausdrücklich **für** dieses **Berufsfeld** und die dort auftauchenden Probleme **vorbereitet**. Im Unterschied zu den sonstigen Gutachtern haben sie somit eine für dieses Berufsfeld spezifische Ausbildung.

(4) SozArb eines JA können bei gutachtlichen Stellungnahmen nach §§ 49, 49a bzw. § 56d FGG in der Regel besonders relevante berufspraktische Erfahrungen mit einbringen. Anders als bei den genannten Sachverständigen besteht ihre Alltagsarbeit zu einem guten Teil aus dem **praktischen Umgang mit den**

---

24 S. 446–588.

Problemen, die Gegenstand ihrer gutachtlichen Stellungnahme sind. Während Sachverständige die Klienten oft nur in wenigen Kontakten und auch da in gewisser Weise in Ausnahmesituationen erleben (Untersuchung, Exploration, Verhaltensbeobachtung, Unterweisung), kennen SozArb ihre Klienten oft aus vielfachen Kontakten, und zwar aus Kontakten in deren eigenem Lebensraum. Ein detaillierte Kenntnis der komplexen Lebenssituation der Klienten wird ihnen dadurch möglich.

Aus dem Gesagten ergibt sich, daß gerade das von SozArb geforderte fächerübergreifende Wissen, die Integration unterschiedlicher Methoden, berufsfeldspezifische Kenntnisse und Fertigkeiten sowie die durch ihre Berufsaufgaben bedingte berufspraktische Erfahrung die Sachkompetenz von SozArb für gutachtliche Stellungnahmen im beschriebenen Bereich begründen kann.

3.5.2 Selbstkompetenz

Neben der Sachkompetenz ist Selbstkompetenz für berufliches Handeln bedeutsam.

Selbstkompetenz verstehen wir insbesondere als die Fähigkeit, das die eigene Person betreffende Erleben und Verhalten differenziert und relativ unverzerrt wahrzunehmen, diese Vorgänge sich selbst gegenüber offen und ohne entstellende Abwehrmaßnahmen zu reflektieren, sich selbst mit seinen Fähigkeiten und Grenzen anzunehmen und aus diesem Erleben heraus situationsadäquat zu handeln[25].

Eine angemessene Selbstkompetenz äußert sich in gutachtlichen Stellungnahmen u. a.

– in einer relativ vorurteilsfreien Sammlung problemrelevanter Informationen;
– in einer von Projektionen und Übertragungs- oder Gegenübertragungsprozessen verhältnismäßig wenig beeinträchtigten, dafür aber konkreten, den individuellen Besonderheiten des jeweiligen Falles weitgehend gerechtwerdenden Zusammenschau der einzelnen Aspekte, ihrer Erklärung oder Beurteilung;
– in wenig routinemäßigen oder formelhaften, sondern eher selbstkritischen, vorsichtig aber klar fomulierten kreativen Entscheidungsempfehlungen;
– schließlich auch im Hinweis auf eventuelle Grenzen eigener Sach- oder Selbstkompetenz und die Notwendigkeit anderer Sachverständiger.

Einübung in die für berufliches Handeln wichtige Selbstkompetenz ist nach unserem Wissen in der Regel kein obligatorischer Bestandteil der Berufsausbildung von Ärzten, Lehrern oder Psychologen. Wenn überhaupt, sind es in den meisten Fällen fakultative Angebote, die zudem nur einen kleinen Teil der Studenten der angesprochenen Berufsgruppen erreichen. Auch in berufsbegleitenden Fortbildungsveranstaltungen, die Einübung in Selbstkompetenz zum Gegenstand haben, findet man eher therapeutisch als überwiegend diagnostisch tätige Angehörige der o. g. Berufsgruppen.

---

25 Vgl. Tausch, S. 51–98.

Demgegenüber bringen SozArb von ihrer Ausbildung her bessere Voraussetzungen mit. Alle haben Gruppen- und Einzelsupervisionsstunden zu absolvieren, die ihnen die Auseinandersetzung mit dem eigenen Selbst unter Anleitung ermöglichten bzw. abverlangten. Von ihrer Ausbildung her sind SozArb ausdrücklicher als Angehörige anderer Berufe auf die Entfaltung angemessener Selbstkompetenz verwiesen worden.

Auf Fortbildungsmaßnahmen bezogen scheinen allerdings auch SozArb Möglichkeiten zur Förderung von Selbstkompetenz eher dann wahrzunehmen, wenn sie stärker beratend oder therapeutisch als verwaltungsmäßig tätig sind.

3.5.3 Sozialkompetenz

Bei einem sehr engen Verständnis von Sozialkompetenz, dem dritten Teilaspekt von Kompetenz beruflichen Handelns, mag dieser Kompetenzbereich zunächst für gutachtliche Stellungnahmen als irrelevant erscheinen.

In unserem Verständnis von Sozialkompetenz umfaßt diese u. a. die Fähigkeit eines Menschen, soziale Beziehungen aufzunehmen oder anderen zu ermöglichen, bestehende Sozialkontakte auch unter erschwerenden Umständen aufrecht zu erhalten und, wo erforderlich, sie in einer für alle Beteiligten weitgehend förderlichen Weise wieder aufzulösen. Sozialkompetenz beinhaltet u. E. ferner die Bereitschaft, einen anderen ohne Vorbedingung zu akzeptieren, auf das Erleben und Verhalten anderer von ihrem individuellen Bezugsrahmen aus[26] einzugehen, sich selbst anderen in hohem Maße zu öffnen, ihnen relativ fassadenfrei[27] und mit wenig ausgeprägtem Rollenverhalten zu begegnen[28], gegebenenfalls aber auch unangemessen erscheinende Ansprüche anderer zurückzuweisen und eigene Belange wirkungsvoll zu vertreten. Zur Sozialkompetenz zählen wir auch das Akzeptieren berufsethischer Normen, ein Engagement für Schwächere, Gefährdete oder Benachteiligte sowie die Übernahme von Mitverantwortung für gesellschaftliche Verhältnisse.

Eine angemessen ausgeprägte Sozialkompetenz wirkt sich auch auf gutachtliche Stellungnahmen und die damit in Zusammenhang stehenden Aktivitäten eines SozArb positiv aus.

Auf einige der Auswirkungen sei hier hingewiesen:

– Angemessene Sozialkompetenz erleichtert dem SozArb die Gewinnung zuverlässiger, für die Beurteilung des Kindeswohls notweniger Informationen.

– Sozialkompetenz fördert die »Kommunikation zwischen der Denkweise, Erkenntniswelt und Terminologie«[29] des SozArb einerseits und des Richters andererseits.

– Sie hilft dem SozArb, den seinen Klienten gegenüber häufig aufkommen-

---

26　Rogers 1972, S. 417–458.
27　Tausch, S. 68 ff.
28　Buber, S. 51–56.
29　Thomae, 1967, S. 745.

den Rollenkonflikt, gleichzeitig ihr Helfer und Gutachter zu sein[30], besser zu bewältigen.

– Eine befriedigende Sozialkompetenz befähigt den SozArb, »im Überschneidungsfeld von sozialen und rechtlichen Normen«[31] nicht nur als bloßer »Normenanwender« auszuhalten, sondern mit Hilfe von Problemimpulsen »Normenbeeinflussung auf der Grundlage der Verfassung«[32] einzuleiten.

In der Ausbildung von SozArb/SozPäd stellt die Entwicklung von Sozialkompetenz ein ausdrückliches Lernziel dar, das freilich ohne die gleichzeitige Förderung von Sach- und Selbstkompetenz nicht befriedigend zu erreichen ist.

3.5.4 Kompetenzdefizit

Wenn trotz der aufgewiesenen allgemeinen Kompetenz SozArb nur selten qualifizierte gutachtliche Stellungnahmen abgeben, haben wir Grund zur Annahme, daß die spezifische Aufgabe, ein Gutachten zu erstellen, in der Ausbildung von SozArb bislang oft in einer wenig zufriedenstellenden Weise eingeübt wurde und somit ein spezieller Bereich der Sachkompetenz unterentwickelt blieb.

---

30 Vgl. Pfäfflin, S. 85.
31 Liebel/Uslar, S. 24.
32 Gastiger 1974, S. 56.

4. Die Variablen gutachtlicher Stellungnahmen

Die in einer gutachtlichen Äußerung enthaltene Beschreibung eines Klienten und seiner Lebenssituation ist bei allem guten Willen des SozArb keine dokumentationsgetreue Wiedergabe der zu beurteilenden Wirklichkeit[1]. Vielmehr wirken zahlreiche Faktoren, den eigentlichen Sachverhalt mitunter verzerrend, auf die später zu leistende Beurteilung ein. Einige von ihnen sollen im folgenden aufgewiesen werden, damit sie in der beruflichen Praxis angemessener berücksichtigt werden können.

4.1 Die Persönlichkeit des Sozialarbeiters und ihre Auswirkungen

Eine der Variablen, durch welche die Fremdbeurteilung beeinflußt wird, ist in der Persönlichkeit des stellungnehmenden SozArb selbst zu sehen. Einige der besonders häufig auftretenden persönlichkeitsbedingten Faktoren, die auf gutachtliche Stellungnahmen einwirken, werden im folgenden erörtert.

4.1.1 Einstellungen, Wissen, Fertigkeiten

Die von ihm im Laufe seines Lebens erworbenen, gerade für ihn charakteristischen Einstellungen zu sich selbst, zu Lebensfragen und Klienten sowie der Umfang und die Aktualität seines Wissens über Rechtsgrundlagen und psychologische/soziologische Gesetzmäßigkeiten beeinflussen die Qualität seiner gutachtlichen Äußerung ebenso wie die hierzu erforderlichen methodischen Fertigkeiten[2].

4.1.2. Rollenverständnis

Wenn sich der SozArb gutachtlich äußert, geschieht dies immer aus einem bestimmten Rollenverständnis heraus. Vier Extrempositionen sind hier zu beobachten: Der eine SozArb handelt in diesem Zusammenhang unreflektiert als Erfüllungsgehilfe des Gerichts; ein anderer sieht sich in der gleichen Tätigkeit primär als Ankläger einer zu veränderten Gesellschaft; der dritte versteht sich als Anwalt des Klienten, den er zu schützen hat[3]; andere wiederum sehen sich als Interessenvertreter, manche sprechen sogar vom Begleiter, und zwar von Kindern und Eltern gleichermaßen[4]. Zwischen diesen drei extremen Polen ist die Mannigfaltigkeit der Einstellungskombinationen zu suchen, die in der

1 Vgl. Brunner 1984; Bundesministerium für Familie und Senioren 1993; Faltermeier/ Fuchs 1992; Heekerens 1991; Presting 1991; Reiter, L., Brunner, E.J., Reiter-Theil, S. 1988; Schlippe/Kriz 1987; Schneewind 1991; Simon/Stierlin 1984.
2 Vgl. Balloff, 1992a, S.62ff.; Klußmann, S.97ff.; Neddenriep/Hanke, 1987, S.53ff.
3 Kemper, ZblJugR 1976, 478/480.
4 Ernst/Mohr/Stracke, 1991, S.65–68.

Praxis das Rollenverständnis von SozArb ausmachen, die sich vor Gericht zu äußern haben.

4.1.3 Allgemeine Gesetzmäßigkeiten von Wahrnehmungsprozessen

Bereits bei der Sammlung der für den Sachverhalt relevanten Fakten sind allgemeine Gesetzmäßigkeiten von Wahrnehmungsprozessen im Spiel, die Einfluß auf die spätere Stellungnahme haben.

(1) In Sachen der Mitwirkung in Verfahren vor den VormGen und FamGen hat der SozArb seine Aufmerksamkeit auf ausgesprochen komplexe inter- und intrapersonelle Vorgänge zu richten. Diese Vielfalt des zu Berücksichtigenden zwingt ihn, aus der Fülle der Erscheinungen ihm Bedeutsames auszuwählen (**Selektion**) und anderes zu vernachlässigen. Dieser Selektionsvorgang wird von übergreifenden Einstellungen, aktuellen Bedürfnissen, theoretischen Vorannahmen und beruflichen Erfahrungen des SozArb beeinflußt.

(2) Die so selektiv gewonnenen Fakten des Sachverhalts erfahren eine weitere ungewollte Bearbeitung dadurch, daß sie für den beurteilenden SozArb von unterschiedlicher individueller Bedeutung sind. Persönliche Vorerfahrungen und Wertungen des SozArb führen zu einer **Akzentuierung** der Wahrnehmungsinhalte, die nicht notwendigerweise eine der Problemstellung entsprechende sein muß.

(3) Schließlich werden die den jeweiligen Sachverhalt betreffenden Wahrnehmungen mit früheren entsprechenden Erfahrungen verglichen und den dem SozArb vertrauten Vorstellungsinhalten durch Analogiebildung und Kategorisierung zugeordnet. Dieser Vorgang der **Integration** von neu Wahrgenommenem in bisher Gewußtes führt besonders dann zu Wahrnehmungsverzerrungen und damit zu unzulänglicher Fremdbeurteilung, wenn der SozArb ungenaue, mehrdeutige oder von seiner bisherigen Erfahrung stärker abweichende Informationen verarbeiten soll – und das womöglich noch unter Zeitdruck[5].

4.1.4. Spezielle Gesetzmäßigkeiten der Personwahrnehmung und -beurteilung

Neben diesen mehr allgemeinen Gesetzmäßigkeiten von Wahrnehmung sind in der Beurteilung von Mitmenschen noch die spezielleren der Personenwahrnehmung und Personenbeurteilung zu beobachten.

(1) In Anlehnung an *Kaminski* ist festzuhalten, daß unser »Bild vom anderen« unterschiedlich ausfällt, je nachdem in welchem **Zusammenhang** wir es gewinnen. Als »Privatperson« betrachten wir einen Mitmenschen anders, als wenn wir ihm von Berufs wegen gegenübertreten.

(2) Die in bezug auf die gutachtlichen Äußerung gegebenen **Fragestellungen** tun ein übriges, die Aufmerksamkeit von der gesamten beobachteten Wirklichkeit weg zu Teilaspekten zu lenken und damit die Beurteilung zu beeinflussen.

(3) In der Regel hat ein SozArb aufgrund von Aktenstudium, Gesprächen mit Kollegen oder bisheriger Arbeit mit dem Klienten über dessen Person und psychosoziale Situation **Vorinformationen**, die ihn unbewußt oder ausdrück-

---

5 Vgl. Allport, S. 505 ff.

lich zu Hypothesenbildungen über den Klienten veranlassen. Auch sie modifizieren das Bild vom anderen.

(4) Während des ersten Hausbesuches oder Erstgesprächs im JA ist auf den **»primacy-Effekt«**[6] zu achten. Das heißt: die Reihenfolge, in der Eindrücke über Menschen und ihre Lebenssituation gewonnen werden, bestimmt zum Teil, wie man einen Klienten sieht. Dabei kommmt Ersteindrücken eine besondere Bedeutung zu. Sie sind am nachhaltigsten meinungsbildend, obwohl sie oft nicht nur unzulänglich, sondern ausgesprochen falsch sind.

(5) **Sympathie** oder **Antipathie** gegenüber Klienten sind Wirkgrößen der Personenwahrnehmung, die in gutachtlichen Äußerungen nicht ignoriert werden können, ohne ihnen wenigstens teilweise zu erliegen. Vor allem erlebte oder vermutete Ähnlichkeit des SozArb mit seinem Klienten löst Gefühle der Sympathie aus.

(6) **Erlebte** oder tatsächlich bestehende **Nähe** des SozArb zum Klienten und seiner Situation bewirkt, daß der SozArb eher eine bejahende Einstellung einnimmt, zu positivieren, mildern bzw. nachsichtigeren Beurteilungen kommt **(leniency-Effekt)** und für Wahrnehmungen in diesem Problembereich empfänglicher wird (z. B: Ein SozArb, selbst erst vor Monaten geschieden, soll in einer Angelegenheit nach § 1671 BGB Stellung nehmen). Erlebte Distanz löst gegenteilige Reaktion aus. Der »leniency-Effekt« ist auch dann bei einem SozArb zu beobachten, wenn dieser damit rechnet, sich bei einer negativ ausfallenden Beurteilung rechtfertigen zu müssen. Diese Tendenz der »milden« Beurteilung taucht ferner auf, wenn ein SozArb befürchten muß, eine ungünstige Beurteilung von Klienten könnte indirekt sein eigenes Tun ungünstig beurteilen (z. B.: Klienten wird das elterliche Sorgerecht entzogen, »weil« die bisherige Arbeit des SozArb/SozPäd mit ihnen erfolglos blieb).

(7) In die Nähe des leniency-Effekt rückt in mancher Hinsicht die Tendenz zu mittleren Beurteilungsäußerungen **(central tendency)**, die bei einem SozArb besonders dann aufkommen kann, wenn er vor die Aufgabe gestellt ist, zu extremen Verhaltensweisen Aussagen zu machen (z. B. Beurteilungen von Brutalität eines Vaters in der Erziehung seines Kindes). In solchen Situationen neigen Beobachter leicht dazu, Aussagen über derart extremes Verhalten zu umgehen bzw. es nicht in seiner tatsächlichen Ausgeprägtheit zu beurteilen[7]. Eine Ausnahme machen hier betont autoritäre Persönlichkeiten[8].

(8) Von den die Persönlichkeitsbeurteilung beeinträchtigenden Faktoren ist der **»halo-Effekt«** (halo = Heiligenschein) wohl der bekannteste. Gemeint ist die Tendenz, »sich in der Beurteilung oder Beobachtung einer einzelnen Persönlichkeitseigenschaft vom Gesamteindruck oder von einer anderen hervorstechenden Eigenschaft beeinflussen zu lassen«[9]. (Z. B.: Eine Frau stellt gem. §§ 1634 II, 1696 BGB den Antrag, das Umgangsrecht ihres geschiedenen Mannes einzuschränken. Wenn der SozArb die Frau zuvor als warmherzige, treu-

---

6 Luchins in: Mann, S. 147.
7 Vgl. dazu Kemper, ZblJugR 1977, 411/413.
8 S. u. Abschnitt (12).
9 V. Cranach/Franz, S. 282.

sorgende Mutter erlebt hat, fällt es ihm nun schwerer, eventuell sich dahinter
verbergende Racheimpulse zu erkennen, als bei einer Frau, die er insgesamt
als ausgeprägt kühl, distanziert und betont rational erlebt hat.) Das heißt,
weil eine Person einige als »wertvoll« erachtete Eigenschaften zeigt, werden
ihr vom Beobachter noch andere »gute« zugeschrieben und umgekehrt (wer
lügt, der stiehlt).
Nach *Symonds* erliegen wir einem Gesamteindruck vom Klienten u. a. dann
leicht, wenn die in der Beurteilung zu berücksichtigenden Einzelmerkmale

1. schwer beobachtbar oder schlecht beschreibbar sind,
2. wenn der Beurteiler nur wenig über sie weiß,
3. wenn die gefragten speziellen Eigenschaften nicht hinreichend präzise
   definiert sind,
4. wenn sie eine hohe moralische Bedeutung haben[10].

(9) Hat ein SozArb in der Zusammenarbeit mit dem Klienten einen überwiegend positiven Gesamteindruck gewonnen und wird er dann vom Klienten in
seinen Erwartungen enttäuscht, so bewirkt ein derartiger **Enttäuschungsef-
fekt,** daß der SozArb das ihn nun enttäuschende Verhalten dieses Klienten
negativer bewertet als bei einem anderen, in den er »geringere« Erwartungen
setzte.
(10) Während der halo-Effekt eines SozArb darin besteht, daß er positive
oder negative Verhaltensmerkmale als in der Persönlichkeit seines Klienten
verankert ansieht, entstehen bei ihm Fehlbeurteilungen in Form des **logical
error** durch die Annahme, »daß bestimmte Merkmale ganz allgemein und
immer untereinander gekoppelt seien«[11]. So kann es z. B. dazu führen, daß er
einen als sehr agressiv erlebten Klienten zugleich auch als einen energiegela-
denen einschätzt.
(11) Ähnlich wie ein Arzt oder Psychologe kann ein SozArb durch **Rollen-
kollisionen** in der Beurteilung seines Klienten beeinträchtigt werden. Eine
Rollenkollision kann für einen SozArb dann entstehen, wenn er längere Zeit
familientherapeutisch mit Eheleuten arbeitete, die er nur nach Scheidung
etwa im Zusammenhang mit einer Umgangsrechtsregelung beurteilen soll.
Der Rollenkonflikt, einerseits Berater, andererseits Beurteiler zu sein, wird
noch verstärkt, wenn dieser SozArb genötigt ist, auch nach der Scheidung mit
den Partnern zu arbeiten.
(12) Neben den bisher erörterten Faktoren, die Beobachtung und Beurteilung von Klienten und ihrer Situation beeinflussen, sind noch einige zu nennen, die häufiger bei **autoritär strukturierten Persönlichkeiten** ermittelt wurden. Diese Untersuchungen[12] lassen vermuten, daß SozArb mit ausgeprägt
autoritären Persönlichkeitsanteilen starke, z. T. moralisierende **Bewertungs-
tendenzen** in Beobachtung und Beurteilung ihrer Klienten einfließen lassen.
Eher als wenig autoritäre SozArb neigen sie zu **Projektionen,** einer Tendenz,

---

10 Vgl. Hasemann, S. 827.
11 Hasemann, S. 827.
12 Z. B. Adorno.

Persönlichkeitseigenschaften, die man selbst besitzt, anderen zuzuschreiben oder zumindest bei ihnen unverhältnismäßig ausgeprägt wahrzunehmen.

In engem Zusammenhang damit steht ihre Neigung, gutachtliche Stellungnahmen vorurteilshafter als ihre Kollegen abzufassen. Schon die Zugehörigkeit eines Klienten zu einer vom SozArb abgelehnten Gruppe kann solche **Vorurteile** wirksam werden lassen. Die Zugehörigkeit z. B. zu einer anderen Schicht als der des SozArb, zu einer fremden Rasse, einer anderen Religion, einer anderen Kultur oder auch bloß einer bestimmten Altersgruppe kann für sie Auslöser für vorurteilsvolle Beurteilungen werden.

Sie fallen ferner auf durch eine Intoleranz gegenüber der Mehrdeutigkeit menschlichen Verhaltens **(Ambiguitätsintoleranz)**. Durch stereotype, wenig differenzierte, voreilige Urteilsbildung versuchen sie, dem aus der Mehrdeutigkeit der beobachteten Merkmale entstandenen Druck zu entgehen, was meistens auf Kosten der sachdienlichen Beurteilung des Klienten geschieht.

Insbesondere die hier angesprochenen Befunde über Auswirkungen einer autoritären Persönlichkeit lassen erkennen, in welchem Ausmaß die Persönlichkeitsstruktur des SozArb in gutachtlichen Stellungnahmen wirksam wird.

Daher kann man *Thomae* zustimmen, der mitunter die Gefahr gegeben sieht, »daß die Beobachtung und Beurteilung von Kindern und Jugendlichen (und Erwachsenen, Anm. d. V.) mehr die Eigenart und Einstellung der Beobachter als die der Beobachteten und Beurteilten widerspiegeln[13].

(13) Die für diesen Bereich der Arbeit so dringend erforderliche »soziale Sensitivität[14]«, wird keineswegs durch die **subjektive Überzeugtheit** eines SozArb garantiert, sie zu besitzen. Vielmehr zeigen Befunde der psychologischen Diagnostik *(Merz)*, der Vorurteilsforschung *(Adorno)* sowie spezielle Untersuchungen über gutachtliche Äußerungen von SozArb *(Simitis)*, daß eher das Gegenteil anzunehmen ist: SozArb, die unkritisch überzeugt sind, völlig hinreichende Beurteilungen der Klienten und ihrer psychosozialen Situation abzugeben, liefern den Richtern eher unqualifizierte Entscheidungshilfen.

Den Idealzustand von interpersoneller Sensität dürfte ein SozArb erreicht haben, wenn er zu einer **Empathie** im Sinne *Rogers* fähig ist, d. h. wenn er imstande ist, »den inneren Bezugsrahmen eines anderen genau wahrzunehmen . . . so, als ob man selbst der andere wäre, ohne aber jemals den ›als-ob‹-Zustand zu verlassen«[15]. Bei dieser Weise der Einfühlung handelt es sich eher »um einen Prozeß, weniger um einen Zustand«[16] in der Persönlichkeit des SozArb.

Aber auch wenn eine so optimale Voraussetzung in der Persönlichkeit des SozArb gegeben wäre, würde er sich nur bedingt »objektiv« gutachlich äußern können. Denn neben den Besonderheiten der Person des Beurteilenden fließen solche der Beurteilungssituation, des Beurteilungsgegenstandes sowie der zu beurteilenden Person mit ein, was im folgenden näher untersucht werden soll.

---

13 Thomae 1976, Vorwort zur 10. Aufl.
14 Mann, S. 153.
15 Rogers 1959, S. 210–211.
16 Rogers 1976, S. 36.

4.2 Beobachtungs- und Beurteilungsprozesse als Interaktion

In der Tatsache, daß Beobachtungs- und Beurteilungssituationen ein interaktionelles Geschehen sind, ist eine weitere umfangreiche Variable gutachtlicher Stellungnahmen zu sehen.

4.2.1 Wechselseitige Wahrnehmungsprozesse und ihre Auswirkungen

»Interaktion ist eine Art von aufeinander bezogenem Handeln, das davon ausgeht, daß jeder der Beteiligten in sein Handeln das Wissen um das Wissen des anderen einbaut«[17].
Gutachtliche Stellungnahmen im Rahmen der VormGH/FamGH beziehen sind nicht auf Sachen, sondern auf Personen und können nur dann angemessen angefertigt werden, wenn der SozArb durch Hausbesuche und Gespräche im JA mit den betroffenen Klienten unmittelbaren Kontakt aufnimmt. Die hierbei gewonnenen Erkenntnisse sind daher nicht in erster Linie Ergebnisse einer Objektwahrnehmung, sondern einer **Personwahrnehmung**. Zwischen beiden Arten der Wahrnehmung liegt insofern ein wesentlicher Unterschied, als »Personen Handlungszentren darstellen, die deshalb mit uns in Beziehung treten und die Art unserer Wahrnehmung beeinflussen können ... (Daher) sprechen wir von ›interpersoneller Wahrnehmung‹, wenn zwischen den Peronen eine Beziehung besteht und wenn die wahrgenommene Person auf die Gestalt der Wahrnehmung Einfluß nimmt«[18]. Insofern werden gutachtliche Äußerungen durch **Interaktionsprozesse** beeinflußt.
Nach Befunden von *Tagiuri* und *Petrullo* kann der SozArb allein durch die »eigene Anwesenheit und sein Verhalten in der Wahrnehmungssituation die Perzeptionsmerkmale der Person, die er beurteilen will, selbst verändern«[19]. Allein die Wahrnehmung oder Vermutung des Klienten also, beobachtet bzw. beurteilt zu werden, ändert in der Regel sein Verhalten. Indem der SozArb diese Veränderung wahrnimmt oder den Klienten gegenüber unterstellt, hat das wiederum Rückwirkungen auf sein Verhalten in der Beobachtungs- und Beurteilungssituation. Diese Vorgänge zeigen: Die vom SozArb herbeigeführte »Beurteilungssituation enthält eine **doppelte Interaktion** ...« (zwischen SozArb und Klienten), »in der jeder die Rolle des Beurteilenden übernimmt«[20] und sein Verhalten dadurch ändert. Auf derartige, interaktionell bedingte Einflüsse auf das Verhalten des SozArb/SozPäd wurde bereits unter 4.1 hingewiesen. Die Richtung der Verhaltensänderung des Klienten in der Beurteilungssituation ist zunächst ungewiß. Oft zeigen Klienten in Gesprächen mit SozArb/SozPäd im Rahmen der Mitwirkung in Gerichtsverfahren eine Veränderung in Richtung auf sozial erwünschtes Verhalten oder solches, das vom Klienten als sozial erwünscht angesehen wird.

---

17 Mueller/Thomas, S. 55.
18 Mueller/Thomas, S. 157.
19 Zitiert nach Mann, S. 139.
20 Mann, S. 139.

Beispiel: Geschiedene Eltern, die miteinander um das Sorgerecht für ihre Kinder streiten, zeigen sich in Beurteilungssituationen ihren Kindern gegenüber u. U. toleranter, fürsorglicher, interessierter, als es sonst der Fall ist. Oder: Eheleute, die ein Kind adoptieren wollen, betonen nicht selten, nach der Berufstätigkeit der Frau gefragt, nachdrücklicher als notwendig, daß die Frau im Falle einer Annahme eines Kindes ihre Berufstätigkeit »sofort« aufgeben werde.

In beiden Beispielen werden »Schlußfolgerungen« (**Inferenzprozesse**) sichtbar, die durch Gegebenheiten der Wahrnehmungssituation ausgelöst werden. *Mueller/Thomas*[21] nennen sechs Arten von Inferenzprozessen, die in die Personwahrnehmung einfließen:

(1) *Motorische Nachahmung und damit verbundene Gefühle.*

Beispiel: Der SozArb imitiert verkürzt die niedergedrückte Haltung des depressiven Klienten und erlebt an seiner eigenen Haltung, wie sich in ihm eine niedergedrückte Stimmung anbahnt[22].

(2) *Zeitliche Generalisierung*

Beispiel: Wir beobachten ein Kinder bei einer Aufgabe, die ihm schwerfällt, die es aber zu Ende führt. Wir schließen daraus, daß es ausdauernd ist. »Wir nehmen an, daß das Verhalten, das wir im Augenblick beobachten, auch in späteren Situationen auftreten wird«[23].

(3) *»Übertragung von Eigenschaften«*[24].

Beispiel: Ein Klient fühlt sich von einem SozArb mißtrauisch und von oben herab behandelt. Es wird ihm kaum bewußt, daß er früher einmal entsprechende Erfahrungen mit einem anderen SozArb gemacht hat, der manche Ähnlichkeiten mit dem »neuen« besitzt.

(4) *Einbeziehen einer Persönlichkeitstheorie.*

Beispiel: Der SozArb hört, »daß Eltern eines Jungen sich haben scheiden lassen, als der Junge drei Jahre alt war...«. Es wundert ihn nun nicht mehr, »daß der Junge, inzwischen 15, oft so unverantwortlich handelt...«. Der SozArb folgert ein solches Verhalten »aufgrund der Freudschen Theorie der Über-Ich-Entwicklung«[25].

(5) *»Metaphorische Generalisierung«.*

Beispiel: Ein SozArb sieht eine Klientin mit vollen, weichen Lippen und hält sie für sinnlich. Aus der angenommenen Funktion der Lippen (Küssen) schließt er von ihren vollen Lippen auf ein volles, u. U. ausschweifendes Liebesleben[26].

---

21 Mueller/Thomas, S. 136f.
22 Vgl. a.a.O., S. 136.
23 A.a.O., S. 137.
24 A.a.O., S. 137.
25 A.a.O., S. 137.
26 Vgl. a.a.O., S. 137.

(6) *Rollenbezogene Wahrnehmung.*

Beispiel: Ein Klient sieht im Gespräch im SozArb nicht den Menschen Herrn X, sondern registriert ihn »verkürzt« als »Amtsperson«, als seinen »Berater«, als »parteiischen Komplizen« u. dgl.[27].

Wie die Beispiele schon andeuten, kommt es sowohl beim SozArb als auch beim Klienten zu solchen »Schlußfolgerungen«, die in der Regel wenig bewußt werden.
Ergänzend wäre noch darauf hinzuweisen, daß die Gefahr unkontrollierter »Schlußfolgerungen« und anderer wechselseitiger Einflußnahmen zwischen SozArb und Klienten in dem Maße wächst, in dem die Beteiligten konflikt-trächtige Persönlichkeiten im Sinne der Neurosenlehre sind. *Beckmanns* Arbeiten zur Übertragungsforschung[28] zeigen deutlich, daß nicht nur für Klien-ten, sondern auch für die beteiligten SozArb Probleme von Übertragung und Gegenübertragung entstehen können. Die Gültigkeit einer aus derartigen In-teraktionen erwachsenden Stellungnahme wird dann sehr fraglich.

4.2.2 Einstellungen und ihre Auswirkungen

Um das sich in Beobachtungs- und Beurteilungssituationen abspielende inter-aktionelle Geschehen besser unter Kontrolle halten zu können, sind vom SozArb nicht nur die oben genannten wechselseitigen Wahrnehmungsvor-gänge, sondern auch noch einige besondere Einstellungen und ihre Auswirkun-gen zu beachten. Bedeutsame Einstellungen des SozArb wurden bereits unter 4.1 angesprochen. Hier soll auf einige **Einstellungen von Klienten** hingewiesen werden, die auf Beobachtung und Beurteilung Auswirkungen haben können.
(1) *Einstellungen des Klienten zum zu beurteilenden Problem und dessen Hin-tergrund.* Eltern, deren Sorgerecht wegen Scheidung gemäß § 1671 BGB zu regeln ist, werden sich in eine diesbezügliche Beobachtungs- und Beurteilungs-situation anders einlassen können, je nachdem ob sie ihre Trennung gut verar-beiten konnten oder ob sie sich dadurch noch immer persönlich betroffen, ver-letzt oder überfordert fühlen. Allein schon das unterschiedliche Ausmaß an Ich-Beteiligung im Verhalten der beiden beispielhaft genannten Klientengrup-pen bedingt ein unterschiedliches interaktionelles Geschehen während der Be-urteilungssituation.
(2) *Einstellungen des Klienten zur Tatsache, beurteilt zu werden.* Auch diesbe-züglich sind unterschiedliche Einstellungen der Klienten in der Praxis zu beob-achten. Während der eine Klient den Hausbesuch des SozArb/SozPäd und das Gespräch mit ihm als eine Chance ansieht, zu seinem Recht zu kommen, empört sich der andere offen oder verdeckt gegen die Zumutung, »kontrol-liert« und »beurteilt« zu werden.
(3) *Einstellungen des Klienten zu den möglichen Folgen der Beurteilung.* Hier dürften vor allem angstbesetzte Erwartungen eine Rolle spielen, die oft mit den oben angedeuteten Einstellungen zum Problem und dessen Hintergrund

---

27 Vgl. a. a. O., S. 137.
28 Beckmann, S. 1242–1256.

verquickt sind. Die Angst z. B., aufgrund einer Entscheidung nach § 1634 BGB sein Kind demnächst nicht mehr sehen zu dürfen, kann dann die Beurteilungssituation ebenso entstellend beeinflussen wie etwa die Angst adoptivwilliger Eheleute, ihren Adoptionsantrag abgelehnt und – aus welchen Gründen auch immer – kein Kind vermittelt zu bekommen.

(4) *Einstellungen des Klienten zur Person des beurteilenden Sozialarbeiters.* Anspielungen auf Alter, Geschlecht und sozioökonomischen Status des SozArb/SozPäd sind beispielsweise einige der »Aufhänger«, an denen sich die Beurteilungssituation modifizierende Einstellungen der Klienten festmachen lassen.

Beispiele:
– »Was wissen Sie als Mann schon, wie das für mich als Mutter ist, wenn . . .« (Geschlecht)
– »Fräulein, sind Sie denn eigentlich schon verheiratet? . . . haben Sie denn Kinder . . .?« (Alter, Kompetenz)
– »Das muß mein Hausarzt doch schließlich besser beurteilen können, ob Petra die Besuche beim Vater schaden oder nicht.« (Status).

4.2.3 Auswirkungen von Zielsetzungen

Außer den allgemeinen Gesetzmäßigkeiten interpersoneller Wahrnehmung und den individuellen Einstellungen von SozArb und Klienten sind drittens die mehr oder weniger deutlich faßbaren speziellen Zielsetzungen der Beteiligten zu beachten, weil auch sie das interaktionelle Geschehen in Beobachtungs- und Beurteilungssituationen beeinflussen.

Gibt der SozArb z. B. durch die Art seiner Gesprächsführung zu erkennen, daß der Gesprächspartner ihn weniger als Klient, sondern in erster Linie als **Informant** interessiert, wird sich das auf die Art der Interaktion entsprechend auswirken. Ähnliches gilt, wenn der Klient erkennen kann, daß der SozArb auf **bestimmte** Informationen abzielt.

Ein besonderes Ziel des SozArb in solchen Situationen wird sein, aus widersprüchlichen Informationen den tatsächlichen Sachverhalt herauszufinden. Damit kann der SozArb jedoch seiner Zielsetzung entgegenstehende Ziele der Klienten berühren. Das ist z. B. dann der Fall, wenn ein Elternteil nach Scheidung das Sorgerecht über die gemeinsamen Kinder fordert, um sich dadurch am ehemaligen Partner zu rächen, ihn unter Druck zu setzen oder ihn zu verletzen. Ähnliches gilt beispielsweise auch dann, wenn Eheleute sich um die Adoption eines Kindes bewerben, sich dabei ins beste Licht rücken und zu verdecken suchen, daß dieses Kind helfen soll, eine brüchige Ehebeziehung zu festigen.

Gegensätzliche Zielvorstellungen solcher Art lösen, zumal wenn sie verheimlicht bleiben sollen, Interaktionen aus, die für den Beobachtungs- und Beurteilungsprozeß in der Regel wenig förderlich sind.

4.2.4 Die Beurteilung der Glaubhaftigkeit von Klientenaussagen

Das interaktionelle Geschehen in Beobachtungssituationen ist nicht nur ein Hindernis für eine zuverlässige Erfassung des Sachverhalts, sondern zugleich auch das Medium, durch das u. a. die Glaubhaftigkeit von Klientenäußerungen überprüft werden kann.

Undeutsch[29] weist darauf hin, daß in einer Beurteilungssituation nicht die Glaubwürdigkeit des Klienten schlechthin Gegenstand der Prüfung ist, sondern stets nur seine in Wort und Ausdrucksverhalten sichtbar werdende Aussage zum jeweiligen konkreten Teilaspekt des Sachverhalts. Eine angemessene Beurteilung der Glaubhaftigkeit von Klientenaussagen wird dem SozArb am ehesten gelingen, wenn er sich durch die Interaktion im Gespräch mit dem Klienten nicht einen »allgemeinen Eindruck« von der Glaubhaftigkeit der Klientenaussagen zu verschaffen sucht, sondern gezielt seine Aussagefähigkeit, Aussagetüchtigkeit und Aussageehrlichkeit einzuschätzen sucht.

Die **Aussagefähigkeit** des Klienten hängt ab von seinen Voraussetzungen, relevante Vorgänge differenziert wahrzunehmen, der Wahrnehmung weitgehend entsprechend im Gedächtnis zu speichern und im Bedarfsfall die Erinnerungen wiederzugeben.

Auch bei hinreichender genereller Aussagefähigkeit braucht im konkreten Fall die spezielle **Aussagetüchtigkeit** nicht gegeben zu sein. Entwicklungsstand, überwertige Ängste oder Bedürfnisse, intellektuelle Minderbegabung u. a. können die Aussagetüchtigkeit für einen ganz bestimmten Sachverhalt entsprechend einschränken, wenn nicht ganz aufheben.

Beispiel: Ein dreieinhalbjähriges Kind erlebt im elterlichen Schlafzimmer des öfteren nachts den Sexualverkehr zwischen Vater und Mutter, ohne Geräusche und Bewegungen sinnvoll einzuordnen zu können. Einige Monate danach, anläßlich einer Sorgerechtsregelung gemäß § 1672 BGB nach seinen inneren Beziehungen zu den Eltern exploriert, schildert das Kind den Vater als einen Mann, der nachts der Mutter oft Gewalt angetan habe.

Die **Aussageehrlichkeit** wiederum ist deutlich von der Aussagefähigkeit und Aussagetüchtigkeit zu unterscheiden. Auch sie ist in bezug auf jeden Aussagebereich einzeln und nicht auf die Person generell bezogen einzuschätzen. Sie kann innerhalb ein und desselben Gesprächs beim Klienten zu dem einen Fragenkomplex gegeben sein und zu einem anderen nicht. Die hierzu von *Undeutsch* referierten Befunde[30] zeigen, daß die Beachtung problembezogener ausgeprägter Bedürfnisse, Wünsche oder Befürchtungen der Klienten für die richtige Einschätzung der Aussageehrlichkeit bedeutsamer sind, als die Beachtung sogenannter Persönlichkeitseigenschaften wie »charakterliche Wohlanständigkeit« oder »Verwahrlosung«. Die Art und Weise, wie SozArb und Klient in der Beobachtung-/Beurteilungssituation miteinander in Beziehung treten, trägt mit zur Aussageehrlichkeit bei. Kennzeichen wahrheitsgemäßer

---

29 S. 26–184.
30 S. 79–92.

und unwahrer Bekundungen von Klienten diskutiert *Undeutsch*[31] ausführlich. Auf diese Ausführungen wie auf andere Literatur, die sich mit der Glaubhaftigkeit von Klientenaussagen befaßt, kann hier nur verwiesen werden[32].

4.2.5 Die Beachtung der »pragmatischen Axiome« der Kommunikationstheorie in der Beurteilungssituation

Die Beachtung dieser von *Watzlawick* u. a. postulierten »einfachsten Eigenschaften der Kommunikation«[33] ist in unserem Zusammenhang in zweifacher Hinsicht bedeutsam: erstens unterliegt auch das interaktionelle Geschehen der Beobachtungs-/Beurteilungssituation diesen Gesetzmäßigkeiten; zweitens bieten die fünf Axiome dem SozArb Anhaltspunkte, die problemträchtigen zwischenmenschlichen Beziehungen der Klienten gezielt anzusprechen und zu hinterfragen.

(1) Nach *Watzlawicks* erstem Axiom ist es in jedem Zusammensein von Menschen einfach eine **»Unmöglichkeit, nicht zu kommunizieren«**[34]. Das schließt nicht aus, daß ein Klient sowohl in seiner familiären wie in der Beurteilungssituation versucht, Kommunikation zu vermeiden.

Versuche, mit dem SozArb **nicht zu kommunizieren,** sind nicht nur im Schweigen, in der Ablehnung eines Gesprächsangebots oder im widerwilligen Sicheinlassen zu sehen. Auch die mannigfaltigen **Entwertungsversuche** gehören dazu: Themawechsel, absichtliche Mißverständnisse, bei Äußerlichkeiten oder Nebensächlichkeiten bleiben, ins Wort fallen, ohne auf das vom Partner Gesagte einzugehen u. a. m. Ein extremer Versuch, Kommunikation zu verweigern, besteht in der **Symptombildung:** Dem Klienten wird übel, er bekommt Kopfschmerzen, er kann wegen Krankheit das notwendige Gespräch nicht führen, u. a. m.

Die Beachtung dieses ersten Axioms der Kommunikationstheorie hilft dem SozArb zu überprüfen, in welchem Umfange die Klienten kommunikationsfähig sind, über welche Inhalte sie eine Kommunikation vermeiden und auf welche Weise sie in der Regel versuchen, einer Kommunikation auszuweichen oder sie abzubrechen.

(2) Das zweite pragmatische Axiom verweist den SozArb darauf, daß er »in jeder Kommunikation (seiner Klienten) einen **Inhalts- und einen Beziehungsaspekt**«[35] finden wird. Der in einer Kommunikation enthaltene Beziehungsaspekt bestimmt, wie der Klient das auf der Inhaltsebene Geäußerte eigentlich verstanden wissen will.

Beispiel: Eine Frau, wegen einer strittigen Umgangsrechtsregelung nach § 1634 BGB mit einem SozArb im Gespräch, fragt ihn: »Finden Sie das auch richtig, was mein früherer Mann an Begründungen vorgebracht hat?« (Inhaltsebene). Auf der Beziehungsebene

---

31 S. 125–167.
32 Z. B. Arntzen 1970 und 1983, Hallermann/Karger, Müller-Luckmann, Trankell.
33 S. 50.
34 A. a. O., S. 50.
35 A. a. O., S. 53.

kann sie ihn damit fragen:»Auf welcher Seite stehst Du? Auf meiner Seite oder auf der meines Mannes?«

Sofern ein SozArb den Beziehungsaspekt in den Äußerungen der Klienten ignoriert, wird er nicht nur viele Informationen übersehen sondern wahrscheinlich auch Schwierigkeiten bekommen, die Beobachtungs- und Beurteilungssituation für beide Seiten zufriedenstellend zu gestalten[36].

(3) Das dritte pragmatische Axiom besagt, daß für Menschen, die miteinander kommunizieren, scheinbar »ein ununterbrochener Austausch von Mitteilungen«[37] besteht, daß tatsächlich aber jeder von ihnen diese Mitteilungen individuell strukturiert **(Interpunktion von Ereignisfolgen)**. Kommen die Gesprächsteilnehmer zu unterschiedlichen Strukturierungen der Mitteilungen, entstehen Kommunikationsstörungen und Beziehungskonflikte.

Beispiel: In der Ausübung seines Umgangsrechts spricht ein geschiedener Vater mit seiner von ihm getrennt lebenden 15jährigen Tochter über ihren Alltag daheim bei der geschiedenen Mutter. Je mehr er, allmählich enttäuscht, versucht, mit der Tochtr ins Gespräch zu kommen, desto schweigsamer wird sie. Beide haben den Gesprächsinhalt anders strukturiert: Die Tochter verschließt sich immer mehr den Fragen des Vaters, weil sie darin ein »Aushorchen« sieht; der Vater wird verärgert, weil er glaubt, seine Tochter ignoriere sein Interesse an ihrem alltäglichen Leben.

Die Beachtung dieses Axioms kann dem SozArb zum einen helfen, viele Konflikte zwischen den streitenden Parteien besser zu verstehen, zum anderen kann sie ihn davor schützen, in der Beurteilungssituation selbst in einem so verhängnisvollen Kreisprozeß mit dem Klienten zu geraten[38].

(4) Die Hinweise auf die unterschiedlichen Mitteilungmöglichkeiten durch »dititale und analoge Kommunikation«[39] in Beobachtungssituationen berücksichtigen, heißt für den SozArb, seine Informationsquellen erweitern: Neben dem sprachlich Mitgeteilten (digitale Kommunikation) berücksichtigt er auch all das, was er in diesem Zusammenhang an Ausdruckhaftem in Stimme, Mimik, Gestik u.a. (analoge Kommunikation) bei den Klienten wahrnehmen kann. Sofern sich analoge Kommunikation aus erlebnisunmittelbarem Ausdrucksverhalten ergibt, wird diese auch für die Beurteilung der Glaubhaftigkeit von Klientenaussagen bedeutsam. Dabei ist jedoch zu bedenken, daß analoge Kommunikation stets mehrdeutig ist und es dann zum großen Teil vom SozArb und dem bei ihm ausgelösten Eindruck abhängt, ob er den Kommunikationsinhalt einigermaßen zutreffend erfassen kann.

(5) *Watzlawicks* Hinweise auf »**symmetrische und komplementäre Interaktio-**

---

36 Zu den bedeutsamen Störungen auf diesem Gebiet – Konfusion von Inhalts- und Beziehungsaspekt, Entwicklung von Meinungsverschiedenheiten, Folgen der unausgesprochenen Ich-Du-Definition, der Beziehungsblindheit u.a. – vgl. Watzlawick, S. 79–91.

37 A.a.O., S. 57.

38 Vgl. Watzlawick, S. 92–96.

39 Watzlawick, S. 61–68.

nen«[40] – fünftes pragmatisches Axiom – sind für den SozArb wiederum sowohl für das Verständnis konflikthafter Beziehungen der Klienten untereinander als auch für Vorgänge in der Beobachtungs- und Beurteilungssituation bedeutsam. Insbesondere bei Fragen zu §§ 1741 ff., 1671 und 1672 BGB wird er darauf zu achten haben, welche komplementäre, d. h. ergänzende Funktion dem gewünschten bzw. umkämpften Kind von den Adoptiveltern bzw. Eltern zugesprochen wird und ob sie auch in erforderlicher Weise zu symmetrischen Beziehungen fähig sind, in denen das Kind als gleichwertiger eigenständiger Partner akzeptiert wird.

In Beobachtungs- und Beurteilungssituationen werden sich »symmetrische Eskalationen« zwischen SozArb und Klienten auf die Güte der gutachtlichen Stellungnahme ebenso störend auswirken wie eine »starre Komplementarität«[41].

Symmetrische Eskalationen sind dann gegeben, wenn SozArb und Klient im Gespräch weniger mit der Lösung von Sachfragen als vielmehr mit der Abklärung von Geltungsansprüchen beschäftigt sind.

Beispiel« Klient: »Das geht Sie gar nichts an.« SozArb: »Dann muß ich dem Familiengericht eine entsprechende Mitteilung machen!«

Von **starrer Komplementarität** z. B. kann man sprechen, wenn ein depressiv strukturierter SozArb, um sich seine »Helferrolle« erhalten zu können, Klienten in die »Rolle des Hilfsbedürftigen« drängt und diese die Rolle auch annehmen, obwohl sie zu einer gewissen Selbständigkeit fähig wären[42].

Betrachtet man so die Aussagen der Kommunikationstheorie, so findet man nicht nur Hinweise auf mögliche Störungen, die in Beobachtungs- und Beurteilungssituationen aufkommen können. Sie zeigen mit gleicher Deutlichkeit, daß solche Situationen und was in ihnen erfahrbar wird, stets das Interaktionsergebnis von Klient und SozArb sind. Sie verweisen ferner darauf, daß die als Ergebnis solcher Interaktionen verfügbaren Informationen immer auch situationsgebunden und damit bis zu einem gewissen Grade ausschnitthaft und daher nur vorsichtig zu verwerten sind. Übereinstimmend mit anderen Autoren[43] zeigen *Watzlawick* u. a., wie bedeutsam es für den SozArb und seine gutachtliche Stellungnahme werden kann, in Beobachtungs- und Beurteilungssituationen zwischen dem vom Klienten Gesagten und dem dabei von ihm Gemeinten zu unterscheiden.

---

40 A. a. O., S. 68 ff.
41 Vgl. Watzlawick, S. 103 f.
42 Näheres vgl. Watzlawick, S. 68–70 und 103–113.
43 Z. B. Argelander, Harris.

4.3 Besonderheiten des Beurteilungsgegenstandes und ihre Auswirkungen

4.3.1 Die Komplexität psychosozialer Vorgänge

Gutachtliche Stellungnahmen bei Mitwirkung in Verfahren vor den VormGen/ FamGen haben von ihrer Zielsetzung her nur in geringem Umfange zur Abklärung materieller Verhältnisse beizutragen. Nach dem Willen des Gesetzgebers bleibt es ihre Hauptaufgabe, die zum Wohle eines Kindes notwendigen psychosozialen Gegebenheiten aufzuweisen. An diesem Akzent in der Aufgabenstellung ändert sich auch dann nichts, wenn manche SozArb sich lieber über die Wohnverhältnisse und die wirtschaftliche Sicherheit der zu Beurteilenden auslassen. Dieses Vorgehen deutet nur wieder einmal mehr darauf hin, wie schwer es ist, psychosoziale Gegebenheiten überhaupt, und solche, die für das Kindeswohl erforderlich sind, im besonderen zu erfassen und darzustellen.

Diese Schwierigkeit ergibt sich sowohl aus der Komplexität der Aufgabenstellung als auch aus der Eigenart des Psychischen. Will der SozArb Erleben und Verhalten seiner Klienten vollständig beschreiben, so muß er zunächst die verschiedenen **Einzelaspekte** ihrer seelischen und sozialen Wirklichkeit beachten, wie da sind:

- ihre **Wahrnehmungsfunktionen** (deren Entwicklungsstand, Grad der Differenziertheit, Ausmaß an Aufmerksamkeitsspanne u. a. mehr)
- ihre **Vorstellungswelt** (mit ihren Phantasien und Erinnerungen)
- ihre **Denkvorgänge** (Höhe und Eigenart der Intelligenz, produktives oder reproduktives Denken u. a. mehr)
- ihre **Lernfähigkeit** (die Bereitschaft, sich Neuem zu öffnen, es in bisheriges Verhalten mit einzubeziehen u. a. m.)
- ihre **Gefühlswelt** (Erlebenisfähigkeit, Grundstimmung, besondere Gefühle u. a.)
- ihre **Bedürfnisse** (wie sie umgehen mit primären Bedürfnissen, welche sekundären bei ihnen sich ausbildeten usw.)
- ihre **Aktivität** (nach welchen Bedüfnissen ausgerichtet, in welcher Stärke, welcher Verlaufsform gegeben)
- ihre **Steuerung des Verhaltens** (von Einsichten, lanfristigen Zielsetzungen, affektiven Bindungen u. a. bestimmt)

Und selbst mit dieser Aufzählung von Einzelaspekten des Psychischen ist noch nicht alles genannt. Es kommt des weiteren dazu, daß verschiedene psychische Funktionen und Kräfte erst dann annähernd richtig erfaßt und beschrieben werden, wenn man sie nicht isoliert betrachtet, sondern ihr in der Situation gegebenes **jeweiliges Zusammenspiel** mitberücksichtigt. Erschwerend wirkt außerdem, daß diese vielen Einzelaspekte psychischer Wirklichkeit und ihr Zusammenspiel jetzt nicht nur innerhalb einer Person bedingt und zu beobachten sind, sondern daß gerade die **Abhängigkeit und Veränderbarkeit dieser Vorgänge durch die Beziehung der Klienten zu anderen Menschen** für unsere Stellungnahmen bedeutsam werden und daher zusätzlich zu erfassen sind.

Gerade Stellungnahmen im Rahmen der FamGH können sich nicht auf die Darstellung individueller psychischer Strukturen beschränken, sondern haben in gleicher Weise die Besonderheiten des jeweiligen Familiensystems sichtbar werden zu lassen. Schließlich hat der SozArb zu registrieren, welche psychischen Prozesse und Strukturanteile der zu Beurteilenden gestört sind, durch wen oder was aus der sozialen Umwelt diese **Beeinträchtigungen** verursacht wurden und in welchem Ausmaß sie ein normabweichendes Verhalten darstellen. Damit nicht genug, soll der SozArb überblicken, inwieweit diese Verhaltensauffälligkeiten für die Gefährdung des **Kindeswohls im Sinne des Gesetzes** bedeutsam sein können. Schließlich soll er **auf Ansätze hinweisen** können, die geeignet sind, die Gefährdung einzudämmen oder zu beheben. Aus diesen wenigen Andeutungen dürfte bereits erkennbar sein, daß allein die Eigenart des Hauptgegenstandes der Stellungnahme – **das menschliche Erleben und Verhalten im Bezugssystem des Sozialen** – etwas ist, das die Qualität von Beurteilungen in ganz anderer Weise beeinflußt als etwa die Beurteilung von hinreichenden Wohn- oder Einkommensverhältnissen.

4.3.2 Die Unschärfe des Begriffs »Kindeswohl«

Ist das Erfassen und Beurteilen von menschlichem Erleben und Verhalten, eingebettet in ein bestimmtes soziales Umfeld mit den ihm eigenen Kräften, an sich schon ein schwieriges Unterfangen, das stets nur annäherungsweise gelingen kann, so wird dieses noch schwieriger, wenn ein **bestimmtes** Erleben und Verhalten, wie das im Begriff »Kindeswohl« unterstellte, Gegenstand der Beurteilung werden soll.

Die nicht endenwollende Kette von Veröffentlichungen zum Thema Kindeswohl[44] zeigt, daß hiermit offensichtlich ein sehr wichtiger Aspekt menschlichen Seins angesprochen ist, den die soziale Arbeit zu schützen hat. Die Flut einschlägiger Literatur macht daher aber auch deutlich, daß der Inhalt des Begriffs »Kindeswohl« für alle Beteiligten nicht befriedigend und erschöpfend umschrieben ist[45].

Daraus ergibt sich für den SozArb/SozPäd die Schwierigkeit, für sich definieren zu müssen, welche psychosozialen Gegebenheiten er für das Kindeswohl als relevant erachtet. Je weniger er diesen Begriff in konkretes Erleben und Verhalten übersetzen und seine »Definition« begründen kann, um so subjektiver werden die Aspekte sein, die er zur Beurteilung dieses Problems heranzieht.

Ohne den Anspruch auf Vollständigkeit erheben zu wollen, bringen wir als Orientierunghilfe in Kap. 6 einige Konkretisierungsvorschläge, die sich uns aus der Berücksichtigung einschlägiger wissenschaftlicher Erkenntnisse und Rechtsprechung ergaben.

---

44 Vgl. dazu o. S. 7 FN 13.
45 Vgl. o. S. 7 f.

4.3.3 Probleme der Mitteilung von psychosozialen Sachverhalten

Unterstellt man, daß Gültigkeit und Zuverlässigkeit der Beobachtungen und
Beurteilungen nicht wesentlich durch Besonderheiten der Persönlichkeit des
SozArb, das Verhalten des Klienten, die Beurteilungssituation und den Beur-
teilungsgegenstand beeinträchtigt wurden, so besteht dennoch die Frage,
inwieweit das vom SozArb angemessen Wahrgenommene und zutreffend
Beurteilte adäquat dem Richter übermittelt wird. »Kriterium für Erfolg oder
Mißerfolg einer Informationsübertragung ist das Verhältnis von gesendeter
und empfangener Information«[46]. Ob sich die mit der Stellungnahme des
SozArb gesendete Information mit der vom Richter empfangenen deckt, hängt
von verschiedenen Faktoren ab.
Ein Faktor ist die **Verständlichkeit** der gutachtlichen Stellungnahme. Mit
Nietzsche ist mitunter beim Stellungnehmenden zu registrieren: »Er hat eine
Menge für sich gedacht, und jetzt fehlt ihm die Geschicklichkeit, diese Gedanken zu äußern«[47]. Auch unsere Erfahrungen mit Studenten und SozArb aus der
Praxis zeigen uns, daß die Beachtung des sprachlichen Ausdrucks in der Erörterung psychosozialer Gegebenheiten von großer Bedeutung ist.
Zu guter Informationsübermittlung kommt es ferner, wenn SozArb und Richter den in den Stellungnahmen auftauchenden Wörtern und Begriffen den **gleichen Bedeutungsgehalt** unterlegen. Zwei Arten von »Bedeutung« sind hierbei
zu beachten:
(1) SozArb und Richter verstehen unter einem Begriff, z. B. »Hospitalismus«,
explizit ein und dasselbe (denotative Bedeutung).
(2) Bei SozArb wie Richter klingt **implizit** Vergleichbares an; z. B. beim Wort
»Hospitalismus« etwa Gefühle des Mitleids, größeres Verständnis für abwei-
chendes Verhalten o. ä. (konnotative Bedeutung).
Decken sich in dieser Weise denotative und konnotative Bedeutung von Aussagen bei SozArb und Richter, so ist ein hohes Maß an zutreffender Informa-
tionsvermittlung erreicht. Wie in Kap. 4.4.1 noch auszuführen sein wird, kann
man das jedoch nicht als selbstverständlich voraussetzen.
Hinzu kommt noch, daß die einzelnen Begriffe in der gutachtlichen Stellungnahme in einem bestimmten **Zusammenhang** (Kontext) auftauchen. Dieser
muß bei einer guten Informationsübermittlung vom Richter so gesehen werden
können, wie ihn der SozArb gemeint hat. Auch hier ist mit Schwierigkeiten zu
rechnen[48].
Ein Problem ganz anderer Art besteht darin, für die Beschreibung menschlichen Erlebens und Verhaltens überhaupt **zutreffende Begriffe** zu finden. Die
vielen Befunde aus der Persönlichkeitsforschung zeigen, daß auch von da her
einer vollständigen Erfassung, Beschreibung und Beurteilung des Menschen
Grenzen gesetzt sind.

---

46 Hartmann, S. 76.
47 In: Hartmann, S. 76.
48 Vgl. dazu Hartmann, S. 70–85.

4.4 Der Richter als Adressat

Zu den Variablen, die gutachtliche Stellungnahmen von SozArb beeinflussen, ist auch der Richter zu zählen. Für *Sodhi* ist es eine »Binsenwahrheit, daß unsere Urteile nicht allein durch soziale Kräfte beeinflußt werden, die in Vis-à-vis-Gruppen selbst entstehen, (wie das beispielsweise im Gespräch des SozArb mit den Klienten der Fall ist), ...sondern auch durch unser Wissen darüber, wie geachtete Personen ... über den Urteilsgegenstand denken«[49]. Das können in unserem Falle Kollegen oder der JA-Leiter und vor allem der Richter sein.
Wie die Vorstellungen des SozArb über den Richter als Adressaten seiner Stellungnahme diese beeinflussen, hängt u.a. vom Selbstverständnis des SozArb/SozPäd ab. In der Praxis finden sich SozArb, die erst in der Konfrontation mit Kollegen spüren, daß sie sich zu sehr als Erfüllungsgehilfen des Gerichts verstehen, und solche, die wissen, daß sie Mitarbeiter einer eigenständigen Fachbehörde sind.

4.4.1 Mögliche Unterschiede zwischen juristischen und sozialwissenschaftlichen Arbeitsansätzen

Je nach den Schwerpunkten, die sich der SozArb in seinem Studium und der beruflichen Praxis setzte, können unterschiedliche Denkweisen und Einstellungen zu Verständigungsschwierigkeiten zwischen SozArb und Richter führen. Der im Rahmen der Mitwirkung in Gerichtsverfahren tätige SozArb sollte prüfen, ob derartige Unterschiede zwischen einer mehr formal-juristischen und sozial-pädagogischen Einstellung und Vorgehensweise seine Kommunikation mit dem Richter beeinträchtigen. Er tut gut daran, sich in diesem Zusammenhang auch die Art der Ausbildung des Richters zu verdeutlichen, um sich dadurch besser auf ihn einstellen zu können.

Unterschiedliche Denk- und Arbeitsansätze von SozArb und Richtern[50]

Betont juristische Aspekte	Betont sozial-pädagogische Aspekte
1. Richter wollen mit ihrem Tun bestehende Ordnung zwischenmenschlicher Beziehungen wahren.	1. SozArb versuchen, den Bedürfnissen des Individuums gerecht zu werden.
2. Die Arbeit von Richtern ist weitgehend öffentlich.	2. Die Arbeit von SozArb/SozPäd mit dem Klienten hat – besonders im klinischen Bereich – oft Intimcharakter.

---

49 Sodhi, S. 368.
50 Vgl. dazu Liebel/v. Uslar, S. 11–20; ZfJ 1984, 8.

Betont juristische Aspekte	Betont sozial-pädagogische Aspekte
3. Tatbestandsmerkmale drängen Richter eher in eine normative Betrachtungsweise.	3. Kausale und finale Betrachtungsweise steckt SozArb den Rahmen ihres Handelns ab.
4. Vorwürfe von manchen Richtern, Sachverständige und SozArb würden sich Entscheidungskompetenzen anmaßen.	4. Vorwürfe von SozArb, Richter sähen nur den Paragraphen und nicht den davon betroffenen Menschen.
5. Grenzwertdenken bestimmt die Richter (Ist der Klient verantwortlich oder nicht? Krank: ja oder nein?).	5. Phänomenbezogenes Denken bestimmt SozArb (Was bedeutet es für den Klienten? Was löst es bei ihm aus? usw.).
6. Richter orientieren sich bei ihrer Wertung an den Gesetzen als Niederschlag gesellschaftlicher Normen.	6. SozArb/SozPäd orientieren sich – im gesetzlichen Rahmen – in ihrer Wertung auch an der individuellen Bedeutung für den Betroffenen.
7. Gespräche der Richter mit den Parteien dienen ihnen zur Klärung des Sachverhalts im Sinne der Rechtsnorm.	7. Gespräche von SozArb/SozPäd mit Betroffenen dienen neben der Abklärung des Sachverhalts im Sinne des Gesetzes auch der Abklärung seiner subjektiven Bedeutsamkeit für den Klienten. Außerdem haben sie noch eine unterstützende Funktion.
8. Richter müssen »Wahrheitsfindung« betreiben.	8. SozArb können immer nur Aussagen über »Wahrscheinlichkeiten« machen, sofern sie von psychosozialen Voraussetzungen und Auswirkungen sprechen.
9. Die Entscheidung der Richter bezieht sich auf einen bestimmten Zeitpunkt, ist also mehr statisch, enthält allenfalls prognostische Aspekte.	9. Die Arbeit von SozArb ist eher dynamisch, prozeßhaft, sie sehen die Menschen in ihren gewesenen und erwarteten historisch-sozialen Zusammenhängen.
10. Richter **müssen** entscheiden.	10. SozArb können notfalls Entscheidungsvorschlag weglassen und auf einen Sachverständigen oder den Richter verweisen.

4.4.2 Die Ausbildung des Richters

Der Richter hat, um seine Funktion ausüben zu können, Rechtswissenschaft studiert. Noch bis vor einigen Jahren bedeutete eine solche Ausbildung, daß man sich ca. vier Jahre lang an einer Hochschule ausschließlich mit dem Recht, und hier wiederum überwiegend mit der Rechtsdogmatik befaßte und anschließend mindestens zweieinhalb Jahre im juristischen Vorbereitungsdienst die Umsetzung des Rechts auf die Praxis lernte. Kontakte mit den Sozialwissenschaften hatte man höchstens, sofern man sich persönlich dafür interessierte. – In den meisten Studienordnungen der Universitäten und Gesamthochschulen hat sich dies in den letzten Jahren etwas geändert. Die Einführung von Grundlagenfächern, Pflichtfächern und Wahlfachgruppen hat dazu geführt, daß den Studenten im Rahmen der Wahlfachgruppen in den Bereichen, wo die Berührung mit den Sozialwissenschaften unübersehbar ist (z.B Kriminologie, Jugendstrafrecht, Strafvollzug), Lehrveranstaltungen mit sozialwissenschaftlichem Einschlag angeboten werden. Die Möglichkeit des Juristen, sich im Verlauf des Studiums mit Denkansätzen und Handlungsweisen von Sozial- und Verhaltenswissenschaften vertraut zu machen, garantiert jedoch noch keineswegs, daß SozArb mit Vormundschafts- und Familienrichtern heute keine Kommunikationsschwierigkeiten hätten: Erstens könnte sich eine größere Vertrautheit der Juristen mit den Sozial- und Verhaltenswissenschaften allein aufgrund geänderter Studienordnungen bestenfalls bei jüngeren Richtern auswirken. Zweitens gilt auch nach Änderung der Studienordnungen, daß sich die überwiegenden Ausbildungsinhalte und Lernerfahrungen von Richtern und SozArb in Theorie und Praxis notwendigerweise so stark unterscheiden, daß berufsspezifisch andersartige Weisen der Auseinandersetzung mit ein und demselben »Gegenstand« (sprich Klient/Partei) begünstigt werden.

Im beruflichen Alltag wiederholt sich für SozArb in ihrer Interaktion mit Richtern nicht selten etwas, was einigen von ihnen bereits während ihres Studiums, besonders in den Anfangssemestern der FH, widerfahren ist: sie erlebten im Recht (Richter) etwas (jemanden), das (der) in seinen Strukturen (Denkstrukturen) anders ist als ein großer Teil der Wissenschaften, die er zu studieren hatte (sie selber).

Eine sich in solchen Erfahrungen abzeichnende reflektierte oder unreflektierte Polarisierung von Rechtswissenschaften als Sollenswissenschaft einerseits und Sozial- bzw. Verhaltenswissenschaften[51] andererseits ist jedoch weder kommunikationsfördernd noch berechtigt, zumal wenn man bedenkt, daß die Rechtswissenschaft selbst eine Sozialwissenschaft ist[52]. In welcher Weise der Richter in seiner richterlichen Entscheidungsfindung auch sozial- und verhaltenswissenschaftlich relevanten Gesetzmäßigkeiten unterliegt, erörtert *Weimar* ausführlich.

So wichtig es für SozArb bei ihren Stellungnahmen sein kann die durch Ausbildung und Beruf geprägte, für Richter spezifische Denk- und Vorgehensweise

---

51 Vgl. v. Savigny, zitiert nach Lautmann, S. 30.
52 Lautmann, S. 27f.

zu berücksichtigen, so bedeutsam dürfte auch die Beachtung von Gemeinsamkeiten sein, die SozArb in der Kommunikation mit Richtern voraussetzen können. Eine dieser Gemeinsamkeiten ist im Bereich der Familie die Gerichtetheit auf die Sicherung oder Förderung des körperlichen, geistigen und seelischen Wohls der mit Konflikten belasteten Familienangehörigen.

4.4.3 Rechtsanwendung durch den Richter

Die Anwendung des abstrakten Rechts auf konkret zu entscheidende Fälle erschöpft sich nicht in der dem Laien handwerklich anmutenden Vorgehensweise der Subsumtion. Diese ist zwar eine Technik, die der Rechtsanwender beherrschen muß. Mit ihrer Hilfe allein ist aber keine Rechtsfindung möglich. Um dies zu erkennen, bedarf es eines Blicks auf die Struktur unserer Normen. (1) Zum einen enthalten sie wertungsfreie **Tatsachenbegriffe** (z. B. »gesetzliche Empfängniszeit«, § 1592 BGB; »Verwandtschaft«, § 1589 BGB; »nichteheliche Vaterschaft«, § 1600a BGB). Vom Begriff im strengen Sinn läßt sich nur dort sprechen, wo es möglich ist, ihn durch die vollständige Angabe der ihn kennzeichnenden Merkmale eindeutig zu definieren[53]. Ein Begriff ist durch eine Definition in der Weise festgelegt, daß er auf einen konkreten Vorgang oder Sachverhalt »nur dann und immmer dann« anzuwenden ist, wenn in ihm sämtliche Merkmale der Definition anzutreffen sind[54]. Unter Tatsachenbegriffe können Sachverhalte logisch subsumiert werden[55]. (2) Zum zweiten enthalten unsere Normen **Typenbeschreibungen** (z. B. »Verrichtungsgehilfe«, § 831 BGB, eine Person, die zu einer anderen Person in einem bestimmten sozialen Verhältnis steht, vermöge dessen sie deren Weisungen (mehr oder weniger) zu folgen hat; »Gleichgültigkeit« und »anhaltend gröbliche Pflichtverletzung«, § 1748 BGB). »Die in der Beschreibung des Typus angegebenen Merkmale ... brauchen nicht sämtlich vorzuliegen; sie können insbesondere in unterschiedlichem Maße gegeben sein. Sie sind häufig abstufbar und bis zu einem gewissen Grade gegeneinander austauschbar. Für sich allein genommen haben sie nur die Bedeutung von Kennzeichen oder Indizien. Entscheidend ist erst ihre jeweilige Verbindung in der konkreten Erscheinung« ... »Es kommt darauf an, ob die als ›typisch‹ angesehenen Merkmale in solcher Zahl und Stärke vorhanden sind, daß der Sachverhalt ›im ganzen‹ dem Erscheinungsbild des Typus entspricht. Der Typus wird nicht definiert, sondern beschrieben. Unter die Typenbeschreibung kann man nicht subsumieren« (im eigentlichen Sinne); »man kann aber mit ihrer Hilfe beurteilen, ob eine Erscheinung dem Typus zugerechnet werden kann oder nicht[56].« Diese Verbindung von Einzelaspekten zu einem Gesamtbild beruht darauf, daß der Gesetz-

---

53 Larenz, S. 194.
54 Larenz, S. 200. Die Möglichkeit der Analogie ist hier außer Betracht gelassen.
55 Fieseler, der auf S. 20 feststellt, die Subsumtion sei kein logischer Vorgang, benutzt den Begriff der Subsumtion nicht nur für Tatsachenbegriffe, sondern auch für Typenbeschreibungen und ausfüllungsbedürftige Wertungsmaßstäbe. Insofern stimmt seine Aussage.
56 Larenz, S. 200/201.

geber ihm eine bestimmte Rechtsfolge als angemessen zugedacht hat. Der Rechtsanwender muß also nach der sog. ratio legis fragen, d. h. danach, welchen Bereich der Gesetzgeber dieser Rechtsfolge unterordnen wollte. Dies wiederum hängt von dem leitenden Wertgesichtspunkt ab, der den Gesetzgeber dazu bewogen hat, an diesen Typus gerade diese Rechtsfolge zu knüpfen[57]. Die Zuordnung zum Typus erfordert, diesen leitenden Wertgesichtspunkt mit in den Blick zu nehmen. Sie ist daher, anders als die Subsumtion unter einen Begriff, ein Verfahren wertorientierten Denkens[58].

(3) Schließlich enthalten unsere Gesetzesvorschriften **ausfüllungsbedürftige Wertungsmaßstäbe** (z. B. »Treu und Glauben«, § 242 BGB; »angemessene Frist«, »billiges Ermessen«, »unzumutbare Härte«, § 1565 BGB). Hierher gehört auch die uns interessierende Formulierung »Kindeswohl«. Diese Maßstäbe enthalten jeweils einen spezifischen Rechtsgedanken, der sich zwar jeder begrifflichen Definition entzieht, aber durch allgemein akzeptierte Beispiele verdeutlicht werden kann. Sie erhalten ihre inhaltliche Ausfüllung durch das allgemeine Rechtsbewußtsein der zur Rechtsgemeinschaft Verbundenen, das sowohl durch Tradition geprägt, wie in ständiger Neubildung begriffen ist. Gleichsam als »Sprachrohr« dieses allgemeinen Rechtsbewußtseins betrachten sich die Gerichte.

Bei der Konkretisierung ausfüllungsbedürftiger Wertungsmaßstäbe handelt es sich nicht um einen »irrationalen« Vorgang, sondern um einen solchen auf der Basis wertorientierten Denkens. Dies soll im folgenden gezeigt werden.

Unterstellen wir, der Vormundschafts-/Familienrichter wird mit einem Geschehen konfrontiert, das an einer Norm gemessen werden soll, die den Maßstab »Kindeswohl« enthält. Er wird dann wissen, daß die Rechtsprechung – je nach der Vorschrift, um die es sich handelt – eine Reihe von Aspekten enwickelt hat, die im allgemeinen zu berücksichtigen sind. Dennoch wird er Schwierigkeiten bei der Urteilsfindung haben; denn das Kindeswohl, das einen »unbestimmten Rechtsbegriff mit normativem Charakter«[59] darstellt, bedarf stets der Wertung, um angewandt werden zu können. Wie vollzieht sich nun diese Wertung? Werte sind nicht in der gleichen unmittelbaren Weise gegeben wie Gegenstände der Wahrnehmung. Eine Bewertung ist vielmehr eine Sache der Erkenntnis. Dabei ist die eigene Anschauung des Rechtsanwenders nur ein Glied in der Reihe vieler gleichberechtigter Wertungen. Die eigene Wertung ist also nur Bestandteil des Erkenntnismaterials, nicht letztgültiger Erkenntnismaßstab[60]. Die eigene Wertung wird aus verschiedenen Quellen gespeist, die rational häufig gar nicht faßbar sind. Zum einen spielt alles hinein, was der Richter erfahren und gelernt hat; zum anderen das, was man = die Gesellschaft (wirklich oder vermeintlich) von ihm erwartet[61]; schließlich auch das,

---

57 Larenz, S. 201.
58 Larenz, S. 202.
59 Engisch, S. 109.
60 Engisch, S. 125–126.
61 Zu weltanschaulichen, politischen, ideologischen, moralischen Wertungen in der Rspr. siehe Münder RdJB 1981, 82/85 ff.

was er gefühlsmäßig durchsetzen möchte[62]. Zu dieser eigenen – mehr perso-
nengebundenen – Wertung kommt die Einbeziehung anderer – mehr fachge-
bundener – Wertungen hinzu. Als solche sind denkbar: Allgemeine (d. h. in
der Verfassung und den von ihr getragenen Rechtsgrundsätzen) Wertungsmaßstäbe in der Rechtordnung und Fallvergleichung[63].
Bei der letzteren handelt es sich darum, daß der Richter sich an Entscheidungen orientiert, die als fraglos empfunden werden oder durch eine längere
Rechtsprechung gesichert sind. In jeder dieser Entscheidungen ist der in dem
Maßstab gemeinte Rechtsgedanke zu einem bestimmten Fall in Bezug gesetzt
und dadurch für diesen Fall – das heißt aber: für alle Fälle gerade dieser Art –
mit zusätzlichem Inhalt erfüllt, »konkretisiert«; jede gelungene Konkretisierung trägt, als beispielgebend, zur weiteren Konkretisierung des Maßstabes
bei, ohne daß dieser Prozeß jemals »am Ende« wäre[64].
Ob schließlich auch – zumindest – grundlegende Erkenntnisse aus Soziologie,
Kindermedizin, Verhaltensbiologie, Psychologie und Pädagogik und nicht nur
der »gesunde Menschenverstand« in die eigene Wertung einfließen müßten, ist
nicht zweifelhaft, wenn man den Willen des Gesetzgebers betrachtet. Dieser
hat bei Schaffung der Familiengerichte[65] ausdrücklich betont, daß wenigstens
die Richterfortbildung diese Bereiche umfassen müsse. In der Literatur besteht
deshalb auch Einigkeit über die grundsätzliche Beachtung außerrechtlicher
Vorstellungen über das Kindeswohl, insbesondere solcher der Sozial- und Verhaltenswissenschaften[66]. Dennoch scheint es in der Praxis noch keine Selbstverständlichkeit zu sein, daß ein Richter derartiges Grundwissen besitzt[67].
Der Jurist, der sich also im konkreten Fall mit dem ausfüllungsbedürftigen
Wertungsmaßstab »Kindeswohl« auseinandersetzen muß, wird ihn mit eigener
Wertung, allgemein rechtlichen Wertungsmaßstäben, Fallvergleichung und
evtl. grundlegenden Erkenntnissen aus anderen Wissenschaften auszufüllen
suchen. Dabei kommt der Fallvergleichung – obgleich Gerichtsentscheidungen
nur dann, wenn sie vom BVerfG oder Landesverfassungsgericht stammen,

---

62 Fieseler, S. 20.
63 Beispiele nach Larenz, S. 217: Billigkeit gem. §§ 315, 847 BGB meint einen beiden
   gerecht werdenden Ausgleich zwischen den Vertragspartnern bzw. Schädiger und
   Geschädigten. Dieser Gedanke liegt zugrunde, wenn der Jurist sagt, Chancen und
   Risiken, Vorteile und Lasten müßten in einem ausgewogenen Verhältnis stehen, kol-
   lidierende, aber schutzwürdige Interessen ausgeglichen werden.
64 Larenz, S. 203.
65 So RA/BT-Drucks. 8/2788, S. 42.
66 Boxdorfer, RdJ 1972, 261/265; Brüggemann, in: Familienrechtsreform, S. 113;
   Buschmann, RdJ 1977, 284; Dieckmann, RdJ 1977, 284; Hartwig/Riebe, in: Familienrechtsreform, S. 24; Hassenstein, in: Familienrechtsreform, S. 231; Müller-Freienfels, JZ 1959, 379; ders., Ehe und Recht, S. 220; Simitis, 2. DFGT, S. 181; Happe,
   FS Stutte, S. 216; Coester, Kindeswohl, S. 163; Brauchli S. 128.
67 Vgl. die leidenschaftlichen Plädoyers von Klußmann, S. 44 ff.; Prestien, BlWPfl 1981,
   253/260 a; Hager, JugWo 1982, 240/242; Beres, ZblJugR 1982, 449/458. – Zu – mehr
   oder weniger bewußten – pädagogischen Wertungen in der Rspr. siehe Münder,
   RdJB 1982, 82/90 ff.

Gesetzeskraft haben – eine überaus große Bedeutung zu. Jeder Richter, besonders der an überlasteten Untergerichten, ist dankbar, wenn er einen ähnlich gelagerten Fall entdeckt, mit dessen Hilfe er seinen eigenen Fall entscheiden kann.

Neben diesen vier Wertungsquellen steht nun gleichrangig als weitere Erkenntnisquelle die Anhörung des JA. Dieses soll in seiner Eigenschaft als Fachbehörde bewerten. Aus dem zuvor Ausgeführten ergibt sich, daß die Bewertung des JA eine ganz andere sein muß als die des Juristen. Jedoch muß dem SozArb des JA klar sein, wie der Richter bewertet und welches Gewicht die gutachtliche Stellungnahme des JA in diesem Zusammenhang hat.

4.4.4 Verfahrensrechtliche Kompetenz des Richters

Der Richter ist der Herr des Verfahrens, und insoweit müssen ihm alle Verfahrensgesetze Kompetenz einräumen. Im Verfahren der Freiwilligen Gerichtsbarkeit präzisieren die §§ 6ff. FGG, wie sich die Macht des Richters auswirkt und was er im Rahmen seiner Befugnisse nicht tun darf bzw. zu tun hat. § 12 FGG verpflichtet ihn, **von Amts wegen** die zur Feststellung der Tatsachen erforderlichen Ermittlungen zu veranstalten und die geeignet erscheinenden Beweise (zumindest formlos) aufzunehmen. Die §§ 49, 49 a sowie 50 a–c FGG präzisieren diese Pflicht, indem sie die Anhörung bestimmter Personen bzw. Institutionen vorschreiben. § 15 FGG ergänzt, daß er die förmlichen Beweismittel der ZPO (Augenschein, Zeugen, Sachverständige) benützen kann. Sind Tatsachen zwischen gegeneinander kämpfenden Personen (Eltern) streitig, so muß – wie beim kontradiktorischen Verfahren der ZPO – förmlich Beweis erhoben werden. Im übrigen liegt es im pflichtgemäßen Ermessen des Gerichts, das Verfahren zu gestalten.

Aus diesen bloßen »Markierungspunkten« ergibt sich für das richterliche Tun folgendes:

Versäumt es der Richter ausnahmsweise – was in der Praxis wohl selten vorkommen wird –, dem JA die **Möglichkeit der Stellungnahme** zu geben, so begründet dieses Unterlassen einen Verfahrensfehler, der das JA zur Einlegung der Beschwerde[68] berechtigt.

Entspricht der Richter in seiner Entscheidung **nicht dem Vorschlag** des SozArb, so gibt dies für sich genommen dem JA nicht das Recht, ein Rechtsmittel einzulegen. Behauptet das JA jedoch, die Interessen des Minderjährigen seien nicht gewahrt, weil der Richter der gutachtlichen Stellungnahme nicht gefolgt sei, so begründet dies ein Beschwerderecht. Wie dieses

---

68 So OLG Hamm v. 14. 1. 66, ZblJugR 1966, 203 = FamRZ 1966, 241 = NJW 66, 1126; OLG Celle v. 14. 10. 60, DVBl 1961, 95; KG v. 13. 10. 77, FamRZ 1979, 69; Jans/Happe, § 48a Anm. 2 Ba; FrankfKo, § 49a FGG RdNr. 7, Krug u.a. § 50 Abschn. III.1. Ob diese auf § 20 I FGG (so die o.g. Entscheidungen) oder nur auf § 57 I Nr. 9 FGG zu stützen ist (so Krug u.a. § 50 Abschn. III.1), wird nicht einheitlich beantwortet. Für die praktische Sozialarbeit spielt die Frage keine wesentliche Rolle. Zu weiteren Einzelheiten s.u. S. 147f.

im einzelnen aussieht (einfache, sofortige, befristete Beschwerde), richtet sich nach dem Gegenstand des Verfahrens[69].

Inwieweit der Richter bei unangreifbarer Beachtung der Verfahrensvorschriften (d. h. er hört an, er geht in seiner Entscheidung formal auf die gutachtliche Stellungnahme ein, er lehnt deren Ergebnis aber aus inhaltlich nicht nachprüfbaren Gründen ab) sich jedoch wirklich **von der Stellungnahme leiten** läßt, wird von der Einstellung des Richters zu den Sozialwissenschaften und zur Sozialarbeit abhängen.

Der umgekehrte Fall, daß nämlich der Richter dem JA ordnungsgemäß die Möglichkeit gibt, sich zu äußern, der zuständige SozArb jedoch weder schriftlich Stellung nimmt noch zu dem mitgeteilten Gerichtstermin erscheint, zeigt, daß auch der verfahrensrechtlichen Kompetenz des Richters Grenzen gesetzt sind. Er kann nämlich das JA **nicht zu einem Tätigwerden zwingen**[70]. Auch die Kosten für einen vergeblich angesetzten Gerichtstermin kann er ihm nicht aufbürden[71]. Ihm bleibt höchstens die Möglichkeit der Dienstaufsichtsbeschwerde an den Vorgesetzten des SozArb oder der Mitteilung des Sachverhalts an die die Rechtsaufsicht ausübende Behörde (Regierungspräsident)[72].

Kann der SozArb in seiner Stellungnahme ausnahmsweise keinen Entscheidungsvorschlag machen oder erscheint dem Richter die Sachlage so schwierig, daß er auch mithilfe der gutachtlichen Stellungnahme eine verantwortliche Entscheidung nicht glaubt treffen zu können, so kann er ein **Sachverständigengutachten** (psychologisches, pädiatrisches, psychiatrisches) einholen[73]. Anders als beim JA, dessen Auftrag sich unmittelbar aus dem Gesetz ergibt (Entscheidung im Interesse des **Kindeswohls**), hat der Richter dem Sachverständigen präzise Einzelfragen vorzulegen, wobei allerdings in der Praxis durchaus streitig ist, ob dies der Wahrheitsfindung wirklich dient oder den Sachverständigen nicht eher in seinen Möglichkeiten ungebührlich einschränkt[74]. Nicht einig ist sich die Praxis auch darüber, ob es typische Fälle gibt, in denen der Richter **unbedingt ein Gutachten einholen muß**, wenn er sich nicht Verfahrensfehler vorwerfen lassen will. *Fochen* und *Pfeiffer*[75] für Jugendgerichtsverfahren, *Böhm*[76] und *Arntzen*[77] für Vormundschafts- und Familiengerichtsverfahren haben einige Aspekte zusammengestellt. So dürfen der Wunsch, die Parteien zu befriedigen, oder therapeutische Gesichtspunkte für die Gutachterbestellung

---

69 Vgl. zu den Rechtsbehelfen FrankfKo, § 48 a Anm. 4 bei den jeweiligen Verfahren.
70 OLG Karlsruhe v. 30. 9. 1991, DAVorm 1991, 1089.
71 Zum Bereich der JGH, dem die VormGH/FamGH entspricht, vgl. LG Frankfurt v. 15. 5. 84, ZfJ 1984, 435 mit Anm. Rosenthal.
72 Zu den Einzelheiten s. u. S. 146.
73 Hinsichtlich der Häufigkeit der Inanspruchnahme von Gutachten in Sorgerechtssachen gibt es keine genauen Zahlen. Die Schätzungen liegen bei höchstens 3–10%. Vgl. Simitis, S. 66, 85, 138, 190; Grosse, ZfJ 1982, 504/513; Balloff/Walter, FuR 1991, 334–341; Balloff 1992 b, S. 48–56.
74 Vgl. dazu Böhm, DAVorm 1985, 731/733.
75 ZblJugR 1979, 378.
76 Böhm, a. a. O., S. 732.
77 S. 57 ff.

keine Rolle spielen; ebensowenig die Unsicherheit des Richters im Umgang mit anzuhörenden Kindern. Anderes gilt, wenn das Kind Bindungen und Neigungen offensichtlich nicht artikulieren kann, wenn das Kind auffallende Störungen aufweist, deren Ursache und Bedeutung für den Richter nicht klärbar ist (z.B. auffallende Ängstlichkeit, Störungen der sprachlichen und motorischen Entwicklung, Schulversagen, große Aggressivität, Ticks), wenn der Richter Zweifel an der Erziehungsfähigkeit der Eltern hat (z.B. wegen Alkoholismus, Suizidversuchen, Psychosen, Neurosen).

Da der **Richter** die Entscheidung in eigener Verantwortung zu fällen hat, kann er **weder** an das Gutachten des Sachverständigen **noch** an die gutachtliche Stellungnahme des JA **gebunden** sein. Je sorgfältiger aber Gutachten und Stellungnahme verfaßt sind, desto mehr muß der Richter an Begründung anführen, wenn er von ihnen abweichen will. Er wird dies leichter können – u.U. unter Einholung eines neuen Gutachtens –, wenn nicht ersichtlich ist, woher die zugrunde gelegten Einzelbefunde rühren, wie sie gewonnen wurden[78] und wenn die Schlußfolgerungen für den Richter nicht nachvollziehbar sind[79].

4.5 Institutionsbedingte Einflüsse

4.5.1 Die organisatorisch-rechtliche Einordnung von SozArb/SozPäd

SozArb/SozPäd als Mitarbeiter eines JA oder der Adoptionsvermittlungsstelle eines freien Trägers[80] sind Angehörige (Beamte, Angestellte) der öffentlichen Verwaltung bzw. Angestellte der Kirchen oder privater Organisationen, die Jugend- und Sozialhilfe leisten.

Als Angehörige der öffentlichen Verwaltung sind sie in eine bürokratisch-hierarchische Struktur eingegliedert und unterstehen öffentlichem Dienstrecht (Beamtenrecht, BAT). Als Mitarbeiter eines freien Trägers unterliegen sie arbeitsrechtlichen Bestimmungen. Jedenfalls üben alle SozArb/SozPäd, die im Rahmen der Mitwirkung in Gerichtsverfahren gutachtliche Stellungnahmen abgeben, ihren Beruf in abhängiger Tätigkeit aus. Das bedeutet, daß sie bei ihrer Arbeit nur insoweit eine pädagogische Freiheit für sich in Anspruch nehmen können, als ihre Vorgesetzten diese nicht durch Richtlinien oder Einzelanordnungen einschränken. Darüber hinaus sind sie selbstverständlich an die bestehenden Gesetze und evtl. Aufträge der Gerichte, für die sie tätig werden, gebunden.

---

78 Bei Tests gehört die Angabe von Reliabilität und Validität dazu.

79 Zu den Details aus der Rspr. s. Böhm, a.a.O., S. 741ff.

80 Dies ist der einzige Fall, in dem SozArb/SozPäd eines freien Trägers eigenverantwortlich gutachtlich tätig werden dürfen. Im übrigen können freie Träger nur im Rahmen des § 76 KJHG Aufgaben des öffentlichen Trägers übertragen erhalten. Für evtl. Gutachten freier Träger muß der öffentliche Träger die Verantwortung übernehmen. Vgl. zu den Einzelheiten S. 150f.

4.5.2 Die faktische Einordnung von SozArb/SozPäd

(1) Jede Institution, sei sie öffentlicher oder privater Art, entwickelt im Laufe ihres Bestehens eine **Eigendynamik** und ein **Selbstverständnis**, denen sich der einzelne Mitarbeiter nur schwer entziehen kann. Das führt dazu, daß sich der jeweilige SozArb/SozPäd einerseits in dieses Gefüge einbringt und damit eine Art persönlicher Sicherheit für seine Arbeit erwirbt, daß er aber andererseits auch in gewisser Weise »betriebsblind« wird und dadurch die Offenheit für die sich wandelnden Bedürfnisse der Klienten zuweilen verliert. Das letztere sei mit einem Beispiel aus unseren eigenen Erfahrungen belegt.

Beispiel: Eine Studentin, die an einem unserer Gutachtenseminare teilgenommen hatte, arbeitete im Teilzeitpraktikum bei einem großen freien Träger in der Jugendgerichts-hilfe. Die gutachtlichen Stellungnahmen ihrer Praxisstelle beschränkten sich herkömm-lich darauf, Werdegang und derzeitige Situation[81] der zu begutachtenden Personen wie-derzugeben und einen (mehr oder weniger) begründeten Entscheidungsvorschlag zu machen. Da sie es als wichtig erkannt hatte, auch einen psychosozialen Befund, eine psychosoziale Diagnose und eine belegbare Beurteilung abzugeben, versuchte sie, das Gelernte in ihrer Praxisstelle umzusetzen. Prompt bekam sie Schwierigkeiten mit dem Leiter der Einrichtung: Weder habe der Verband die Zeit, noch sei es seine Aufgabe, zu diesen Bereichen Aussagen zu machen. Das Gericht sei bisher immer mit ihrer Arbeit zufrieden gewesen. Notfalls könne es ja Sachverständige einschalten.

Offensichtlich sah sich diese Institution also nur als verlängerter Arm des Gerichts, der dem Richter eine Arbeit abzunehmen hat, die dieser bei erfor-derlichem Einsatz ohne zusätzliche Fachkenntnisse auch selber hätte leisten können. Daß der freie Träger als Facheinrichtung darüber hinaus auch im Rah-men der Mitwirkung in Gerichtsverfahren spezifische andere Aufgaben hat, war dem Leiter wohl noch nicht deutlich geworden.

(2) Eine weitere Beeinflussung der Arbeit des einzelnen SozArb/SozPäd durch die Institution besteht darin, daß das, was er tut – auch ohne spezielle Anweisungen der Hierarchie – durch die Arbeit seiner Mitarbeiter (Team) und derer, die schon vor ihm da waren (Übernahme bisher geübter Praxis), geprägt wird. In beiden Fällen findet eine **Lenkung** des einzelnen und eine **Begrenzung** seiner pädagogisch/methodischen Möglichkeiten statt, gegen die sich insbeson-dere der jüngere SozArb/SozPäd, der gerade aus der Ausbildung kommt, nur schwer zur Wehr setzen kann.

(3) Auf Seiten der anderen (insbesondere der älteren) Mitarbeiter wird diese Lenkung und Begrenzung zuweilen gar nicht wahrgenommen. Sie folgen einer **Tradition** und wollen sich nicht eingestehen, daß die Änderung bisheriger Übung bei ihnen zu einer großen **Verunsicherung** führt (vgl. das oben berich-tete Beispiel aus der Praxis, in dem der Leiter wohl auch aufgrund eigener Unsicherheit so reagiert hat). Tradition gibt Sicherheit, Sicherheit fördert die Routine, und Routine erleichtert die Arbeit. Ob sie noch befriedigt und ob sie vor allem dem betroffenen Klienten gerecht wird, der kein Routinefall sein will und darf, wird dabei zuweilen nicht mehr gefragt.

---

81 Vgl. dazu S. 69 ff.

(4) Wie schon in der Einleitung erwähnt, gibt es wenige Anleitungen zur Abfassung gutachtlicher Stellungnahmen bei der Mitwirkung in Gerichtsverfahren, und häufig kommen die Absolventen bar jeglicher Kenntnis auf diesem Gebiet in die Praxis. Was bleibt da anderes übrig, als auf die »bewährte« Erfahrung zurückzugreifen und den Neuling in der herkömmlichen Weise zu schulen. So wird die nicht selten negative Praxis zum Modell, das dazu beiträgt, daß fragwürdige Praktiken von Generation zu Generation ungeprüft weitergeschleppt werden.

(5) Ein weiterer, Stellungnahmen beeinflussender Faktor ist der des Zeitdrucks, unter dem Sozialarbeit und Sozialpädagogik häufig geleistet werden muß. Wenn man sich die Fallzahlen, von denen die Praxis berichtet[82], ansieht, so muß man gestehen, daß es schwer ist, unter solchen Bedingungen gute Stellungnahmen abzugeben. Häufig ist es nicht nur die Zeit, die zum Abfassen des Gutachtens fehlt, sondern schon die, sich mit den Klienten gründlich zu beschäftigen und bereits bei der anamnestischen Arbeit mit der nötigen Sorgfalt vorzugehen.

(6) Als letzter Punkt in diesem Zusammenhang sei der der eigenen Vorarbeit und der Zuarbeit Dritter genannt. Wie noch an anderer Stelle detailliert auszuführen sein wird[83], ist es von eminenter Bedeutung, die Darstellung von Fakten und ihre Bewertung getrennt vorzunehmen. Dies ist nicht nur für die Nachprüfbarkeit von Äußerungen des SozArb/SozPäd durch den Richter wichtig[84], sondern auch für die Fortschreibung eines »Falles«. Beschäftigt sich ein SozArb/SozPäd über einen längeren Zeitraum mit einem Klienten, so ist eine sorgfältige Aktenführung[85] nötig. Aktenführung bedeutet nicht, wertende oder schlußfolgernde Eindrücke festzuhalten, sondern die diesen Eindrücken zugrunde liegenden Tatsachen und Ereignisse aufzuschreiben. Vermerkt der SozArb z. B. in seiner Protokollnotiz, daß das Kind aggressiv sei, so kann er diese Einschätzung in seiner gutachtlichen Stellungnahme im Rahmen seines psychosozialen Befundes durchaus verwerten. Er muß aber darüber hinaus in seiner Schilderung von Werdegang und derzeitiger Situation darlegen, worauf er diese Charakterisierung stützt. Es wären daher Ausführung angebracht wie: »Bei meinem Hausbesuch am... sah ich, wie K auf Aufforderungen seiner Mutter mit Schimpfworten antwortete, wie er seinen kleinen Bruder fortwährend Spielsachen wegnahm und ihn stieß und wie er den Hund der Familie mit einem Stock ärgerte. Bei meinem Hausbesuch am... ließ er zwar den Hund und den Bruder in Ruhe; auf Bitten seiner Mutter reagierte er aber wieder

---

82 Gesicherte Erkenntnisse zu diesem Gebiet gibt es bisher nicht. Die Untersuchung der KGSt 4/1985 geht den umgekehrten Weg. Sie stellt Richtwerte zu einer angemessenen Arbeitsbelastung auf, die in Verbindung mit der Zahl der örtlich betreuten Klienten Aussagen über den örtlichen Personalbedarf zulassen.

83 S. u. S. 72ff.

84 Bei fehlender Trennung ist die Verwertung durch den Richter unzulässig: BayObLG v. 11. 11. 53, BayObLGZ 1953, 353.

85 Vgl. hierzu das Buch von Timms, dessen Originaltitel zutreffend »Recording in Social Work« heißt. Der deutsche Titel ist dagegen irreführend. Siehe auch Nentzel, NDV 1971, 261/263, und neuerdings Kolodziej, Akten... muß das sein?

verärgert, mit Türenschlagen und Fußstampfen.« Möglich ist es ja, daß der Richter einen bestimmten Sachverhalt durchaus anders einschätzt. Eine andere Sichtweise kommt nicht nur für den Richter in Betracht, sondern auch für den SozArb/SozPäd, der einen Fall von einem anderen Mitarbeiter übernimmt, oder bei der Beurteilung der Situation durch Außenstehende. Teilt z. B. die Lehrerin dem SozArb mit, daß der Junge »oberflächlich« sei, so weiß dieser nicht wieso. Vielleicht würde er das dieser unzulänglichen Charakterisierung des Jungen zugrunde liegende Verhalten ganz anders beurteilen. Teilt die Lehrerin jedoch Detail-Sachverhalte mit, steht es dem SozArb frei, u. U. zu einem Befund zu kommen, der von dem der Lehrerin abweicht.

Wird bei der Aktenführung überwiegend mit Begriffen aus der Befund-Sprache[86] gearbeitet, so kann dies u. U. zu einer nur schwer korrigierbaren Stigmatisierung des Klienten führen. Nach einer bestimmten Zeit gilt das Kind eben nur noch als aggressiv, ohne daß man noch feststellen kann, wie man zu diesem Urteil gekommen war.

---

86 S. S. 73.

5. Allgemeine Merkmale eines Gutachtens im Bereich der Sozialarbeit

Im folgenden sollen Grundzüge einer gutachtlichen Stellungnahme in der Sozialarbeit vorgestellt werden. Durchsichtigkeit, Nachvollziehbarkeit und Nachprüfbarkeit der Aussagen des SozArb durch den Adressaten, hier also durch den Richter, lassen sich dadurch fördern, daß ein folgerichtiger Aufbau der Stellungnahme beachtet wird:

1. Einleitung
2. Vorgeschichte und derzeitige Situation
3. Befund
4. Diagnose/Prognose
5. Zusammenfassende Beurteilung
6. Entscheidungsvorschlag[1].

Eine ähnliche Konzeption von Gutachtengestaltung, gedacht für Psychologen und erweitert durch den für diesen Kreis von Fachleuten relevanten Zwischenschritt »Untersuchungsbericht«, der Ergebnisse der verschiedenen psychodiagnostischen Verfahren darstellt, legte neuerdings *Fisseni* (1982) vor. Unter Verwendung teilweise anderer Begriffe kommt auch *Heinz* (1982) mit einer empirischen Untersuchung von Fehlerquellen forensisch-psychiatrischer Gutachten zu hier vergleichbaren notwendigen Schritten einer Gutachtengestaltung. Bevor wir diese Elemente einer gutachtlichen Stellungnahme detailliert vorstellen (Kap. 5.4), wollen wir zunächst auf einige Schwierigkeiten hinweisen, die sich aus der Notwendigkeit zu strukturieren ergeben (5.1). Ferner sollen Bedenken der Praxis gegenüber ausdrücklich strukturierten Stellungnahmen, wie den von uns angeregten, Beachtung finden (5.2). Anschließend zeigen wir, wie aus bestimmten Bereichen der sozialen Arbeit und der Gerichte das Bedürfnis nach deutlicher strukturierten gutachtlichen Äußerungen laut wird (5.3) und wie unsere Vorschläge (5.4) diesen Bedürfnissen entsprechen. Im Überblick könnte unser Strukturierungsvorschlag etwa wie auf S. 54 skizziert dargestellt werden.

5.1 Strukturierungsprobleme

Strukturierungsprobleme werden in der Praxis oft bereits in der Auswahl und sinnvollen Anordnung der vielen Aspekte innerhalb eines Gutachtenelementes (also in Vorgeschichte, Befund usw.) sichtbar, ferner auch in der angemessenen Zuordnung dieser Elemente zueinander (»Aufbau« einer gutachtlichen Äußerung).

1 Vgl. Thomae 1967, S. 743–767.

Strukturierungsvorschlag

| INFORMATIONEN aus: Anamnese, Exploration, Verhaltens- beobachtung | INFORMATIONEN durch: Kollegen, Kindergarten, Schule, Polizei, Angehörige u. a. | INFORMATIONEN durch: Aktenmaterial aus anderen Vorgängen | 1. Quellen erschließen |

EINLEITUNG
nennt Personalien der Betroffenen, Gegenstand der Stellungnahme,
Erkenntnisquellen

VORGESCHICHTE
hat problemrelevante Einzelereignisse
bis zum Zeitpunkt der Stellungnahme zum Inhalt

2. Fakten darstellen

(Psychologie und Recht)

PSYCHOSOZIALER BEFUND
enthält das, was aufgrund der Vorgeschichte im Hinblick auf die
Fragestellung zu den relativ konstanten psychosozialen Gegebenheiten
der Klienten gehört

(Psychologie und Recht)   +

DIAGNOSE/PROGNOSE
umfaßt Klassifikation und Erklärung bisherigen
bzw. Vorwegnahme künftigen Erlebens und Verhaltens der Klienten
in einem bestimmten Lebensraum

3. Mit Fach-
wissen Fakten
erklären/vor-
wegnehmen

(Psychologie)   +

ZUSAMMENFASSENDE BEURTEILUNG
besteht aus dem Abwägen der Erkenntnisse aus Befund, Diagnose und
Prognose im Hinblick auf die Problemstellung (= Subsumtion)

4. Erkenntnisse
aus 2. und 3.
bewerten

(Psychologie und Recht)   =

ENTSCHEIDUNGSVORSCHLAG
ist entwickelt aus der zusammenfassenden Beurteilung;
abgeleitete »am wenigsten schädliche Alternative« für die Klienten
aus der Sicht des SozArb/SozPäd

5. Konsequenz
vorschlagen

(Psychologie und Recht)

5.1.1 Die Komplexität psychosozialer Gegebenheiten

Wenn gemäß §§ 1666, 1671 und 1672 BGB Fragen des elterlichen Sorgerechts, gemäß § 1634 BGB Probleme des Umgangsrechts der Eltern mit ihren Kindern zu regeln sind oder nach §§ 1741 BGB ff. über eine Annahme als Kind zu entscheiden ist und SozArb eines JA sich hierzu äußern sollen, so haben die ihren Stellungnahmen zugrunde liegenden Sachverhalte bei aller Unterschiedlichkeit miteinander gemeinsam, daß sie für alle Beteiligten in der Regel lebensbedeutsam und außerordentlich **komplex** sind.

In allen genannten Fällen gilt es, **innerseelische Voraussetzungen** (psychische Struktur) und **Vorgänge** (psychische Prozesse) der Betroffenen, die **Beziehungen** der Betroffenen zueinander (Interaktion/Kommunikation) und die sich daraus ergebenden Auswirkungen sowie ihr Eingebundensein in ihr übriges **soziales Umfeld** differenziert zu erfassen und angemessen zu berücksichtigen. So liegt es schon in der Eigenart der zu beurteilenden Gegebenheiten, daß sie ausgesprochen vielschichtig sind und damit auch schwer überschaubar werden. Die verwirrende Komplexität der Fakten wird noch größer, wenn es sich bei den Betroffenen um Klienten handelt, die schon in der zweiten Generation vom JA erfaßt sind. Die Komplexität des einer solchen Stellungnahme zugrunde liegenden Sachverhalts drängt nach einer **Strukturierung der Informationen und Einsichten**.

5.1.2 Gefahren bei Strukturierungsversuchen

Ein solches Strukturieren ist sinnvoll und notwendig, birgt aber die Gefahr in sich, nicht mehr den vollständigen Sachverhalt wiederzugeben. Auf einige der in der Praxis zu beobachtenden **Gefahren** soll im folgenden hingewiesen werden:

(1) Immer wieder finden sich in der Praxis gutachtliche Äußerungen von SozArb, denen man anmerken kann, daß sie von einer **einzigen wissenschaftlichen Theorie**, z.B. von einer tiefenpsychologischen, entscheidend strukturiert wurden. Der Rückgriff auf eine Theorie als Orientierungshilfe, zumal auf eine einzige, führt leicht zu einer Einengung der Betrachtungsweise und u.U. zu einer verzerrten Darstellung des zu Beurteilenden.

(2) Noch problematischer sind solche Ordnungsversuche, die aus einer mehr **privaten Theorie** des SozArb erwachsen. Das ist z.B. dann der Fall, wenn dessen subjektive Vorstellungen und Werthaltungen in bezug auf Kinder, Kindererziehung, Partnerschaft, Ehe oder Familie die Auswahl, Zuordnung und Bewertung der Fakten bestimmen[2]. Besonders in generalisierenden oder typisierenden Äußerungen wie etwa »Kinder entwickeln sich am besten bei der Mutter« oder »die Mädchen bekommt am besten die Mutter, die Jungen der Vater« werden derartig subjektive Bezugssysteme sichtbar.

(3) Eine Strukturierung der Vorgänge nach **Dominanzen** in Erleben und Verhalten der Betroffenen vorzunehmen, ist ein dritter und ebenfalls nicht unpro-

---

2 Für den Bereich der JGH bestätigt durch Winter- v. Gregory, Neue Praxis 1979, 437/ 443 ff.

blematischer Versuch, der Komplexität des zu vermittelnden Sachverhalts Herr zu werden. Werden auffällige, dominante Verhaltensweisen von Klienten Ausgangspunkt der Fragestellung und Grundlage der Beurteilung, dann ist die Gefahr einer subjektiven Betrachtungsweise nicht zu übersehen. Was dem SozArb auffällt, hängt zu einem beträchtlichen Teil von seiner Weise, soziale Wirklichkeit wahrzunehmen, ab. Die Beachtung vorwiegend dominanter Verhaltensweisen führt leicht dazu, daß nicht deutlich sichtbares Verhalten des Klienten übersehen wird, obwohl es für die Beurteilung des Sachverhalts von großer Bedeutung sein kann.

Beispiel: Im Falle einer Stellungnahme zu § 1671 BGB kann dem SozArb die »Einsatzbereitschaft, Fürsorglichkeit und Selbstlosigkeit« einer Mutter für ihr Kind auffallen. Die diesem tatsächlich beobachtbaren ausgeprägten Verhalten eventuell zugrunde liegenden Erziehungsunsicherheiten oder Bindungswünsche der Frau werden dabei u. U. übersehen.

(4) In dem Bemühen, den o. g. Gefahren nicht zu erliegen, versuchen manche SozArb, sich an **vorgegebene Muster** einer gutachtlichen Stellungnahme zu halten. Wir fanden in der Praxis des öfteren einen Ordnungsversuch mit folgender Zweiteilung:

I. Gegenwärtige Beziehungen des Klienten zu
    – Familie
    – Arbeit
    – Freizeit
    – Soziale Bindungen
    – Finanzen
    – Institutionen

II. Entwicklung des Klienten während
    – frühester Kindheit
    – früher Kindheit
    – Spielalter
    – Schulalter

Dieses Muster legt dem SozArb nahe, von den konkreten Lebensbezügen des Klienten im Hier und Jetzt auszugehen und sein heutiges Erleben und Verhalten mit seiner Entwicklung erklärend und/oder beurteilend in Beziehung zu setzen. Auf den ersten Blick mag ein solcher Ordnungsversuch geeignet erscheinen, den genannten Gefahren zu begegnen, die durch den Rückgriff auf eine Theorie, auf subjektive Wertsysteme oder auf dominante Auffälligkeiten bei Strukturierungsversuchen entstehen können.
Nach diesem Muster aufgebaute Gutachten zeigen freilich, daß die Entwicklung des Klienten oft wieder nur unter phasenspezifischen Gesichtspunkten der Tiefenpsychologie, bei Vernachlässigung sonstiger Erkenntnisse der Entwicklungspsychologie, betrachtet wird und die inhaltlich sehr bestimmte Ausgliederung des Beziehungsgeflechts dazu verleiten kann, daß des Klienten Verhalten **zu diesen Bereichen** Gegenstand der Erörterung wird und nicht so sehr das zu

beurteilende **Problem**, das sich u. a. auch **in diesen Bezügen** manifestieren kann. Ein nach diesem Muster abgefaßter »Bericht« ist bestenfalls eine halbwegs brauchbare Faktensammlung, aber keine »Stellungnahme«. Hinzu kommt, daß eine beispielhafte Aufzählung inhaltlicher Gesichtspunkte in diesem Zusammenhang geeignet ist, eine gewisse Vollständigkeit der zu beachtenden Aspekte zu suggerieren. Dies führt leicht dazu, die vom Problem her erforderlichen, im Schema aber nicht aufgeführten Gesichtspunkte zu vernachlässigen, andererseits aber zu allen Punkten Stellung zu nehmen, auch dann, wenn im konkreten Fall nicht alle für die Beantwortung der Fragestellung bedeutsam sind.

5.1.3 Prinzipien für Strukturierungsansätze

Von diesen Überlegungen aus meinen wir, eine Strukturierung des Sachverhalts, seine Darstellung und Beurteilung sollte von den jeweils zu beurteilenden **Betroffenen und der Problemsituation** her vorgenommen werden. Wir sind der Ansicht, daß »Aussage(n) über bestimmte Handlungssysteme, über Handlungsformen und -richtungen und die das Handeln regulierenden Systeme«[3] der Betroffenen, unter Berücksichtigung des zu beurteilenden Problems, einen günstigeren Strukturierungsansatz als die bisher skizzierten darstellen. Bezugspunkte eines derartigen Strukturierungsversuchs können dann Fragen etwa folgender Art werden:

- Was macht die aktuelle Lebenssituation der Betroffenen aus?
- Welche Verhaltensweisen sind für die Betroffenen charakteristisch?
- Durch welche übergreifenden Anliegen wird ihr Verhalten bestimmt?
- Wie geht jeder der Betroffenen mit sich und seiner aktuellen Lebenssituation um?
- Was für Beziehungen bestehen zwischen dem einzelnen und den übrigen Betroffenen?
- In welcher Weise trug und trägt jeder der Betroffenen zum Konflikt bei?
- Wie wirkt der Konflikt auf die einzelnen zurück?
- Auf welche – für jeden Betroffenen charakteristische – Art setzen sich die einzelnen mit der Konfliktsituation auseinander, und über welche Möglichkeiten verfügen sie, mit ihren Problemen umzugehen?
- Was von alledem ist rechtlich relevant?

Zur Erfassung und Beurteilung der in den §§ 1666, 1671, 1672, 1634 und 1741 BGB angesprochenen unterschiedlichen psychosozialen Probleme sind solche Fragestellungen noch konkreter und detaillierter zu formulieren. Sie werden auf S. 95 ff. erörtert.

Eine in der angedeuteten Weise strukturierte gutachtliche Stellungnahme kann ebenfalls nicht auf psychologische, soziologische oder sozialmedizinische **Theorien** verzichten. Diese Theorien besitzen jedoch in diesem Zusammenhang eine andere, nämlich **begrenzte Funktion**, z. B. nur für die psychosoziale Diagnose/

---

3 Thomae 1976, S. 65.

Prognose und/oder zusammenfassende Beurteilung der Situation. Außerdem können **mehrere Theorien** berücksichtigt werden. Daten der Vorgeschichte z. B. können hier aus tiefenpsychologischer, lerntheoretischer und kommunikationstheoretischer Sicht gesammelt und erörtert werden. Was durch Erkenntnisse aus der einen Theorie nicht geleistet werden kann, ist somit durch die der anderen Theorien ergänzbar.

Wenn die gutachtlichen Äußerungen des SozArb ihre »kommunikative Funktion«[4] erfüllen sollen, ergeben sich bestimmte Prinzipien für den Aufbau der Stellungnahmen. Daher führen auch unsere Überlegungen und Erfahrungen zu einem bestimmten **Gutachtenmuster**.

Die von uns aufgewiesenen Gefahren der Orientierungen an festen »Mustervorschlägen« dürften bei unserem Vorschlag dadurch reduziert werden, daß in erster Linie **formale Gesichtspunkte** und nicht inhaltliche das »Muster« bestimmen und wir dort, wo wir auch inhaltliche Aspekte nennen, auf die notwendige Flexibilität und Konkretisierung verweisen.

Auch die Beachtung von markanten, bedeutsamen, für die Betroffen charakteristischen Verhaltensweisen **(Dominanzen)** ist durch unseren Vorschlag nicht zu umgehen. Anders als in manchen anderen Strukturierungsversuchen sind sie hier jedoch nicht der rote Faden der gutachtlichen Äußerung, sondern nur **Teil** der zusammenfassenden Beurteilung.

Unser Ansatz der Gestaltung von gutachtlichen Stellungnahmen kann auch nicht verhindern, daß eine nach diesem Muster verfaßte Äußerung eines SozArb subjektiv gefärbt ist. Er scheint uns jedoch geeignet zu sein, **subjektive Sichtweisen** auf ein Minimum zu **reduzieren**. Wo sie dennoch einfließen, werden sie leichter als Subjektivismen erkennbar.

5.2 Einwände der Praxis gegen eine deutlich strukturierte gutachtliche Stellungnahme

In der Begegnung und Zusammenarbeit mit SozArb, die Stellungnahmen abzugeben haben, wurden mitunter Einwände gegenüber ausgeprägt strukturierten gutachtlichen Äußerungen laut. Besonders vier Einwände sind unseres Erachtens so bedenkenswert, daß wir sie hier vorstellen.

(1) *Formale Zuständigkeit*[5]

Verschiedentlich wurde von den Vertretern der Praxis Befremden darüber laut, daß unsere Entwürfe gutachtlicher Äußerungen **zu juristischen Fragen Stellung nehmen**. Dies sei nicht Aufgabe des SozArb, sondern des Richters oder im Vorfeld der Entscheidung des Notars[6]. Selbstverständlich ist es zutreffend, daß der Richter es ist, der Recht zu sprechen hat und daß es nach dem Gesetz dem Notar zusteht, alles, was er zu beurkunden hat (Anträge, Einwilligungen), auf seine juristische Fehlerfreiheit hin zu überprüfen. Das schließt

---

4 Thomae 1967, S. 745.
5 Zu dem Einwand, der SozArb sei unter rechtlichen Gesichtspunkten überhaupt nicht zuständig, s. o. S. 20.
6 S. u. S. 83 f.

aber nicht aus, daß der SozArb sich des juristischen Rahmens, der auch ihm gesteckt ist, bewußt ist (wozu lernt der Student der Sozialarbeit/Sozialpädagogik sonst Recht?) und daß er dies dem Richter deutlich macht. Darüber hinaus heißt es, sich etwas vorzumachen, wollte man behaupten, man könne die entscheidungsrelevanten Fakten (Vorgeschichte und derzeitige Situation) sammeln, ohne dabei das Recht im Auge zu haben.

Beispiel 1: Junge Eltern, die beide voll berufstätig sind, kümmern sich werktags so gut wie gar nicht um ihr Kleinkind. An den Abenden und Wochenenden gehen sie fast immer ihren Vergnügen nach und nehmen dabei auf das Kind keine Rücksicht. Kontaktversuche des Kindes stoßen sie zurück. – SozArb/SozPäd, die nur mit diesem Sachverhaltsausschnitt arbeiten, könnten auf den Gedanken kommen, ein Verfahren nach § 1666 BGB anzuregen, da die Eltern das Kind im Sinne dieser Vorschrift vernachlässigen. Des Rechts kundige SozArb/SozPäd dagegen werden wissen, daß nur die Vernachlässigung rechtsrelevant ist, die eine Gefährdung des Kindeswohls zur Folge hat (Kausalität). Daher wird hier zu berücksichtigen sein, daß die Eltern die noch relativ junge Großmutter ins Haus genommen haben und diese das Kind gut versorgt, so daß es in seiner Entwicklung keinen Schaden nimmt.

Beispiel 2: Eine ledige Mutter hat ihr Neugeborenes gleich nach der Geburt in eine Pflegefamilie gegeben mit dem Ziel späterer Adoption. Als sie nach 8 Wochen ihre Einwilligungserklärung gem. § 1747 BGB abgeben soll, ist sie unauffindbar. Mehrmonatige Nachforschungen des JA unter Einschaltung der Meldebehörden bleiben erfolglos. Nach einem Jahr regt das JA trotzdem die Stellung des Annahmeantrags an. Der des Rechts kundige SozArb/SozPäd weiß, daß er die Mutter intensiv gesucht hat, um die Adoption ggf. über § 1747 IV BGB auch ohne Einwilligung des leiblichen Elternteils durchführen zu können und daß er die Stellung des Antrags erst dann anregt, wenn er das Tatbestandsmerkmal »Aufenthalt dauernd unbekannt« als erfüllt ansieht. Warum soll der SA dann nicht aussprechen dürfen, daß seiner Meinung nach die juristischen Erfordernisse erfüllt sind?

Ebenfalls im Zusammenhang mit Fragen der Zuständigkeit wurde von einigen Vertretern der Praxis die Sorge laut, eine Stellungnahme von SozArb in den hier zu behandelnden Rechtssachen, die eine zusammenfassende Beurteilung und gar einen Entscheidungsvorschlag beinhalte, greife der Entscheidung des Richters vor und sei daher so nicht vertretbar. – Auch dieser Einwand beinhaltet eine wichtige Erfahrung, nämlich die, daß das JA dem Gericht gegenüber in erster Linie eine helfende Funktion ausübt, nämlich von seinem besonderen Kenntnisstand her zur Erhellung eines Problems beizutragen und daß dieser Beitrag nicht darin bestehen kann, die Faktensammlung ausschließlich im Hinblick auf schon im voraus fixierte Zielvorstellungen vorzunehmen (die zudem eine zusammenfassende Beurteilung nicht nur erübrigen, sondern auch verunmöglichen würde). Ein solches Verständnis von Mitwirkung in Gerichtsverfahren schließt jedoch nicht die Tatsache aus, daß SozArb sich in ihren gutachtlichen Äußerungen stets von (reflektierten oder unreflektierten) Zielvorstellungen leiten lassen. Wenn sie glauben, durch eine Beschränkung ihres Tuns auf Erarbeitung einer Vorgeschichte und/oder eines psychosozialen Befundes dem Problem der Zielgerichtetheit der Datensammlung entgehen zu können, so täuschen sie sich selbst, ausgenommen den Fall, sie übermitteln dem Richter ohne jegliche Begrenzung tatsächlich alle ihnen verfügbaren Informationen, relevante und irrelevante, die sie über die Betroffenen haben. Das aber dürfte dann kaum eine Hilfe für das Gericht darstellen. Wird hingegen die sie leitende Zielvorstellung in einer zusammenfassenden Beurteilung und vor allem in dem Entscheidunsvorschlag sichtbar, so ist sie von den übrigen Teilen der Stellungnahme her hinsichtlich ihrer Folgerichtigkeit überprüfbar. Außerdem kann kritisch festgestellt werden, ob die Fakten in Vorgeschichte und psychosozialem Befund in ihrer ganzen Vielschichtigkeit vorgestellt oder zu einseitig auf den (impliziten) Entscheidungsvorschlag hin ausgewählt wurden.

Hinzu kommt, daß nach vorliegenden empirischen Befunden[7] VormGe sich in hohem Maße, wenn nicht dem Wortlaut so doch der Sache nach, an Entscheidungsvorschlägen von JÄ orientieren. Dabei scheint es sogar unwichtig zu sein, wie die Entscheidungsvorschläge nahegelegt werden.

Schließlich hat auch die Rechtsprechung[8] wiederholt geäußert, daß die Aufgabe des JA nicht lediglich in der Sammlung von Fakten bestehe, sondern daß es sich zu den zu ergreifenden Maßnahmen zu äußern habe. Hieran wird auch der Wortlaut des § 50 II KJHG in der Regel nichts ändern.

(2) *Sachkompetenz*

Vor allem Berufsanfänger vertraten die Ansicht, eine Stellungnahme in der Form, wie wir sie unter 5.4 vorschlagen, benötige ein abgeschlossenes Studium in **Psychologie, Sozialmedizin, Pädagogik oder Soziologie**, wenn nicht gar in allen vier Disziplinen zugleich. Auch bei manchem erfahrenen Praktiker, der schon einen zeitlich größeren Abstand zu seiner theoretischen Ausbildung hat, mögen bisweilen latente Unsicherheiten durch so ein Modell ausgelöst werden. – Wir teilen die Auffassung dieser Kollegen, daß JÄ manchmal zu Fällen Stellung nehmen müssen, in denen SozArb fachlich überfordert sind. In solchen Fällen ist sicher ein **Sachverständigengutachten** eines Mediziners, Psychologen etc. angebracht, das wir keineswegs als überflüssig ansehen, das unserer Meinung nach eher zu selten angeregt wird. Eine folgerichtig und detailliert strukturierte Stellungnahme verlangt so viel an fachlichem Wissen, daß der sich damit befassende SozArb eventuelle Wissenslücken nicht mehr übersehen oder umgehen kann. Er steht dann vor der Entscheidung, sein Wissen aufzufrischen oder mangels Kompetenz die Berufung eines Sachverständigen anzuregen.

(3) *Zeitaufwand*

Manche SozArb melden Bedenken gegenüber einem Gliederungsvorschlag wie unseren an, weil er ihnen zu zeitaufwendig erscheint. Dieses Argument wird in letzter Zeit insbesondere im Zusammenhang mit Sorgerechtsregelungen bei Scheidung, wenn ein einverständlicher Elternvorschlag vorliegt, laut[9]. Tatsächlich erfordert eine derartige Stellungnahme zunächst mehr Zeit als jene Form der Stellungnahmen von JÄ, die wir in unserer Tätigkeit als Gerichtsgutachter

---

7 Simitis u. a.
8 BGH v. 21. 5. 54, FamRZ 1954, 219 = ZblJugR 1954, 236 = SjE E 14, 621; OLG Hamm v. 11. 3. 64, zitiert in OLG Hamm v. 11. 8. 67, NJW 1968, 454; BayObLG v. 27. 8. 65, DAVorm 1966, 8 OLG Köln v. 13. 2. 81, FamRZ 1981, 599.
9 Zur Frage, ob dann überhaupt eine Stellungnahme abgegeben werden muß, s. u. S. 108.

in Originalakten zu sehen bekamen. Bedenkt man die immer wieder angeführte Arbeitslast, die SozArb tragen, so muß man sich mit Recht fragen, ob ihnen ein Mehr an Arbeit noch zumutbar ist, ja ob ein Gutachtenmuster nicht eher Zeit einsparen helfen sollte.

Unsere Erfahrung aus einschlägigen integrativen Seminarveranstaltungen macht uns jedoch deutlich, daß der anfänglich nicht unbeträchtliche Zeitaufwand durch **Übung** bald erheblich reduziert werden kann. Hinzu kommt, daß sicher nicht jeder Fall eine gleich ausführliche Bearbeitung erfordert, Erfahrungen aus der Gestaltung differenzierter Stellungnahmen jedoch auch **einfachere Stellungnahmen** verbessern können. Ferner zeigt sich, daß der Zeitaufwand für die Erarbeitung einer gutachtlichen Äußerung in direktem Zusammenhang mit der Qualität der **Aktenführung** steht. Genaue Zeit-, Orts- und Personenangaben, vor allem aber Notizen über konkrete Verhaltensbeobachtungen bei Hausbesuchen oder Gesprächen im JA sowie Gesprächsnotizen, die die Äußerungen der Klienten noch erkennen lassen, helfen, bei der Erarbeitung von Stellungnahmen Zeit zu gewinnen. Wenn daher der Hinweis auf zu großen Zeitaufwand laut wird, ist auch die Frage zu prüfen, ob nicht u. U. die Akten qualifizierter geführt werden müßten.

(4) *Menschenwürde*

Gelegentlich wurden auch Bedenken geäußert, die sich gegen die Begutachtung von Klienten überhaupt richten. Hier handelt es sich um die Befürchtung, ein solches Tun mache den zu Beurteilenden zu einer Sache, zu einem Objekt. Der SozArb werde der Persönlichkeit des Klienten und seiner Menschenwürde damit nicht gerecht. Jede Beurteilung eines anderen sei subjektiv, begrenzt und damit falsch. Die Einmaligkeit eines Menschen lasse sich in einer Stellungnahme, die zwangsläufig nicht mehr als ein Klischee sein könne, nicht angemessen darstellen.

Auch dieser Einwand trifft u. E. einen bedenkenswerten Umstand in der Praxis, nämlich den, daß tatsächlich manche **Beurteilung** eine versteckte, wenn nicht gar offene **Verurteilung** des Klienten ist. Er zeigt, wie gefährlich es ist, wenn man in seiner gutachtlichen Äußerung zwischen Beschreibung und Beurteilung einerseits und Beurteilung des Problems und persönlicher Bewertung andererseits nicht zu unterscheiden vermag. Dieser Einwand ist vor allem gegenüber jenen Stellungnahmen angebracht, die wegen ihrer Kürze und Unstrukturiertheit dem Leser nicht gestatten, den Beurteilungsprozeß des Schreibers nachzuvollziehen, die aber durch ihre definitiven und stark wertenden Aussagen dem Adressaten ein ausgesprochen sicheres d. h. zutreffendes Bild vom Klienten suggerieren.

Auch die geäußerten Bedenken gegen eine **klischeehafte Beurteilung** von Betroffenen werden sicher von jedem verantwortungsbewußten SozArb voll geteilt. Nach unseren Beobachtungen hatten jedoch die SozArb, die die o. g. Einwände vorbrachten, einige Schwierigkeiten, den wesentlichen Unterschied zu erfassen, der zwischen einer klischeehaften und einer strukturierten Stellungnahme, die gerade Klischees vermeiden helfen kann, besteht. Ferner zeigte sich bei diesen Gesprächspartnern, durchweg Berufsanfänger in der Sozialarbeit, eine deutliche Unsicherheit, notwendige Entscheidungen selbständig zu fällen. Außerdem fanden sich Hinweise darauf, daß Lücken in theoretischem Wissen und praktischer Erfahrung eine solche Einstellung begünstigten. Einige von ihnen argumentierten aus der Einstellung heraus, man könne Klienten in ihren Problemen nur durch gemeinsame Gespräche mit ihnen helfen. Dabei übersahen sie, daß gutachtliche Stellungnahmen in der Sozialarbeit nur dadurch ihre Rechtfertigung erfahren, daß sie zur Lösung von Problemen der Klienten beitragen.

5.3 Strukturierungsvorschläge aus Literatur und sozialer Praxis

5.3.1 Inhaltliche Anforderungen

Neben den eben angeführten Bedenken gibt es jedoch in Literatur wie in Arbeitsmaterialien der sozialen Praxis auch viele Vorschläge und Anregungen zu sinnvoll gegliederten Stellungnahmen. Manche der Beiträge haben untereinander zwar wenig gemeinsam hinsichtlich der Frage, was in eine gutachtliche Äußerung eines SozArb hineingehört und in welcher Weise sie sinnvoll zu gliedern ist; zusammengenommen jedoch finden sich in diesen Materialien alle Strukturanteile wieder, die wir im folgenden Kapitel ausführlich diskutieren wollen.

Anregungen aus der Praxis zu Stellungnahmen im Rahmen der Mitwirkung in Gerichtsverfahren bieten u. a.

- der differenzierte »Entwurf einer Arbeitshilfe für die Feststellung der Eignung von Pflegefamilien« des Landes Württemberg-Hohenzollern vom 15. 8. 1978.
- die »Arbeitshilfe für die Prüfung von Pflegestellen« der Freien und Hansestadt Hamburg, o. J.
- die »Empfehlungen zur Adoptionsvermittlung« der Bundesarbeitsgemeinschaft der Landesjugendämter vom 15. 12. 1988 (2. Aufl.) und
- die »Richtlinien für die Erstellung psycho-sozialer Diagnosen« des Kultusministeriums des Landes Niedersachsen vom 26. 8. 1976 in Verbindung mit dem RdErl. v. 23. 10. 1981.

Aus der **Literatur** zur VormGH/FamGH[10] wäre in diesem Zusammenhang auf die »Fallstudien aus der sozialen Arbeit« von *Siegismund/Tiesler* zu verweisen, deren psychosoziale Diagnose jedoch nicht primär für gutachtliche Äußerungen, sonden auch für die unmittelbare Arbeit am Klienten gedacht ist und von daher einen anderen Akzent erkennen läßt.

Wir selbst machten einen Vorschlag zur gutachtlichen Stellungnahme einer Adoptionsvermittlungsstelle[11].

Der Titel der deutschsprachigen Ausgabe von *N. Timms* Werk »Der Bericht in der sozialen Arbeit« läßt zunächst eine ähnliche Orientierungshilfe wie die von

---

10 Der Aufsatz von Dickmeis, ZblJugR 1983, 164 befaßt sich schwergewichtig mit inhaltlichen Kriterien. Die formalen Hinweise (S. 171) sind zu undifferenziert.
11 Arndt/Oberloskamp, ZblJugR 1977, 273.

uns vorgeschlagene vermuten. Wie sich jedoch bereits aus dem englischen Originaltitel[12] ergibt, bietet dieses Buch ausschließlich eine Anleitung zu qualifizierter **Aktenführung**. Insofern ist es nur eine – allerdings wichtige – Hilfe für die Vorarbeit zu gutachtlichen Stellungnahmen und keine Anleitung zu deren Erstellung[13].

Zum Problem gutachtlicher Stellungnahmen im Rahmen der **Jugendgerichtshilfe** finden sich vergleichsweise mehr Veröffentlichungen, Richtlinien und Mustervorschläge. Hier scheint die Bedeutung der gutachtlichen Äußerung des SozArb höher veranschlagt zu werden als im Rahmen der VormGH/FamGH. So unterstreicht *R. Wagner*[14] ausführlich »die Bedeutung des Jugendgerichtshilfeberichtes in der Verhandlung vor dem Jugendrichter« und erwartet als Richter von der Jugendgerichtshilfe einen »gutachtlichen Bericht« (S. 281), der weitgehend beinhalten soll, was wir unserem Vorschlag nach den Gutachtenanteilen **Psychosozialer Befund, Diagnose/Prognose, Zusammenfassende Beurteilung** zuordnen würden[15].

Walter[16] äußert zwar die Ansicht, SozArb seien in der Regel überfordert, eine vollständige gutachtliche Stellungnahme abzugeben; er erwartet von ihnen in einem JGH-Bericht jedoch einen über die Einzeltatsachen der **Vorgeschichte** hinausgehenden **psychosozialen Befund**, in dem »eine Reihe von Einzelerscheinungen unter gleichbleibendem Blickwinkel zusammenschauend gesehen wird«[17], darüber hinaus eine **psychosoziale Diagnose**, »indem bestimmte Ereignisse als zum Kausalzusammenhang des beobachteten Entwicklungsablaufs gehörig erkannt werden«[18]. Der **Entscheidungsvorschlag** des SozArb im Rahmen seiner Stellungnahme ist für *Walter* eine Selbstverständlichkeit. Eine der Stellungnahme vorausgehende und sie **begründende zusammenfassende Beurteilung** scheint *Walter* auf den ersten Blick abzulehnen. Schaut man genauer hin, so wird deutlich, daß der Autor nicht in einer qualifizierten zusammenfassenden Beurteilung an sich, wohl aber »in der schlüssigen Begründung[19] eines am Ende des Berichts niedergelegten Entscheidungsvorschlags«[20] eine Gefahr der Verzerrung und Fehlbeurteilung des Sachverhalts durch den SozArb gegeben sieht.

Walter verweist noch auf andere typische Fehler in gutachtlichen Äußerungen von SozArb und macht dadurch deutlich, wie wichtig eine einwandfreie Stellungnahme für den Richter sein kann. Als besondere Probleme nennt er die

---

12 »Recording in Social Work«.
13 Für unseren Sektor noch weniger brauchbar sind die Bücher von Kurth, Das Gutachten, und von Boerner, Das psychologische Gutachten. Weitere Anregungen zur Aktenführung enthalten Nentzel, NDV 1971, 261/263 ff. und Kolodziej, Akten ... muß das sein?
14 JugWo 1977, 280–288.
15 Vgl. besonders S. 281, 284–286.
16 Walter, ZblJugR 1973, 485.
17 A. a. O., S. 490.
18 A. a. O., S. 490 f.
19 Hervorhebung durch die Verfasser.
20 A. a. O., S. 490.

»Selektion der Nachforschungen«, die noch vor der »Selektion des Erheblichen vom Unwesentlichen« einsetzt, die angemessene »Wiedergabe von Eindrükken«, »die Katalogisierung der wahrgenommenen Erscheinungen anhand bestimmter im Behördenjargon gebräuchlicher (meist moralisierender) Stereotypen«, die unkritische Vermengung von Beschreiben und Bewerten und die Neigung, »alle Daten ›stimmig‹ zu machen, obgleich sie einem unvoreingenommenen Betrachter eigentlich als widersprüchlich erscheinen müßten«[21].
Der Bericht der Jugendgerichtshilfe (JGH), die für *Roestel*[22] »das sozialpädagogische Gewissen des Jugendgerichts«[23] ist, hat in diesem Bereich einen hohen Stellenwert. Nach *Roestel* soll der Bericht des SozArb dem Richter nicht nur »die Möglichkeit ... geben, sich im Gespräch in den Jugendlichen und seine etwaige Problematik hineinzuversetzen ...«, sondern er soll ihn auch sozusagen unauffällig dazu **zwingen**, sich »am Leitseil« des JGH-Berichts entsprechend vorzubewegen«[24].
Roestel hält ein anspruchsvolles Unterfangen des SozArb für möglich, wenn dieser seine Stellungnahme wie folgt aufbaut[25]:

1. »Zunächst ist über die Familie des Angeklagten zu berichten ...«
2. »Das äußere Leben, der Lebensgang des Angeklagten ist darzustellen, und zwar zunächst ohne eigene Stellungnahme ...«, d.h. **Trennung von Vorgeschichte bzw. Befund** und **Diagnose bzw. Beurteilung**[26].
3. »Bisherige Maßnahmen« (Teil der **Vorgeschichte**).
4. »Eigene **Beurteilung**[26]« von Verhalten des Klienten und
5. seiner Verantwortungsreife bzw. seines Entwicklungsstandes.
6. »Der **Vorschlag**[26] ... für die zu treffende Maßnahme.«

Bleibt für *Roestel* trotz der erwähnten Wertschätzung der Bericht des SozArb letztlich doch nur ein Interviewleitfaden für den Richter, so besteht nach *H. Ullrichs* Ausführungen[27] »kein Zweifel mehr darüber, daß den Berichten ... mehr als nur die Rolle eines personalstatistischen Fragebogens zukommt«[28]. Indem die Stellungnahme des SozArb »eine umfassende Ermittlung der Lebens- und Familienverhältnisse, des Werdegangs und all der Umstände, die zur Beurteilung der seelischen, geistigen und charakterlichen Eigenart ... (des Klienten) ... dienen können«[29] wiedergibt, wird ein solcher »gutachtlicher Bericht«[30] »zu einer sozialpädagogischen Topographie«[31].
Mit Nachdruck betont *Ullrich*, daß eine so verantwortungsvolle Aufgabe nicht

21 Vgl. a.a.O., S. 489.
22 UJ 1965, 543–547.
23 A.a.O., S. 543.
24 A.a.O., S. 543f.
25 Vgl. dazu a.a.O., S. 544ff.
26 Hervorhebung durch die Verfasser.
27 ZblJugR 1969, 185–191.
28 A.a.O., S. 186.
29 A.a.O., S. 186.
30 Wagner, a.a.O. (FN 14), S. 281.
31 Ullrich 1969, S. 186; 1982, S. 53.

mit irgendwelchen Fragebögen oder Vordrucken, sondern nur durch die eigenständige Arbeit qualifiziert ausgebildeter SozArb/SozPäd zu leisten sei. Für *Ullrich* ist die Forderung nach einer umfassenden und dementsprechend anspruchsvollen Stellungnahme auch insofern wichtig, als dadurch dem Richter mehr Möglichkeit gegeben wird, die Aussagen des SozArb nachzuvollziehen und zu überprüfen.

Vielleicht mag der eine oder andere SozArb im Hinblick auf eine solche Forderung »kopfschüttelnd an die in seinem Amt ›übliche‹ ›kurze‹ Berichterstattung denken und darauf hinweisen, daß sein . . . Richter mit dieser Methode zufrieden sei«[32]. Dem kann man – so *Ullrich* – nur entgegenhalten, daß wir noch lange nicht überall solche Richter haben, wie sie das moderne Recht voraussetzt[33].

5.3.2 Formale Kriterien

Orientierungshilfen zur Gestaltung des Jugendgerichtshilfeberichtes findet der SozArb u. a. auch in den diesbezüglichen Anregungen der Länder Hessen und Berlin sowie in dem Gliederungsvorschlag der Kommunalen Gemeinschaftsstelle für Verwaltungsvereinfachung (KGSt).

Vergleicht man diese Gliederungsvorschläge und den des Landes Niedersachsen zur Erstellung psychosozialer Diagnosen mit dem von uns vorgelegten Konzept (siehe die Synopse auf S. 70, 71), so finden sich viele Gemeinsamkeiten hinsichtlich der Auswahl der für eine gutachtliche Äußerung bedeutsamen Aspekte und teilweise Unterschiede in der Anordnung dieser Elemente zu einem zusammenhängenden Bericht. Warum wir eine Stellungnahme zum Teil anders strukturieren, soll unter 5.4 begründet werden.

5.4 Ein Strukturierungsvorschlag für gutachtliche Äußerungen

Im folgenden von der Struktur einer gutachtlichen Stellungnahme zu reden, ist insofern berechtigt, als die einzelnen Bestandteile eines Gutachtens nicht beliebig weggelassen, hinzugefügt oder isoliert betrachtet werden können. Vielmehr stehen sie entsprechend einer bestimmten **Ordnung** miteinander in **Beziehung**. Jeder Teil einer strukturierten gutachtlichen Äußerung besitzt eine spezifische Funktion für das Ganze. Erst die Betrachtung des Ganzen führt den Leser (Richter) zum vollen Nachvollzug der vom SozArb intendierten Aussage. Eine bloß additive Verknüpfung von Informationen, Einsichten und Wertungen wäre das extremste Gegenstück dazu. Auch wenn so etwas gelegentlich noch in der Praxis auftaucht, halten wir ein darartiges Vorgehen für so unqualifiziert, daß es hier nicht weiter diskutiert werden soll.

Bisweilen werden **Zweifel** aufkommen, ob tatsächlich jede gutachtliche Stel-

---

32 A. a. O., S. 187.
33 Vgl. für die Familienrichter die Begründung der Bundesregierung für die Schaffung vom FamG in: RA/BT-Drucks. 8/2788, S. 42.

Vergleich verschiedener Strukturierungsvorschläge

Vorschlag der Verfasser dieses Buches	Gliederung der Jugendgerichtshilfeberichte nach einem Vorschlag der Kommunalen Gemeinschaftsstelle für Verwaltungsvereinfachung (KGSt)[34]	Gliederungsvorschlag nach den »Berliner Richtlinien für die Jugendgerichtshilfe«[35]	Gliederung eines Jugendgerichtshilfeberichts nach den Richtlinien des Landesjugendamtes Hessen (1957)[36]	Richtlinien für die Erstellung psychosozialer Diagnosen (PSD) des Landes Niedersachsen[37]
1. Einleitung	1. Personalien des Jugendlichen	1. Personalien des Täters, der Familienangehörigen, Wohnungsangaben	A. Ermittelte Tatsachen Einleitung	1. »Kopf« der PSD 2. Anlaß . . .
	2. Eltern des Jugendlichen	2. Vorbelastungen (Strafverfahren mit Aktenzeichen)		
	3. Geschwister des Jugendlichen	3. Angabe der Quellen, auf die sich der Bericht stützt		3. . . . Anlaß Anamnese und Problembeschreibung
	4. Rechtsstatus des Jugendlichen			
	5. Quellen dieses Berichtes			
2. Vorgeschichte und derzeitige Situation	6. Bisherige Straftaten	4. Familiensituation	I. Die Mitwelt des Täters	
	7. Bisherige Erziehungsmaßnahmen	5. Entwicklungsgang des Täters	II. Die Umwelt des Täters	
	8. Verhältnisse in Elternhaus und Umgebung	6. Stellungnahme des Täters zur Straftat	III. Der Täter Unterpunkte 1–7	
	9. Bisherige Entwicklung			
	10. Einkommen des Jugendlichen			
	11. Freizeitinteressen			
	12. Stellung zur Tat			

3. Psychosozialer Befund	7. Zusammenfassende Beurteilung: – Gesamtbeurteilung des Täters	(fehlt)	III. Der Täter Unterpunkte 8–15	(z. T. in Problembeschreibung angedeutet)
4. Diagnose/ Prognose	– Hinweise auf mögliche Ursachen der Fehlentwicklung und ihren Grad	(nur ansatzweise gegeben)	B. Beurteilung I. Die Gesamtentwicklung des Täters VII. Soziale Prognose	4. Interpretation 5. Prognose
5. Zusammenfassende Beurteilung	– strafrechtliche Verantwortungsreife gem. § 3 JGG – Zurechnungsfähigkeit gem. § 20 StGB – Voraussetzungen zur Anwendung des § 105 JGG bei Heranwachsenden – Vorliegen schädlicher Neigungen i. S. des § 17 II JGG, und in welchem Ausmaß	13. Zusammenfassende Beurteilung . . .	III. Die Jugendzurechnungsfähigkeit II. Die allgemeine Zurechnungsfähigkeit IV. Die Reife V. Vorliegen einer Jugendverfehlung VI. Sind in der Tat schädliche Neigungen des Täters hervorgetreten? In welchem Ausmaß?	(fehlt)
6. Entscheidungsvorschlag	. . . und Anregung zur Urteilsfindung	(in zusammenfassender Beurteilung enthalten)	C. Vorschlag zur Behandlung des Täters	6. Vorschläge

34 Sozialwesen in NW Bd.3, S. 190–192.
35 UJ 1959, 336 = HdbchJugR, Ausgabe 1976f., FI2.
36 HdbchJugR, Ausgabe 1950ff., Gruppe 15, S. 267.
37 Nds MBl. Nr. 42/1976, S. 1681–1683, unverändert Nds MBl. Nr. 50/1981, S. 1254ff.

lungnahme derart **differenziert**, wie hier vorgeschlagen, abzugeben ist. In der Praxis dürften wohl Komplexität und Gewichtigkeit des Problems das Ausmaß an Detailliertheit einer Stellungnahme bestimmen. Die **Prinzipien**, um die es hier geht, werden jedoch in jeder verantwortbaren Stellungnahme zu finden sein. Einschränkungen gelten evtl. für Sorgerechtsregelungen gem. §§ 1671, 1672 BGB, wenn es sich um eine einverständliche Scheidung bzw. Trennung handelt und für das JA keine Anhaltspunkte dafür vorliegen, daß der Elternvorschlag dem Kindeswohl zuwiderläuft[38]. Auf keinen Fall sollte der SozArb deshalb auf eine strukturierte gutachtliche Äußerung verzichten, weil er eventuell befürchtet, ausführliche Stellungnahmen würden von **eiligen Richtern** doch nicht gelesen. Gerade für einen Richter, der sehr unter Zeitdruck steht, ist eine strukturierte Äußerung hilfreich. Wenn er sich unbedingt mit einer Kurzinformation begnügen will, findet er sie in der zusammenfassenden Beurteilung und dem Entscheidungsvorschlag des SozArb. Es bleibt dem Richter aber noch immer die Möglichkeit gewahrt, sich eine so gründliche Einsicht in die Zusammenhänge des anstehenden Problems zu verschaffen, wie der SozArb sie aus seiner Nähe zu den Klienten besitzt, indem er nachträglich noch Vorgeschichte, psychosozialen Befund und Diagnose/Prognose liest. Ob es dazu kommt, hängt eventuell auch von der Qualität des Teiles »Zusammenfassende Beurteilung« ab.

Ein weiterer Grund für eine deutlich strukturierte Stellungnahme ist die bei ihr notwendig gegebene strikte **Trennung** von Informationen über **Fakten**, deren **Erklärung** (Deutung) und ihrer **Beurteilung**. Zumindest erleichtert ein derartiger Strukturierungsansatz die Unterscheidung dieser qualitativ grundverschiedenen Vorgänge.

Entsprechend dem oben angedeuteten Strukturbegriff haben die verschiedenen Teile einer gutachtlichen Stellungnahme eine je spezifische Funktion. Im folgenden soll gezeigt werden, wie einerseits die Funktion der Teile deren Inhalt bestimmt, und wie andererseits die Beachtung formaler Aspekte zur Funktionalität der Strukturanteile beiträgt.

5.4.1 Die Einleitung

Sie beginnt mit der Nennung von **Adressaten** und **Absender**. Im Betreff wird – unter Bezugnahme auf die einschlägigen Paragraphen[39] – das zu beurteilende **Problem** eingeführt. Dann folgen die **Personalien** der von der gutachtlichen Stellungnahme betroffenen Personen[40]. Abschließend werden in diesem Teil die **Quellen** genannt, die dem stellungnehmenden SozArb zur Verfügung stan-

---

38 Das bedeutet aber nicht, daß der SozArb auch keine ermittelnden Tätigkeiten zu entfalten braucht. Um festzustellen, ob ein Abweichen vom gemeinsamen Vorschlag notwendig ist, bedarf es durchaus gezielter Nachforschungen. Vgl. dazu u. S. 108 f.

39 Die Bezugnahme hat nicht den Sinn, den Richter zu belehren, sondern den Betreff zu präzisieren.

40 Bei gutachtlichen Stellungnahmen zur Frage der Ersetzung der Einwilligung gem. § 1748 BGB ist auf die Wahrung des Inkognitos zu achten. Da der Ersetzungsbeschluß den leiblichen Eltern zugestellt werden muß, ist es besser, schon in der gut-

den. Was dazu zählt, deckt sich inhaltlich mit den in der Vorgeschichte verarbeiteten Informationen[41]. Die Gliederung der Quellenangaben kann entweder nach chronologischen Gesichtspunkten oder nach betroffenen Personen vorgenommen werden[42].

Mit diesen einleitenden Feststellungen soll dem Richter ein erster rascher Überblick über das anstehende Problem, die davon betroffenen Personen und die herangezogenen Informationsquellen ermöglicht werden.

Um dem Richter in besonders schwerwiegenden Fällen augenfällig zu machen, daß die im psychosozialen Befund enthaltenen Aussagen belegbar sind, kann es manchmal vorteilhaft sein, die einzelnen Informationsquellen in der Einleitung numerisch zu kennzeichnen und diese Ziffern später als Hinweis auf Belegstellen zu verwenden[43].

Bei der Aufzählung von Informationsquellen ist darauf zu achten, daß nicht eigene Mitteilungen an eine andere Dienststelle, nur weil sie ein das anstehende Problem berührender aktenkundiger Vorgang sind, als Erkenntnisquelle berücksichtigt werden[44].

5.4.2 Vorgeschichte und derzeitige Situation

5.4.2.1 Funktion

Die im Gutachtenabschnitt »Vorgeschichte und derzeitige Situation« zusammengetragenen Einzeldaten sollen dem Adressaten einen der Problemlage entsprechend detaillierten Einblick in die komplexen intrapsychischen und psychosozialen Gegebenheiten der Betroffenen ermöglichen.

Ferner können sie zu einem besseren Verständnis der individuellen Entwicklung der Betroffenen, ihrer Beziehungen zueinander und damit zum Verständnis der aktuellen Problemlage beitragen. Nicht zuletzt schafft die angemessene Gestaltung dieses Gutachtenteils dem Richter die Voraussetzung, die Gültigkeit des nachfolgenden psychosozialen Befundes, die zusammenfassende Beurteilung und den Entscheidungsvorschlag des SozArb zu überprüfen und dessen Stellungnahme argumentativ in das eigene richterliche Tun einzubeziehen bzw. abzulehnen.

5.4.2.2 Inhalt

Die »Vorgeschichte« kann die genannten Funktionen umso besser erfüllen, je mehr sie a) **problemrelevante** Einzelinformationen wiedergibt, die b) möglichst **konkret situatives** Erleben und Verhalten problembezogen widerspiegeln. Sie umfaßt daher u. a.:

achtlichen Stellungnahme über die Adoptiveltern nur verfremdet zu berichten, d. h. jedenfalls die Personalien verschlüsselt oder abgekürzt wiederzugeben.
41 S. dazu u. 5.4.2, S. 69 ff.
42 Zur Sprache s. u. S. 85 ff.
43 Vgl. u. S. 176 f. und S. 181 ff.
44 Vgl. u. S. 209 f.

- Informationen des SozArb, die er selbst durch **Anamnese**, problemorientierte **Exploration** und gezielte **Verhaltensbeobachtung** der Betroffenen während Hausbesuch oder Gespräch im JA gewinnen konnte.
- **Mitteilungen** zum Problemverhalten der Klienten durch **nicht Betroffene** (z. B. von Nachbarn, Verwandten, Polizei, Kindergarten usw.).
- **Erkenntnisse** aus Gesprächen mit **Kollegen**, die schon früher mit Mitgliedern der Familie(n) zu arbeiten hatten.
- Bereits **vorhandene Stellungnahmen** zu Familienmitgliedern oder deren Problemverhalten.
- **Äußerungen von Sachverständigen** (z. B. Ärzten, Lehrern, Psychologen), die der SozArb einholte oder schon vorfand.
- Problemrelevante **Aktennotizen** aus anderen Vorgängen.

5.4.2.3 Form

Um diese vielen Informationen in ihrer verwirrenden Mannigfaltigkeit dem Adressaten überschaubar zu machen, ist es hilfreich, die Daten in der zeitlichen Abfolge der Ereignisse am Hauptproblem orientiert wiederzugeben. Auch eine Gliederung der Aussagen nach den betroffenen Personen, unter Berücksichtigung chronologischer Gesichtspunkte, erleichtert den Überblick. Wenn eine Familie schon längere Zeit vom JA betreut wird oder das Problem schon zu umfassenderen rechtlichen Auseinandersetzungen geführt hat, besteht in der Regel die Notwendigkeit, bereits vorhandene Berichte, Stellungnahmen und Sachverständigengutachten **auszuwählen und zu kürzen**, um Wiederholungen ein und derselben Quelle zu vermeiden und die Vorgeschichte nicht zu umfangreich werden zu lassen. Bei der Auswahl bzw. Kürzung von Informationen, die nicht vom SozArb stammen, ist darauf zu achten, daß **möglichst konkrete Angaben** in die Vorgeschichte aufgenommen werden und Verallgemeinerungen (Befund) nur dann, wenn die Information sonst entfallen müßte. Nur im Ausnahmefall, nämlich dann, wenn feststeht, daß dem Adressaten bestimmte Fakten bereits bekannt sind, genügt ein Hinweis auf sie. Durch Hinweis wie »Bei meinem Hausbesuch am . . .« oder »Nach Angaben von Frau X soll . . .« wird der Richter darauf aufmerksam gemacht, inwieweit die Informationen vom SozArb selbst gewonnen oder von anderen Personen eingebracht wurden, was für die Beurteilung der Sicherheit dieser Mitteilungen bedeutsam wird. Der Bezug auf eine konkrete Situation oder eine bestimmte Äußerung einer Person macht außerdem deutlich, daß die in der Vorgeschichte zusammengetragenen Einzelangaben zunächst nur **situative** Befunde von **relativem** Wert sind und jede für sich alleine genommen noch keine grundsätzliche Aussage über Personen und ihr Verhalten zuläßt. Durch die Verwendung des Konjunktivs kann die Relativierung der Angaben noch verstärkt werden. Im allgemeinen ist es sinnvoll, bei Wiedergabe unstreitiger Tatsachen und der vom SozArb selbst gemachten Beobachtungen die indikativische Aussageform[45] zu wählen. Das Situative eigener Beobachtungen wird am besten in

---

45 Zu Sprache s. u. S. 85 ff.

einer Vergangenheitsform des Indikativs ausgedrückt. Diese sprachliche Form ist auch dann zutreffend, wenn Fremdbeobachtungen unter ausdrücklicher Bezugnahme auf die Quelle Erwähnung finden. Fehlt in der Wiedergabe solcher Beobachtung Dritter der ausdrückliche Bezug zur Quelle, wodurch diese Aussage ja relativiert wird, sollte der Konjunktiv Perfekt verwendet werden oder eine Umschreibung mit modalen Hilfsverben.

5.4.2.4 Fehlerquellen

Die Qualität der Vorgeschichte ist eine entscheidende Voraussetzung für den Wert der gutachtlichen Äußerung überhaupt. Deshalb gilt es, bei der Abfassung der Vorgeschichte u. a. folgenden Gefahren vorzubeugen:

– Einfluß der Fragestellung
In der diagnostischen Literatur ist die Gefahr der Einflußnahme von Fragestellungen auf die Datensammlung und Gutachtengestaltung hinlänglich bekannt[46]. Der SozArb tut gut daran, kritisch zu prüfen, 1. mit welchem Vorverständnis er an die der Stellungnahme zugrunde liegende Fragestellung herangeht (und sie damit akzentuiert), 2. inwieweit die Fragestellung dem zu beurteilenden Problem angemessen ist.

– Einfluß von Vorentscheidungen
Bisweilen konnten wir feststellen, daß sich SozArb bei der Datensammlung und -zusammmenstellung nicht so sehr von der Problemstellung, sondern von dem »intuitiv« angestrebten Problemlösungsversuch (Entscheidungsvorschlag) lenken ließen. Ein solches Vorgehen garantiert zwar einen hohen Grad von »Stimmigkeit« der Stellungnahme von der Einleitung bis zum Entscheidungsvorschlag, wird dem Anspruch einer reflektierten Aussage aber nicht gerecht.

– Ausklammern von Widersprüchlichem
Beim Sammeln und Anordnen der Informationen finden sich gehäuft solche, die einen gemeinsamen Trend erkennen lassen, und einige wenige, die in das Bild nicht passen wollen. Hier ist es wichtig, die vereinzelten, zum Gesamtbild nicht gut passenden oder dazu ausdrücklich in Widerspruch stehenden Hinweise nicht zu übersehen oder wegzulassen, sondern ausdrücklich aufzunehmen und im psychosozialen Befund und den übrigen Teilen der Stellungnahme zu verwerten.

– Abhängigkeit von Autoritäten
Sofern Sachverständigenäußerungen vorliegen, neigen SozArb mitunter dazu, die Aussagen einer Fachautorität auch dann unkritisch zu übernehmen, wenn selbst einem Laien die Fehlerhaftigkeit der Äußerung erkennbar ist. Abhängigkeit von Autoritäten beobachteten wir besonders dann, wenn SozArb medizinische Befunde in Entwicklungsberichten, sowie psychologische oder medizinische Sachverständigengutachten zu berücksichtigen hatten.

---

46 Jäger, R.; Hartmann/Haubl (Hrsg).

Beispiel: In den Gefälligkeitsgutachten eines Hausarztes und des von ihm mit einbezogenen Kollegen wird übereinstimmend ausgesagt, die von der Kindesmutter bei ihrer Tochter Hannelore beobachtete Nervosität, Gereiztheit und geringe Belastbarkeit seien eine Folge der seelischen Überforderung des Kindes, die durch die Besuche des getrennt lebenden Vaters entstünden. Dem Vater sei daher das Besuchsrecht zu entziehen. Hannelores Verhalten falle nicht aus der Norm gleichaltriger Kinder. Das Kind bedürfe keiner besonderen medizinischen oder psychotherapeutischen Hilfe.

In diesem Falle dürfte die Äußerung der Fachleute nicht einfach übernommen werden. Vielmehr ist hier das angesprochene Verhalten des Kindes, gleichzeitig aber auch der Widerspruch der gutachtlichen Äußerung zu registrieren. Auf die Suggestionskraft des geschriebenen Wortes sei in diesem Zusammenhang noch einmal ausdrücklich hingewiesen.

– Befund statt Vorgeschichte
Eine Schwierigkeit bei der Formulierung der Vorgeschichte besteht für manche darin, die dort aufzuführenden Einzelvorkommnisse dem Richter auch tatsächlich als solche kenntlich zu machen. Nicht selten schleichen sich dann Formulierungen ein, sprachlich durch die Präsensform begünstigt[47], die wegen ihres hohen Maßes an Verallgemeinerung eher in den psychosozialen Befund gehören.

Beispiel: »...dabei zeigte sich, daß die Mutter unfähig ist, ihr Kind zu erziehen«, statt »...sie gab dem anhaltenden Drängeln des Kindes nach und holte ihm eine Tafel Schokolade.«

Möglichst konkrete Verhaltensbeschreibungen[48] sind eine der Hilfen, voreiligen Verallgemeinerungstendenzen vorzubeugen.

– Bewertung statt Beschreibung
Eine andere Schwierigkeit besteht offensichtlich darin, in der Vorgeschichte Vorkommnisse rein beschreibend wiederzugeben und nicht vorschnelle Bewertungen einfließen zu lassen. Das eben genannte Beispiel macht das bereits deutlich. Dieser Gefahr kann man begegnen, indem man adjektivische Wendungen (...»sie ist unfähig...«) oder substantivische Wendungen (»...ihre Unfähigkeit, ein Kind zu erziehen...«) vermeidet und dafür eine Verbform bevorzugt (»...sie gab dem Drängen des Kindes nach...«).
Einige Hinweise aus der Persönlichkeitsforschung zeigen, daß das gehäufte Auftauchen von wertenden Aussagen in Beschreibungen mit einer stärker autoritären Persönlichkeitsstruktur des Schreibers in Zusammenhang steht. Die Bewertung sollte aus der Vorgeschichte herausgehalten werden. Sie hat in der zusammenfassenden Beurteilung einen begrenzten Platz.

– Deutung statt Beschreibung
Auch das Erklären, Klassifizieren und Deuten von Vorkommnissen ist in der Vorgeschichte zu meiden. Ein zu frühes Einsetzen von diagnostischem Tun hindert den Richter, zunächst einmal möglichst offen den Sachverhalt zur

---

47 Vgl. S. 85.
48 Daß es daran fehlt, bestätigt Winter-v. Gregory, Neue Praxis 1979, 437/441.

Kenntnis zu nehmen. Statt dessen wird der Leser dazu gedrängt, die Einzelereignisse aus dem Blickwinkel einer bestimmten Theorie heraus wahrzunehmen. Der Adressat wird ferner daran gehindert, sich ein eigenständiges Bild vom Ganzen zu verschaffen, da bereits von wenigen Einzelsituationen aus Erklärungsansätze für das Gesamtverhalten der Persönlichkeit angeboten werden. Eine solche Aufgabe scheint uns erst auf der Grundlage des psychosozialen Befundes leistbar.

5.4.2.5 Zusammenfassung

Die Vorgeschichte hat die Funktion, das für die gutachtliche Stellungnahme erforderliche Material sinnvoll geordnet zur Verfügung zu stellen. Dazu ist eine auf Wesentliches reduzierte, möglichst konkrete, auch Widersprüchliches berücksichtigende Wiedergabe **problemrelevanter Einzelereignisse** sowie der besonderen Umstände, unter denen diese beobachtet wurden, notwendig. Verallgemeinernde, bewertende oder deutende Aussagen sollten zugunsten bloß beschreibender, informierender Formulierungen unterbleiben. Der Einfluß der Sprache ist zu beachten[49].

5.4.3 Der psychosoziale Befund

5.4.3.1 Zur Funktion des Befundes

Der psychosoziale Befund hat die Aufgabe, ausgehend von den vielen Einzeldaten der »Vorgeschichte«, dem Adressaten ein deutlich konturiertes Bild der Gesamtsituation der Betroffenen zu vermitteln. Dieses wird – neben den diagnostischen Erkenntnissen – zum Ausgangspunkt der (ab)wägenden zusammenfassenden Beurteilung.

Ähnlich wie die Vorgeschichte, nur von einem höheren Abstraktionsniveau aus, bietet auch der Befund dem Richter die Möglichkeit, die Argumente der zusammenfassenden Beurteilung des SozArb sowie den daraus abgeleiteten Entscheidungsvorschlag inhaltlich zu überprüfen. Seine Funktion ist erfüllt, wenn der psychosoziale Befund den »Istzustand« des Klienten, d. h. dessen relativ konstante intra- und interpersonalen Bezüge in ihren sozialen Bedingtheiten und die sich daraus ergebende Problemsituation, möglichst klar erkennen läßt.

5.4.3.2 Der Inhalt des psychosozialen Befundes

Auf den ersten Blick mag beim oberflächlichen oder sachunkundigen Leser der Eindruck entstehen, der psychosoziale Befund sei nichts anderes als eine (und damit unnötige) Wiederholung der Vorgeschichte. Im Einzelfall mag ein solcher Eindruck sogar berechtigt sein. Dies trifft zum Beispiel zu, wenn die Vorgeschichte schlecht erstellt wurde, indem die einzelnen Begebenheiten so ver-

---

49 S. u. S. 85 ff.

allgemeinernd wiedergegeben sind, daß sie Befundcharakter erhielten, obwohl er ihnen unter diesen Voraussetzungen nicht zusteht[50].
Tatsächlich ist der psychosoziale Befund ein notwendiger eigenständiger Teil einer gutachtlichen Stellungnahme. Denn **ausgehend von** den vielen in der **Vorgeschichte** gesammelten Einzelergebnissen sind im psychosozialen Befund die **relativ konstanten Weisen des Erlebens und Verhaltens der Klienten, ihre charakteristischen sozialen Bezüge sowie deren typische Formen der Auseinandersetzung mit dem zu beurteilenden Problem herauszuarbeiten.** Nur die weitgehend konstanten Verhaltensweisen der Klienten und die sich daraus ergebenden ähnlich wiederkehrenden Problemsituationen können für die diagnostisch-prognostische Überlegung, eine zusammenfassende Beurteilung und den sich daraus eventuell ergebenden Entscheidungsvorschlag bedeutsam werden.

Von relativ konstantem Verhalten kann frühestens dann gesprochen werden, wenn Informationen aus wenigstens zwei oder drei voneinander unabhängigen Quellen auf gleiches oder ähnliches Verhalten verweisen. Eine **Längsschnittkonstanz** (Persistenz) kann man annehmen, wenn im Leben eines Menschen (z. B. durch Fremd- und Selbstanamnese) zu verschiedenen Zeitpunkten in ähnlichen Situationen gleiche oder ähnliche Verhaltensweisen zu finden sind.

Eine **Querschnittkonstanz** (Konsistenz) ist dann gegeben, wenn in einem bestimmten Zeitraum gleiches oder ähnliches Verhalten eines Menschen in Situationen mit unterschiedlichem Aufforderungscharakter beobachtbar ist[51].

Zu ein und demselben Verhaltensbereich des Klienten können in der Vorgeschichte mitunter **gegensätzliche Verhaltensweisen** sichtbar geworden sein; z. B. kann die Zuwendung des Vaters zum Kind in manchen Situationen fürsorglich, in manchen ausgesprochen aggressiv sein. Derartige Diskrepanzen im Verhalten sind in den psychosozialen Befund ausdrücklich aufzunehmen. Sie geben Aufschluß über die »Schwankungsbreite der Persönlichkeit in einem Verhaltensbereich«[52]. Erwähnt der SozArb hierbei noch die besonderen Umstände, unter denen das eine (z. B. fürsorgliche) und unter denen das andere (z. B. aggressive) Verhalten eines Klienten in der Regel auftritt, so wird dadurch die später zu leistende zusammenfassende Beurteilung erleichtert.

Verhaltensweisen, die **problemrelevant, aber nur vereinzelt belegbar** sind, finden im psychosozialen Befund ebenfalls Beachtung. Durch entsprechend vorsichtige Formulierungen muß der SozArb jedoch dem Leser erkennbar machen, daß diese Verhaltensweisen nicht Teil eines gesicherten Befundes sind, wohl aber für die Beurteilung bedeutsame Hinweise bzw. Denkanstöße bieten können.

Auch wenn üblicherweise zu erwartende oder zu beobachtende **Verhaltensweisen fehlen**, sollte das im psychosozialen Befund berücksichtigt werden.

---

50 Vgl. auch Beispielgutachten S. 187 ff. und Anmerkungen 4–8 auf S. 190.
51 Vgl. dazu auch Thomae 1967, S. 747 f.
52 Heiß, S. 990.

Beispiel: Anläßlich der Neuregelung des Umgangsrechts nach Scheidung vermag in einer Exploration ein Elternteil von ihm selbst und vom ehemaligen Partner begangene Fehler zu sehen und dazu selbstkritisch Stellung zu beziehen. Der andere Elternteil setzt sich nur mit den Fehlern des Partners auseinander. Einen eigenen Anteil an der gestörten Beziehung bemerkt er auch dann nicht, wenn ihn der SozArb behutsam, aber gezielt darauf anspricht.

Auf die in diesem Beispiel fehlende selbstkritische Haltung wäre in einem psychosozialen Befund hinzuweisen.

Es versteht sich von selbst, daß der **Inhalt** des psychosozialen Befunds, wenn er der Individualität der zu Beurteilenden gerecht werden soll, von Fall zu Fall **variieren** wird. Unterschiedliche Akzente in der Befunderstellung ergeben sich außerdem aus der Besonderheit der jeweils zu beurteilenden Problemsituation. Eine Stellungnahme zu Fragen des Entzugs des elterlichen Sorgerechts z.B. macht andere Inhalte des psychosozialen Befunds erforderlich als eine gutachtliche Äußerung anläßlich einer Annahme als Kind.

5.4.3.3 Formale Aspekte der Befunderstellung

Die relative Konstanz des im Befund Zusammengefaßten wird am Angemessensten durch den Indikativ Präsens ausgedrückt (vgl. dazu auch S. 87). Größere Schwierigkeiten bereitet in der Regel die Frage, wie ein psychosozialer Befund gegliedert werden soll. Es widerspricht der Einmaligkeit der Betroffenen und ihrer Lebenssituation, die sie betreffenden Daten in ein starres Schema zu pressen. Es gilt noch einmal darauf hinzuweisen, daß Auswahl und Zusammenstellung der Daten (Einzelbeobachtungen bzw. Einzelinformationen) stets eine reflektierte oder – was weitaus problematischer ist – unreflektierte Gewichtung dieser Einzelsituationen beinhalten. Der SozArb sollte sich daran »erinnern«, daß solches Wägen kein Messen, sonder immer nur ein Schätzen sein kann[53]. Wie ein SozArb einen psychosozialen Befund zusammenstellt, hängt zu einem großen Teil von seinen persönlichkeitstheoretischen Kenntnissen und seinen Einstellungen dazu ab.

Ausgehend von Thomaes Anregungen zum Inhalt einer gutachtlichen Äußerung[54], erscheint uns eine Gliederung der Inhalte in etwa folgender Reihenfolge sinnvoll zu sein:

(1) Aussagen über das **körperliche Erscheinungsbild** der Klienten; ggf. mit Hinweisen auf Entwicklungsstand, Gesundheitszustand, Besonderheiten im körperlichen Bereich wie Mißbildungen, Behinderungen etc.

(2) Hinweise auf **psychische Charakteristika** der Betroffenen. Dazu zählen u. a.:

– Aussagen über ihre Antriebe, Bedürfnisse, Zielsetzungen.
– Aussagen über Fähigkeiten und Fertigkeiten der Klienten; u. a. mit Hinweisen auf Intelligenzbeschaffenheit, andere Begabungen, praktische u. a. Fertigkeiten, die für die Lebensbewältigung eingesetzt werden und für die Beurteilung der Problemsituationen wichtig sind.

---

53 Heiß, S. 987.
54 Thomae 1967 und 1976.

– Aussagen über Orientierungs- und Regulierungsbemühungen der Klienten; d. h. u. a. Hinweise darauf, welchen Einfluß Selbst- und Fremdbild auf das Verhalten der Betroffenen haben, inwieweit übergreifende oder nur naheliegende Zielsetzungen verhaltensbestimmend sind, inwiefern affektive Bindungen, Anpassungs- und Steuerungstendenzen wirksam werden und wie differenziert Klienten sich mit einer Situation befassen.

– Aussagen über bevorzugte »Formen der Auseinandersetzung mit der Umwelt«[55], d. h. u. a. Hinweise darauf, ob und wie von dem Klienten leistungsbezogenes, sich anpassendes, abwehrendes, ausweichendes oder aggressives Verhalten in ihn bezeichnender Weise eingesetzt wird[56].

(3) Aussagen über Aspekte der **sozialen Wirklichkeit** soweit sie für den Klienten und das zu beurteilende Problem von Bedeutung sind, z. B. Aussagen über familiale Situation, Familienbeziehungen, Freundeskreis, Beruf, wirtschaftliche Situation, Wohnverhältnis u. a.[57]

5.4.3.4 Ansatzpunkte unzulänglicher Befunderstellung

In der Praxis der Befunderstellung werden immer wieder typische Fehler sichtbar, die die Funktion des psychosozialen Befundes beeinträchtigen[58]. Auf einige charakteristische Gefahrenpunkte soll hier hingewiesen werden.

– Faszination der Informationen
Wenn SozArb mit zu beurteilenden Klienten längere Zeit arbeiten, bekommen sie oft einen tiefen Einblick in die durch die Konfliktsituation ausgelösten Nöte, Ängste und erlebten Auswegslosigkeiten ihrer Klienten. Mitunter werden sie auch unmittelbare Zeugen heftiger Auseinandersetzungen zwischen den Betroffenen. Hier gilt es, sich »von allen Faszinationen durch Informationen über spezifische Milieueinflüsse, auffällige Kindheitserlebnisse, prägende Erlebnisse der späteren Zeit«[59] einerseits und durch unmittelbares Erleben der Konfliktsituation andererseits so weit wie möglich freizuhalten. Andernfalls besteht die Gefahr, im Befund einseitig Akzente zu setzen.

– Suggestibilität infolge Autoritätsabhängigkeit
Die Gefahr, eine einmal schriftlich fixierte Aussage über einen Menschen unkritisch zu tradieren, wurde bereits oben[60] angesprochen. Sie besteht auch für die Befunderstellung. Neben der Sachkompetenz scheint vor allem der soziale Status des Sachverständigen dazu beizutragen, daß seine Aussagen von SozArb mitunter unkritisch in den eigenen Befund übernommen werden.

– Beachtung von Dominanzen
Ein psychosozialer Befund, dessen Gliederung sich aus den dominanten Ver-

---

55　Thomae 1967, S. 749.
56　Vgl. Thomae 1968, S. 366–400.
57　Oswald 1988; Schiepek 1986; v. Schlippe 1987.
58　Vgl. dazu die Beispielgutachten S. 180 ff., 197 ff. sowie 217 ff.
59　Thomae 1967, S. 748.
60　S. 71 f.

haltensweisen der Klienten »ergibt«, mag für den Leser zwar geschlossen, ein-
drucksvoll oder »stimmig« erscheinen, wird aber dadurch leicht einseitig und
subjektiv.

– Beachtung von Konflikthaftem
Manche SozArb richten ihre Aufmerksamkeit nur auf das Konflikthafte in den
Klienten und ihren sozialen Beziehungen. Sie übersehen dadurch die noch
»funktionierenden« Persönlichkeitsanteile, Verhaltensweisen oder Bezie-
hungsformen. Diese Einstellung auf das »Gestörte«, »Defekte« ist ebenfalls
eine Einseitigkeit im Erfassen der psychosozialen Wirklichkeit und beeinträchtigt nicht nur den Befund, sondern später auch die von ihm her vorzunehmende
Beurteilung der Problemlage.

– Einfluß tradierter Informationen
Wenn aufgrund jahrelanger Arbeit mit Klienten umfangreiches Aktenmaterial
angewachsen ist, wird zu überprüfen sein, ob der Jetztzustand im psychosozialen Befund erfaßt ist oder ob stärker vor Jahren Zutreffendes den Befund bestimmt.

– Wiederholung der Vorgeschichte
Bisweilen macht es SozArb Schwierigkeiten, Vorgeschichte und psychosozialen Befund zu trennen, dann zum Beispiel, wenn Schilderungen von Einzelsituationen als solche in den Befund aufgenommen werden und ihn dadurch mit
prägen, obwohl er nur relativ Konstantes widerspiegeln sollte[61].

– Befund mit Diagnose
Soll der psychosoziale Befund seine Funktion erfüllen, darf er nicht mit diagnostischen Aussagen vermischt werden. Vorzeitiges Deuten, Erklären oder Klassifizieren von Verhaltensweisen verleitet, sich mit einem vereinfachten und
damit unzulänglichen Befund zufrieden zu geben (man hat ja bereits seine
»Erklärung« für das Problem). Außerdem sind solche Verquickungen von
Befund und Diagnose nicht selten »Kurzschlüsse« im Sinne der mehrfachen
Bedeutung des Wortes: von wenigen Einsichten über einen Klienten (etwa:
mehrjähriger Heimaufenthalt eines Kindes und derzeitige Erziehungsprobleme) wird kurzerhand auf nur eine Ursache geschlossen (z.B. Hospitalismus-
folgen) und dadurch eine u.U. genauere Beurteilung des Problems verhindert.

– Befund und Bewertung
Ein besonderes Problem in der Befunderstellung ergibt sich aus der Verwendung wertender Eigenschaftsbegriffe (z.B. »er ist ein eigensinniger Querulant,
der nur...«). Sie führen leichter zu einer Verurteilung als zu einer Beurteilung. Auf die etikettierende Wirkung von Stellungnahmen sei hier noch einmal
hingewiesen.

– Dosierung der Aussage
Der unkontrollierte Gebrauch von Ausdrücken, die sich auf die Intensität des
geäußerten Verhaltens beziehen, beeinträchtigt ebenfalls die Qualität eines

---

61 Vgl. o. S. 71.

Befundes. Eine häufige Verwendung von Superlativen, gleichgültig ob sie sich auf sozial erwünschtes oder unerwünschtes Verhalten der Klienten beziehen, verweist auf wenig sorgfältige Gewichtung der einzelnen Vorkommnisse.

– Verallgemeinerungstendenzen
Geht es bei Dosierungsproblemen eher darum, die Intensität des Verhaltens angemessen auszudrücken, so beziehen sich Verallgemeinerungstendenzen auf deren Extensität, d. h. ein Verhalten wird als ein immer gegebenes hingestellt. Eine Aussage wie:»Frau L. zeigt sich niemals imstande, persönliche Interessen zum Wohle ihres Kindes zurückzustellen«, ist so umfassend, daß nur außerordentlich genaue Kenntnisse dieser Person und ihrer Lebensgewohnheiten eine solche Verallgemeinerung zulassen. In der Sozialarbeit dürften diese Voraussetzungen nur selten gegeben sein.

– Schablonenbefund
Da wir selbst einen Gliederungsvorschlag für den psychosozialen Befund[62] vorstellen, möchten wir noch einmal auf die Gefahr hinweisen, die in einer schablonenhaften Anwendung der Gliederungspunkte gegeben ist. Wenn wir uns aus didaktischen Gründen in den Beispielgutachten weitgehend an diese Gliederungspunkte hielten, soll damit nicht ein mechanisches Nachahmen empfohlen werden. Der Befund nach Schablone kann die Individualität der Klienten und die Besonderheit ihres Problems nicht wiedergeben.

5.4.4 Die psychosoziale Diagnose und Progose

5.4.4.1 Funktion und Funktionsbesonderheiten

Diagnostische Aussagen haben die Aufgabe, im Befund aufgewiesene besonders problemrelevante Fakten, deren Bedingungsgefüge nicht unmittelbar »durchschaubar« ist, im Rückgriff auf entsprechendes Fachwissen aus Studium und Praxis zu **erklären** oder einem bestimmten »Verlaufstypus«[63] **zuzuordnen**. **Prognostische Überlegungen** haben die Funktion, die wahrscheinlichen **Entwicklungsverläufe bzw. Auswirkungen** der im »Ist-Zustand« des Befundes vorgefundenen Fakten mit Hilfe von Fachkenntnissen möglichst zuverlässig **abzuschätzen**.
Sowohl durch diagnostische als auch durch prognostische Überlegungen wird der im psychosozialen Befund bereits vorhandene problembezogene Erkenntnisstand erweitert. Auf diese Weise wird auch die sich anschließende »zusammenfassende Beurteilung« verstärkt fachlich fundiert.

5.4.4.2 Inhaltliche Gesichtspunkte

– Inhalte der Diagnose
Wie schon erwähnt, beinhalten diagnostisch-prognostische Aussagen **zusätzliche** Erkenntnisse, die bei denen des Befundes zwar ansetzen, über sie aber

---

62 S. o. S. 75 ff.
63 Thomae 1967, S. 750; 1976, S. 76 f.

insofern hinausgehen, als durch die Reflexion der **beobachtbaren Fakten** mit Hilfe von Fachwissen **weitere Erkenntnisse** (z. B. im Hinblick auf entscheidungsrelevante Ursachen oder Folgen der Problemkonstellation) **erschlossen** werden können. Im Gegensatz zur »zusammenfassenden Beurteilung« beziehen sich diagnostische Überlegungen stets auf konkrete **Teile** des psychologischen Befundes, d. h. weder auf Einzelereignisse der Vorgeschichte noch auf das der Stellungnahme zugrunde liegende Gesamtproblem.

Differenzierte diagnostische Bemühungen im Sinne von **Erklärungsversuchen** werden Erbfaktoren, organische Besonderheiten, Sozialisationseinflüsse unterschiedlichster Art, Kommunikationsformen, ehemalige und derzeitige Lebensbedingungen, epochale Einflüsse, aktuelle Belastungen und vieles andere mehr als mögliche Ursachen berücksichtigen müssen. In dem diagnostischen Bemühen, weithin konstante Verhaltensweisen einem bestimmten Verlaufstypus zuzuordnen und auf diese Weise zu deuten, wird man sich an bestimmten klinischen, pathologischen oder entwicklungspsychologischen Verhaltensumschreibungen wie z. B. »Phobie«, »Schizophrenie« oder »Pubertätserscheinung« orientieren müssen, eine Aufgabe, für die SozArb in der Regel nicht vorgebildet sind. Auf die damit verbundenen Gefahren leichtfertiger Etikettierung wurde bereits an anderer Stelle hingewiesen.

Diagnostische Versuche, relevantes Verhalten der Klienten von seinen Ursachen her zu erklären oder durch Zuordnung zu typischen Verlaufsformen zu deuten, stellen somit außerordentliche Ansprüche an das **Fachwissen** des SozArb. Spätestens an dieser Stelle wird er sich die Frage stellen müssen, ob er im konkreten Falle hinreichende Fachkompetenz besitzt, die Fakten des psychosozialen Befundes diagnostisch zu berücksichtigen, oder ob es wünschenswert erscheint, ein **Sachverständigengutachten** anzuregen. Es kann jedoch nicht Sache des SozArb sein, sich in jedem Falle dem durch den Gesetzgeber festgelegten Auftrag zu einer umsichtigen gutachtlichen Stellungnahme dadurch zu entziehen, daß er dem Gericht die Herbeiziehung eines Sachverständigen vorschlägt[64]. So wird er von Fall zu Fall prüfen müssen, welche diagnostischen Fragen zu beantworten er befähigt ist und welche nicht.

Die **Zuordnung von Verhaltensweisen** der Klienten zu bestimmten Krankheitsbildern wird Sache des **Arztes** sein; desgleichen die Erklärung mancher Verhaltensweisen durch organisch bedingte Besonderheiten der Klienten. Der SozArb dürfte aber aufgrund seines Studiums hinreichende sozialmedizinische Kenntnisse haben, vorliegende Äußerungen medizinischer Sachverständiger in diesem Zusammenhang sachgemäß zu erwähnen und da, wo sie fehlen, den Richter auf mögliche Zusammenhänge hinzuweisen und eine entsprechende fachärztliche Abklärung anzuregen. Ähnliches gilt, wenn der SozArb komplexe Störungen der Persönlichkeitsentwicklung bekannten Formen zuordnen, ihr Ausmaß abschätzen und ihr Bedingungsgefüge erklären soll. In

---

64 Dies ergibt sich daraus, daß es in der Rspr. eine Tendenz gibt, dem Richter die Kompetenz abzusprechen, aus einer Summe von Fakten auf unbestimmte Rechtsbegriffe wie Gefährdung, Schädigung etc. zu schließen. Vgl. hierzu OLG Hamm v. 4. 6. 84 – 15 W 144/84 – unveröffentlicht.

solchen Fällen wird er oft die Fachkompetenz eines **Psychologen** in Anspruch zu nehmen haben. Aber auch hier kann der SozArb auf entsprechende Erkenntnisse von psychologischen Sachverständigen hinweisen bzw. anregen, solche anzufordern.

Abgesehen von solchen Einschränkungen bleibt dem SozArb eine große Anzahl von Fällen, in denen er sich aufgrund seiner theoretischen Kenntnisse, seiner praktischen Erfahrungen und der sehr konkreten Vertrautheit mit der Lebenssituation seiner Klienten eigenverantwortlich diagnostisch zu betätigen hat. Kenntnisse, die er während seines Studiums insbesondere aus dem Bereich der Sozialmedizin, Soziologie und Psychologie erworben hat, werden ihm dabei helfen können. Einer vielseitigen Betrachtungsweise ist im diagnostischen Tun der Vorzug zu geben. Das heißt, der SozArb tut gut daran, auffälliges Verhalten z. B. nicht nur mit Hilfe einer tiefenpsychologischen Theorie zu erklären, sondern vor dem Hintergrund der gesamten Biographie eines Klienten und seiner besonderen Lebensumstände zu betrachten. Wenn er dabei noch entwicklungspsychologische, sozialpsychologische oder lerntheoretische Erkenntnisse berücksichtigt, wächst die Wahrscheinlichkeit, daß er in einer den Problemen angemessenen Weise diagnostisch arbeitet.

– Inhalt der Prognose
Vom SozArb werden im Zusammenhang mit diagnostischen Aussagen des öfteren auch solche über künftiges Verhalten der Klienten, insbesondere Aussagen über das künftige Wohl des Kindes erwartet. Auch die Prognose richtet sich – wie die Diagnose – auf **Einzelaspekte** des Befundes, nicht auf das Gesamtproblem der Fragestellung. Sie ist sozusagen die Verlängerung des Befundes in die Zukunft. Der Vorhersagewert derartiger prognostischer Äußerungen ist von der Beachtung der Lebensumstände abhängig, die Erleben und Verhalten des Klienten zur Zeit oder demnächst bedingen oder bedingen können. In ein und demselben Fall sind unterschiedliche Prognosen denkbar, je nachdem welche Lebensumstände für den Klienten bedeutsam werden.

Beispiel: Die Prognosen über die gesunde Entwicklung eines Kindes nach der Scheidung der Eltern müssen unterschiedlich ausfallen, wenn die Lebensverhältnisse bei Vater und Mutter qualitativ verschieden sind.

Daher ist es u. U. sinnvoll, mehrere prognostische Alternativen hervorzuheben, da **eine** eindeutige und sichere prognostische Aussage über Menschen (Frage der Validität), die zu alledem auch noch in die Zukunft reicht, insbesondere bei sehr jungen Kindern, kaum möglich ist. Daß es sich hierbei nicht um sogenannte »intuitive Prognosen« handeln kann, die nur »aus dem persönlichen Gefühl und der vermeintlichen Erfahrung, ja aus der ungeschulten Fähigkeit zur Einschätzung menschlicher Verhaltensweisen herausgestellt werden«[65], versteht sich von selbst. Vielmehr sollten sie weitgehend den Voraussetzungen entsprechen, die *Schneider*[66] für eine »klinische Individualprognose«

---

65 Mey, S. 513.
66 S. 400.

umreißt. Solche Voraussetzungen sind für Schneider das Studium des Lebenslaufs und der Familienverhältnisse der Klienten, gezielte Explorationen und andere psychodiagnostische Verfahren.

5.4.4.3 Formale Aspekte

Mehr noch als für andere Teilbereiche einer gutachtlichen Stellungnahme gilt für diagnostische und prognostische Äußerungen, daß sie nur einen mehr oder weniger großen Wahrscheinlichkeitswert besitzen. Das sollte auch durch die Art der Formulierung zum Ausdruck kommen. Die Verwendung relativierender Begriffe und des Konjunktivs können dazu beitragen. Nehmen solche sprachlichen Gestaltungsmittel bei der Wiedergabe diagnostisch-prognostischer Überlegungen jedoch überhand, weil sicher diagnostizierbare Sachverhalte fehlen bzw. eine fachlich gesicherte Prognose nicht möglich ist, so sollte besser **auf diesen Gutachtenteil ganz verzichtet** werden, da er seine Funktion – Erkenntniszuwachs zu ermöglichen – nicht erfüllen kann.

In Aus- und Fortbildungsveranstaltungen gewonnene Erfahrungen zeigen, daß manche unzulängliche diagnostische oder prognostische Aussage vermieden werden kann, wenn sich der SozArb an dieser Stelle vorab über zwei Fragen Rechenschaft gibt:

1. **Was** will ich erklären, zuordnen/prognostizieren?
2. **Womit** kann ich dieses erklären/begründen?

Ferner hat sich gezeigt, daß der in der Praxis häufig zu beobachtende Fehler, in der Diagnose zuviel vom Befund zu wiederholen und dann zum eigenlich Diagnostischen (oder Prognostischen) nicht mehr zu kommen, weitgehend vermieden werden kann, wenn das, was diagnostiziert werden soll, sofort an den Satzanfang gestellt wird. Zwei Beispiele sollen das Gemeinte verdeutlichen.

Beispiel: Peter hat seinen Entwicklungsrückstand im Sozialverhalten nicht nur aufgeholt, sondern er zeigt inzwischen sogar einen Entwicklungsvorsprung von 5 Monaten.

Der berichtende SozArb mag hier, sich orientierend an einer der verfügbaren Entwicklungsskalen, eine recht sorgfältige Beobachtung wiedergeben. Seine Aussage ist jedoch keine Diagnose und schon gar nicht eine Prognose, sondern ein wichtiger Teil des Befundes. Der für die Beurteilung des Problems (etwa Forderung der Eltern an die Pflegeeltern, das Kind herauszugeben) wichtige, aus der Diagnose dieses Sachverhalts sich u. U. ergebende Erkenntniszuwachs fehlt hier. Zutreffend ist folgende Aussage:

Beispiel: Daß Peter inzwischen seinen Entwicklungsrückstand im Sozialverhalten eingeholt und heute sogar einen Entwicklungsvorsprung von 5 Monaten erreicht hat, steht zum großen Teil in ursächlichem Zusammenhang mit dem seit ca. 2 Jahren kontinuierlich bestehenden belastbaren Beziehungsangebot der Pflegeeltern sowie der für den Jungen sich sehr befriedigend gestaltenden engen Beziehungen zu den Pflegegeschwistern.

In dieser Aussage wird **etwas** (Entwicklungsrückstand) durch **etwas anderes** (Sozialbezüge) erklärt. Damit wird die Bedeutung der Pflegeeltern und

-geschwister für Peter sichtbar. Diese Erkenntnis ist ein Informationsgewinn, der zur vorhandenen Information des Befundes (Aufholen des Entwicklungsrückstandes) **hinzukommt** und somit die zusammenfassende Beurteilung ergänzend fundiert.

5.4.4.4 Fehlerquellen

Nach unseren Erfahrungen bereitet der Gutachtenteil »Diagnose« für SozArb die größten Schwierigkeiten. Dabei werden vor allem zwei Fehlerquellen sichtbar.

– Wiederholungstendenzen
Offensichtlich als Folge bestimmter bisheriger Anleitungen in »Psychosozialer Diagnose« (die dann aber nicht eine bestimmten Schritt in der Gutachtengestaltung, sondern mehr oder weniger die Stellungnahme als Ganzes meinen) neigen viele SozArb dazu, Teile aus dem Befund, nicht selten sogar aus der Vorgeschichte, zu wiederholen, ohne damit aber diesen Ist-Zustand zu »erklären«, d.h. zusätzlich zu erhellen, was jedoch für die »Beurteilung« hernach wichtig wäre. Eine solche Vorgehensweise führt den Adressaten nicht nur nicht zu neuen Einsichten, sondern lähmt darüber hinaus sein Interesse am übrigen Gesagten.

– Vermengung von Erklärung und Bewertung
Eine weitere typische Unzulänglichkeit mancher diagnostischer Ausführungen besteht darin, daß der SozArb, statt erklärende Begriffe zu verwenden, wertende gebraucht – oder aber sich (mit gutem Grund) gegen voreilige (Ab-)Wertungen des Klienten wehrt und daher »das Kind mit dem Bade ausschüttet«, d.h. auf diagnostische Überlegungen ganz verzichtet.
Mitunter wird die Diagnose auch nicht hinreichend von der zusammenfassenden Beurteilung unterschieden. Diesem Fehler kann man dadurch begegnen, daß man sich in Erinnerung ruft: Die Diagnose (wie die Prognose) bezieht sich stets auf Teile des Befundes. Die zusammenfassende Beurteilung hingegen hat die allem zugrundeliegende (vom Recht begrenzte) Fragestellung als Bezugspunkt.

5.4.5 Die zusammenfassende Beurteilung

5.4.5.1 Zur Funktion der Beurteilung

Nach unserem Verständnis von fachlich fundierten Stellungnahmen geht es in diesem Gutachtenabschnitt darum, die durch den psychosozialen Befund, die Diagnose und Prognose gewonnenen **Erkenntnisse zusammenzufassen**, auf ihre psychosozialen Auswirkungen hin gegeneinander **abzuwägen** und dabei immer wieder auf die **rechtlich relevante Problemstellung** zurückzuführen, d.h. das so gewonnene Ergebnis mit den entsprechend vorgegebenen Tatbestandsmerkmalen in Beziehung zu setzen **(Subsumtion)**.
Auf diese Weise wird es möglich, argumentativ einen **Entscheidungsvorschlag vorzubereiten**. Im Idealfall wird eine so gestaltete Beurteilung einen »**eiligen**«

Richter, der erst an dieser Stelle das Gutachten zu lesen beginnt, **motivieren** können, die gesamte Stellungnahme zur Kenntnis zu nehmen.
Ausgehend von einem solchen Funktionsverständnis sind wir mit *Gschwind, Petersohn* und *Rautenberg*[67] der Auffassung, daß die »Zusammenfassung« kein Kurzgutachten ist und sie als solches zu mißbrauchen nicht nur »traurig«, sondern »forensisch skandalös« ist.

5.4.5.2 Besonderheiten der inhaltlichen und formalen Gestaltung

Das vom SozArb geforderte für die zusammenfassende Beurteilung charakteristische **Abwägen** der gewonnenen Erkenntnisse hinsichtlich ihrer psychosozialen Bedeutung unter Einbeziehung des rechtlichen Beurteilungsrahmens **(Tatbestandsmerkmale)** kann durch Fragen wie diese eingeleitet werden:

– Was aus Befund, Diagnose und Prognose spricht dafür oder dagegen, dem Ehepaar X das Sorgerecht über sein Kind Y zu entziehen oder auch nicht? (Bezug zu § 1666 BGB).
– Welche Erkenntnisse aus den vorausgehenden Teilen der gutachtlichen Stellungnahme begründen hinreichend, nach Scheidung der Mutter bzw. dem Vater oder keinem von beiden das elterliche Sorgerecht zu übertragen? (Bezug zu § 1671 BGB).
– Inwiefern sprechen die bis zu dieser Stelle gewonnenen Einsichten dafür, das Umgangsrecht eines Elternteils zu erweitern, zu beschränken oder gar ganz aufzuheben? (Bezug zu § 1634 BGB).
– Was sagen die vorhandenen Fakten und ihre Bewertung darüber aus, ob die Eheleute A für das Kind B als Adoptiveltern geeignet sind? (Bezug zu §§ 1741 ff. BGB).

Solche Überlegungen lassen erkennen, daß der SozArb an dieser Stelle Rechtsfragen nicht nur berücksichtigen darf, sondern sogar gründlich überdenken muß[68]. Zwar ist es richtig, daß nur der Richter die abschließende rechtliche Beurteilung vorzunehmen hat[69]. Der SozArb muß jedoch bei seiner Stellungnahme einen rechtlichen Rahmen einhalten, was sowohl bei der **Sammlung** der problemrelevanten Erkenntnisse (Vorgeschichte, Befund, Diagnose, Prognose) als auch bei der **Gewichtung** ihrer psychosozialen (nicht rechtlichen!) Bedeutung zum Tragen kommt.
Beim Abwägen der problemrelevanten Erkenntnisse muß der SozArb die Resourcen, die in Form von Hilfen des JA zur Verfügung stehen, mit in seine Überlegungen einbeziehen.

---

67 Gschwind u. a., S. 28 ff.
68 Hierzu bei JGH-Berichten Winter-v. Gregory, a. a. O. (FN 48), S. 441.
69 So ein Schreiben des LJA Rheinland vom 21. 8. 79 an die Verfasser, in dem die Ergebnisse der Arbeitsgruppe einer Fortbildungsveranstaltung mitgeteilt werden. Die Gruppe hatte sich mit dem Vorschlag der Verf. in ZblJugR 1977, 273 auseinandergesetzt und beanstandet, daß dort die Adoption unter rechtlichen Gesichtspunkten geprüft worden war.

Beispiel: Eine Abänderung des Umgangsrechts ist derzeit nicht zu befürworten, weil das Kind seit vier Wochen regelmäßig die Erziehungsberatungsstelle des JA besucht und dort mit ihm an den durch die Besuche entstehenden Spannungen gearbeitet wird.

Den inhaltlichen Anforderungen an die zusammenfassende Beurteilung werden solche Stellungnahmen nicht gerecht, die an dieser Stelle – u. U. zum dritten Mal – die bereits in der Vorgeschichte erwähnten Daten lediglich wiederholen, ohne sie zu gewichten. Von einer fachlich begründeten Beurteilung kann man auch dann nicht reden, wenn sie zwar Wertungen enthält, letztere jedoch lediglich unreflektierte Vor-Urteile des SozArb widerspiegeln, die zu einem Beurteilungsergebnis führen, das offensichtlich in Gegensatz zu den vorausgehenden Ausführungen steht.

Da der Inhalt der zusammenfassenden Beurteilung wesentlich vom zu beurteilenden Gesamtproblem und den dafür zur Verfügung stehenden Informationen abhängt, ist ein bestimmter Vorschlag zur Strukturierung dieses Gutachtenteils kaum möglich. Einige Anregungen hierfür finden sich in den Beispielgutachten. Zur sprachlichen Form der »Zusammenfassung« vgl. S. 88.

5.4.6 Der Entscheidungsvorschlag

Der Entscheidungsvorschlag ist **keine Vorwegnahme** der richterlichen Entscheidung durch den SozArb. Zu diesbezüglichen Einwänden und ihrer Entkräftung s. S. 59. Dieser Vorschlag ist die Konsequenz aus der zusammenfassenden Beurteilung aller Fakten, soweit sie für das zu behandelnde Problem rechtlich relevant sind. Es ist natürlich ein Vorschlag aus der Sicht des SozArb, die jedoch im Rahmen einer so differenziert aufgebauten Stellungnahme für den Richter nachvollziehbar und überprüfbar ist.

Der Entscheidungsvorschlag bezieht sich unmittelbar auf die im jeweiligen Gerichtsverfahren zu beantwortende juristische Fragestellung. Er ist ein Vorschlag zur Rechtsfolge auf der Basis der in der zusammenfassenden Beurteilung vorgenommenen Subsumtion. Daher sollte er nicht weiter gehen, als es der Tenor der richterlichen Entscheidung kann. Insbesondere sollte er keine Zusätze enthalten, die auf künftig zu entfaltende Aktivitäten des JA verweisen. Letztere sind – wie bereits erwähnt – u. a. Gegenstand der zusammenfassenden Beurteilung.

Beispiel: Ich schlage daher vor, dem Vater das alleinige Sorgerecht zu übertragen. **Oder:** Ich schlage daher vor, in das Sorgerecht des Vaters nicht einzugreifen. **Oder:** Ich schlage daher vor, ein pädiatrisches Gutachten einzuholen zu der Frage, ...

Über den primären Entscheidungsvorschlag hinaus kann der SozArb je nach Sachlage weitere Maßnahmen vorschlagen, die im Gefolge der Erstentscheidung notwendig werden.

Beispiel: Ich schlage vor, beiden Eltern das Sorgerecht zu entziehen. Die Vormundschaft über das Kind könnte der Bruder der Mutter übernehmen, der hierzu bereit ist und im Haus der Mutter wohnt.

5.5 Die Funktion der Sprache in gutachtlichen Äußerungen

5.5.1 Allgemeines

Für die Fertigung gutachtlicher Stellungnahmen im allgemeinen gilt, was bei allem schriftlich Abgefaßten im beruflichen, insbesondere behördlichen Bereich zu beachten ist: Die Äußerung des SozArb/SozPäd für das Gericht muß leicht verständlich sein. Das wird vor allem durch eine einfache, klare Sprache erreicht, in der die Aussagen kurz, prägnant und folgerichtig formuliert sind. Schachtelsätze, Häufungen von Substantiven und schwerfällige Partizipialkonstruktionen sind zu vermeiden. Alles, was für das richtige Erfassen des Sachverhalts und seiner Beurteilung von Bedeutung ist, sollte in Hauptsätzen dargestellt, und nur Nebendinge sollten den Nebensätzen vorbehalten bleiben. Es sind Wörter zu verwenden, die allgemein verstanden werden. Fremde, landschaftlich gebundene, veraltete, neumodische, doppelsinnige, dem »Fachjargon« entlehnte Ausdrücke sollten nicht benutzt werden. Fachvokabular, soweit es Allgemeingut geworden ist, kann selbstverständlich Anwendung finden. Entstammen Begriffe dagegen speziellen Wissensgebieten, mit denen der Jurist nicht unbedingt vertraut ist, und sind sie unvermeidlich, so sollte man sie kurz erläutern.

5.5.2 Vorgeschichte und derzeitige Situation

Wiedergabe von Vorgeschichte und derzeitiger Situation dienen dazu, über tatsächliche Vorgänge zu informieren. Der Schreiber hat sich hier nicht nur jeder Parteinahme, sondern auch jeder Wertung, ja selbst jeglicher Akzentuierung zu enthalten. Nach der Lektüre dieses Abschnittes der gutachtlichen Stellungnahme sollte der Leser in der Beurteilung noch völlig unbeeinflußt sein. Die Vorgeschichte gehört dem Gebiet einer fast geschäftlichen Mitteilung an, die den Leser nur unterrichten soll. Es werden darin gewöhnliche Tatsachen, die abgeschlossen in der Vergangenheit liegen, chronologisch in allen Einzelheiten mitgeteilt; es wird der Verlauf von Vorgängen dargestellt, die miteinander zusammenhängen, aufeinanderfolgen, sich auseinander entwickelt haben. Chronologische Darstellung heißt **nicht**, daß der Schreiber kundtut, wann er die Fakten **erfahren** hat; entscheidend ist vielmehr, daß er sie – unabhängig von seiner Kenntnisnahme – in der historischen Abfolge wiedergibt. Dieses Prinzip darf jedoch dort durchbrochen werden, wo über verschiedene Personen und deren Werdegänge berichtet wird (z. B. Adoptivkind – Adoptiveltern). Innerhalb dieser Personenblöcke allerdings sollte die Chronologie eingehalten werden.

Die gegebene **Zeitform (Tempus)** für die Geschichtserzählung (Vorgeschichte) ist die erste Vergangenheitsform, das Imperfekt, und für die dieser vorausgehenden Ereignisse, die dritte Vergangenheitsform, das Plusquamperfekt. Die derzeitige Situation dagegen wird in der Gegenwartsform, dem Präsens, geschildert und die dieser vorausgehenden Ereignisse, die noch in die Gegenwart hineinwirken, in der zweiten Vergangenheitsform, dem Perfekt.

Beispiel:
(1) Nachdem der Schulleiter den Eltern mehrfach (u. a. am 3. 3. 1989, am 5. 5. 1989, am 15. 6. 1989) mitgeteilt hatte, daß der Junge dem Unterricht fernbleibe, verwies er ihn am Ende des Schuljahres der Schule.
(2) Die Eheleute wohnen jetzt in einer geräumigen Neubauwohnung (3 ZKDB), die sie sich ganz nach ihrem Geschmack eingerichtet haben.

Bei der Wahl der **Aussageweise (Modus)** ist zu unterscheiden, ob etwas wirklich oder nur vorgestellt (behauptet) ist. Der Schreiber darf etwas nur dann als wirklich darstellen und somit die Wirklichkeitsform, den Indikativ, benutzen,
1. wenn Tatsachen offenkundig sind

Beispiel: Das Kind ist am 1. 1. 1980 geboren (nachzuweisen durch Urkunden).

oder 2. wenn die Betroffenen sie einmütig als unstreitig behandeln,

Beispiel: Aus Aussagen von Vater, Mutter und Lehrerin geht hervor, daß der Vater das Kind am 10. 3. 1980 geschlagen hat.

Trägt dagegen nur eine Seite etwas vor oder beruht eine Information auf einer Fremdbeobachtung, so muß dies in der Vorstellungsform, dem Konjunktiv, unter Angabe der Quelle berichtet werden. Dies kann in Haupt- (Indikativ) und Nebensatz (Konjunktiv) oder nur in konjunktivischen Hauptsätzen geschehen, oder es können modale Hilfsverben benutzt werden.

Beispiel:
(1) Die Nachbarin berichtete, der Vater habe das Kind am 3. 10. 80 geschlagen. Sie habe (nicht hätte!) an diesem Tag lautes Wehgeschrei gehört. Am nächsten Tag sei (nicht wäre!) Peter von ihrem Sohn mit einem blauen Auge gesehen worden.
(2) Nach Aussagen des Freundes von K soll dieser oft jähzornig gewesen sein.

Im Zusammenhang mit der Wahl von Konjunktivformen ist unter sprachlichen Gesichtspunkten hervorzuheben, daß Konjunktiv Imperfekt, Plusquamperfekt und Konditional nur dann anstelle des Konjunktiv Präsens, Perfekt und Futur treten, wenn diese mit dem Indikativ übereinstimmen.

Beispiel: Die Eheleute äußerten immer wieder, daß sie größten Wert auf eine repressionsfreie Erziehung legten (nicht: legen, aber auch nicht: legen würden!).

Ferner muß betont werden, daß auch in Nebensätzen die Konjunktivform zu verwenden ist, wenn der Nebensatz eine Meinung oder Behauptung der Person wiedergibt.

Beispiel: Sie – so die Lehrerin – sei im Hause der Eltern des Mädchens gewesen und habe dort einen Nachbarn getroffen, der vage von einem Freund der Tochter gesprochen habe (nicht sprach).

5.5.3 Der psychosoziale Befund

Dieser Abschnitt soll dem Leser die relativ konstanten Weisen des Erlebens und Verhaltens einer Person zum Jetztzeitpunkt vermitteln. Er ist grundsätzlich im Indikativ Präsens zu halten.

Beispiel: P zeigt das Bestreben, sich von der als dominant erlebten Mutter zu lösen.

In diesem Bereich empfiehlt es sich, Hauptsätze zu benützen und insbesondere konjunktionale Nebensätze (weil, obwohl, indem) zu vermeiden. Diese verknüpfen nämlich vielfach Einstellungen, Verhaltensweisen, Reaktionen etc. und gehören daher in den diagnostischen Teil.

Beispiel: Frau H fühlt sich in ihrer häuslichen Umwelt nicht wohl. Sie hat keine sie befriedigende Beziehung zu den Familienmitgliedern.
Nicht dagegen: Frau H fühlt sich in ihrer häuslichen Umwelt nicht wohl, da sie keine befriedigenden Beziehungen hat.

Anzumerken ist fernerhin, daß auch im Befund noch keine Parteinahme erfolgen darf und daher sprachliche Gestaltungsmöglichkeiten wie Hervorhebungen durch Inversion (Abweichen vom regelmäßigen Satzbau), Anwendung bekräftigender Formulierungen (mit Sicherheit, ohne weiteres, unter keinen Umständen) unterbleiben sollten. Eine fachliche subjektive Unsicherheit des Schreibers kann durch eine vorsichtige Formulierung zum Ausdruck gebracht werden.

Beispiel: Herr S **scheint** Petras Persönlichkeitsentwicklung durch positive Zuwendung zu fördern. Seiner Pflegemutter gegenüber **dürfte** Paul ausgesprochen ambivalente Gefühle besitzen ... P **neigt dazu**, plötzlich auftretenden Impulsen nachzugeben. ... Menschen seiner sozialen Mitwelt gegenüber begegnet er **eher** aggressiv.

5.5.4 Psychosoziale Diagnose und Prognose

5.5.4.1 Die Diagnose

In diesem Teil der Stellungnahme wird eine Klassifizierung und/oder Erklärung des relativ konstanten Erlebens und Verhaltens einer Person und ihrer Lebenssituation versucht. Dies läßt sich sprachlich durch konjunktionale Nebensätze (weil, indem, obwohl, da, dadurch daß) oder durch Hauptsätze, die mit entsprechenden Konjunktionen (daher, deshalb, trotzdem) eingeleitet werden, erreichen. Als **Modus** und **Tempus** ist weitgehend der Indikativ Präsens angemessen; es kommt aber, insbesondere in den begründenden Sätzen, die ja Ereignisse aus der Vergangenheit aufgreifen, auch der Indikativ Imperfekt in Betracht. Ferner kann die Tatsache, daß Erkenntnisse ungesichert sind, durch den Konjunktiv und das entsprechende Tempus ausgedrückt werden.

Beispiel: Die niedrige Frustrationstoleranz **dürfte** u. a. dadurch begünstigt worden sein, daß er ... Begrenzungen und Forderungen ausweichen **konnte** ... Die Ausbildung geschlechtsspezifischen Rollenverhaltens **war** ihm nicht möglich, da ihm eine dafür geeignete Bezugsperson **fehlte**.

Da es sich bei der Diagnose um Deutungsversuche handelt (eine absolute Sicherheit kommt nicht in Betracht), empfiehlt sich ein vorsichtiges, den Leser nicht einengendes Formulieren, wobei ein Stellungbeziehen jedoch erforderlich ist.

Beispiel: Seine Unselbständigkeit **dürfte** in der übermäßig behütenden Erzieherhaltung begründet sein. Erkenntnisse der Entwicklungspsychologie **legen die Annahme nahe**, daß ... Auswirkungen von Hospitalismusschäden ... insofern nicht mit Sicherheit ausgeschlossen werden können, als ...

5.5.4.2 Die Prognose

Prognostische Äußerungen sind fachliche Versuche, Voraussagen über das künftige Erleben und Verhalten des Klienten auf der Basis der gegenwärtigen Gegebenheiten zu wagen. Sie sollten daher im Futur Indikativ stehen.

Beispiel: Es bestehen keine Anhaltspunkte dafür, daß Peters Verhaltensauffälligkeiten mit der Zeit abklingen werden. Es ist vielmehr zu erwarten, daß seine Konflikte zunehmen werden. – Elkes weitere Entwicklung im kognitiven Bereich wird mit großer Wahrscheinlichkeit nicht störungsfrei verlaufen, da sie ...

Bei sehr vorsichtigen Deutungsversuchen sollten weitere einschränkende Formulierungen benutzt werden.

Beispiel: **Es ist nicht auszuschließen**, daß eine leicht verwöhnende Zuwendung der Mutter zum Kind auftreten und sie ihm in Teilbereichen die Rolle eines Partnerersatzes zusprechen **könnte**.

5.5.5 Zusammenfassende Beurteilung

Dieser Teil der gutachtlichen Äußerung soll den Entscheidungsvorschlag einleiten und begründen. Er muß daher zumindest stellungnehmend, er darf sogar parteiisch sein. Daher ist es hier gerechtfertigt, eine sichere und akzentuierende Sprache zu verwenden, die – neben dem Inhaltlichen – dazu beiträgt, den Leser zu überzeugen. Nur wenn dies nicht gewünscht wird, weil

– der Schreiber das Problem aufgrund der unzulänglichen Informationen nicht glaubt verantwortlich lösen zu können oder
– er sich fachlich überfordert fühlt und die Einschaltung eines Gutachters empfiehlt,

wird vorsichtiger formuliert werden müssen. Aber dafür muß dann deutlich herauskommen, worauf die Entscheidungsskrupel des Verfassers zurückzuführen sind.
Als **Modus** und **Tempus** kommt vorrangig der Indikativ Präsens in Frage. Bei der Subsumtion (Unterordnung von Sachverhaltensteilen unter ein Tatbestandsmerkmal) allerdings können auch Formulierungen im Imperfekt angebracht sein.

5.5.6 Entscheidungsvorschlag

Er gibt die Antwort auf die dem JA vom Gericht gestellte Frage und muß sich inhaltlich zwanglos aus den vorherigen Ausführungen ergeben. Er steht im Indikativ Präsens oder Futur (soweit es sich um prognostische Begründungen handelt) bzw. bei Unsicherheit des SA/SP im Konjunktiv Präsens.

Beispiel: Ich schlage vor, der Mutter die elterliche Sorge zu belassen.

6. Die für eine gutachtliche Stellungnahme notwendigen Daten

Um dem VormG/FamG gegenüber eine angemessene Stellungnahme abgeben zu können, ist es erforderlich, die für Vorgeschichte und psychosozialen Befund notwendigen Fakten und den für die zusammenfassende Beurteilung verbindlichen rechtlichen Rahmen zu berücksichtigen. Für die Entscheidung, was notwendig und was verbindlich sein soll, ergeben sich somit zwei Orientierungspunkte:

1. Der Gesetzestext.
2. Die mit dem Gesetz implizit gegebenen psychosozialen Aspekte.

Ohne den Anspruch erheben zu können, alle diesbezüglichen Aspekte erfaßt zu haben, sollen im folgenden einige wichtige Orientierungspunkte zu den §§ 1666, 1671, 1672, 1634, 1741ff. BGB vorgestellt und ihre unterschiedliche Bewertung in der Praxis diskutiert werden. Außerdem sollen unter 6.2 noch juristische und methodische Probleme angesprochen werden, die sich bei der Datengewinnung ergeben.

6.1 Für die Beurteilung des Kindeswohls entscheidungsrelevante Fakten

Das Wohl des Kindes ist nach *Lempp*[1] »ein im Familienrecht mehrfach verwandter fester Begriff, der auch so in die Kommentare übernommen wird, ohne daß klar definiert wäre, was unter dem Wohl des Kindes zu verstehen sei, vor allem aber ohne Hinweis, nach welchen Gesichtspunkten festzustellen sei, was dem Wohl des Kindes diene oder ihm zuwiderlaufe«.

Gemäß *Uffelmanns* Definitionsversuch »ist unter ›Wohl des Kindes‹ ein Zustand zu verstehen, bei dem die leibliche Existenz sowie eine angemessene geistige und seelische Entwicklung des Kindes zugleich im Sinne der Formung des Kindes zu einer vollwertigen Persönlichkeit und zu einem lebenstüchtigen Glied der Gemeinschaft gewährleistet ist«.[2] Diese Definition dürfte jedoch für die Praxis der Sozialarbeit noch immer zu allgemein gehalten sein.

Konkretere Vorschläge zur Berücksichtigung des Kindeswohls machen *J. Goldstein, A. Freud und A. J. Solnit.* Sie schlagen vor,»statt vom ›Wohle des Kindes‹ von der ›am wenigsten schädlichen Alternative zum Schutz von Wachstum und Entwicklung des Kindes‹ zu sprechen. ... Die am wenigsten schädliche Alternative ist danach die Unterbringung und die Verfahrensweise, die – unter Berücksichtigung des kindlichen Zeitgefühls und auf der eingeschränkten Grundlage kurzfristiger Prognosen – die Chance des Kindes erhö-

---

1 NJW 1963, S. 1659.
2 S. 14f.

hen, erwünscht zu sein, und die es ermöglichen, daß das Kind eine dauerhafte Beziehung mit wenigstens einem Erwachsenen eingeht«.[3] Maßstab für die »am wenigsten schädliche Alternative« – sprich Kindeswohl – werden demnach drei Gesichtspunkte:

(1) Wo wird dem Kind am ehesten die Chance zu einer dauerhaften Beziehung zu wenigstens einem Erwachsenen geboten?

(2) Welche der Problemlösungsmöglichkeiten wird dem kindlichen Zeitgefühl am meisten gerecht, das sich von dem Erwachsener umso mehr unterscheidet, je jünger das betroffene Kind ist?

(3) Mit welcher Alternative werden – angesichts der Unsicherheit langfristiger Prognosen – allgemein anwendbare, kurzfristige Voraussagen berücksichtigt[4]?

Es gehört zu den Verdiensten von *Goldstein, Freud und Solnit*, daß sie den irreführend optimistischen Gehalt des Begriffs »Kindeswohl« zutreffend relativierten, auf die in diesem Zusammenhang nicht unbedeutenden Besonderheiten der kindlichen Zeitperspektive[5] hinwiesen und auch zu einer problemgerechteren Wertschätzung der faktischen Elternschaft[6] beitrugen. Unbefriedigend, ja z. T. problematisch an ihrem Ansatz bleibt u. a. ihre relativ statische Betrachtungsweise von Scheidungsfamilien, ihre einseitige Wertung des Bindungsaspektes für die weitere Entwicklung des Kindes und ihre daraus abgeleitete Intention, den nicht sorgeberechtigten Elternteil aus dem bisherigen familialen Beziehungssystem rigoros auszuklammern[7].

Bereits 1963 verwies *Lempp* darauf, daß das »Kindeswohl« in der Praxis insofern verkürzt Beachtung findet, als »praktisch allein nach dem leiblichen Wohl des Kindes, also nach den Gesichtspunkten, ob das Kind an dieser oder jener Stelle besser versorgt, wirtschaftlich gesicherter oder in besser geordneten sozialen Verhältnissen untergebracht ist« sein Wohl beurteilt wird[8]. Dieser Mißstand ist nach *Goldstein* u. a. nicht nur in der Bundesrepublik, sondern für sie ebenso z. B. in England und in den USA sichtbar. Auch in der Untersuchung von *Simitis* u. a.[9] fand man, daß Stellungnahmen von JÄ im Rahmen der VormGH/FamGH vor allem etwas über Wohnverhältnisse, wirtschaftliche Lage und physische Zustand der Betroffenen aussagen, psychische Sachverhalte jedoch, also das »geistige und seelische Wohl des Kindes« betreffend, nur selten und dann meist in wenig informativen, mehr allgemeinen Redewendungen wiedergeben.

Entsprechend den Untersuchungsergebnissen von *Plessen* und *Bommert*[10] muß man ferner damit rechnen, daß zwischen den Vorstellungen von Richtern, Anwälten und Vertretern des JA beträchtliche Unterschiede darüber beste-

---

3 1974, S. 49.
4 Vgl. Goldstein u. a. 1974, S. 47f.
5 A. a. O., S. 33.
6 A. a. O., S. 17ff.
7 Vgl. dazu Fthenakis o. J.
8 Lempp, NJW 1963, S. 1659.
9 S. 70, 101, 106, 114, 163.
10 S. 7f.

hen, was **konkret** zum Kindeswohl gehöre. Auch diese – nicht nur berufsgruppenspezifisch – diskrepante Betrachtungsweise erschwert es, dem Kindeswohl gerecht zu werden.

6.1.1 Entscheidungsrelevante Fakten zu § 1666 BGB

6.1.1.1 Die Vernachlässigung psychischer Fakten in gutachtlichen Stellungnahmen

Das physische Wohl und die materielle Sicherung des Kindes scheinen für SozArb auch dann überwiegend entscheidungsrelevante Fakten zu sein, wenn es um die Frage geht, Eltern das Sorgerecht für ihr Kind einzuschränken oder zu entziehen. *Simitis u. a.* stellten in ihren Untersuchungen fest: »Die Jugendamtsberichte lassen eine Selektion der Informationen erkennen, die zur Ausblendung der psychischen Dimension der Kindesinteressen tendiert... Der Antrag des Jugendamtes nach § 1666 gründet sich regelmäßig auf die Gefährdung des physischen Wohls des Kindes – auf Mißhandlungen, mangelnde Ernährung und Pflege, Verlassen kleiner Kinder. Psychische Mißhandlungen allein oder auch schwere neurotische Fehlentwicklungen bildeten in keinem Fall den Anlaß zur Überprüfung der Situation eines Kindes. Soweit aber neben den Zeichen physischer Gefährdung auch Verhaltensauffälligkeiten oder Entwicklungsdefizite geschildert werden, bleibt oft die Genese der Störungen, ihr Zusammenhang mit der Familienstruktur unklar. Informationen über die wichtigsten Beziehungen des Kindes in und außerhalb der Familie und über Beziehungsprobleme aus seiner Perspektive sind den Berichten nur selten zu entnehmen, obgleich es in den meisten Fällen gerade darum geht, ob diese Beziehungen aufrechterhalten werden sollen oder nicht«[11, 12].

Die einseitige Beachtung des physischen Wohls des Kindes in JA-Berichten läßt sich teilweise aus der alarmierend hohen Zahl körperlich mißhandelter Kinder in der Bundesrepublik erklären. Nach *Ammon* waren 1979 – unter Berücksichtigung der nur vage schätzbaren Dunkelziffer – im Vergleich zu repräsentativen Daten aus dem angelsächsischen Raum »in der Bundesrepublik jährlich etwa 19 100 Mißhandlungen bzw. ca. 700 Todesfälle (bei Kindern als Folge von Gewalt, Anm. d. Verf.) zu erwarten«[13]. Neuere Schätzungen[14] sprechen von 20 000–240 000 Mißhandlungen jährlich, andere von noch höheren Zahlen[15]. Auch wenn die Zahl zu hoch gegriffen wäre, deutete sie etwas vom Ausmaß physischer Not von Kindern an, der SozArb begegnen. Bedenkt man, daß nach *Nau*[16] in 80 % der Fälle die Mißhandlungen schon jahrelang andauerten, bevor Anzeige erstattet wurde, so unter

---

11 S. 165 f.
12 Zur seelischen Mißhandlung vgl. neuerdings Cowitz, J.
13 S. 16.
14 Schneider, H. J., Kriminologie, Berlin, 1987, S. 671.
15 Balloff, 1992, S. 190 ff.
16 Zitiert in Ammon, S. 15.

streicht das nur das Maß an physischer Bedrängnis, mit der SozArb und Soz-Päd in Teilbereichen ihrer beruflichen Praxis konfrontiert werden.

Die unmittelbare Anschauung zahlreicher erschreckender Mißhandlungen besitzt für SozArb sicher eine ausgeprägte Appellfunktion. Sie entschuldigt jedoch nicht, weniger deutlich beeindruckende, aber das Kind nicht geringer belastende seelische Not zu übersehen. Das ist schon deshalb nicht vertretbar, weil nach *Ammons* Untersuchungen Beziehungsprobleme, also psychosoziale Vorgänge, auch bei körperlichen Mißhandlungen eine überdurchschnittliche Rolle spielen. Dies läßt sich durch folgendes belegen:

(1) Betrachtete man die mißhandelnden Erwachsenen, so zeigte sich,»daß kindesmißhandelnde Eltern selbst in der Kindheit von ihren Eltern mißhandelt wurden...«[17]. *Ammon* versteht das Mißhandeln von Kindern durch solche Personen als das Ergebnis einer schweren Persönlichkeitsschädigung, die als Folge selbst erlittener, aber nicht verarbeiteter Mißhandlungen anzusehen sei.

(2) Innerhalb der jeweiligen Familiendynamik nehmen mißhandelte Kinder stets einen bestimmten Platz ein. In 41 % der untersuchten Fälle war das mißhandelte Kind der »Sündenbock« der Familie. In der Regel wurde auch dann nur ein bestimmtes Kind mißhandelt, wenn noch Geschwisterkinder vorhanden waren. Mißhandelte Kinder lebten fast ausschließlich in Familien mit gestörten Partnerbeziehungen. Diese und andere Befunde[18] zeigen: »Das Kind trägt als schwächstes Mitglied die Konflikte der Gruppe...«[19].

Eine erst in den letzten Jahren deutlicher ins Blickfeld tretende Art der Mißhandlung ist der sexuelle Mißbrauch von Kindern. Hier ist die Dunkelziffer noch erheblich höher als bei der körperlichen Mißhandlung[20].

6.1.1.2 Die vom Gesetz geforderten Fakten

Für seine Stellungnahme zu einem Fall nach § 1666 BGB hat der SozArb folgende Fakten[21] zu berücksichtigen:

(1) Elterliches Fehlverhalten oder Verhalten Dritter, ersteres in Form von
    a) schuldhaftem oder schuldlosem Tun (= Mißbrauch der elterlichen Sorge oder unverschuldetes Versagen)
    b) schuldhaftem oder schuldlosem Unterlassen (= Vernachlässigung des Kindes oder unverschuldetes Versagen).
(2) Die Gefährdung des Kindes in seinem
    a) körperlichen,
    b) geistigen oder
    c) seelischen Wohl.
(3) Ursächlichkeit von (1) für (2).
(4) Unfähigkeit oder Unwilligkeit der Eltern, die Gefahr abzuwenden.

---

17 A. a. O., S. 8.
18 Vgl. auch Zenz, S. 185–189.
19 Ammon, S. 86.
20 Trube-Becker, 1992, S. 20 ff; Balloff, 1992, S. 190 ff.
21 Vgl. auch Oberloskamp 1991, S. 137 ff.

Zu (1) a) Als **Mißbrauch** des elterlichen Sorgerechts werden in der Rechtsprechung[22] angesehen: entwürdigende, unangemessene Strafen (Art, Ausmaß,
Härte); Unterbinden von Kontakten (zu Verwandten, Freunden); übermäßige
Ausnutzung der Arbeitskraft des Kindes; Herausnahme von Kindern aus lang-
jährigen Pflegeverhältnissen, (versuchte) sexuelle Kontakte zum Kind; Benut-
zung des Kindes als »Sündenbock«; Ausweisung aus dem Elternhaus ohne
anderweitige Unterbringung u. a. m.[23].

Zu (1) b) **Vernachlässigung**[24] des Kindes wäre gegeben durch: mangelhafte
Ernährung, Kleidung, Unterbringung; unzureichende oder völlig abgelehnte
ärztliche Versorgung; völliges Desinteresse an schulischer Erziehung; Duldung
von »Herumtreiben«, Duldung von ungünstigen Einflüssen Dritter; Verküm-
merung »ordentlicher« Lebensführung; wiederholtes Verlassen oder »Abschie-
ben« des Kindes u. a. m.

Die unter (1) a) und (1) b) aufgeführten Beispiele aus der Rechtsprechung, die
traditionsgebunden den physischen Bereich überwiegend berücksichtigen, sind
durch die vielen psychischen Mißhandlungen zu ergänzen. Betrachtet man die
von *Simitis u. a.* zum § 1666 BGB untersuchten Fallgruppen nach dem sie charakterisierenden zentralen Konflikt, sind nur 34 von 69 Fällen dem oft zitierten
Bereich der »Kindesmißhandlung« und »Vernachlässigung« zuzuordnen. In
den 35 verbleibenden Fällen wird eine Gefährdung des seelischen Wohls deutlich, bedingt durch »Wechsel der Bezugspersonen«, »Adoleszenz-Konflikte«
und »Elternkonflikte«[25].

Zu (1) a) und b): Auch allein die **Unfähigkeit** der Eltern, für das Wohl des
Kindes zu sorgen, ist hinreichender Grund für entsprechende Maßnahmen.
Allerdings muß sie, da das grundgesetzlich geschützte Elternrecht hier wegen
fehlenden Verschuldens besonders zu berücksichtigen ist, sehr gravierend
sein[26].

Zu (2): Um ein Verfahren nach § 1666 BGB einzuleiten, genügt es, wenn **nur
ein** Bereich des kindlichen Wohls gefährdet ist, z. B. der seelische! Anzeichen

---

22 Vgl. die Nachweise bei Palandt/Diederichsen, § 1666 Anm. 4 a) aa); MünchKo/Hinz,
§ 1666 Anm. 24 ff.; AltKo/Münder, § 1666 Anm. 12; Firsching, S. 332 ff. und Nachtrag S. 11 f.
23 Inwieweit die Erziehungspraktiken ausländischer Eltern (hauptsächlich von Türken)
als Mißbrauch des Sorgerechts anzusehen sind, ist in letzter Zeit zunehmend Gegenstand von Gerichtsentscheidungen gewesen. Vgl. LG Berlin v. 1. 4. 1982, FamRZ
1982, 841; LG Berlin v. 26. 4. 1983, FamRZ 1983, 947; LG Berlin v. 18. 3. 1983,
FamRZ 1983, 943; BayObLG v. 19. 7. 1984, FamRZ 1984, 1259; OLG Düsseldorf v.
10. 8. 1984, FamRZ 1984, 1258; KG v. 14. 9. 1984, FamRZ 1985, 97 (in allen Fällen
Türken). OLG Hamburg v. 17. 5. 1983, FamRZ 1983, 1271 (Ghanese); OLG Zwei-
brücken v. 24. 1. 1984, FamRZ 1984, 931 (Pakistani). Das Problem rührt u. a. daher,
daß aufgrund des Haager Minderjährigenschutzabkommens (MSA) vom 5. 10. 1961
auch auf ausländische Kinder, die hier ihren gewöhnlichen Aufenthalt haben, deutsches Recht anzuwenden ist. Zum MSA vgl. Oberloskamp 1983.
24 Vgl. a. a. O. (FN 18), Anm. 4 a) bb) bzw. Anm. 29 ff. bzw. Anm. 13.
25 S. 152.
26 Vgl. BT-Drucks. 8/2788, S. 57 ff.

von Gefährdung sind nach gängiger Rechtsprechung[27]: Vernachlässigung schulischer und beruflicher Pflichten, Herumstreunen, Alkoholmißbrauch, Drogenkonsum, sexuelle Abartigkeit, schwere neurotische Fehlentwicklungen (Aggressivität, starke Depressionen, Suizidgefährdung), Tendenz zu strafbaren Handlungen u. a. m.

Zu (3): Die Gefährdung des Kindes muß durch das oben beschriebene Verhalten der Eltern oder eines Dritten **verursacht** sein. Es bleibt vom SozArb also zu prüfen, in welchem Umfange das zutrifft bzw. welche anderen Gründe (z. B. Krankheiten, Unfallfolgen, soziales Umfeld o. a.) auch oder allein ursächlich sein könnten.

Zu (4): Der SozArb muß prüfen, ob die Eltern nicht willens oder unfähig sind, eine Gefährdung des Kindes abzuwenden.

Fälle der Unfähigkeit kommen häufig bei Gefährdungen durch Dritte vor: Stiefelternteile, die Kinder mißhandeln oder sexuell mißbrauchen; Großeltern, die Kinder verziehen; Zuhälter, die junge Mädchen an sich binden; Drogensüchtige oder -händler, die Heranwachsende beeinflussen; Cliquen, die Minderjährige zu Straftaten verführen etc.

Goldstein u. a.[28] warnen davor, die vom Gesetz her erforderlichen Fakten ausschließlich aus der Sicht eines Erwachsenen heraus zu betrachten. Sie verlangen, daß beim Abwägen des Für und Wider (vgl.»Zusammenfassende Beurteilung«) vom SozArb zu bedenken ist, ob seine Sicht auch der Erlebnisweise des betroffenen Kindes entspricht.

In einer neueren Arbeit diskutieren *Goldstein u. a.*[29] einige Interventionsgründe und Implikationen, die in engerem Zusammenhang mit den von uns hier vorgestellten entscheidungsrelevanten Fakten zu § 1666 BGB zu sehen sind.

Hassenstein unterstreicht die allgemeine Bedeutung stabiler individueller Bindungen für das Kindeswohl[30]. Ähnlich argumentiert *Klußmann*[31].

Mnookin geht insbesondere auf die Bedeutung der Beziehung von gefährdeten Kindern zu ihren Eltern ein und sieht die Herausnahme eines solchen Kindes aus seiner bisherigen Familie – auch dann, wenn es sich um einen Fall von Kindesvernachlässigung handelt – nur aufgrund bestimmter gesicherter Erkenntnisse für voll verantwortbar an. Voraussetzung wäre für ihn: Unsere »Kenntnis müßte das Wissen enthalten, wie die Eltern sich in der Vergangenheit verhalten haben, wie sich dieses elterliche Verhalten auf das Kind ausgewirkt hat und in welchem Zustand sich das Kind derzeit befindet . . .«. Außerdem müßten wir ». . . das voraussichtlich zukünftige Verhalten des Elternteils vorhersagen können, wenn das Kind zu Hause bliebe, und die Wirkungen dieses Verhaltens auf das Kind abschätzen . . .«. Ferner müßten wir ». . . diesen Strauß möglicher Konsequenzen mit denen vergleichen, die sich ergeben,

---

27 Vgl. bei Palandt/Diederichsen, § 1666 Anm. 3.
28 S. 17–19 und S. 33–46.
29 Goldstein u. a. (1982), S. 57–95.
30 1975, S. 66–73; 1977, S. 49–61.
31 S. 116–122.

wenn das Kind in andere Obhut kommt ... Dies würde erfordern, daß ebenso vorhergesagt wird, wie es sich auswirken wird, wenn das Kind aus dem elterlichen Haus, der Schule herausgenommen und von seinen Freunden und seiner gewohnten Umgebung getrennt wird, wie auch welche Wirkung sein Verbleiben bei Pflegeeltern haben wird«[32].

Wie wenig die Gerichtspraxis einem solchen Anspruch genügt, wird in der Studie über das Kindeswohl von *Simitis u. a.* belegt[33].

Daher fordert *Mnookin*: »Die Entfernung des Kindes aus dem Elternhaus sollte die ›letzte Möglichkeit‹ sein, von der nur Gebrauch gemacht wird, wenn das Kind im Elternhaus nicht geschützt werden kann«[34].

Solche Überlegungen und Befunde machen deutlich, wie wichtig es ist, daß der SozArb aufgrund seiner besonderen Kenntnis des Lebensraums des Kindes in der Stellungnahme den Sachverhalt differenziert darlegt und aus seiner Sichtweise einen Vorschlag zu Maßnahmen unterbreitet, die nicht nur einen einzigen Aspekt berücksichtigen, sondern der Lebenssituation des Kindes weitestgehend Rechnung tragen.

6.1.1.3 Gliederungsvorschlag für die erforderlichen Fakten

Die Gliederung einer gutachtlichen Stellungnahme zu einem Fall nach § 1666 BGB sollte den Leser (Richter) über die Gefährdung des Kindes durch das Verhalten der Eltern (oder Dritter) so informieren, daß dieser aufgrund der Darstellung der Fakten, ihrer Erklärung und Gewichtung den Entscheidungsvorschlag gedanklich nachvollziehen kann, wie es z. B. durch den Gliederungsvorschlag auf S. 100 möglich ist.

6.1.1.4 Die zu ergreifenden Maßnahmen

Bei Vorliegen der Tatbestandsmerkmale des § 1666 I 1 BGB besteht die Rechtsfolge darin, daß das Gericht »die zur Abwendung der Gefahr erforderlichen Maßnahmen zu treffen« hat. Diese Formulierung beschreibt, daß Verwaltungshandeln im justiziellen Rahmen[35] zur Beseitigung weiterer Gefahr für das Kindeswohl zu erfolgen hat. Sie beinhaltet, daß der Richter im Rahmen der Ausübung pflichtgemäßen Ermessens nach den Grundsätzen der Verhältnismäßigkeit diejenige Maßnahme zu wählen hat, die pädagogisch möglichst effektiv ist, aber so wenig wie möglich in die Familienautonomie eingreift.

In den §§ 1666, 1666a BGB zählt das Gesetz beispielhaft verschiedene Maßnahmen auf und versieht einige von ihnen zugleich mit Einschränkungen, die auf dem Verhältnismäßigkeitsgrundsatz beruhen.

Folgende Maßnahmen benennt das Gesetz:

---

32 FamRZ 1975, 1/2.
33 S. 178 f.
34 FamRZ 1975, 6.
35 AltKo/Münder, § 1666 RNr. 32.

- Maßnahmen gegen Dritte (z. B. Stiefelternteile, Geschwister, Nachbarn, zweifelhafte Freunde), § 1666 I 2 BGB,
- Ersetzung von Erklärungen der Eltern durch das Gericht (z. B. Einwilligung in eine Operation) § 1666 II BGB, *vgl. ~~~~~ ~~~~~*
- Entzug der Vermögenssorge bei Verletzung der Unterhaltspflicht und weiterer drohender Gefährdung des Kindes (§ 1666 III BGB),
- Maßnahmen, die eine Trennung des Kindes von seiner Familie beinhalten[36], sofern der Gefahr nicht auf andere Weise, insbesondere nicht durch öffentliche Hilfen begegnet werden kann (§ 1666a I BGB),
- Entzug der gesamten Personensorge, wenn andere Maßnahmen erfolglos geblieben sind oder wenn sie zur Abwendung der Gefahr höchstwahrscheinlich nicht ausreichen (§ 1666a II BGB).

Über diese ausdrücklich genannten Rechtsfolgen hinaus darf der Richter alle möglichen anderen Maßnahmen anordnen, die ihm pädagogisch erfolgversprechend erscheinen. Gerade in diesem Bereich kann eine richtig gewählte Hilfe für die weitere Entwicklung des Minderjährigen äußerst bedeutsam sein. Deswegen ist es ungeheuer wichtig, daß der SozArb, der eine gutachtliche Stellungnahme abgibt, über viel pädagogische Phantasie und hinreichendes fachliches Rüstzeug verfügt. Folgende Maßnahmen kommen insbesondere (d. h. viele weitere sind denkbar) in Betracht:

- Hinweise, Ermahnungen (z. B. eindringliche Darstellung der Rechtslage),
- Anweisungen, Gebote, Verbote (z. B. Umgangsverbot, Anweisung zur Teilnahme an einem Erziehungskurs),
- Entzug von Teilbereichen des Sorgerechts (in der Praxis am häufigsten: Entzug des Aufenthaltsbestimmungsrechts – wegen ihrer geringen Reichweite ist diese Maßnahme höchst zweifelhaft)[37],
- Vermittlung von Leistungen der Jugendhilfe (z. B. Erziehungsberatung, Tagespflegestelle, Hortplatz)[38],
- Vermittlung materieller sozialer Leistungen (z. B. Wohngeld, Sozialhilfe).

Greift eine Maßnahme in das Sorgerecht der Eltern ein, muß gleichzeitig entschieden werden, wer anstelle des Betroffenen die entzogenen Befugnisse ausüben soll.
Handelt es sich um einen vollständigen Entzug bei beiden Sorgeberechtigten, so muß gem. §§ 1773 I, 1774 S. 1 BGB ein Vormund bestellt werden. Wird einem der Elternteile das Sorgerecht ganz oder teilweise entzogen, so hat der Richter auszusprechen, daß insoweit der andere alleinberechtigt ist, § 1680 I 1

---

36 Zu den strengen Voraussetzungen bei geistig behinderten Eltern s. BVerfG v. 17. 2. 1982, FamRZ 1982, 567; LG Berlin v. 2. 8. 1988, FamRZ 1988, 1308.
37 Seit Inkrafttreten des KJHG ist zu beachten, daß der Entzug von bestimmten Sorgerechtsanteilen nicht zwangsläufig das Recht, erzieherische Hilfen gem. § 27 KJHG in Anspruch zu nehmen, umfaßt. Dient der Entzug also der Gewährung von erzieherischer Hilfe, sollte dieses Recht ausdrücklich entzogen werden. Vgl. Oberloskamp/ Adams, 7. Aufl. S. 231; Fricke, ZfJ 1993, 284.
38 Zu den Einzelheiten vgl. AltKo/Münder, Anhang § 1666a sowie spi Berlin, S. 19ff.

BGB. Würde dies dem Kindeswohl widersprechen, bestellt der Richter einen Vormund oder Pfleger, §§ 1680 I 2 i. V. m. 1773 I bzw. 1909, 1915 BGB. Ist kein anderer Elternteil vorhanden (z. B. bei der Mutter eines nichtehelichen Kindes), muß ebenfalls ein Vormund bzw. Pfleger bestellt werden.

In den Fällen, in denen die Bestellung eines Vormundes oder Pflegers notwendig wird, hat das JA dem VormG eine Person vorzuschlagen, die sich hierzu eignet, § 53 I KJHG, 1849 BGB. Im Regelfall, der jedoch in der Praxis statistisch die Ausnahme ist[39], soll dies eine Einzelperson, arg. aus § 1887 BGB, oder ein Verein sein, § 1791 a BGB. Notfalls[40] muß das JA die Aufgabe selber übernehmen, §§ 55 KJHG, 1791 b BGB.

Die Maßnahme des VormG kann darin bestehen, daß es das JA zur Erbringung einer bestimmten Leistung verpflichtet. Dieser Durchgriff der Dritten auf die Zweite Gewalt ist ausnahmsweise möglich.[41] Man wird dem JA jedoch das Recht zubilligen müssen, die Durchführung der Maßnahme abzulehnen, wenn pädagogische Bedenken gegen sie bestehen. Ob nicht vorhandene finanzielle Mittel oder fehlende pädagogische Angebote eine Verweigerung rechtfertigen, erscheint fraglich und wird daher eher abzulehen sein[42].

6.1.2 Entscheidungsrelevante Fakten zu § 1671 BGB

6.1.2.1 Die Gefährdung des Kindeswohls nach Scheidung

Die Zahl der Kinder und Jugendlichen, die durch Scheidung der Ehe ihrer Eltern vor eine neue und nicht selten belastende Lebenssituation gestellt werden, ist in der Bundesrepublik – ähnlich wie in anderen Ländern – sehr groß. 1980 – neuere Zahlen sind nicht veröffentlicht – lebten hier rund 571 000 Kinder unter 18 Jahren in Familien mit einem geschiedenen Familienvorstand[43]. In den darauf folgenden Jahren nahm die Zahl der durch eine Scheidung mitbetroffenen Kinder noch zu.

---

39 Die Statistik des Statistischen Bundesamtes (Fachserie 13, Reihe 6) gibt keine genaue Auskunft, da sie nicht zwischen gesetzlichen und bestellten Amtspflegeschaften und -vormundschaften unterscheidet. Jedoch weist sie z. B. für 1981 folgendes aus: Von den 106 595 Vormundschaften für Minderjährige werden 68,6 % vom JA, 26,2 % von Einzelpersonen, 4,2 % von Vereinen geführt. Von den 382 748 Pflegschaften für Minderjährige werden 89,0 % vom JA, 10,0 % von Einzelpersonen, 0,9 % von Vereinen geführt.

40 Der Unsitte, daß sich JÄ gar nicht erst die Mühe machen, nach Einzel- oder Vereinsvormündern zu suchen, sondern sich sogleich selber vorschlagen, versucht die neuere Rspr. entgegenzuwirken. Vgl. dazu OLG Frankfurt v. 13. 11. 79, FamRZ 80, 284; LG Heilbronn v. 2. 4. 84, FamRZ 84, 822. Zu der Frage, ob dies sachlich notwendig wäre, die JÄ hiermit zu betrauen, s. Oberloskamp, FamRZ 1988, 7.

41 AltKo/Münder, § 1666 Rz. 36.

42 So AltKo/Münder, Anhang § 1666a Rzn. 9 ff.; Jans/Happe, § 48 c Anm. 5.

43 Presse- und Informationsamt 1982, S. 309.

Gliederungsvorschlag zu einem Fall nach § 1666 BGB

EINLEITUNG

Sie nennt Gegenstand der Stellungnahme, Personalien der Betroffenen, Erkenntnisquellen

---

⬇

I — **VORGESCHICHTE UND DERZEITIGE SITUATION**

Sie umfaßt 1) die vielen Einzelsituationen, in denen **Verhalten der Eltern oder Dritter** sichtbar wird, das womöglich **eine Gefahr** für das Wohl des Kindes ist; 2) wie sich das Kind in den möglicherweise gefährdenden Situationen verhielt; 3) welche sonstigen gefährdenden oder unterstützenden psychosozialen Gegebenheiten auf das Kind einwirken.

⬇

II — **PSYCHOSOZIALER BEFUND**

Er zeigt, was infolge der Hinweise aus den unterschiedlichen Einzelsituationen als relativ konstantes **Erleben und Verhalten des Kindes** in seiner sozialen Umwelt anzusehen ist und inwiefern das Kind somit in seinem körperlichen, geistigen oder seelischen Bereich **gefährdet** erscheint.

⬇

III — **DIAGNOSE/PROGNOSE**

Hier wird abgeklärt, ob zwischen Verhalten der Eltern oder eines Dritten und den die Gefährdung des Kindes ausmachenden Einzelheiten ein **ursächlicher Zusammenhang** besteht oder aber andere Ursachen mit zu berücksichtigen sind und ob und in welchem Umfang die **Gefährdung** voraussichtlich **anhalten** wird.

⬇

IV — **ZUSAMMENFASSENDE BEURTEILUNG**

Jetzt **wägt** der SozArb alle Erkenntnisse aus Befund und Diagnose/Prognose **gegeneinander ab** und **beurteilt,** ob aus seiner Sicht das Kind gefährdet ist und zwar durch das Verhalten der Eltern oder Dritter, das die Eltern nicht abwehren können oder wollen.

⬇

V — **VORSCHLÄGE**

von geeigneten Maßnahmen

Scheidungshäufigkeit in der BRD und davon betroffene Kinder

Geschiedene Ehen (BRD)[44]			Anzahl der Kinder	
im Jahre	insgesamt	je 1 000 bestehende Ehen	keine	mehr als ...
1980	96 222	61,3	45 344	78 329
1981	109 520	72,3	51 000	87 225
1982	118 483	78,4	55 003	94 407
1983	121 317	80,6	56 453	94 797
1984	130 744	87,1	61 767	99 777
1985	128 124	86,1	60 897	96 077
1986	122 443	82,6	61 206	87 788
1987	129 850	87,6	63 191	95 460
1988	128 729	86,6	64 741	91 711
1989	126 628	84,6	89 344	89 344
1990	122 869	81,0	63 342	89 114

Geschiedene Ehen (DDR)[45]			Anzahl der Kinder	
im Jahre	insgesamt	je 1 000 bestehende Ehen	keine	mehr als ...
1989	50 083	122,8	15 993	50 068
1990	31 917	79,4	keine Ang.	keine Ang.

Dementsprechend ist davon auszugehen, daß auch heute noch mehr als eine halbe Million Kinder und Jugendliche von der Folgesituation einer Scheidung ihrer Eltern erfaßt sind.

Sicher wäre es nicht nur eine unzulässige Vereinfachung des Problems, sondern darüber hinaus auch eine unverantwortliche Diskriminierung der betroffenen Eltern, wollte man in jeder Ehescheidung als solcher bereits eine Gefährdung des Wohls der davon mit berührten Kinder sehen. Schließlich stellt nicht jede seelische Belastung bereits eine Gefährdung dar. Berücksichtigt man andererseits den Geschäftsanfall der Familiengerichte[46], so spricht manches dafür, daß Kinder für viele Eltern zum Streitobjekt werden – und das viel häufiger **vor** und **nach** als unmittelbar bei Scheidung. Spätestens hier setzt die Frage nach der Gefährdung des Wohls dieser Kinder ein.

Der Inhalt des § 1671 BGB bezieht sich explizit nur auf das Kindeswohl **nach Scheidung**, setzt jedoch implizit dessen Beachtung in der Zeit **vor und während**

---

44 Statistisches Bundesamt (Hrsg.) 1982, S. 75; 1983, S. 78; 1984, S. 79; 1985, S. 80; 1986, S. 78; 1987, S. 78; 1988, S. 78; 1989, S. 69; 1990, S. 70; 1991, S. 90; 1992, S. 86.
45 Statistisches Bundesamt 1991, S. 80; 1992, S. 86.
46 Statistisches Bundesamt (Hrsg.) 1982, S. 328; 1983, S. 328; 1984, S. 340; 1985, S. 335; 1986, S. 330; 1987, S. 338; 1988, S. 332; 1989, S. 323; 1990, S. 328; 1991, S. 366; 1992, S. 393.

eines Scheidungsprozesses voraus. Und das mit gutem Grund. Besteht doch bei den meisten Autoren[47] Einigkeit darüber, daß mindestens die seelische Belastung vieler Scheidungswaisen vor der eigentlichen Scheidung einsetzt. »Viel Verwirrung ist bei der Untersuchung der Auswirkung von Scheidung auf Kinder dadurch gestiftet worden, daß Scheidung als ein einmaliges Ereignis angesehen worden ist und nicht als eine Sequenz von Erfahrungen, bei denen Kinder sich in ihrem Leben umstellen«[48]. Wie vielfältig die Konsequenzen einer Ehescheidung für das davon betroffene Kind und seine Eltern sind und welche differenzierenden Überlegungen sie hinsichtlich des Kindeswohls erfordern, belegen *Fthenakis/Niesel/Kunze*[49] ausführlich mit empirischem Material.

Die Gefährdung des seelischen Wohls des Kindes beginnt spätestens in der Zeit, in der dem Kind die destruktiven Familienbeziehungen erlebbar werden. Die seelische Belastung steigert sich, wenn dem Kind die Wahrscheinlichkeit der endgültigen Trennung der Eltern bewußt wird. »Es ist offenbar das Geborgenheitserlebnis in der festgefügten Gemeinschaft, dessen Verlust so einschneidend erlebt wird«, konstatiert *Arntzen*[50] auf Grund seines Untersuchungsmaterials. »Die Fähigkeit, zu zwei Menschen in einer gemüthaften Bindung zu leben, die ihrerseits wiederum untereinander gemüthaft verbunden, sich also nicht gleichgültig sind, ist eine wichtige Voraussetzung für die Fähigkeit, mit mehreren Menschen gleichzeitig ein gutes Verhältnis aufzubauen«[51]. Die befriedigende emotionale Beziehung zu Mutter **und** Vater wird dem Kinde durch das Auseinanderleben der Eltern und die nachfolgende Scheidung in der Regel erschwert, bisweilen verunmöglicht. Auch das Versprechen eines großzügigen Umgangsrechts allein ändert wenig daran; entscheidend ist nach einer Elterntrennung die Neuorganisierung qualitativ tragfähiger Beziehungen der Eltern untereinander und der Beziehungen der Eltern zum Kind. Als hilfreich wird für diesen Prozeß angesehen, den Eltern in der Beratung Hilfestellungen zu geben, die häufig stark zerstrittene Paarebene von der Elternebene zu trennen. Gelingt dies den Eltern nicht, gilt auch heute noch die nach heutigen Wissensstand ansonsten für die Normalfälle zu pauschal formulierte Aussage von Lempp: »Ein Kind, dessen Eltern geschieden sind, hat zwar noch einen Vater und eine Mutter, aber keine Eltern mehr... allenfalls Elternteile oder gar ›Elterntrümmer‹«[52].

Das gilt besonders dann, wenn die getroffene Sorgerechtsregelung dysfunktional ist und nicht von beiden Elternteilen in gleichem Maße akzeptiert werden kann. Die Erkenntnis, daß auch nach einer Scheidung die »Verquickung von Kindeswohl und Elternwohl« fortbesteht und ihre entsprechenden Auswirkun-

---

47 Z. B. Haffter 1948, Goldstein u. a. 1974, Lempp 1978, Steffen 1979, Arntzen 1980, Hetherington 1980; Wallerstein/Blakeslee 1989; Cherlin/Furstenberg u. a., Science, Vol. 252, 6, 1386–1389.
48 Hetherington, a. a. O., S. 16.
49 S. 93–186.
50 Arntzen 1980, S. 4.
51 Lempp 1976, S. 9.
52 Lempp 1976, S. 8 und S. 11.

gen hat, führt bei *Fthenakis*[53] zur »Forderung nach Schaffung von Rahmenbedingungen, die es **beiden** Eltern ermöglichen, ihre Kinder auch weiterhin als bedeutsam und wertvoll in ihrem Leben zu erfahren...«, eine Forderung, deren Verwirklichung freilich ein erhebliches Umdenken in der bisherigen Rechtspraxis voraussetzt.

Solange dies nicht geschieht, trägt die bestehende Rechtspraxis ungewollt mit dazu bei, daß hier die Bedrohung des kindlichen Wohls infolge der oben angesprochenen »**Instrumentalisierung von Kindern** durch streitende Eltern«[54] vergrößert wird. »Allzu leicht werden nach der Scheidung die Kinder als Vehikel und Funktionsträger für die Fortsetzung der nach wie vor affektiv dynamisch aufgeladenen Konflikte benutzt«[55].

Die seelische Belastung des Kindes wächst, wenn es seinen **Wunsch** zu erkennen geben soll, **bei welchem Elternteil** es weiterhin verbleiben möchte. Eine direkte Befragung, womöglich in Anwesenheit der Eltern, kann das Kind – je nach Alter – in seiner Antwortmöglichkeit nicht nur überfordern, sondern zugleich auch mit starken Schuldgefühlen belasten, da es sich ja häufig beiden Elternteilen, wenn auch in unterschiedlicher Intensität, verbunden fühlt. Eine solche Zuneigung zu beiden Elternteilen fand *Arntzen*[56] bei 82 % der Kinder aus geschiedenen Ehen. 75 % der untersuchten Kinder wünschten, daß die Eltern sich wieder vertragen und zusammenziehen sollten; 7 % wollten ein weiteres Zusammenleben mit den Eltern auch dann, wenn die Eltern sich noch nicht wieder vertragen konnten.

Der Ambivalenzkonflikt des Kindes, zwischen Vater und Mutter wählen zu sollen, ist geringer, wenn sich bereits eine Abneigung gegen ein Elternteil entwickelt hat. Nach *Arntzens* Befunden ist das dann der Fall, »wenn ein Kind vom Vater oder von der Mutter früher

a) körperlich oder psychisch mißhandelt worden ist,
b) wenn es sich anhaltend vernachlässigt gefühlt hat,
c) wenn es die Mißhandlung der Mutter durch den Vater oder
d) häufige Trunkenheit eines Elternteils, die ekelerregend wirkte oder mit aggressiven Handlungen verbunden war, erlebt hat«[57].

Die Beeinträchtigung des seelischen Wohls eines Kindes wird ferner in dem Maße zunehmen, in dem der sorgeberechtigte Elternteil der Versuchung erliegt, das ihm anvertraute Kind als »**Gattensubstitut**«[58] bzw. »Stellvertreter«[59] zu mißbrauchen und dadurch das Kind in seiner Entwicklung zu beeinträchtigen.

Die bis jetzt genannten Gefährdungen des Kindeswohls treffen – wenn auch in

---

53 Fthenakis o. J., S. 46.
54 Simitis u. a., S. 71.
55 Steffen, S. 133.
56 1980, S. 3.
57 1980, S. 4.
58 Richter, S. 108.
59 Schäffle, S. 25.

individuellen Variationen – mehr oder weniger für jedes Kind aus einer geschiedenen Ehe zu und sind vom SozArb bei seiner Stellungnahme entsprechend zu berücksichtigen.

Nach *Hetherington* »erleben fast alle Kinder die Übergangszeit der Scheidung als schmerzhaft... Die typischen frühen Reaktionen von Kindern auf Scheidung sind Ärger, Furcht, Depression und Schuldgefühle. Gewöhnlich dauert es bis zu einem Jahr nach der Scheidung, bis die Spannung sich reduziert und ein wachsendes Gefühl des Wohlbefindens zu entstehen beginnt«[60]. Insofern sind die o. g. Reaktionen im Hinblick auf die auslösende Belastung zunächst »normalerweise« als **Kurzzeiteffekte** zu erwarten.

Die Stellungnahme des SozArb soll jedoch nicht nur wahrscheinliche Kurzzeiteffekte, sondern auch die notwendige **langfristige Anpassung** des Kindes an seine veränderte Lebenssituation berücksichtigen. Wie diese verläuft, ist bislang wenig erforscht. Offensichtlich »zeigt sich eine große Variabilität in der Qualität und der Intensität der Reaktionen und der Anpassung von Kindern an Scheidung. Einige Kinder zeigen schwerwiegende und andauernde Entwicklungsstörungen, andere scheinen durch eine turbulente Scheidung und die streßvolle Zeit danach hindurchzuschweben und als kompetente, gut funktionierende Individuen dabei herauszukommen«[61]. Beeinträchtigungen in der Entwicklung geschlechtsspezifischen Rollenverhaltens sind bei längerem »Fehlen« eines Elternteils sehr wahrscheinlich[62].

Einige Ursachen für die unterschiedlichen langfristigen Entwicklungsverläufe von Kindern aus geschiedenen Ehen scheinen in folgenden Variablen zu liegen:

(1) *Alter des Kindes zum Zeitpunkt der Scheidung*

»Am schwierigsten ist es« nach *Lempp* »für Kinder im Vorschul- und Schulalter, mit den Veränderungen, die eine Scheidung der Eltern mit sich bringt, fertig zu werden«[63]. Gründe für die schlechtere Anpassung jüngerer Kinder an die veränderte Lebenssituation sind für *Hetherington* »die beschränkten kognitiven und sozialen Kompetenzen des jungen Kindes, die Abhängigkeit des jungen Kindes von Eltern und ihr stärkeres Beschränktsein auf das Zuhause«[64]. Kleinkinder und Jugendliche haben andere Möglichkeiten, mit der Situation umzugehen. Sofern den 2–3jährigen ihre bisherige überwiegende Bezugsperson erhalten bleibt, werden sie den Verlust des anderen Elternteils leichter überwinden[65]. Jugendliche erleben eine Scheidung der Eltern nicht unbedingt der Intensität, wohl aber der Qualität nach anders als Vorschul- und Schulkin-

---

60 Hetherington, S. 16; Wallerstein/Blakeslee 1989; Balloff, Sozialmagazin 1992, 26–29; Balloff/Walter, FamRZ 1990, 445–454; dies.: Psychologie in Erziehung und Unterricht 1991, 81–91.

61 Hetherington, S. 17.

62 Vgl. Lehr 1972, S. 886–954.

63 Lempp 1982, S. 15.

64 Hetherington, S. 17 f.

65 Vgl. Lempp 1982, S. 14.

der. Ihnen ist es eher möglich,»die Verantwortlichkeit für die Scheidung an die richtige Person zu verweisen, Loyalitätskonflikte zu lösen und die ökonomischen und anderen praktischen Probleme zu erfassen und mit ihnen fertig zu werden«[66]. Entsprechend ihrem Entwicklungsstand können sie sich stärker von der Familie ablösen und auf ihre eigene Zukunft einstellen. Außerdem haben sie mehr Möglichkeiten an ergänzenden Sozialkontakten außerhalb der Familie, als das für Vorschul- und Schulkinder der Fall ist.

(2) *Das Geschlecht des Kindes*
Eine Vielzahl von *Hetherington* zitierter Untersuchungen verweist darauf, daß Jungen eine Scheidung weniger gut verarbeiten als Mädchen. Sie zeigen »einen höheren Grad an Verhaltensstörungen und Problemen bei interpersonellen Beziehungen zu Hause und in der Schule mit Lehrern und Gleichaltrigen«[67], während bei Mädchen beobachtete Störungen im emotionalen und sozialen Bereich in der Regel zwei Jahre nach der Scheidung abklingen, allerdings im Jugendalter in der Entwicklung von Partnerbeziehungen wieder aufleben können. – Die beobachteten Unterschiede sind freilich kaum als biologisch bedingte anzusehen. Vielmehr wird hier das Zusammengehen vieler sozialer Komponenten sichtbar. Z.B.: In den meisten Fällen leben die Jungen mit ihren Müttern zusammen (Verlust eines angemessenen Identifikationsobjektes, Überforderung als Gattenersatz); Jungen wird generell ein höheres Maß an Aggressivität und Durchsetzungswillen eingeräumt; Jungen werden eher als Mädchen dem elterlichen Streit ausgesetzt u.a.m.[68].

(3) *Persönlichkeitsbesonderheiten des Kindes vor Scheidung*
Kinder, die bereits vor Scheidung »schwierige« Kinder waren, verkraften die neue Situation nach Scheidung schlechter als seelisch stabile Kinder. Sie sind auch mit größerer Wahrscheinlichkeit Auslöser und Ziel aversiver Verhaltensweisen ihrer mit sich selbst beschäftigten Eltern.

(4) *Kumulativer Streß nach Scheidung*
In der Regel hat das Kind nicht nur den Verlust eines Elternteils, sondern noch eine Reihe anderer Veränderungen seiner **Lebenssituation** zu verarbeiten. Dazu gehören: Wohnungswechsel, Verlust von Bekannten und Freunden, Einleben in neue Schulsituation, Überforderung der Mutter bei aufgenötigter Berufstätigkeit, wirtschaftliche Einschränkungen, Zusammenleben mit neuem Partner eines Elternteils u. dgl. – Je nachdem, ob die Veränderungen vom Kind als eine Erleichterung der bisherigen Lebenssituation oder als eine zusätzliche Belastung erlebt werden, ist auch mit unterschiedlichen Anpassungsleistungen bei diesem Kinde zu rechnen.

(5) *Die Beziehung des Kindes zum nichtsorgeberechtigten Elternteil*
In den meisten Fällen handelt es sich hier um die Beziehung zum Vater, dessen Bedeutung für die gesunde psychosoziale Entwicklung des Kindes, insbesondere die des Kleinkindes, lange übersehen wurde. Demgegenüber dokumen-

---

66 Hetherington, S. 18.
67 Hetherington, S. 18.
68 Vgl. Hetherington, S. 18.

tiert *Fthenakis*[69] mit reichhaltigem empirischen Material, welchen Einfluß
Väter tatsächlich – z. B. auf die kognitive Entwicklung, die Internalisation
moralischer Standards oder das geschlechtsspezifische Erleben und Verhalten
ihrer Kinder – haben. Vor dem Hintergrund solcher entwicklungspsychologi-
scher Erkenntnisse entspricht es nur dem Kindeswohl, die Perspektive des
Vaters und seine Beziehungen zum Kind stärker als bisher üblich bei Sorgerechtsregelungen zu beachten.
Sofern nichtsorgeberechtigte Väter (oder Mütter) in den ersten Monaten nach
Scheidung genausoviel oder manchmal sogar mehr Kontakt zu ihren Kindern
suchen, als es vor der Scheidung der Fall war, sagt das allein noch nichts über
die Qualität der Beziehung aus. Die Motivation zu solchen Kontakten ist nicht
selten, sich »Besitzansprüche« an dem Kind zu sichern. Vielfach sind Eltern im
ersten Jahr nach der Scheidung zu sehr mit sich selbst, mit ihrem Ärger, ihren
Depressionen und Bedürfnissen beschäftigt, als daß sie für die Belange ihrer
Kinder die notwendige Offenheit besäßen. Nach den Befunden von *Hetherington u. a.* bessert sich das im zweiten Jahr nach Scheidung. Zu den einzelnen
Aspekten affektiver Beziehung des Kindes zum nichtsorgeberechtigten Elternteil vgl. Kap. 6.1.4.
Wenn bislang das seelische Wohl des Kindes im Vordergrund dieser Ausführungen stand, so ist als selbstverständlich vorausgesetzt, daß der SozArb bei
der Sammlung relevanter Fakten die Förderungsmöglichkeiten des Kindes im
geistigen Bereich und die Sicherung des körperlichen Wohls des Kindes mit
berücksichtigt. Das seelische Wohl muß jedoch oft besonders beachtet werden.

6.1.2.2 Die Beachtung des Kindeswohls in Jugendamtsberichten zu Fällen nach § 1671 BGB

Betrachtet man die Analysen einschlägiger Stellungnahmen von JÄ, so kann
man sich nicht des Eindrucks erwehren, daß hier nur zu oft noch dem **seelischen Wohl** des Kindes die ihm zukommende Beachtung nicht geschenkt wird.
Die **äußere Versorgung** des Kindes wird in 96 % der Berichte erwähnt, die
ökonomisch-soziale Situation in 89 % der Fälle. Das psychische Befinden des
Kindes hingegen wird nur in 28 % aller Fälle angesprochen. Hier zeigt sich eine
eindeutige Vernachlässigung des Aspektes »seelisches Wohl des Kindes«
zugunsten des wirtschaftlich-materiellen. In die gleiche Richtung verweisen
auch die Befunde, denen zufolge nur bei 12 % der Fälle die Problemlösungsfähigkeit der Eltern und nur bei 6 % ihre affektive Sozialisationskompetenz
beachtet wurden, zwei komplexe Verhaltensweisen, die für die gesunde seelische Weiterentwicklung eines Kindes nach Scheidung hochbedeutsam sind.
Auch das **geistige Wohl** des Kindes blieb in den untersuchten Stellungnahmen
der JÄ weithin unberücksichtigt. Nur in 15 % der Fälle wurde von den SozArb
die kognitive Sozialisationskompetenz der Eltern, die zumindest als eine
Grundbedingung für kognitive Förderung von Kindern anzusehen ist, berücksichtigt.

---

69 Fthenakis 1985.

Wie wenig das seelische Wohl des Kindes Gegenstand solcher Berichte war, zeigt sich auch darin, daß in nur 11 % der untersuchten Fälle das Verhältnis des Kindes zum jeweiligen Elternteil besprochen wurde. Auch die Bedeutung dauerhafter Beziehungen für Scheidungswaisen wurde in 42 % aller JA- Berichte ignoriert[70]. Nach den Untersuchungsergebnissen von *Plessen* und *Bommert*[71] hielt es nur »jeder dritte Jugendamtsmitarbeiter (34 %) für ›sehr wichtig‹, einem gemeinsamen Elternvorschlag zu widersprechen, wenn die Kontinuität der Erziehung durch diesen Vorschlag abgebrochen wird«. Und wenn SozArb ausdrücklich die Bedeutung der Kontinuität in der Eltern-Kind-Beziehung betonen, ist im Einzelfall zu prüfen, inwieweit hier eine stärkere Indentifikation mit dem Klienten (sprich: im Bezirk wohnenden Elternteil) oder eine fachliche Beurteilung der Gesamtsituation dafür ausschlaggebend war. Denn die Zahl der JÄ, in deren Bereich ein Elternteil mit Kind wohnte und die mit dem Kontinuitätsprinzip argumentierten, war in o. g. Untersuchung fünfmal höher als die der JÄ, die allein den Elternteil zu begutachten hatten, der mit dem Kind nicht zusammenlebte.

6.1.2.3 Vom Gesetz gegebene Gesichtspunkte für eine Sorgerechtsregelung bei Scheidung

Vom § 1671 BGB her ergeben sich für den SozArb folgende Fragen[72]:

1. Liegt ein gemeinsamer Vorschlag der Eltern vor?
2. Ist es zum Wohle des Kindes erforderlich, hiervon abzuweichen?
3. Macht ein mindestens vierzehnjähriges Kind einen dem der Eltern entgegengesetzten Vorschlag?
4. Wenn 1. nicht bzw. wenn 2. oder 3. gegeben sind: welche Regelung entspricht dann dem Kindeswohl am besten?
5. Welche Bindungen bestehen vor allem zwischen dem Kind, seinen Eltern und Geschwistern?
6. Ist es erforderlich, die Personensorge dem einen, die Vermögenssorge oder Teile davon dem anderen Elternteil zu übertragen?
7. Ist es möglich, beiden Elternteilen das Sorgerecht zu belassen?
8. Erfordert es das Wohl des Kindes, Personen- und/oder Vermögenssorge oder Teile davon einem Vormund oder Pfleger zu übertragen?

Zu 1.: Aus ihrer Erfahrung als Richterin kommt *Puls* zu der Feststellung: »Die psychische Lage der sich scheidenden oder trennenden Eltern verlangt vom JA-Mitarbeiter die Wahrnehmung und Analyse der von den Elternteilen verfolgten unterschiedlichen Interessen beim Streit um das Kind; ... deshalb ist

---

70 Vgl. Simitis u. a., S. 70f.
71 S. 5.
72 Zu den juristischen Einzelfragen siehe Palandt/Diederichsen, § 1671; MünchKo/ Hinz, § 1671; AltKo/Münder, § 1671; Kolodziej, JugWo 1982, 99/104; Jans/Happe, Elterliche Sorge, § 1671; Belchaus, § 1671; Rahm, IV. Kapitel; Firsching, S. 229ff. und Nachtrag S. 13; Oberloskamp 1991, S. 23ff. und 127ff.; zu den Regelungskriterien in der Rspr. siehe Oberloskamp, Caritas in NRW 2/1981, Fach K II, S. 1ff.

grundsätzlich eine skeptische Haltung gegenüber dem Vorschlag der Elternteile zum Kindeswohl geboten«[73]. Das gilt auch für einen gemeinsamen Vorschlag. Daß aus der Perspektive des Kindes gemeinsame Elternvorschläge auch dem Kindeswohl wenig dienlich sein können, illustrieren einige inzwischen veröffentlichte Fälle, in denen das Kind als »Tauschobjekt« benutzt wurde[74].

Ob jedoch beim Vorliegen eines am Wohl des Kindes ausgerichteten Elternvorschlages weiterhin regelmäßig Ermittlungen seitens des JA angestellt werden müssen, erscheint in Anbetracht der neueren Rechtslage nach Inkrafttreten des KJHG (vgl. insbesondere §§ 17, 18 Abs. 3, 28 i. V. m. 50 KJHG) und der sich bereits seit längerem veränderten Einstellung und Praxis in Richtung mehr Autonomie der Eltern fraglich. In diesem Zusammenhang sei in bezug auf die Aufgabenstellung der JÄ nach Inkrafttreten des KJHG auf die lebhafte, unterschiedliche und zum Teil auch kontroverse Debatte in der Wissenschaft hingewiesen[75, 76].

Engagieren sich Eltern unterschiedlich stark mit voneinander abweichenden Vorschlägen, das Sorgerecht zu erhalten, so teilen wir *Steffens* Auffassung nicht, das stärkere Engagement für die Erteilung des Sorgerechts sei zu berücksichtigen, da sich damit »die Bereitschaft zur Übernahme erheblicher Verantwortung, großer Pflichten und Belastungen« abzeichne[76]. Wir sind vielmehr der Ansicht, daß hier zu prüfen ist, inwieweit dieses Engagement nicht eher der Versuch ist, eigene Interessen durchzusetzen oder den Partner zu treffen.

Zu 2.: Auch wo die eben genannten Voraussetzungen nicht zutreffen und Eltern mit ihrem gemeinsamen Vorschlag tatsächlich das Kindeswohl meinen, sollte der SozArb prüfen, ob der Vorschlag dem Kindeswohl entspricht. Das wird z. B. bei solchen Eltern erforderlich sein, bei denen die kognitive Sozialisationskompetenz gering ist.

In diesem Zusammenhang sei warnend an *Steffens* Hinweis auf das Unbehagen »gegenüber Eingriffen in innerfamiliäre Angelegenheiten und Elternrechte« und der Gefahr von »willkürlichen Eingriffsmöglichkeiten« erinnert[77].

Zu 3.: Es besteht allgemeine Übereinstimmung darüber, daß der Wunsch eines Kindes im Zusammenhang mit der Sorgerechtsregelung – unabhängig von seinem Alter – angemessen berücksichtigt werden soll[78]. Unterschiedliche Standpunkte werden jedoch sichtbar, wenn man untersucht, welches Gewicht dem Kindeswunsch beigemessen werden soll.

Lempp erörtert ausführlich die Schwierigkeiten, die entstehen, wenn das Kind zu erkennen geben soll, bei welchem Elternteil es verbleiben will. Er betont

---

73 S. 71.
74 Holzapfel, Mitteilungen des LJA Nr. 64 (1981), S. 31; Klußmann, S. 52.
75 Vgl. Proksch, 1988, 1993; Kunkel, 1991, 1992, 1993; Müller-Alten, 1991; Mörsberger, 1991, 1993; Balloff, 1992c; Hahn, 1992; Oberloskamp, 1992; Balloff & Walter, 1993; Münder, 1993.
76 S. 151.
77 S. 137f.
78 Hierzu OLG Bamberg v. 3. 11. 1987, FamRZ 1988, 750.

jedoch die Notwendigkeit einer klaren Lösung dieser Frage vor der Entscheidung über das Sorgerecht. Dabei stellt er als Maxime auf: »Das Kind soll zu demjenigen, zu dem es selbst möchte«[79].

Steffen meldet hierzu Bedenken an. Er möchte das Alter des Kindes, die situativen Umstände, unter denen der Wunsch des Kindes entstand, sowie seine noch sehr begrenzte Fähigkeit, Zukünftiges zu überschauen, ausdrücklich berücksichtigt wissen. Auch er verweist auf die Probleme, die durch eine Befragung des Kindes zu diesem Sachverhalt entstehen können und gibt außerdem zu bedenken, »daß pädagogische Qualifikation und Beliebtheitsgrad eines Elternteils beim Minderjährigen nur bedingt miteinander korrelieren[80].

Arntzen hat in seinem Untersuchungsgut ebenfalls Fälle, in denen der Wunsch des Kindes dem Kindeswohl nicht entsprach[81].

Nicht selten mag sich ein SozArb überfordert sehen, den Wunsch des Kindes angemessen zu erfassen, und dafür ein Sachverständigengutachten einholen oder anregen. Nur durch ausgedehnte Verhaltensbeobachtungen und explorative Gespräche wird es dem SozArb möglich sein, vorhandene Bindungen des Kindes vorsichtig abzuschätzen, die den von ihm verbal geäußerten Wunsch, bei einem bestimmten Elternteil leben zu wollen, erhärten können.

Zu 4.: Zur Beantwortung der Frage, welche Regelung dem Kindeswohl hier am besten entspricht, wird auf die Ausführung unter 6.1.2.4 verwiesen.

Zu 5.: Mit der Begutachtung bestehender Bindungen wird ein zentraler Bereich des Kindeswohls berührt. Welche Probleme sich daraus ergeben, daß Kinder zu beiden Elternteilen Bindungen erleben, nach Scheidung aber nur mit einem in Wohngemeinschaft leben können, soll in Kap. 6.1.4 (Umgangsrechtsregelung) angesprochen werden.

Arntzen hebt hervor, daß nicht die Dauer, sondern die Qualität des Zusammenseins von Kind und jeweiligem Elternteil für das Ausmaß an emotionaler Bindung ausschlaggebend ist[82]. Moralische Bedenken, wie z.B. Berufstätigkeit der Mutter als Bardame oder ihr unverheiratetes Zusammenleben mit einem Freund, sind für *Lempp* noch kein sachliches Argument gegen eine bestehende gemüthafte Bindung zwischen Mutter und Kind[83].

Je nach den besonderen Lebensverhältnissen (z.B. Studentenehe), kann man heute nicht mehr generell davon ausgehen, »daß Mütter zu kleineren Kindern eine engere Bindung hätten als Väter[84]. »Auch wenn in der Mehrzahl der Fälle eine Trennung von der Mutter – sofern sie psychisch gesund und dem Kind liebevoll zugetan ist – als besondere Härte für das Kind erscheinen wird, ist vor jeder prinzipiellen oder Schemalösung zu warnen. Man muß die Familienanamnese genau verfolgen, die Wirkungen der Ehestörungen auf das

---

79 1982, S. 20.
80 S. 144; vgl. auch S. 142 f.
81 1980, S. 13 f.
82 1980, S. 13 f.
83 1982, S. 36.
84 Vgl. Lempp 1982, S. 35; Arntzen 1980, S. 15 f.

Kind und seine Verarbeitung der Konflikte, Umstrukturierungen, die sich daraus ergeben haben usw.[85].

Wenn man dennoch das Sorgerecht über kleinere Kinder, einschließlich Schulkinder, eher Müttern als Vätern überträgt, dann aus der Überlegung heraus, daß in unserer Kultur Frauen noch immer häufiger zu Hause sind und somit die Anpassung der Kinder an Stiefväter meist leichter zu sein scheint als die an Stiefmütter.

Sofern Kinder überwiegend bei **Großeltern** aufgewachsen sind, sollte das Kind, wenn es sich dort zu Hause fühlt, auch nach Scheidung bei ihnen bleiben. Dadurch wird die von *Goldstein u. a.* geforderte Kontinuität der Beziehungen des Kindes zu ihm bedeutsamen Personen gesichert[86]. *Lempp* schlägt für solche Fälle vor, das Sorgerecht dann dem Elternteil zu übertragen, der das Kind bei diesen Großeltern beläßt[87].

Die Berücksichtigung bestehender **Geschwisterbeziehungen** kann die Sorgerechtsregelung mitunter erschweren. Hier sind »Alter und Altersabstand der Kinder« sowie »die Gemütsbeziehung der Geschwister untereinander«[88] zu berücksichtigen. Im allgemeinen dürften für das jeweilige Kind die Beziehungen zwischen Kind und Elternteil bedeutsamer sein als die zu den Geschwistern. Der Wert, als Geschwisterkinder sich an eine neue Lebenssituation gewöhnen zu können, wird damit nicht bestritten.

Zu 6.: Ohne Möglichkeit der Ausnahme sieht das Gesetz (§ 1671 IV BGB) die Aufteilung des Sorgerechts allenfalls in Personensorge plus evtl. Teile der Vermögenssorge einerseits und die ganze oder Teile der Vermögenssorge andererseits vor. Eine anderweitige Aufspaltung, z. B. die religiöse Erziehung an den Vater, die elterliche Sorge im übrigen an die Mutter, ist nicht zulässig.

Die Aufteilung des Sorgerechts darf auch nur dann ausgesprochen werden, wenn »es die Vermögensinteressen des Kindes erfordern«. Somit reichen Zweckmäßigkeitserwägungen allein nicht aus. Vielmehr muß sich eine derartige Regelung mit Rücksicht auf die verschiedenartigen Eignungen der Elternteile als notwendig erweisen, weil sonst die Interessen des Kindes gefährdet wären. Eine Aufspaltung kommt z. B. in Betracht, wenn die Mutter zwar nicht für die Personensorge, jedoch zur Verwaltung des Kindesvermögens gänzlich ungeeignet ist, der Vater aber wegen seines Berufes (Handelsvertreter) das Kind Dritten (Fremden) zur Pflege geben müßte[89]. Ist der Elternteil, dem die ganze Personen- bzw. die ganze Vermögenssorge übertragen wird, in weiteren Teilbereichen ungeeignet, so kommt nur eine zusätzliche Pflegerbestellung gem. Abs. 5 in Betracht[90].

Zu 7.: Mit der Regelung, daß das Gericht die elterliche Sorge *einem* Elternteil allein zu übertragen hat (Abs. 4 S. 1), hatte der Gesetzgeber ursprünglich klar-

---

85 Tägert, S. 617.
86 S. 31 ff.
87 1976, S. 30.
88 Lempp 1976, S. 31.
89 Beispiel nach Palandt/Diederichsen, § 1671 Anm. 1.
90 S. dazu u. Punkt 8.

gestellt, daß er ein Belassen der elterlichen Sorge insgesamt bei beiden Elternteilen ablehnt[91]. Damit war der Streit, der aufgrund des bis Ende 1979 geltenden Sorgerechts in Literatur und Rspr. darüber bestand, ob nicht eine gemeinsame Ausübung des Sorgerechts trotz Scheidung zulässig sei[92], vom Gesetzgeber zunächst eindeutig entschieden. Trotzdem lebte die Diskussion um die gemeinsame Sorgerechtsausübung kurz nach Inkrafttreten des neuen Sorgerechts wieder auf mit der Begründung, die neue Regelung sei verfassungswidrig, da sie gegen Art. 6 II GG verstoße.

Dieser Standpunkt, der schon 1980 vom Kammergericht[93] bestätigt wurde, geht davon aus, daß nicht jede Scheidung zwangsläufig eine Gefährdung für das Kindeswohl darstellen müsse. Wenn trotz der Scheidung eine Gefährdung nicht festgestellt werden könne, sei den Eltern auf deren übereinstimmenden Antrag gemeinsam das Sorgerecht zu belassen.

Diese Meinung, der sich die überwiegende Literatur[94] angeschlossen hatte, wurde inzwischen vom BVerfG[95] bestätigt. In seiner grundlegenden Entscheidung führt es aus, daß ein gemeinsames Sorgerecht beider Elternteile in Betracht komme, wenn 1. die Eltern den Willen hätten, auch künftig gemeinsam die Verantwortung für ihr Kind zu tragen[96], 2. beide Eltern voll erziehungsfähig seien und 3. keine Gründe ersichtlich seien, die es notwendig machten, das Sorgerecht auf einen Elternteil zu übertragen[97]. Scheinbar offen blieb bei den Ausführungen des BVerfG die Frage, ob damit die gemeinsame elterliche Sorge bei übereinstimmendem Elternvorschlag der Regel- oder der Ausnahmefall sei, ob also ein auf gemeinsame Sorgerechtsausübung gerichteter gemeinschaftlicher Vorschlag gem. § 1671 III 1 BGB[98] oder gem. § 1671 II BGB[99] zu behandeln ist. *Hinz*[100] setzt sich eingehend mit dieser Fragestellung im Zusammenhang mit den Äußerungen des BVerfG auseinander und kommt zu dem überzeugenden Ergebnis, daß **rechtlich** die Bindung des Gerichts an

91 So RA/BT-Drucks. 8/2788, zu § 1671 Abs. 5.
92 »Die elterliche Gewalt soll in der Regel einem Elternteil allein übertragen werden.« (§ 1671 IV 1 BGB a. F.).
93 (= das OLG in Berlin) vom 28. 5. 1980, FamRZ 1980, 821. – Berlin ist nicht Bestandteil der Bundesrepublik. Daher unterliegt es nicht der Gerichtsbarkeit des BVerfG. Seine Gerichte können eine etwaige Verfassungswidrigkeit inzident feststellen.
94 So in neuerer Zeit: Fehmel, FamRZ 1980, 758; Troje, NDV 1981, 17; Palandt/Diederichsen, § 1671 Anm. 2 b und NJW 1980, 1/9; a. A. Gernhuber LB, § 5 IV 6 und 56 II 1 sowie Klußmann, FamRZ 1982, 118.
95 Vom 3. 11. 1982, FamRZ 1982, 1179.
96 Hierzu OLG Karlsruhe v. 8. 10. 1986, FamRZ 1987, 89; OLG Bamberg v. 23. 2. 1987, FamRZ 1987, 95; OLG Hamm v. 24. 2. 1988, FamRZ 1988, 753; OLG Bamberg v. 9. 2. 1988, FamRZ 1988, 752.
97 Zu der angeblich aufgestellten 4. Voraussetzung vgl. Hinz, ZfJ 1984, 529/533.
98 So AG Berlin Charlottenburg v. 22. 12. 82, FamRZ 1983, 420; KG v. 1. 4. 83, FamRZ 1983, 648; KG v. 2. 8. 83, FamRZ 1983, 1055; OLG Celle v. 20. 11. 84, FamRZ 1985, 527.
99 So AG Arnsberg v. 29. 10. 84, FamRZ 1985, 424.
100 Hinz, a. a. O. (FN 90)

einen solchen Vorschlag die Regel ist, daß damit aber nichts über die **statistische Häufigkeit** ausgesagt ist. Diese wiederum ist davon abhängig, wann es für das Kind unter psychologischen und pädagogischen Gesichtspunkten zuträglich ist, beiden Eltern das Sorgerecht zu belassen. Notwendige psychologisch/pädagogische Voraussetzungen dürften dann gegeben sein, wenn

– das Kind sich zu beiden Elternteilen eine positive emotionale Beziehung erhalten konnte;
– die Kontakte des Kindes mit seinen Eltern relativ konfliktfrei verlaufen;
– beide Eltern grundsätzlich zur Erziehung des Kindes geeignet und an ihr interessiert sind;
– die früheren Ehepartner mit ihrem Trennungskonflikt hinreichend befriedigend umgehen;
– einer den anderen als am Kind interessierten Elternteil akzeptieren kann;
– sie eine in Erziehungszielen und -praktiken notwendige Gemeinsamkeit besitzen.

Vorteile und Grenzen der gemeinsamen Sorge diskutieren *Beres*[101], *Niesel, Gefroi, Fthenakis*[102], *Lempp*[103], *Duss-von Werdt, Ditzen, Jopt, Fahrenhorst, Ullmann*[104], *Schütz, Dickmeis*[105], *Limbach, Luthin*[106], *Balloff*[107], *Balloff/Walter*[108].

Zu 8.: Gem. § 1671 V 1 BGB kann das Gericht die Personensorge und die Vermögenssorge einem Vormund oder Pfleger übertragen, wenn dies erforderlich ist, um eine Gefahr für das Wohl des Kindes abzuwenden. Sind beide Elternteile für die Ausübung der gesamten elterlichen Sorge ungeeignet, wird ein Vormund bestellt; ist der Elternteil, dem grundsätzlich das Sorgerecht zugesprochen werden soll, in Teilbereichen ungeeignet, kommt eine Pflegerbestellung in Betracht.

Nach dem Wegfall des Verschuldensprinzips in § 1666 BGB scheint § 1671 V 1 BGB mit dieser Vorschrift vergleichbar. Nach dem Willen des Gesetzgebers[109] jedoch haben beide Normen unterschiedliche Funktionen, § 1666 BGB stellt auf ein verschuldetes oder unverschuldetes **Versagen** gegenüber dem Kind ab; § 1671 V BGB greift ein, wenn eine objektive **Unfähigkeit oder Ungeeignetheit** vorliegt, die damit zusammenhängt, daß der geschiedene Ehepartner ohne Mithilfe des jeweils anderen Ehegatten pflegen und erziehen müßte[110]. Als Vormund oder Pfleger kommen, sofern vorhanden, Einzelpersonen, z.B.

---

101 DAVorm 1983, 16.
102 Fthenakis 1984b.
103 Lempp 1984.
104 Fahrenhorst und Ullmann erörtern die Notwendigkeit gemeinsamer elterlicher Sorge aufgrund von Art. 8 II EMRK.
105 ZfJ 1989, 57.
106 Luthin 1987.
107 Balloff, Report Psychologie 1991, 16–21; Balloff/Walter, FamRZ 1991, 445–454.
108 Balloff/Walter, FamRZ 1991, 445–454.
109 RA/BT-Drucks. 8/2788, zu § 1671 V.
110 Hierzu OLG Düsseldorf v. 1. 3. 1988, FamRZ 1988, 1195.

Großeltern oder Geschwister, die das Kind versorgen, oder das JA (§ 1791 b BGB) oder freie Träger der Jugendhilfe (§ 1791 a BGB) in Betracht (z. B. der Sozialdienst Katholischer Frauen).

6.1.2.4 Orientierungspunkte für eine gutachtliche Stellungnahme zur Sorgerechtsregelung bei Scheidung

1. Das bisherige Verhalten des Kindes zu seinen Eltern.
2. Der methodisch gesicherte stabile Wunsch des Kindes.
3. Bestehende Bindungen des Kindes, ihre Intensität und Stabilität zu verschiedenen Personen.
4. Kontinuität des vertrauten Lebensraumes des Kindes mit den dort entwickelten sozialen Beziehungen.
5. Die aus dem Alter des Kindes sich ergebenden unterschiedlichen Anforderungen an zeitliche Verfügbarkeit und pflegerisches Können des Elternteils.
6. Zusammenbleiben von Geschwisterkindern bei geringem Altersabstand und enger Bindung untereinander.
7. Das bisherige Verhalten der Eltern zum Kind.
8. Die affektiven Beziehungen der beiden Elternteile zum Kind bzw. zu den verschiedenen Kindern.
9. Die psychophysische Belastbarkeit der Elternteile.
10. Die Bereitschaft der Eltern, eigenes Tun zu reflektieren; Anteile an Versagen erkennen und zugeben zu können.
11. Die Problemlösungsfähigkeit der Elternteile.
12. Die kognitiven und affektiven Voraussetzungen der Eltern, das Kind zu erziehen (Erziehungsziele, Verwendung von Lob und Strafe, Verhalten in Konfliktsituationen u. a.).
13. Unterschiedliche Voraussetzungen der Eltern, die Kinder schulisch und beruflich zu fördern.
14. Die verschiedenen Möglichkeiten der Elternteile für die äußere Versorgung des Kindes (Ernährung, Kleidung, Pflege im Krankheitsfall . . .).
15. Eventuelle unterschiedliche wirtschaftliche Voraussetzungen bei Vater und Mutter.
16. Die Wohnverhältnisse der Elternteile.
17. Die unterschiedlichen Möglichkeiten, andere Personen in Pflege und Erziehung des Kindes einzubeziehen; Einstellung des Kindes zu diesen Personen.
18. Beziehungen des neuen Partners/der neuen Partnerin (und dessen/deren Kindern) zum Kind und umgekehrt.
19. Fähigkeit der Elternteile, Kontakte des Kindes zum anderen Elternteil zu akzeptieren und förderlich zu gestalten.
20. Heimunterbringung als »die am wenigsten schädliche Alternative«[111].

---

111 Goldstein u. a., S. 49f.

Diese Zusammenstellung von Orientierungspunkten kann zwangsläufig nicht vollständig sein, erfaßt jedoch wesentliche Aspekte. Diese sind von der konkreten Situation aus jeweils individuell zu ergänzen.

Fthenakis[112] weist auf spezielle vom Jugendamt zu beantwortende Fragen hin, die das innerfamiliale Beziehungsnetz tangieren:

– Wie stellt sich die Eltern-Kind-Beziehung aus der Sicht des Kindes und der Eltern dar?

– Welche (qualitativen) Beziehungen bestehen zwischen Kind und Eltern, die im Interesse seiner weiteren gedeihlichen Entwicklung erhalten werden sollten?

– Welche Erziehungspotentiale lassen sich bei beiden Eltern identifizieren, die im Interesse der Förderung des Kindes erhalten bleiben sollen?

Darüber hinaus werden in seinem Fragenkatalog Kompetenzen, Präferenzen und Wünsche des Kindes (Kindeswille) erwähnt:

– Wie wird die kindliche Kompetenz, mit der elterlichen Krise umzugehen, beurteilt?

– Welche Bewältigungsmechanismen entwickeln Kinder und gegebenenfalls mit welchen Verhaltensweisen reagieren sie auf eheliche Konflikte?

– Zeigen die Kinder Präferenzen hinsichtlich ihres Aufenthaltsortes, und welche Wünsche haben sie hinsichtlich der Gestaltung ihres Kontaktes zum anderen Elternteil?

Ferner werden die Ehepartner-Beziehung, die Beziehungs- und Erziehungskontinuität sowie die Kontinuität der Wohnumgebung, die Pflege und Versorgung des Kindes, die sozialen Netze (Großeltern, Verwandte, Freunde, neue Partner der Eltern, Kita oder Schule), die speziellen familialen Probleme einer kritischen Bestandsaufnahme unterzogen, und zum Schluß werden spezifische Hilfen gebende Interventionsansätze vorgeschlagen und Modelle der denkbaren Sorgerechts- und Umgangsregelungen diskutiert.

6.1.3 Entscheidungsrelevante Fakten zu § 1672 BGB

Wenn zu einer Regelung der elterlichen Sorge bei Getrenntleben der Eltern das JA eine Stellungnahme abzugeben hat, sind hier weitgehend die bereits unter 6.1.2 gemachten Ausführungen zu berücksichtigen[113].

Vorausgesetzt wird von Gesetzes wegen entweder ein Antrag eines Elternteils auf Regelung des Sorgerechts oder die Gefährdung des Kindeswohls, die zu beseitigen die Eltern nicht gewillt oder in der Lage sind. Ob darüber hinaus ein

---

112 Fthenakis, o. J.
113 Zu den juristischen Details siehe Palandt/Diederichsen, § 1672; MünchKo/Hinz § 1672; AltKo/Münder, § 1672; Belchaus, § 1672; Jans/Happe, Elterliche Sorge, § 1672. Rahm, IV. Kapitel; Firsching, S. 229 ff. und Nachtrag S. 13; Oberloskamp 1991, S. 25 ff., 129 ff.; Oberloskamp, Caritas in NRW 2/1981, Fach K II, S. 1 ff. Aus der Rspr. vgl. OLG Hamburg v. 8. 9. 1987, FamRZ 1988, 425; KG v. 13. 1. 1988, FamRZ 1988, 863; OLG Düsseldorf v. 30. 5. 1988, FamRZ 1988, 1193.

Rechtsschutzinteresse nachgewiesen werden muß, wird nicht einheitlich beantwortet[114].
Vorkommen wird eine Regelung gem. § 1672 BGB dann, wenn Eltern getrennt leben, ohne vorläufig eine Scheidung ins Auge zu fassen, oder wenn sie zwar eine Scheidung beabsichtigen, jedoch keine einstweilige Anordnung gem. § 620 I Nr. 1 ZPO beantragen können oder wollen[115].
Bereits die geforderte Trennungsfrist von einem Jahr bei Ehescheidung mit beiderseitigem Einverständnis stellt für Kleinkinder wegen ihres anderen Zeiterlebens eine erhebliche Belastung dar. *Lempp*[116] gibt zu überlegen, daß für ein dreijähriges Kind ein Jahr ein Drittel seines bisherigen Lebens ausmacht. Noch schlimmer wird die Situation für das Kind, wenn nur ein Elternteil die Scheidung anstrebt und die Trennungszeit von drei (§ 1566 II BGB) oder gar mehr Jahren (§ 1568 BGB) bis zur endgültigen Scheidung verstreicht. In letzterem Falle ist es einerseits vom Kindeswohl her geboten, bereits bei Beginn der Trennung eine Regelung der elterlichen Sorge so zu treffen, daß sie auch bei Scheidung beibehalten werden kann. Nur so ist es möglich, die an sich schon belastende Situation für das Kleinkind nicht noch schwerer zu machen und seinen von *Goldstein u. a.* aufgezeigten Bedürfnissen nach dauerhaften zwischenmenschlichen Beziehungen und seinem besonderen Verhältnis zur Zeit wenigstens annähernd gerecht zu werden. Andererseits sollte gerade bei Kleinkindern im Rahmen einstweiliger Anordnungen auf hinreichend große Kontaktmöglichkeiten zu beiden Elternteilen geachtet werden, um nicht durch eine unzulängliche Umgangsregelung künftige Entwicklungsbeeinträchtigungen vorzuprogrammieren.
Das heißt für den SozArb in solchen Fällen, bei seiner gutachterlichen Stellungnahme nicht nur die augenblickliche Situation des Kindes im Auge zu haben, sondern die in ein, drei oder mehr Jahren zu erwartende mit zu bedenken. Anders ist es in den Fällen, in denen Kinder inzwischen in die Vorpubertät oder Pubertät gekommen sind. Kinder in diesem Alter können einen Wechsel der hauptsächlichen Bezugsperson nicht nur besser seelisch bewältigen, hier kann sogar »ein Wechsel, vor allem von der Mutter zum Vater, in Einzelfällen einem echten Bedürfnis des Kindes entsprechen und für alle eine Verbesserung bedeuten«[117].

---

114 Dafür: OLG Hamm v. 24. 1. 86, FamRZ 1986, 503 gegen OLG Köln v. 21. 2. 80, FamRZ 1980, 929; OLG Saarbrücken v. 5. 1. 1989, FamRZ 1989, 530.
115 Zur Abgrenzung von der einstweiligen Anordnung im Rahmen des Scheidungsverfahrens s. u. 6.1.6, S. 131 ff.
116 1979, S. 49.
117 Lempp 1982, S. 38.

6.1.4 Entscheidungsrelevante Fakten zu § 1634 BGB[118]

6.1.4.1 Aufgrund des Gesetzes zu beachtende Fakten

Zunächst einmal ist darauf hinzuweisen, daß § 1634 BGB in all den Fällen eine Rolle spielt, in denen der Elternteil eines **ehelichen** Kindes kein Sorgerecht mehr besitzt. Dies kommt in der Praxis am häufigsten im Zusammenhang mit Getrenntleben und Scheidung vor. Denkbar sind aber daneben eine Reihe anderer Konstellationen, z. B. bei Entzug oder Ruhen der elterlichen Sorge, bei Ehelicherklärung des nichtehelichen Kindes durch seinen Vater im Hinblick auf die Mutter usw.

In der Regel kann ein Verfahren gem. § 1634 BGB auf Antrag oder von Amts wegen eingeleitet werden[119]. Im Zusammenhang mit einer Scheidung allerdings hängt es grundsätzlich vom Willen der Eltern ab, ob sie um eine gerichtliche Umgangsregelung bitten und diese in den Verbund mit einbeziehen. Nur in extremen Ausnahmefällen kann das Gericht auch hier die Umgangsregelung ohne Antrag in den Verbund aufnehmen, § 623 III ZPO. Gelingt die einvernehmliche Ausübung des Umfangsrechtes nicht, so muß im Interesse des Kindes eine gerichtliche Regelung erfolgen. Hierzu hat der SozArb eine gutachtliche Stellungnahme abzugeben. Im Zusammenhang mit einer Scheidung handelt es sich hierbei insbesondere um folgende Fälle:

– Bereits bei Ehescheidung erweist es sich als notwendig, eine Umgangsregelung zu treffen;
– bei Ehescheidung ist keine Umgangsregelung erfolgt, später wird sie jedoch erforderlich;
– ein gerichtlich geregeltes Umgangsrecht muß im Interesse des Kindes modifiziert oder entzogen werden.

Bei seiner Stellungnahme hat der SozArb zunächst die in § 1634 III BGB genannten Aspekte zu berücksichtigen[120] und seit Inkrafttreten des KJHG auch die in § 18 IV KJHG vorgesehenen Beratungs- und Unterstützungsangebote. Nach dieser Vorschrift haben Mütter und Väter, denen die elterliche Sorge nicht zusteht, Anspruch auf Beratung und Unterstützung bei der Ausübung des Umgangsrechts. Ferner soll bei der Herstellung von Besuchskontakten und bei der Ausführung gerichtlicher oder vereinbarter Umgangsregelungen in geeigneten Fällen Hilfestellung geleistet werden. Die gem. § 1634 BGB zu berücksichtigenden Gesetzespunkte sind:

---

118 Zu allen Fragen, die in diesem Zusammenhang für den SozArb von Bedeutung sind, siehe Schunk. Eine umfassende juristische Kommentierung liegt von Peschel-Gutzeit vor.
119 So ausdrücklich OLG Hamm v. 2. 6. 81, FamRZ 1982, 94.
120 Zu den juristischen Einzelheiten siehe Palandt/Diederichsen, § 1634; MünchKo/Hinz, § 1634; AltKo/Münder, § 1634; Peschel-Gutzeit; Rahm, IV. Kapitel; Firsching, S. 277 ff. und Nachtrag, S. 9; Belchaus, § 1634; Jans/Happe, Elterliche Sorge, § 1634; Oberloskamp 1991, 133, 137.

(1) Grundsätzlich vorhandenes Recht des nicht sorgeberechtigten Elternteils zum persönlichen Umgang mit dem Kind:
    a) In welcher Weise wird diesem sein Recht vom sorgeberechtigten Elternteil tatsächlich gewährt?
    b) Was macht der nichtsorgeberechtigte Elternteil mit seiner Befugnis?
(2) Pflicht beider Elternteile, alles zu unterlassen, was
    a) das Verhältnis des Kindes zum anderen beeinträchtigt,
    b) die Erziehung erschwert.
(3) Die Bedeutung
    a) des derzeitigen Umfangs,
    b) einer Einschränkung oder Ausdehnung
    c) eines Entzugs
    der Befugnis zum persönlichen Umgang mit dem Kind für dessen Wohl.
(4) Recht auf Ankunft des Nichtsorgeberechtigten vom Sorgeberechtigten über persönliche Verhältnisse des Kindes:
    a) Inwieweit handelt es sich um ein berechtigtes Interesse?
    b) Inwiefern können die Auskünfte das Wohl des Kindes beeinträchtigen?

Ob und inwiefern die Befugnis zum persönlichen Umgang mit dem Kind zu regeln ist, hängt also immer davon ab, inwieweit das Wohl dieses Kindes es erfordert.

6.1.4.2 Notwendigkeit, im Interesse des Kindeswohls den Umgang mit dem Kind zu regeln

Das Recht erachtet das Umgangsrecht grundsätzlich als etwas Positives und daher zu Schützendes. Dies hängt u. a. damit zusammen, daß es Konstellationen kennt, in denen der nur Umgangsberechtigte wieder Sorgeberechtigter wird. Für den Fall soll einer Entfremdung zwischen Elternteil und Kind vorgebeugt werden. Ein Wechsel im Sorgerecht kommt insbesondere in folgenden Fällen in Betracht:

– Der gem. §§ 1671, 1672 BGB Sorgeberechtigte stirbt. Dann hat der VormR dem bisher Nicht-Sorgeberechtigten in der Regel das Sorgerecht zu übertragen, § 1681 I 2 BGB.
– Dem gem. §§ 1671, 1672 BGB Sorgeberechtigten wird die gesamte elterliche Sorge oder die Personensorge entzogen. Dann hat der VormR dem bisher Nicht-Sorgeberechtigten in der Regel das Sorgerecht bzw. die Personensorge zu übertragen, § 1680 II.
– Es ist im Interesse des Kindes angezeigt (z. B. in der Pubertät), dem gem. §§ 1671, 1672 BGB Nichtsorgeberechtigten das Sorgerecht zu übertragen. Dann hat der FamR dies gem. § 1696 I BGB zu tun.
– Der Vater, der sein nichteheliches Kind gem. §§ 1723 ff. BGB legitimiert hat, stirbt oder sein Sorgerecht ruht oder es wird ihm entzogen. Dann kann der VormR der Mutter die elterliche Sorge zurückübertragen, § 1738 II BGB.

Die Auswirkungen auf das Wohl des Kindes, bedingt durch seinen Umgang mit dem nicht sorgeberechtigten Elternteil, werden unterschiedlich beurteilt. Während *Goldstein* u. a., *Lempp* (1982) und *Dürr* in der Befugnis des Nichtsorgeberechtigten zum persönlichen Umgang mit dem Kind eher eine Gefährdung für sein Wohl sehen, finden z. B. *Tägert* (1967), *Steffen* (1979), *Arntzen* (1980), *Hetherington* (1980), *Fthenakis* u. a. (1982) und eine Reihe dort referierter Autoren in einer solchen Beziehung auch ausdrücklich positive Aspekte für das Kind. Möglicherweise lassen sich solche unterschiedlichen Akzentsetzungen daraus erklären, daß die erste Autorengruppe eine größere Nähe zur therapeutischen Praxis bzw. psychoanalytischen Theorie besitzt, während die zweite stärker nichtanalytische entwicklungspsychologische Erfahrungen mit einem weniger pathologischen Klientel einbezieht. Denkbar ist auch, daß den eher älteren Ansichten zufolge man zum Wohle des Kindes eher von einem festen und gegenüber dem nicht sorgeberechtigten Elternteil scharf abgegrenzten Lebensbereich des Kindes ausging. Tendenziell eher selten sollte der nicht sorgeberechtigte Elternteil das Kind sehen, um nicht die Bindungen und Beziehungen zwischen Kind und Sorgerechtsinhaber zu stören.

Heute scheint sich jedoch die Ansicht durchzusetzen, daß auch nach einer Elterntrennung möglichst vielfältige und vor allem qualitativ tragfähige Bindungen und Beziehungen zu beiden Elternteilen dem Wohl des Kindes dienen. Für einen SozArb, der sich über die Auswirkungen des Umgangs des Nichtsorgeberechtigten mit seinem Kind gutachtlich äußern soll, können die unterschiedlichen Akzentsetzungen der o. g. Autoren ebenso wie das ihnen Gemeinsame hilfreiche Orientierungspunkte sein, auf die hier aus Platzgründen nur kurz hingewiesen wird. Um die Auswirkungen des Umgangs mit dem Kind angemessen abschätzen zu können, wird der SozArb zunächst versuchen, die psychosoziale Entwicklung des Kindes vor dem Zeitpunkt dieser Regelung zu erfassen und zu beschreiben. Erst vor diesem Hintergrund vermag er etwas zuverlässiger abzuwägen, inwieweit bereits vorhandene oder drohende Verhaltensauffälligkeiten und Entwicklungsstörungen des Kindes Folgen eines ungünstigen Umgangs mit dem nicht sorgeberechtigten Elternteil, Folgen anderer traumatisierender Erfahrungen oder ein Zusammenwirken von beidem sind. Ob es durch den Umgang mit dem Nichtsorgeberechtigten zu einer Gefährdung des Kindes kommt oder nicht, hängt vor allem von drei komplexen Voraussetzungen ab:

1. von emotionalen Voraussetzungen aller Betroffenen,
2. vom zeitlichen Umfang des Umgangs,
3. von der Weise der Ausübung des Umgangs.

Zu 1.: **Emotionale Erfordernisse**

Aus der Vielzahl der möglichen Voraussetzungen seien exemplarisch einige hier genannt[121]:

---

121 Vgl. die Zusammenstellung bei Fthenakis, 1991.

a) *Förderliche emotionale Voraussetzungen, z. B.:*
– Das Kind hat eine enge gemütsmäßige Bindung an beide Elternteile (besonders Vorschul- und Grundschulalter).
– Das Kind hat entwicklungsbedingt (Pubertät) das Bedürfnis, im Nichtsorgeberechtigten einen zweiten Gesprächspartner zu haben.
– Das Kind hat das Bedürfnis nach Abklärung des eigenen Standpunktes in der Beziehung zum Nichtsorgeberechtigten und dem anderen Elternteil (Pubertät).
– Die Eltern haben die Trennung verarbeitet oder können wenigstens ohne Haß dem früheren Partner begegnen.
– Die Eltern können ihre Emotionen soweit kontrollieren, daß sie nicht abwertend über den früheren Partner sprechen.
– Der Nichtsorgeberechtigte kann akzeptieren, daß der Sorgeberechtigte die Grundzüge der Erziehung des Kindes bestimmt.
– Der Sorgeberechtigte kann akzeptieren, daß Auskunftswünsche des Nichtsorgeberechtigten über persönliche Verhältnisse des Kindes keine unerwünschte Einmischung in die Erziehung, sondern echtes Interesse am Kind sind.

b) *Beeinträchtigende emotionale Voraussetzungen, z. B.:*
– Das Kind lehnt von sich aus und nicht nur situationsbedingt den Nichtsorgeberechtigten ab[122].
– Das Kind entfremdete sich vom Nichtsorgeberechtigten durch dessen lange Abwesenheit (die das Kind u. U. als »Verlassenwerden« deutete).
– Die Eltern erleben im Vorenthalten des Kindes oder im Nichteinhalten von vereinbarten Zeiten Möglichkeiten, den ehemaligen Partner zu verletzen.
– Der Sorgeberechtigte empfindet starke Eifersucht auf den jetzigen Lebensgefährten des Nichtsorgeberechtigten und/oder umgekehrt.

Zu 2.: Zeitlicher Umfang des Umgangs mit dem Kind

Der SozArb, der sich zu dieser Frage informieren will, findet bei *Dürr*[123] sehr definitiv vorgetragen konkrete Zeitangaben für die verschiedenen Lebensalter. In diesen Angaben werden freilich weniger psychologische Erkenntnisse als vielmehr traditionelle juristische Gepflogenheiten[124] sichtbar. Sie sind zu starr und zu eng gefaßt und werden der psychischen Situation des Kindes auf diese Weise nicht gerecht.

Obwohl im Vergleich zu *Dürr Lempp*[125] flexiblere und für die Praxis hinreichend konkrete Vorschläge unterbreitet – »kleine Kinder bis zum dritten oder vierten Lebensjahr sollten im allgemeinen nur stundenweise zum nicht sorgeberechtigten Elternteil kommen« –, ist nicht zu verkennen, daß im Vergleich

---

122 Vgl. hierzu die übersichtliche Zusammenstellung der Rechtsprechung bei Vollertsen, ZblJugR 1977, 230/233 ff.; Dickmeis, ZblJugR 1982, 271 und Kolodziej, JugWo 1982 99/101; des weiteren AG Iburg v. 1. 4. 1987, FamRZ 1988, 587.
123 S. 25.
124 Zur Rechtsprechung siehe Vollertsen und Dickmeis, a. a. O. (FN 122).
125 1982, S. 54.

zu nur wenigen zurückliegenden Jahren die Zeiträume für die Kinder, die sie beim nicht sorgeberechtigten Elternteil verbringen, wesentlich umfangreicher geworden sind. Heute übliche Regelungen, auch für sehr junge Kinder, umfassen oft in einem 14tägigem Rhythmus erweiterte Wochenendregelungen, etwa von Freitagnachmittag bis Sonntagnachmittag oder Montagfrüh, zuzüglich der mittlerweile auch allgemein üblichen Feiertags- und Urlaubsregelungen.

Steffen legt dem JA-Mitarbeiter nahe, bei Übernachtung eines Kindes beim Nichtsorgeberechtigten vor dem vollendeten zweiten Lebensjahr zu überprüfen, ob die »physische Versorgung und pflegerische Betreuung als eindeutig sichergestellt bezeichnet werden kann«[126]. »Kinder unter vier Jahren sollten beim nichtsorgeberechtigten Elternteil nur über Nacht bleiben, wenn sie ihn schon lange und gut kennen«[127].

Entsprechend dem Prinzip, die Bedürfnisse des Kindes stärker zu berücksichtigen und nicht unnötig in die Familien hineinzuregieren, sollte es älteren Kindern »weitgehend selbst überlassen (werden), Zeitpunkt und Dauer eines Besuches mit dem nicht sorgeberechtigten Elternteil auszumachen«[128].

Statt der häufig üblichen Praxis, an Ostern, Pfingsten, Weihnachten und Silvester/Neujahr das Kind am 2. Festtag dem Nichtsorgeberechtigten zu überlassen, ist es für das Erleben der Besuchssituation durch das Kind vorteilhafter, im Wechsel das eine Fest beim Sorgeberechtigten, ein anderes als »verlängertes Wochenende« beim Nichtsorgeberechtigten zu erleben; vorausgesetzt, das Kind hat keinen ausdrücklich anderen Wunsch.

Einmal im Jahr sollte dem nicht sorgeberechtigten Elternteil Gelegenheit zu einem gemeinsamen Urlaub mit dem Kind gegeben werden, der je nach Alter des Kindes (Vorschulalter, Grundschulalter oder später) zwei bis drei Wochen oder länger dauern kann.

Im Falle einer gutachtlichen Stellungnahme wird der SozArb auch darauf zu achten haben, wie flexibel die Eltern des Kindes die Besuchszeiten miteinander verabreden und wie verbindlich sie sich an konkrete Absprachen zu halten vermögen.

Ferner wird er prüfen müssen, ob nicht ehemals für das Kleinkind altersangemessen festgelegte Besuchszeiten inzwischen wenig sinnvoll geworden sind.

Zu 3.: **Die Art der Ausübung des Umgangs mit dem Kind**

Der Umgang des nicht sorgeberechtigten Elternteils mit dem Kind ist wenigstens ansatzweise auch ein Umgang mit dem ehemaligen Partner. Das wird besonders in den Übergabesituationen am Anfang und Ende des Kontaktes mit dem Kind sichtbar.

a) Förderlicher Umgang, z. B.:
– Der Umgang mit dem Kind wird ähnlich gestaltet wie der häufige Besuch bei einem der Familie gut bekannten Onkel oder einer Tante[129].

---

126 S. 150.
127 Lempp 1982, S. 58.
128 Lempp 1982, S. 55.
129 Lempp 1982, S. 41 ff.; dort viele konkrete konstruktive Vorschläge.

- Entgegen weithin eingeschliffener Gewohnheit, daß der Nichtsorgeberechtigte das Kind holt und bringt, könnte der Sorgeberechtigte das Kind hinbringen, der Nichtsorgeberechtigte das Kind zurückbringen[130].
- Bei konflikthaften Übergabesituationen wird eine »neutrale« Person eingeschaltet.

b) Beeinträchtigender Umgang z. B.:
- Bei der Übergabe kein Kontakt zwischen den Elternteilen.
- Anfeindungen während der Übergabe.
- Erzwingen einer Herausgabe des Kindes mit dem Gerichtsvollzieher.
- Verwöhnen während des Umgangs mit dem Kind.
- Gegenseitiges Ausspionieren über das Kind.
- Herabsetzendes Reden über den abwesenden Elternteil vor dem Kind.
- Nichteinhalten der vereinbarten Zeiten.

Solche und andere, aus der jeweiligen Situation sich ergebende Aspekte wird der SozArb zu überprüfen und die Erkenntnisse gegeneinander abzuwägen haben.

Gelingt es ihm, die im jeweiligen Fall individuell gegebenen Voraussetzungen mit den Eltern und Kindern zu erarbeiten und dem Gericht gegenüber angemessen zu beschreiben und zu beurteilen, so trägt er dazu bei, daß der Umgang des Nichtsorgeberechtigten mit dem Kind diesem hilft, die Trennung besser zu verarbeiten, Schuldgefühle zu reduzieren, Bindungswünsche realistisch abzusichern, Identifikationsmöglichkeiten zu finden, ein positives Selbstkonzept zu entwickeln und allmählich seinen eigenen Standort in den neuen Beziehungen zu definieren.

Erfaßt und beurteilt der SozArb die psychosoziale Situation eines solchen Kindes jedoch nur routinehaft oberflächlich und ohne die notwendige Sachkenntnis, so unterstützt er u. U., daß das betroffene Kind depressiv oder aggressiv wird, mit Kontaktstörungen reagiert, in den Schulleistungen nachläßt oder versagt, mit Einschlafstörungen oder regulären psychosomatischen Erkrankungen signalisiert, wie sehr es durch die Weise des Umgangs mit dem Nichtsorgeberechtigten überfordert ist.

Wie es hier um die Praxis gutachtlicher Äußerungen von JÄ bestellt ist, soll im folgenden Abschnitt erörtert werden.

6.1.4.3 Die Praxis gutachtlicher Äußerungen von Jugendämtern zur Umgangsregelung

Der hohe Stellenwert, den Richter JA-Äußerungen auch in Fragen zu § 1634 BGB beimessen, wird wieder im Untersuchungsergebnis zum Kindeswohl von *Simitis* u. a.[131] sichtbar. Dort[132] zeigte sich, daß Stellungnahmen des JA für Richter »die entscheidende Informationsquelle (waren), da Gutachten fast gar

---

130 Vgl. dazu die von Lempp 1979, S. 517–519 vorgestellten Überlegungen.
131 S. 94–109 und 132–137.
132 Simitis u. a., S. 95.

nicht eingeholt wurden und Gespräche mit Betroffenen auch nur in 39% der Verfahren stattfanden«[133].

Obwohl »die JA-Berichte als gutachtliche Stellungnahme anzusehen sind«[134] und daher vom stellungnehmenden SozArb zumindest eine genaue Kenntnis der Situation aller Betroffenen verlangt werden kann, muß man davon ausgehen, daß das nur selten der Fall ist. In den von *Simitis* u. a. untersuchten Fällen wurde vom SozArb nur in 6 von 74 Fällen Kontakt zu allen Betroffenen aufgenommen[135]. Die unzulängliche Orientierung an der konkreten Lebenssituation der Betroffenen wird in solchen Äußerungen ferner daran sichtbar, daß Informationen von Kindergärtnerinnen, Schule oder anderen Betreuungspersonen kaum eingeholt wurden. Dabei kann keineswegs vorausgesetzt werden, daß dem SozArb die Familie bereits aus früherer Arbeit bekannt ist. Im Untersuchungsgut von *Simitis* u. a. waren den Stellungnahmen abgebenden SozArb von 73 Kindern nur 39 persönlich bekannt. Trotzdem äußerten sie sich gutachtlich über diese[136]. Wenn dann SozArb mit Betroffenen Kontakt aufnehmen, besteht bei einem Teil von ihnen die Gefahr, sich von dem Elternteil, der in ihrem Bezirk wohnt, vereinnahmen zu lassen. Das deutet sich zum Beispiel darin an, daß in Fällen, in denen über Sorgeberechtigte/Nichtsorgeberechtigte jeweils örtlich verschiedene JÄ berichten, diese in ihren Stellungnahmen zu demselben Fall überwiegend zu entgegengesetzten Empfehlungen kommen[137]. Der Einfluß der direkten Interaktion von Klienten und SozArb zeichnet sich in der o. g. Untersuchung auch in einem anderen Zusammenhang ab: Nur in 46 der insgesamt 74 Berichte gingen SozArb auf Auswirkungen bestehender Umgangsregelungen ein. Unter diesen Berichten fanden sich jedoch 86% aller Fälle, in denen Kinder sich weigerten, den Umgang mit dem Nichtsorgeberechtigten aufrechtzuerhalten, und 70% aller Anträge von Sorgeberechtigten auf Ablehnung oder Aussetzung des Besuchsrechts. In 30 dieser 46 Fälle nahmen SozArb auch persönlich Kontakt mit dem Kind auf, während das in den übrigen Fällen nur viermal vorkam. *Simitis* u. a. erklären diese Besonderheiten damit, daß hier Sorgeberechtigte und Kinder in der Lage waren, »ihre Bedürfnisse und Schwierigkeiten nachdrücklich vorzutragen«[138].

Wenn jedoch erst erheblicher Widerstand seitens der Betroffenen dazu führt, vom SozArb persönlich beachtet zu werden, wird die Qualität dieser Beachtung fragwürdig. Diese Skepsis ist auch gegenüber solchen JA-Mitarbeitern berechtigt, die nicht erkennen und in ihren Stellungnahmen nicht darauf einge-

---

133 Die Prozentzahl der Anhörungen dürfte heute erheblich höher liegen, da seit Inkrafttreten der §§ 50a, b FGG am 1. 1. 1980 eine Anhörung nur in Ausnahmefällen unterbleiben kann. Vgl. dazu u. S. 136 ff.
134 Simitis u. a., S. 95.
135 Simitis u. a., S. 95.
136 Vgl. Simitis u. a., S. 95.
137 Vgl. Simitis u. a., S. 102; Dürr, S. 21.
138 S. 101.

hen, in welchem Umfange »das Kind zum Instrument für gegenseitige Erpressung, Rache, Wut etc.«[139] der Eltern geworden ist.
Nur selten finden sich in JA-Berichten differenzierte Darstellungen darüber, welche Bedeutung die **Beziehung des Kindes zu seinen Elternteilen** für das Kind hat. Wie bereits erwähnt, werden Auswirkungen der Umgangsregelung auf das Kind – wohl das zentrale Problem in solchen strittigen Fällen – nur selten beachtet. Wenn sie angesprochen werden, dann allerdings oft wenig konkret und wenig differenziert. Daß eine Beurteilung der Auswirkungen des Umgangsrechts auf das Kind nur möglich ist, wenn man die psychosoziale Situation des Kindes vor Beginn dieses Umgangs kennt und berücksichtigt, findet kaum Erwähnung. Entsprechend informative »Vorgeschichten« und daraus entwickelte psychosoziale Befunde fehlen meist. Wenn Äußerungen in dieser Art vorhanden sind, dann oft vermengt mit diagnostischen und wertenden Überlegungen.
Auch die Probleme einer **abgebrochenen Beziehung** werden in den meisten Fällen offensichtlich erst dann für den stellungnehmenden SozArb bedeutsam, wenn er vom Sorgeberechtigten ausdrücklich darauf hingewiesen wird[140].
Nach den Erkenntnissen aus der o. g. Untersuchung blenden JA-Berichte »Überlegungen zur aktuellen Beziehungssituation und den entwicklungsspezifischen Bedürfnissen der betroffenen Kinder zumindest dann aus, wenn sich ein Kompromiß herbeiführen«[141] (läßt). Die Tendenz zur Bevorzugung biologischer und auch tradierter rechtlicher Argumente vor psychologisch orientierten ist immer wieder zu beobachten, selbst in solchen Zusammenhängen, wo gerade psychologische Überlegungen dringend notwendig wären[142].
Wenn gutachtliche Äußerungen von JA-Mitarbeitern den Erfordernissen nur selten voll entsprechen, gibt es verschiedene Ursachen. Einmal mag das dadurch begründet sein, daß sie in manchen Fällen fachlich überfordert sind und einen psychologischen Sachverständigen einzubeziehen hätten[143]. In anderen Fällen wird es eher ein Mangel an einschlägiger qualifizierter Fortbildung sein, der zu solchen Defiziten führt. Nicht zuletzt hindern die Vielfalt der Aufgaben und die noch immer recht hohe »Fallzahl« den SozArb eines JA, sich gutachtlichen Stellungnahmen intensiver widmen zu können.

---

139 Simitis u. a., S. 98.
140 Vgl. Simitis u. a., S. 106.
141 Vgl. Simits u. a., S. 106.
142 Simitis u. a., S. 106.
143 Dürr, S. 24.

6.1.5 Entscheidungsrelevante Fakten zu §§ 1741 ff. BGB[144]

6.1.5.1 Das Kindeswohl als Entscheidungskriterium für die Annahme als Kind

Sobald für ein Kind eine Adoptionsvermittlung in Betracht kommt, verpflichtet § 7 I AdVermiG die Adoptionsvermittlungsstelle zu »sachdienlichen Ermittlungen bei den Adoptionsbewerbern, bei dem Kind und seiner Familie... Dabei ist insbesondere zu prüfen, ob die **Adoptionsbewerber** unter Berücksichtigung der Persönlichkeit des Kindes **geeignet** sind«. Nach § 56d FGG hat die Vermittlungsstelle ein Gutachten über die Eignung des Kindes und seiner besonderen Bedürfnisse für die Annahme des Kindes und der Annehmenden abzugeben[145].

Auch die vom Gesetz geforderte **angemessene Pflegezeit**, während der das Kind in der künftigen Adoptivfamilie lebt (§ 1744 BGB), soll das Wohl des Kindes sichern. In der Praxis wird überwiegend ein volles Jahr als angemessene Probezeit angesehen. Diese Zeit dürfte angesichts der Bedeutung des dadurch zu sichernden Gutes bei vielen Kindern angemessen sein, besonders bei solchen, die nach dem 1. Lebensjahr vermittelt werden oder in mehreren Pflegestellen waren oder verhaltensgestört oder in einer bestimmten Weise behindert sind. Der Zeitraum erscheint in manchen Fällen jedoch als unnötig lang; dann z. B., wenn ein gesundes Baby nach der Geburt sofort zur Pflege in eine Familie gegeben wird, deren allgemeine Eignung als Adoptivfamilie bereits bekannt ist, für die nur noch abzuklären ist, ob die Eignung speziell für dieses Kind gewährleistet ist.

Der Wert der **Frühadoption**[146] ist unumstritten. Die von *Vodak* und *Matějček* 1969 veröffentlichte katamnestische Erhebung, durchgeführt an Adoptiveltern von 179 Adoptivkindern, zeigte einen deutlichen Zusammenhang zwischen Alter der Kinder zum Zeitpunkt der Adoptionsvermittlung und dem von den Adoptiveltern erlebten »Gelingen« der Adoption: Je früher ein Kind in die Familie kam, um so weniger Schwierigkeiten gab es hernach. Durchweg als positiv wurde die Adoption der Kinder erlebt, die zum Zeitpunkt ihrer Annahme nicht älter als 1 Jahr waren.

Für die von *Pechstein* geforderte Frühadoption (Pflegebeginn spätestens bis 6. Lebensmonat, volle rechtliche Annahme als Kind spätestens um den 18. Lebensmonat) spricht nicht nur, daß in dieser Zeit das Kind wichtige Beziehungen zu seiner sozialen Umwelt entfalten muß. Auch auf die Eltern haben die Interaktionen mit dem Kind konkrete Auswirkungen[147]. Eine frühzeitige

---

144 Vgl. zur Gesamtproblematik der Adoption Wagnerová, Wir adoptieren ein Kind; Weyer, Die Adoption fremdländischer Kinder; Balloff 1992a, S. 118–150; Oberloskamp 1993b; Hoksbergen/Textor 1993.

145 Die folgenden Aussagen beziehen sich vorwiegend auf die Adoption familienfremder Kinder. Allerdings muß das JA (nicht die Vermittlungsstelle) auch bei der Adoption eigener nichtehelicher Kinder, Stiefkind- und Verwandtenadoptionen Stellungnahmen abgeben.

146 Pechstein.

147 Vgl. Goldstein u. a., S. 26 ff., Bell, S. 24–28.

»**gegenseitige Adaptation** ... trägt offenbar entscheidend zur Stabilität der emotionalen Eltern-Kind-Beziehung, zur Haltbarkeit des Adoptivbündnisses unter späteren Belastungen«[148] bei. – Durch seine Stellungnahme kann der SozArb zu einer effektiven Frühadoption beitragen.

Je länger eine Pflegezeit dauerte, desto sorgfältiger wird der SozArb in seiner gutachtlichen Äußerung die Intensität der **gewachsenen Bindungen** erfassen, darstellen und ihren Stellenwert hervorheben müssen. Im Einzelfall wird er, um das Wohl des Kindes zu schützen, in seiner Stellungnahme offen gegen die leiblichen Eltern eintreten müssen[149], wenn diese ihre gem. § 1747 BGB notwendige Einwilligung in die Annahme als Kind verweigern, so daß sie gem. § 1748 BGB ersetzt werden muß.

Dem Wohle des Kindes entspricht es auch, wenn sich der SozArb sowohl in der Beratung wie in seiner Stellungnahme von Vorurteilen gegenüber angenommenen **ungünstigen Erbfaktoren** freihält, die mitunter Kindern von Prostituierten oder solchen der sozialen Unterschicht generell zugeschrieben werden. Aus solchen Vorurteilen erwachsende Befürchtungen richten sich vor allem auf die künftige Intelligenzentwicklung des Kindes und das spätere »Durchbrechen« sozial unerwünschter oder gar pathologischer Verhaltensmuster. Die von *Mietzel*[150] referierten Befunde zeigen zwar, daß Intelligenzhöhe und Anlagefaktoren miteinander in Beziehung stehen, der Zeitpunkt der Adoption jedoch für die Intelligenzentwicklung eines Kindes mindestens gleich bedeutsam ist. *Wynne* u. a. fanden bei Adoptivkindern, die schizophren wurden, daß hierfür zum Teil Erbfaktoren, zum Teil aber auch schizophrenmachende Beziehungsmuster der Adoptiveltern verantwortlich waren. *Pongratz* sieht auch bei Prostituiertenkindern Umwelteinflüsse als ausschlaggebende Bedingung ihrer kindlichen Entwicklung an[151].

Stärkere Beachtung sollte der SozArb in seiner Stellungnahme daher der **Entwicklungsgeschichte** des Kindes bis zum Zeitpunkt der Adoptionspflege schenken und hier vor allem auf Zeitpunkt und Häufigkeit des Wechsels von Pflegestellen oder – bei Heimerziehung – von Bezugspersonen eingehen. Leider werden solche Fakten und die daraus sich entwickelnden Verhaltensschwierigkeiten oft nur angedeutet, wenn nicht ganz übersehen.

Auch die Bedeutung von prä-, peri- und postnatalen **Hirnschäden** des Kindes, die sich in der späteren Entwicklung auswirken, sind bei der Beurteilung der Eignung der Adoptiveltern zu berücksichtigen.

Überwiegend werden Kinder an Ehepaare und **nicht an Einzelpersonen** vermittelt. Die Bedeutung von Vater und Mutter für die Entwicklung des Kindes scheint damit berücksichtigt zu sein. Der SozArb sollte in seinem Bericht aber auch darauf eingehen, welche Bedeutung das Kind für die Eltern hat, wie deren Beziehung untereinander ist und wie sich ihre Interaktionen und ihre Lebenssituation, bedingt durch das Hinzukommen eines Kindes, umgestal-

---

148 Pechstein, S. 208.
149 Vgl. dazu Metzger, S. 153–158, Goldstein u. a., S. 31 ff.
150 S. 126 und 182 ff.
151 Vgl. Pechstein, S. 211.

ten[152]. So bedeutet die Adoption eines Kindes für bislang kinderlose Eheleute in der Regel eine beträchtliche Veränderung ihrer Partnerbeziehungen.

Ferner wird nicht selten von einer **berufstätigen Ehefrau** bei Adoption eines Kindes erwartet, daß sie ihre Arbeit aufgibt, um sich dem Kind entsprechend widmen zu können. Eine solche Forderung mag im Interesse des Kindes dann berechtigt sein, wenn es sich um das Einleben eines Adoptivkindes mit »Heimkarriere« o. ä. handelt. Bei der Adoption eines Säuglings hingegen erscheint uns eine solche Forderung wenig angemessen, sofern durch den Ehemann, Großeltern oder andere Erwachsene dem Kind sichere Bezugspersonen zur Verfügung stehen. SozArb, die auch unter den o. g. Voraussetzungen von einer Frau verlangen, ihren Beruf aufzugeben, stellen nicht nur an Adoptivmütter erheblich höhere Anforderungen als an andere verantwortungsbewußte Mütter, sie ignorieren zugleich auch den heutigen Wissensstand der Entwicklungs- und Sozialpsychologie. Erkenntnisse dieser Wissenschaft zeigen, daß für eine seelisch gesunde Entwicklung eines Kindes die Anwesenheit bzw. Verfügbarkeit einer Mutter ein wichtiger Faktor ist, aber eben nur einer neben anderen. Erst das Zusammenwirken vieler Faktoren bestimmt die seelisch gesunde oder gestörte Entwicklung eines Kindes[153].

Das Wohl des Kindes verlangt es auch, daß der SozArb das **Erzieherverhalten** der Annehmenden und ihre **emotionale Zuwendung** zum Kind in seiner Stellungnahme korrekt und möglichst wertfrei beschreibt. Die Beurteilung der Integration des Kindes in die Familie, Großfamilie und das nähere soziale Umfeld gehört hier ebenfalls hinzu. Der SozArb wird auch die Frage nach einer ausreichenden wirtschaftlichen Sicherheit zu beantworten haben.

6.1.5.2 Zur Praxis der Jugendamtsberichte zur Annahme als Kind

Auch in Adoptionsangelegenheiten ist »der Jugendamtsbericht ... die entscheidende Informationsquelle des Vormundschaftsgerichts darüber, wie die Situation des Kindes vor und nach Inpflegegabe zu den Adoptiveltern zu beurteilen ist«[154], weshalb auch an solche Berichte besondere Anforderungen zu stellen sind.

Stärker als in anderen Bereichen gutachtlicher Äußerungen des JA dürften gerade hier Einstellungen und Praktiken von Richtern einen unmittelbaren Einfluß auf die Gestaltung der Berichte der SozArb nehmen. Denn dadurch, daß in den meisten Fällen die JÄ die Adoption anregen, wird der Ausspruch der Annahme als Kind auch zu einer Bewertung und Kontrolle der Arbeit der jeweiligen Adoptionsvermittlungsstelle durch das VormG, das auf diese Weise zu »einer potentiellen Kontrollinstanz« für den betreffenden SozArb wird[155]. Welche Auswirkungen eine solche potentielle Kontrollinstanz auf die Berichte haben kann, läßt sich bislang nur vermuten, wäre aber zu beachten, Untersu-

---

152 Vgl. dazu auch Beach u. a., Psychologie heute 1977, S. 14–20.
153 Vgl. dazu: Lehr 1973, S. 61–72.
154 Simitis u. a., S. 195.
155 Vgl. Simitis u. a., S. 196.

chungen von JA-Berichten zur Annahme als Kind wie auch verwaltungsge-
richtliche Entscheidungen, die besagen, die sozialpädagogischen Überlegungen und Erfahrungswerte von den betreffenden JÄ seien verwaltungsgericht-
lich nicht hinreichend überprüfbar dargestellt und begründet worden, verweisen auf einige Defizite in der Praxis. Vor allem sollten folgende Mängel ausge-
merzt werden:

(1) **Umfang.** Berichte zur Adoptionsvermittlung sind meistens sehr kurz,
genauer gesagt zu kurz, um informativ zu sein (60 % der Berichte waren nicht
länger ½ bis 1 Seite, weitere 28 % nicht länger als 2 Seiten).

(2) **Wertung des Abgebenden.** Selten fließen wertschätzende, häufiger diskri-
minierende Äußerungen der SozArb über die Abgebenden unbegründet in die
Stellungnahmen ein.

(3) **Aussagen über Adoptiveltern.** Selten finden sich differenzierte Angaben
über **Motivation** der Adoptiveltern. Wenn Kinderlosigkeit als Motiv genannt
wird, finden sich nur selten Hinweise, wie die Eheleute mit ihrer bisherigen
Kinderlosigkeit fertig wurden[156].

Die Angaben über **Eignung** der Adoptiveltern werden ebenfalls oft zu allgemein gehalten. Eine spezielle Eignung der Adoptiveltern für ein bestimmtes
Kind wird am ehesten bei der Vermittlung psychisch gestörter oder anders
behinderter Kinder angesprochen. Die psychische Stabilität der Adoptiveltern,
die sich u. a. in der Qualität der Partnerbeziehungen, der Rollenverteilung zwischen den Eheleuten und den sie charakterisierenden Interaktionsmustern,
wird nur selten erwähnt. Am häufigsten und ausführlichsten finden sich sozioökonomische Daten.

(4) **Aussagen über das Kind.** Daten zur Sozialisationsgeschichte des Kindes bis
zum Zeitpunkt der Adoptionspflege und zum Entwicklungsstand des Kindes
finden sich nur beim geringeren Teil der JA-Berichte. Nahezu 61 % aller
Berichte, die *Simitis* u. a. untersuchten, vernachlässigen diesen Aspekt.
Ebenso werden zum Zeitpunkt der Adoption noch vorhandene bzw. bis dahin
überwundene Störungen des Kindes im psychischen und sozialen Bereich zu
wenig berücksichtigt.

(5) **Aussagen über Eltern-Kind-Beziehungen.** Die JA-Berichte gehen hier am
häufigsten auf die Frage der Integration des Kindes in die neue Familie ein.
Nur 50 % aller Berichte berücksichtigen einen weiteren Aspekt.

Zusammenfassend stellen *Simitis* u. a. zu den JA-Berichten bei Adoption fest:
»Die sozioökonomische Situation der Adoptiveltern, die ordnungsgemäße
Erziehung und Versorgung des Kindes werden regelmäßig nachgewiesen.
Seine psychosoziale Entwicklung aber bleibt . . . in vordergründig ›normalisie-
render‹ Beschreibung versteckt . . .[157].«

---

156 Vgl. hierzu Arndt 1993.
157 S. 221.

6.1.5.3 Bei der Annahme als Kind vom SozArb zu bedenkende rechtliche Aspekte

Abgesehen davon, daß die Annahme dem Kindeswohl dienen, daß ein Eltern-Kind-Verhältnis begründet worden und daß eine angemessene Pflegezeit abgelaufen sein muß – Voraussetzungen, die nur mit psychologischen und pädagogischen Erwägungen angemessen überprüft werden können –, sind verschiedene rechtliche Erfordernisse zu erfüllen, von denen die wichtigsten kurz aufgezeigt werden sollen[158].

(1) Der potentiell Annehmende muß zum Kreis derer gehören, die **adoptieren dürfen** (§ 1741 II, III BGB). Grundsätzlich kann nur ein Ehepaar gemeinsam oder eine Einzelperson annehmen. Ausnahmsweise darf von einem Ehepaar ein Partner alleine adoptieren, wenn es sich um das eigene nichteheliche, um das Kind des anderen Ehegatten handelt oder wenn der andere Ehegatte aus Rechtsgründen nicht adoptieren kann (geschäftsunfähig).

(2) Der potentiell Annehmende muß das erforderliche **Alter** haben (§ 1743 BGB). Von einem Ehepaar muß einer 25, der andere mindestens 21 Jahre alt, ein Alleinstehender darf nicht jünger als 25 Jahre sein. Bei der Annahme eines eigenen nichtehelichen oder Annahme eines Kindes des Ehegatten genügt die Vollendung des 21. Lebensjahres.

(3) Es müssen die erforderlichen **Einwilligungen** vorliegen:

– die des Kindes (§ 1746 BGB) durch den jeweiligen gesetzlichen Vertreter (Kinder bis 14 Jahren) bzw. plus Zustimmung des gesetzlichen Vertreters (Kinder über 14 Jahren);
– die der leiblichen Eltern beim ehelichen Kind (§ 1747 I BGB) frühestens acht Wochen nach der Geburt (§ 1747 III BGB);
– die der leiblichen Mutter beim nichtehelichen Kind (§ 1747 II 1 BGB) frühestens acht Wochen nach der Geburt (§ 1747 III BGB);
– die Verzichtserklärung des Vaters des nichtehelichen Kindes[159]. Diese ist nützlich, aber keine Adoptionsvoraussetzung (§ 1747 II 3 BGB);
– die des Ehegatten des Annehmenden (§ 1749 I 1 BGB), falls dieser nicht selber adoptieren muß (§ 1741 II BGB);
– die des Ehegatten des zu adoptierenden Kindes, falls dieses verheiratet ist (§ 1749 II BGB).

---

158 Zu Detailfragen vgl. Palandt/Diederichsen, §§ 1741 ff.; MünchKo/Lüderitz, §§ 1741 ff.; AltKo/Fieseler, §§ 1741 ff.; Oberloskamp 1993 b S. 81 ff.; Oberloskamp 1991, S. 51 ff. und 172 ff.; Baer/Gross 1981, S. 21–70; Oberloskamp/Adams 1993 c, S. 33 ff., 90 f. und 169 ff.; Oberloskamp in: Hoksbergen/Textor, S. 14–29.
159 Zu der Problematik, daß der Vater verzichtet hat und dann die Mutter heiratet, vgl. OLG Hamm v. 8. 12. 1981, FamRZ 1982, 845.

Diese Erklärungen sind in notariell beurkundeter Form bei Gericht einzureichen (§ 1750 I BGB) und sind unwiderruflich (§ 1750 I BGB)[160].
(4) Es muß geklärt werden, ob **Einwilligungen gerichtlich** zu **ersetzen oder entbehrlich** sind. An Einwilligungen kann **ersetzt** werden:

– die der leiblichen Eltern bzw. Mutter gem. § 1748 BGB (wegen anhaltend gröblicher Pflichtverletzung, wegen besonders schwerer Pflichtverletzung, wegen Gleichgültigkeit, wegen eines schweren geistigen Gebrechens[161]);
– die des Ehegatten des Annehmenden gem. § 1749 I BGB;
– die des gesetzlichen Vertreters, sofern er ein Vormund oder Pfleger ist, gem. § 1746 III BGB.

Einwilligungen sind **entbehrlich** jeweils wegen Geschäftsunfähigkeit oder dauernd unbekannten Aufenthalts:

– bei einem Elternteil gem. § 1747 III BGB;
– bei dem Ehegatten des Annehmenden gem. § 1749 III BGB;
– bei dem Ehegatten des Anzunehmenden gem. § 1749 III BGB.

Die Abgrenzung von »Gleichgültigkeit« (§ 1748 II BGB) zu »dauernd unbekanntem Aufenthalt« (§§ 1747 III, 1749 III BGB) ist zuweilen schwer. Wegen der unterschiedlichen Rechtsfolgen bei fälschlicher Ersetzung (dann Rechtsmittel der Beschwerde und weiteren Beschwerde, im übrigen ist die Annahme wirksam) und fälschlicher Annahme der Entbehrlichkeit (dann Aufhebbarkeit der Adoption, § 1760 I, V BGB) ist hier sehr sorgsam zu arbeiten.
(5) Schließlich muß der SozArb berücksichtigen, inwieweit die **Rechtsfolgen** (§§ 1754–58 BGB) und die grundsätzliche Unaufhebbarkeit der Adoption (§§ 1759–1966 BGB) von den Annehmenden akzeptiert werden.

6.1.5.4 Psychosoziale Aspekte für eine detailliertere Stellungnahme[162]

(1) Die leiblichen Eltern betreffende psychosoziale Fakten[163].

– Alter
– Beruf

---

160 Zur Frage der Anfechtbarkeit einer Einwilligung s. OLG Frankfurt v. 9.10. 1980, FamRZ 1981, 206.
161 Vgl. dazu Gross, NDV 1979, 158; Oberloskamp, ZblJugR 1980, 581. Neuerer Rspr.: AG Wunsiedel v. 16.7. 1981, DAVorm 1982, 100; BayOblG v. 10.10. 1980, DAVorm 1981, 131; BayOblG v. 2.8. 1982, FamRZ 1982, 1129.
162 Vgl. dazu: Bundesarbeitsgemeinschaft der Landesjugendämter, Empfehlungen zur Adoptionsvermittlung vom 15.12. 1988, 2. Aufl., Köln 1988; besonders auch: Landesjugendamt Württemberg-Hohenzollern, Entwurf einer Arbeitshilfe für die Feststellung der Eignung von Pflegefamilien (Stand 15.8. 78); Freie und Hansestadt Hamburg, Arbeitshilfe für die Prüfung von Pflegestellen, o.J., Arbeitsgemeinschaft der Jugendämter der Länder Niedersachsen und Bremen, Neue Wege ins Pflegekinderwesen, Arbeitsheft für Mitarbeiter in JÄ und LJÄ.
163 Zu der Frage, wann in einem Gutachten die leiblichen Eltern zu berücksichtigen sind, vgl. u. S. 211f.

- Familienstand
- Religionszugehörigkeit
- Gesundheitszustand (bei der Kindesmutter besonders auch während der Schwangerschaft) und eventuelle Erbkrankheiten
- Verhalten der Eltern im kognitiven, emotionalen und sozialen Bereich
- Motivation zur Adoptionseinwilligung

(2) Das Kind betreffende psychosoziale Fakten

- Alter
- Geschlecht
- Nationalität/Kulturkreis (bei ausländischen Kindern)
- Religionszugehörigkeit
- Gesundheitszustand, frühkindliche Schädigungen, Behinderungen
- Entwicklungsstand
- Verhalten des Kindes im kognitiven, emotionalen und sozialen Bereich
- Selbstkonzept des Kindes (ältere Kinder)
- Verhaltensstörungen
- Bisherige Bezugspersonen und Lebensräume des Kindes und seine Bindung daran
- Häufigkeit und Zeitpunkt des Wechsels von Familie, Heim oder Pflegestelle
- Einstellung des Kindes zur Adoption
- Geschwisteradoption

(3) Die Adoptiveltern betreffende psychosoziale Fakten

- Alter
- Familienstand (frühere Eheschließungen)
- Kinderzahl/Alter/Geschlecht
- Beruf (Ausbildung als ... Tätigkeit als ...)
- Religionszugehörigkeit
- Die Persönlichkeit der Annehmenden
  - Selbstkonzept (Selbstbejahung, Selbstvertrauen, Selbstkritik)
  - Offenheit (sich und anderen gegenüber)
  - Psychophysische Belastbarkeit (Gesundheitszustand, relative Konfliktfreiheit)
  - Kommunikationsstil (offen, verdeckt)
  - Einsichtsfähigkeit
  - Sprachliche und emotionale Ausdrucksfähigkeit
  - Problemlöseverhalten
  - Einstellungen (zu Elternschaft, zu bisheriger Kinderlosigkeit, zu sozialen Schichten, Rassen oder Religionen)
  - Religion und Weltanschauung (Stellenwert im persönlichen Leben)
  - Toleranzbereitschaft
  - Berufstätigkeit (Motivation, Zufriedenheit)
  - Motivation zur Adoption (vorgegebene, vermutete, ermittelte)
- Die Erwartungen an das Adoptivkind hinsichtlich

- Alter, Geschlecht, Aussehen, Hautfarbe, sozialer Herkunft
- Funktion des Kindes für die Ehe/Familie
- Freisein von Verhaltensstörungen und/oder Behinderungen
- Einstellung zu Geschwisteradoption

(4) Familiäre Situation der Adoptiveltern

- Bewältigung bisheriger Lebenssituation
- Partnerbeziehungen
  - Intensität, Stabilität, Intimität, Offenheit, Kollusionen, symmetrische bzw. komplementäre Beziehungen, Rollenverteilung zwischen den Partnern, Partnerkonflikte und ihre Konfliktlösungsstrategien
- Eltern-Kind-Beziehungen
  - Emotionale Beziehung zum Kind
  - Erziehungsziele, Erziehungsmittel (Lob, Strafe, Lenkung)
  - Flexibilität im Erzieherverhalten
  - Kind- oder erzieherzentriertes Erzieherverhalten
  - Entwicklung stimulierendes Erzieherverhalten
  - Umgang mit dem Kind in erziehungsschwierigen Situationen
- Vorhandene Kinder
  - Geschwisterbeziehungen
  - »Problemkinder« der Familie
  - Einstellungen der Kinder zur Adoption eines Kindes
- Freizeitverhalten der Familie
- Andere Familienangehörige
  - ihre Rolle in der Familie
  - ihre Einstellung zur Adoption
- Wohnverhältnisse der Familie (Wohn-, Spiel- und Lernmöglichkeiten)
- Wirtschaftliche Verhältnisse

(5) Adoptionspflege

- Dauer der Adoptionspflege
- Entwicklung emotionaler Beziehungen zwischen Adoptiveltern und Adoptivkind
- Umgang der Adoptiveltern mit ihrer neuen Rolle
- Verhalten der Adoptiveltern in erziehungsschwierigen Situationen mit dem Adoptivkind
- Der neue Lebensraum des Adoptivkindes (die Entwicklung fördernde, hindernde Aspekte)
- Die Integration des Kindes in den neuen Lebensraum.

6.1.6 Entscheidungsrelevante Fakten im Rahmen einstweiliger Anordnungen bei den zuvor dargestellten Verfahren

Anders als bei den bisher behandelten Verfahren geht es bei den nun zu erörternden Verfahren der einstweiligen Anordnung (einstw. AO) nicht um bestimmte Verfahrensgegenstände. Vielmehr ist die einstw. AO eine **Verfah-**

rensart, die dann verwendet werden kann, wenn ein dringendes Bedürfnis für ein sofortiges Einschreiten besteht, weil ein Abwarten bis zur endgültigen Entscheidung nicht verantwortet werden kann. Die einstw. AO der freiwilligen Gerichtsbarkeit ist zwar nirgendwo generell geregelt. Das Gesetz sieht sie jedoch an einigen Stellen ausdrücklich vor, beispielsweise in § 24 III FGG (einstw. AO des Beschwerdegerichts), § 13 HausrVO (Zuteilung von Hausrat), §§ 620–620 g ZPO (Familiensachen im Zusammenhang mit einem Eheverfahren) oder geht einfach von ihrer Zulässigkeit aus (§§ 49 IV, 49 a II FGG). Nach allgemeiner Meinung bestehen keine Bedenken dagegen, sie in allen Familiensachen der freiwilligen Gerichtsbarkeit und in allen Vormundschaftssachen zuzulassen. In den bisher betrachteten Gebieten werden sie allerdings nur in den Fällen der §§ 1666, 1632 IV, 1671, 1672, 1634 BGB vorkommen. Bei der Adoption dagegen handelt es sich materiell um eine Statusänderung, bei der die Notwendigkeit der einstw. AO kaum vorstellbar ist. Die einstw. AO kann in der Regel von Amts wegen ergehen. Bei einstw. AO im Zusammenhang mit Ehescheidungen ist jedoch ein Antrag erforderlich (§ 620 S. 1 ZPO). Nur die Regelung der elterlichen Sorge kann auch ohne Antrag erfolgen (§ 620 S. 2 i. V. m. S. 1 Nr. 1 ZPO). Notwendig für den Erlaß einer einstw. AO ist

- die Anhängigkeit eines entsprechenden Hauptverfahrens oder eines Antrags auf Prozeßkostenhilfe (vgl. § 620a II 1 ZPO),
- ein Rechtsschutzinteresse und die Notwendigkeit eines sofortigen Eingreifens des Gerichts,
- die Glaubhaftmachung der entscheidungsrelevanten Fakten (vgl. § 620a II 3 ZPO).
- die Wahrscheinlichkeit, daß die Endentscheidung in ähnlichem Sinn ergehen wird[164].

Da es sich bei dem Verfahren der einstw. AO um ein Eilverfahren handelt, gelten **verfahrensrechtlich** einige vom Hauptverfahren abweichende Besonderheiten[165]. **Inhaltlich** dagegen sind die gleichen Voraussetzungen wie im Hauptverfahren zu prüfen. Das bedeutet, daß der Richter – je nach Verfahrensgegenstand – alle die entscheidungsrelevanten Fakten, die in den vorhergehenden Abschnitten dargestellt wurden, zu erforschen hat. Allerdings brauchen sie nicht zur Überzeugung des Gerichts festzustehen; es genügt ein geringerer Grad an Wahrscheinlichkeit.

Auch im Verfahren der einstw. AO ist das **JA** grundsätzlich **zu hören** (vgl. § 620a III 1 ZPO). Das bedeutet, daß es auch hier dieselben Nachforschungen anzustellen hat wie beim Hauptverfahren, daß ihm dafür aber im allgemeinen – jedenfalls wenn die Initiative nicht von ihm selber ausgeht – noch weniger Zeit zur Verfügung steht als im Hauptverfahren. Dies zeigt, daß es sich hier um eine ganz besonders schwierige Aufgabe handelt. Darüber hinaus ist sie auch meist folgenschwer; denn die Praxis belegt – insbesondere die im Bereich der Sorge-

---

164 KG v. 16. 12. 71, FamRZ 1971, 267; Thomas/Putzo, § 620 Anm. 3 d.
165 Wegen weiterer verfahrensrechtlicher Aspekte s. u. S. 147.

rechtsregelung bei Scheidung –, daß wegen des Grundsatzes der Erziehungskontinuität die Hauptentscheidung im allgemeinen die einstweilige Entscheidung bestätigt. Das heißt, daß der SozArb mit seiner Stellungnahme hier unter erheblichem Zeitdruck zu einer nur sehr schwer revidierbaren Entscheidung beiträgt. Um den hiermit verbundenen beträchtlichen psychosozialen Problemen wenigstens einigermaßen gerecht werden zu können[166], tut der SozArb gut daran, mit seiner Stellungnahme in der Regel darauf hinzuwirken, daß die einstw. AO bis zum Zeitpunkt der Hauptverhandlung die Kontaktmöglichkeiten des Kindes zu **allen** ihm bedeutsamen **Bezugspersonen** sicherstellt. Auf diese Weise wachsen die Chancen, daß im Bedarfsfall im Hauptverfahren, leichter als sonst, eine von der einstw. AO abweichende Entscheidung getroffen wird.

Bei »Gefahr in Verzug« kann sowohl das VormG als auch das FamG einstw. AOen schon vor Anhörung des JA treffen (§§ 49 IV, 49a II FGG). Für familiengerichtliche einstw. AO bestimmt das Gesetz, daß die Anhörung unverzüglich nachzuholen ist, wenn sie »wegen besonderer Eilbedürftigkeit« vorher nicht möglich war. Eine entsprechende Regelung fehlt für die anderen einstw. AO. Das bedeutet jedoch nicht, daß hier eine Anhörung nicht nachzuholen ist. Vielmehr folgt bereits aus der Formulierung des § 49 IV FGG »schon vor Anhörung«, daß in jedem Fall anzuhören ist, daß die einstw. AO nur manchmal vorher ergeben kann und manchmal erst nachher. Die unterschiedlichen Begriffe bedeuten inhaltlich auch Unterschiedliches. Der Begriff »Eilbedürftigkeit« geht weiter als »Gefahr«. Bei jeder Gefahr ist Eile geboten, aber nicht jede Angelegenheit, die eilbedürftig ist, birgt eine Gefahr in sich (z.B. wird für die Anmeldung zu einer Schule ein gesetzlicher Vertreter benötigt; die Nichtanmeldung ist unzweckmäßig, daher die Anmeldung eilig, jedoch die Nichtanmeldung nicht gefährlich). Nach § 620a III 2 ZPO kann also eher auf die Anhörung verzichtet werden. Um so wichtiger ist dann ihre Nachholung.

6.2 Juristische und methodische Probleme bei der Datengewinnung

6.2.1 Allgemeines

Bei der Datengewinnung wird das **JA** vorrangig durch eigene Nachforschungen Informationen sammeln. Zusätzlich wird es häufig die Zuarbeit anderer Institutionen erbitten.

Im Rahmen der eigenen Aktivitäten nimmt das JA primär Kontakte mit den Beteiligten selber auf (§ 62 II KJHG). Darüber hinaus wird es sich auch an Dritte wenden, die sachdienliche Aussagen machen können (z.B. Großeltern, sonstige Verwandte, Nachbarn, Freunde, Turnverein, Jugendgruppenleiter) (§ 63 II KJHG). Institutionen, die das JA einschalten wird, können sein:

– andere Gerichte als das zur Zeit zuständige (z.B. Strafgericht, VormG, FamG, auch in anderen Orten);

---

166 Arndt 1986.

– andere Behörden (z. B. Schule, Landeskrankenhaus, Sozialamt, auch JÄ an anderen Orten);
– anerkannte freie Träger, die im Wege der Beteiligung oder Übertragung (§§ 3 III, 76 I KJHG) bestimmte Aufgaben wahrnehmen.

Alle Erkenntnisquellen, die das JA für seine Stellungnahme benutzt hat, stehen auch dem **Richter** zur Verfügung; denn im Rahmen des § 12 FGG ist er von Amts wegen zur Erforschung der Wahrheit verpflichtet. Es liegt allerdings – abgesehen von den Anhörungspflichten im Hinblick auf die Betroffenen (§§ 50 a–c, 55 c FGG) – in seinem pflichtgemäßen Ermessen, bereits vom JA eingeholte Auskünfte zu überprüfen oder einfach als richtig zu übernehmen. Ist einem **freien Träger** im Rahmen des § 76 I KJHG die Erledigung bestimmter Aufgaben übertragen, so kann er ebenfalls die Betroffenen und Dritte sowie andere Gerichte und Behörden einschalten. Allerdings bestehen hier noch geringere Mitwirkungspflichten als bei den JÄ. Auch wenn ausnahmsweise der freie Träger selber die begutachtende Stelle (Adoptionsvermittlungsstelle) ist, stehen ihm keine weitergehenden Ermittlungsbefugnisse zu.

6.2.2 Juristische Probleme bei der Datengewinnung

6.2.2.1 Verhältnis des JA zu den Betroffenen

(1) *Rechtsgrundlage*
Das Kinder- und Jugendhilferecht, das schon immer zum öffentlichen Recht gehörte, ist seit 1. 1. 1991 in Buch VIII des SGB geregelt. Die Beziehung zwischen JA und den Personen, die zum JA in Kontakt treten (Eltern/Pflegeeltern/Kind), untersteht also aus zwei Gründen **nicht** dem **VwVfG:** zum einen betont § 2 II Nr. 4 VwVfG ausdrücklich, daß das Gesetz nicht für das Recht der Jugendhilfe gilt; zum anderen ist das KJHG nunmehr ein besonderer Teil des Sozialgesetzbuches und untersteht somit grundsätzlich den Regeln des Buches **I und X des SGB.**
Gemäß § 8 SGB X i. V. m. der gesetzgeberischen Begründung (BT-Drucks. 8/2034, zu §§ 8, 9) finden jedoch die §§ 9–25 SGB X nur auf das Sozial-Verwaltungsverfahren Anwendung, d. h. auf behördliche Aktivitäten, die auf den Erlaß eines Verwaltungsaktes oder den Abschluß eines öffentlich-rechtlichen Vertrages gerichtet sind. Die Mitwirkung in Verfahren vor dem VormG/FamG sowie die Kontakt- und Vermittlertätigkeit der sozialen Dienste fällt nicht darunter[167].
Daraus folgt, daß nach weiteren Zuordnungsmöglichkeiten zu suchen ist. Die Mitwirkung könnte sich nach den **Verfahrensbestimmungen** richten, die für das jeweilige **Gerichtsverfahren** gelten, also vor dem VormG/FamG nach dem FGG; oder sie könnte zu den Sektoren der Verwaltung gehören, die von den neueren Kodifikationen nicht erfaßt worden sind und für die daher

---

167 So jetzt ausdrücklich OVG Hamburg v. 30. 12. 1982, NJW 1983, 2405.

Von wem und auf welcher Rechtsgrundlage kann das JA (ein freier Träger) bzw.
VormG/FamG Informationen erhalten?

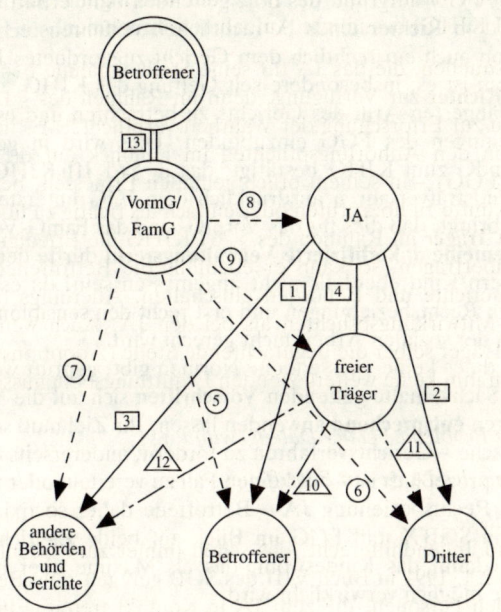

☐1	21 I SGB X Anhörung des Betroffenen
☐2	21 I SGB X analog: Vernehmung von Zeugen und Sachverständigen
☐3	Art. 35 GG: Rechtshilfe durch andere Gerichte als das zuständige VormG/FamG
	§§ 4–8 VwVfG und §§ 3–7 SGB X: Amtshilfe durch andere Behörden
	§§ 34 FGG: Akteneinsicht bei anderen VormG/FamG
☐4	§ 76 KJHG: Übertragung auf freie Träger
⑤	§ 12 FGG: Anhörung des Betroffenen
⑥	§ 12 FGG: Anhörung Dritter
	§ 15 FGG: Vernehmung Dritter als Zeugen oder Sachverständige
⑦	§§ 156 ff. GVG und § 2 FGG: Rechtshilfe durch andere Gerichte
	§§ 4–8 VwVfG und §§ 3–7 SGB X: Amtshilfe durch andere Behörden als das zuständige JA
⑧	§§ 49, 49a, 56d FGG: Anhörung des JA (Stellungnahme)
	§ 15 FGG: Vernehmung des SozArb als Zeuge
⑨	§ 12 FGG: Anhörung des freien Trägers
	§ 15 FGG: Vernehmung des SozArb als Zeuge
△10 – △12	: freiwillige Mitwirkung des Betroffenen, Dritter, anderer Behörden und Gerichte
	§ 34 FGG: Akteneinsicht bei anderen VormG und FamG
☐13	Richterliche Entscheidung

gewohnheitsrechtlich das allgemeine unkodifizierte Verwaltungsrecht fortgilt, das in langjähriger Behörden- und Gerichtsübung entstanden ist[168].

Zwar räumt das FGG aufgrund des dort geltenden Amtsermittlungsgrundsatzes (vgl. § 12) dem Richter einen beträchtlichen verfahrensrechtlichen Spielraum ein, wovon auch ein rechtlich dem Gericht zugeordnetes JA profitieren würde. Trotzdem ist es, insbesondere seit Geltung des KJHG, nicht möglich, das JA als verlängerten Arm des Gerichts zu betrachten und es daher in die Verfahrensregelungen des FGG einzubinden. Dies wird in gewisser Weise durch das 1. ÄndG zum KJHG bestätigt, das in § 61 III KJHG den Datenschutz im Jugendstrafverfahren ausdrücklich dem JGG unterstellt und damit zum Ausdruck bringt, daß dies für das VormG- und das FamG-Verfahren nicht gilt. – Das **allgemeine unkodifizierte Verwaltungsrecht** dürfte der Rechtsbeziehung JA – Eltern/Kind ebenfalls nicht angemessen sein, da es den neueren sozialrechtlichen Rechtsbeziehungen und erst recht den sensiblen persönlichen Beziehungen in der sozialen Arbeit nicht gerecht wird.

Es muß daher, da es keine »passenden« Normen gibt, geprüft werden, **welche** der für andere Sachverhalte geltenden **Vorschriften** sich auf die Mitwirkung in Gerichtsverfahren **entsprechend** anwenden lassen. Ihr Ziel muß sein, einerseits das – eher statische – Gerichtsverfahren zu fördern, andererseits eine mögliche Hilfe – die eher prozeßhaft ist – auf keinen Fall zu vereiteln oder zu behindern. Man sollte die Rechtsbeziehung JA – Betroffene daher so fixieren, daß die Vorschriften von SGB X und FGG im Blick auf beide Zielrichtungen abgeklopft werden, damit das Kindeswohl, das als Maxime über beiden Zielen steht, so gut wie möglich verwirklicht wird.

Da das JA u. a. Fakten ermitteln soll, muß es auch Befugnisse haben, die dies ermöglichen. Ihm müssen daher grundsätzlich die üblichen Beweiserhebungen zur Verfügung stehen, u. a. Einholung von Auskünften, Anhörung der Beteiligten, Vernehmung von Zeugen und Sachverständigen, Beiziehung von Urkunden und Akten, Inaugenscheinnahme. All diese Befugnisse finden jedoch ihre Grenzen im Datenschutz, der in Umsetzung des Volkszählungsurteils des BVerfG[169] in den §§ 61–68 KJHG bereichsspezifisch verankert wurde.

(2) *Pflicht zur Anhörung der Beteiligten durch das Jugendamt*
Die Anhörung dient zum einen der Tatsachenaufklärung, zum anderen der Gewährung des rechtlichen Gehörs (dazu unten unter [6]).
Bei der Mitwirkung des JA in Gerichtsverfahren ist zu klären, ob das JA die Betroffenen anzuhören hat und wie dies ggfs. zu geschehen hat.
Für das Verhältnis des **Gerichts** zu den Betroffenen gelten die §§ 12, 50 a–c FGG. Gemäß diesen Bestimmungen ist die Anhörung von **Eltern und Kindern** in Sorgerechtsverfahren sowie von **Pflegeeltern** in Personensorgerechtsverfahren vorgeschrieben. Im übrigen hat der Richter das zur Aufklärung des Sachverhalts Erforderliche zu veranlassen. Ob im Rahmen der Kindesanhörung zwingend nur die Anhörung der über 14jährigen vorgesehen ist (§ 50b II FGG) oder auch schon die der jüngeren Kinder (vgl. § 50b I: ». . . wenn die Neigun-

---

168 Papenheim (Baltes), 1. Aufl., S. 50.
169 V. 15. 12. 1983, NJW 1984, 419.

gen, Bindungen oder der Wille des Kindes für die Entscheidung von Bedeutung sind oder wenn es zur Feststellung des Sachverhalts angezeigt erscheint, daß sich das Gericht von dem Kind einen unmittelbaren Eindruck verschafft.«), ist streitig. Eine wachsende Anzahl von Autoren ist der Meinung, daß auch – abgesehen von der Ausnahme des Abs. 3 – für das Kind unter 14 Jahren in der Regel keine Sachverhalte vorstellbar seien, in denen auf eine Anhörung verzichtet werden könne; denn auch bei diesen Kindern komme es jedenfalls bei Personensorgeangelegenheiten auf Neigungen, Bindungen oder den Willen an[170].

Die Rspr. beginnt zunehmend, sich mit den Anhörungsbestimmungen, die erst seit dem 1. 1. 1980 gelten, zu befassen. Das BVerfG hat in seiner Entscheidung v. 5. 11. 1980[171] festgestellt, daß die Regelung, daß der Wille des Kindes zu berücksichtigen (§ 1671 II BGB) und daß dessen persönliche Anhörung in der Regel geboten sei (§ 50b FGG), der Verfassung entspreche. Ferner hat es ausgeführt, daß sich die Form der Anhörung nach den Verhältnissen des Einzelfalls richten müsse und daß Kinder auch in Abwesenheit Dritter (d. h. auch des Personensorgeberechtigten)[172] angehört werden dürften.

Die h. M. bei den Zivilgerichten, deren Entscheidungen in den letzten Jahren hierzu veröffentlicht wurden[173], geht eindeutig dahin, auch bei Kindern unter 14 Jahren den Richter als verpflichtet anzusehen, das Kind anzuhören, ggfs. auch nur in der Form des Sich-einen-Eindruck-Verschaffens. Eine Ausnahme wollen das BayObLG[174], das im übrigen ein kontinuierlicher Anhörungsverfechter ist, und das OLG Hamm[175] allerdings zulassen, wenn zwischen Eltern(teil) und Kind weder Neigungen noch Bindungen bestehen können, weil das Kind sie (ihn) so gut wie gar nicht kennt. Nach dem BayObLG[176] gilt

---

170 So Luthin, FamRZ 1981, 111/112f und 1149; Fehmel, DAVorm 1981, 169/171f.; Klußmann, UJ 1981, 304; Prestien, BlWPfl 1981, 259/260; Baer, FamRZ 1982, 221/232; Fehmel, ZblJugR 1982, 654/656 gegen Beschlüsse von Arbeitskreisen des DFGT, vgl. Luthin, a.a.O. A.A. auch Freund, DRiZ 1982, 268, soweit einverständliche Scheidungen betroffen sind. Wohl offen Roscher-Grätz, BlWPfl 1983, 17/19.

171 NJW 1981, 217 = FamRZ 1981, 124.

172 Wenn Kinder gem. § 50b FGG in Abwesenheit der Eltern angehört worden sind, ist den Eltern das Ergebnis mitzuteilen, BGH v. 18. 6. 1986, DAVorm 1986, 800/803.

173 Vgl. dazu LG Berlin v. 6. 4. 82, FamRZ 1982, 839 (10jähriges Kind bei § 1628 BGB); OLG Hamburg v. 17. 5. 83, FamRZ 1983, 1271 (4jähriges Kind bei § 1666 BGB); OLG Hamm v. 24. 10. 83, FamRZ 1984, 81 (7jähriges Kind bei § 1597 BGB); BayOblG v. 28. 9. 83, FamRZ 1984, 196 (9jähriges Kind bei §§ 1666, 1632 IV BGB); BGH v. 12. 7. 84, FamRZ 1984, 1084 (4½jähriges Kind bei § 1634 BGB); BayObLG v. 22. 10. 84, FamRZ 1985, 520 (12 und 10jähriges Kind bei § 1632 I BGB); dass. v. 23. 7. 85, FamRZ 1985, 1179 (9jähriges Kind bei § 1666 BGB). Keine Anhörungspflicht wurde lediglich angenommen vom OLG Frankfurt v. 15. 8. 81, FamRZ 1981, 813 (7jähriges Kind bei § 1666 BGB) sowie AG Kamen v. 27. 2. 81, FamRZ 1981, 705 (5½jähriges Kind bei einverständlicher Scheidung).

174 V. 9. 12. 83, FamRZ 1984, 312.

175 V. 4. 6. 1986, DAVorm 1986, 804.

176 V. 18. 9. 84, FamRZ 1985, 100.

die Anhörungspflicht selbstverständlich auch **im einstweiligen Anordnungsverfahren**.
Nicht ganz so eindeutig ist die Meinung der Gerichte, wenn es sich um die richterliche Anhörungspflicht in der **Beschwerdeinstanz** handelt. Hier geht die Tendenz dahin, eine Anhörung nicht zu verlangen, es sei denn, es liegt eine lange Zeitspanne zwischen den Verfahren in den Instanzen oder die Verhältnisse haben sich offensichtlich geändert[177].

Für den **SozArb** stellt sich nun die Frage, ob er die von einer Sorgerechtsentscheidung betroffenen **Kinder, Eltern und Pflegeeltern** ebenfalls **anhören** muß oder ob er sich mit einem Weniger als das Gericht begnügen kann. In ihrer bereits mehrfach zitierten Untersuchung weisen *Simitis* u. a.[178] nach, daß die JÄ in den meisten Fällen tatsächlich mit dem Kind Kontakt aufnehmen, daß allerdings die Berichte über diese Anhörungen völlig unzulänglich seien, da sie kaum Aussagen über das psychische Befinden des Kindes sowie die kognitive und die affektive Sozialisationskompetenz der Eltern enthielten.

Hieraus ist zu folgern, daß die JÄ zwar zutreffend von einer sich aus ihrem Berufsauftrag ergebenden Pflicht zur Anhörung[179] ausgehen, daß sie aber die Chance, die sich hieraus ergibt, nicht nützen.

Das KJHG könnte hieran etwas verändern. Zwar enthält es keine Spezialvorschriften zum jugendhilferechtlichen Sozialverwaltungsverfahren und keine für den Sonderfall der Mitwirkung in Gerichtsverfahren. Aber mehr als früher das JWG reduziert es die Eingriffsmöglichkeiten des JA und macht dieses vorrangig zur Leistungsbehörde. In den Bereichen, in denen es aufgrund des »Staatlichen Wächteramtes« (Art. 6 II 2 GG) »andere Aufgaben der Jugendhilfe« (§ 2 III KJHG) wahrzunehmen hat, ist die Rechtsposition der Betroffenen insgesamt gestärkt worden (vgl. z. B. in den §§ 43, 43 KJHG). Es kann daher nicht sein, daß das JA in einem Gerichtsverfahren mitwirkt, ohne zuvor bei den Betroffenen nach den einschlägigen Fakten geforscht zu haben. § 24 SGB X, der zwar nicht unmittelbar anzuwenden ist, weil er davon ausgeht, daß die Tätigkeit der Behörde zum Erlaß eines Verwaltungsaktes, nicht dagegen zu einer gerichtlichen Entscheidung führt, sieht eine Anhörungspflicht zumindest dann vor, wenn ein geplanter Verwaltungsakt in die Rechte eines Beteiligten eingreift. Dann muß das wohl auch gelten, wenn die Tätigkeit des JA einen Eingriff durch das Gericht vorbereitet. Da aber das JA, gleichgültig wie es sich vor Gericht äußert, nicht weiß, ob dieses in Rechte eingreifen wird, ist es in jedem Fall nötig, die Betroffenen anzuhören.

Daß die persönliche Anhörung in der Regel die Hauptinformationsquelle sein

---

177 **Wiederholung ja:** BayObLG v. 30. 7. 81, FamRZ 1982, 192; OLG Frankfurt v. 3. 9. 81, FamRZ 1982, 430; BayObLG v. 24. 10. 83, FamRZ 1984, 197; dass. v. 10. 4. 84, FamRZ 1984, 933; dass. v. 14. 2. 84, FamRZ 1984, 929; dass. v. 24. 4. 84, FamRZ 1984, 935. **Wiederholung nein:** BayObLG v. 30. 6. 81, FamRZ 1981, 999; LG Berlin v. 1. 4. 82; FamRZ 1982, 841; dass. v. 11. 2. 82, FamRZ 1982, 737.
178 S. 135 f.
179 So auch ausdrücklich OLG Köln v. 13. 2. 1981, FamRZ 1981, 599 sowie Dickmeis, ZblJugR 1983, 164/169.

wird, ergibt sich neuerdings auch aus den Datenschutzbestimmungen. Nach § 62 II 1 KJHG sind nämlich personenbezogene Daten beim Betroffenen zu erheben. Das bedeutet, daß das JA, wenn es in Gerichtsverfahren mitwirkt, seine Informationen primär beim Betroffenen zu beziehen hat.

(3) *Mitwirkungspflicht der Anzuhörenden*
Bittet der SozArb die Beteiligten, ins JA zu kommen, oder teilt er ihnen mit, daß er einen Hausbesuch machen wolle, so stellt sich für die Betroffenen die Frage, ob sie sich hierauf einlassen müssen.
Gem. § 60 I SGB I hat derjenige, der Sozialleistungen beantragt oder erhält, u. a. die zur Gewährung notwendigen Tatsachen anzugeben. Gem. § 27 I SGB I gehört die Mitwirkung in Gerichtsverfahren nicht zu den Sozialleistungen. Daher können die Betroffenen aufgrund von § 60 I SGB I nicht verpflichtet sein, dem JA Auskünfte für eine gutachtliche Stellungnahme zu geben.
Zu Recht hat allerdings das OLG Köln[180] erklärt, daß es eine Mitwirkungspflicht im Rahmen des § 48a JWG (dieser entspricht dem jetzigen § 50 KJHG) für die **Eltern** gebe. »Angesichts der für jeden erkennbaren gesetzlichen Aufgabe von JÄ in Sorgerechtssachen, nach bestem Bemühen Sachverhalte aufzuklären, um dem Wohl des betroffenen Kindes zu dienen und durch solche Mitwirkung im richterlichen Verfahren eine möglichst sachgerechte Entscheidung fördern zu helfen, ist es schwer verständlich, welcher verständige Anlaß von Eltern aus bestehen kann, wenn ausschließlich das Wohl des Kindes Motiv allen Handelns ist oder jedenfalls sein sollte, von vornherein jedwede Mitwirkung der Bemühung von Beauftragten des JA, auch persönliche Umstände in angemessener Form zu klären, zu verweigern oder in bezug auf Kontakte zum anderen Elternteil zu verhindern.« Damit steht fest, daß die Eltern zur Mitwirkung verpflichtet sind. Nach den Formulierungen des OLG kann diese ihre Wurzeln nur in der elterlichen Sorge haben. Nach Meinung des OLG Hamm[181] folgt die Mitwirkungspflicht unmittelbar aus Art. 6 II 1 GG.
Pflegeeltern sind nicht Sorgerechtsinhaber. Deshalb läßt sich ihre Pflicht nicht mit der elterlichen Sorge begründen. Pflegeeltern leiten ihre Befugnis zu Pflege und Erziehung jedoch aus einem (zumindest konkludent geschlossenen oder faktisch entstandenen) Pflegeverhältnis ab, das die Gewährleistung des Kindeswohls zum Gegenstand hat. Daher gehört es zu ihren Aufgaben, dazu beizutragen, daß alle im Interesse des Kindes notwendigen Maßnahmen getroffen werden können. Somit sind auch sie verpflichtet, in Sorgerechtsentscheidungen mitzuwirken.
Anders liegt die Situation nur beim **Kind** selber. Für dieses ist keine Norm ersichtlich, aus der seine Mitwirkungspflicht herzuleiten wäre.

(4) *Erzwingsbarkeit der Mitwirkungspflicht der Betroffenen*
Besteht also materiell-rechtlich eine Verpflichtung der Eltern und Pflegeeltern, sachdienliche Ermittlungen des JA im Interesse ihres Kindes zu dulden und zu fördern, so stellt sich die Frage, ob diese Pflicht auch erzwungen werden kann, wenn die (Pflege-)Eltern sich weigern mitzuwirken.

---

180 S. o. FN 179.
181 V. 2. 6. 81, FamRZ 1982, 94/95.

Für Sozialleistungen, zu denen die Mitwirkung – wie unter (1) dargestellt – nicht gehört, gibt es in § 21 II SGB X zwar eine öffentlich-rechtliche materielle Mitwirkungspflicht, aber keine Ermächtigung, diese zwangsweise behördlich durchzusetzen. Für die Mitwirkung in Gerichtsverfahren besteht ebenfalls eine, allerdings auf privatem Recht beruhende, Mitwirkungspflicht. Für diese existiert erst recht **keine behördliche** Ermächtigung zur **zwangsweisen Einwirkung** auf die Verpflichteten.

Damit stellt sich die Frage, ob wenigstens der **Richter** in dem der gutachtlichen Stellungnahme zugrunde liegenden Verfahren das Recht besitzt, die Betroffenen zur Mitwirkung zu zwingen. Gem. § 33 I 1 FGG kann das Gericht den Adressaten einer vollzugsfähigen gerichtlichen Entscheidung zur Befolgung seiner Anordnung durch die Festsetzung von **Zwangsgeld** anhalten. Gegenstand dieser Erzwingungsanordnung kann die Vornahme einer Handlung, die ausschließlich vom Willen des Adressaten abhängt, die Unterlassung oder die Duldung der Vornahme einer Handlung sein. In jedem Fall muß es sich aber um eine Verpflichtung handeln, die auf einer gesetzlichen Regelung – sei es materieller (z. B. § 1632 I BGB), sei es verfahrensrechtlicher Art – beruht. In der ZPO, in der grundsätzlich kein Amtsermittlungsgrundsatz besteht, kann der Richter gem. §§ 141, 273 III Nr. 3 das persönliche Erscheinen einer Partei anordnen, wenn dies zur Aufklärung des Sachverhalts geboten erscheint, und notfalls Ordnungsgeld festsetzen (§ 141 III ZPO). Dann muß dies erst recht im Verfahren des FGG, in dem der Grundsatz der Amtsermittlung gilt (§ 12 FGG), möglich sein (vgl. auch § 13 S. 2 FGG). Sieht das Gesetz in Konkretisierung der Amtsermittlungspflicht sogar die persönliche Anhörung vor, so kann zur Durchführung der Anhörung selbstverständlich das persönliche Erscheinen angeordnet und die Zuwiderhandlung mit Zwangsgeld bedroht werden. Erscheinen die gem. §§ 50 a–c FGG Betroffenen trotz angedrohten Zwangsgeldes nicht, taucht die Frage auf, ob die Betroffenen **zwangsweise vorgeführt** werden können. § 33 II FGG läßt dies grundsätzlich zu. Die zwangsweise Vorführung ist jedoch eine Einschränkung der persönlichen Freiheit i. S. des Art. 104 I GG. Nach der Rspr. des BVerfG[182] darf sie nur aufgrund eines förmlichen Gesetzes angeordnet werden. Die §§ 50 a–c FGG stellen ein solches förmliches Gesetz dar. Denn wenn sie dem Richter auferlegen, die Betroffenen »zu hören«, so muß es sich dabei um mehr als um die Herbeiführung des persönlichen Erscheinens handeln[183]. Der Richter kann daher, insbesondere wenn die Betroffenen sich dem JA und evtl. auch Sachverständigen widersetzt haben, zumindest erreichen, daß die Betroffenen beim Verfahren zugegen sind.

Abgesehen von der Möglichkeit, die Anwesenheit der Betroffenen im Verfahren auf die geschilderte Weise sicherzustellen, steht dem Richter kein Mittel

---

182 V. 23. 5. 1967, NJW 1967, 1221.
183 So BayObLG v. 31. 3. 82, BayObLGZ 1982, 167/170 ff. (zu § 1910 BGB); dass. v. 5. 10. 83, FamRZ 1984, 201 (zu § 1748 BGB). A. A. OLG Hamm v. 20. 1. 83, FamRZ 1983, 409 (allerdings zum Versorgungsausgleich, für den die §§ 50 a–c FGG nicht gelten, lediglich der § 12 FGG).

zur Verfügung, diese zu einer Aussage zu zwingen. Er kann – selbst bei aussagebereiten Betroffenen – auch keine Durchführung **projektiver Tests** anordnen, sofern diese bzw. deren gesetzlicher Vertreter hiermit nicht einverstanden sind[184].

Wollen daher (Pflege-)Eltern und Kind bei den Recherchen des JA nicht mitwirken, so hat das JA selber keine Einwirkungsmöglichkeit, und es kann auch nur auf eine begrenzte des Richters verweisen.

(5) *Mittelbare Folgen fehlender Mitwirkungsbereitschaft*
Die Pflicht der Eltern zur Mitwirkung bei der Sachverhaltsaufklärung ergibt sich aus ihrer elterlichen Sorge dem Kind gegenüber. Deshalb könnte der Richter – sofern die Verweigerung der Mitwirkung eine Gefährdung des Kindes darstellt (z. B. wenn der Richter auch von anderen Stellen keine sachdienlichen Auskünfte erhält) – auf der Basis des § 1666 BGB **in das Sorgerecht eingreifen**[185]. Wie sich aus § 1666a ergibt, soll § 1666 BGB aber erst die letzte Möglichkeit sein. Deshalb wird sich für den Richter zuvor die Frage stellen, wer die Konsequenzen dafür zu tragen hat, wenn Beteiligte weder vor dem JA noch vor dem Gericht zur Aufklärung des Sachverhalts beitragen oder das, was sie behaupten, nicht bewiesen werden kann.

Normalerweise trägt im Recht derjenige die sog. Beweislast bzw. im Bereich der freiwilligen Gerichtsbarkeit die **sog. Feststellunglast**, der aus dem materiellen Recht eine für ihn günstige Rechtsfolge herleitet[186]. Diese Definition, die sicher richtig ist, soweit es sich um Rechtsobjekte und Rechtsverhältnisse eines Beteiligten im formellen Sinn[187] handelt, bedarf der Modifizierung, wenn ein Rechtssubjekt, d. h. hier: ein Minderjähriger, von der Entscheidung betroffen ist[188]. Bleibt ein Elternteil den Beweis für seine Behauptung schuldig, der andere Elternteil eigne sich schlechter als er zur Betreuung und Erziehung der Kinder, so muß der Richter ihm trotzdem die elterliche Sorge zusprechen, wenn ihm dies als die »am wenigsten schädliche Alternative«[189] erscheint. Die Feststellungslast in diesem Sektor trägt daher nicht derjenige, der ein Recht geltend macht, sondern das Gericht[190].

(6) *Rechtliches Gehör der Betroffenen*
Obwohl somit die Beteiligten zwar zur Ermittlung des Sachverhalts beitragen sollen, mehr als ihre Anwesenheit vor Gericht aber nicht erzwungen werden kann, hat die Behörde umgekehrt den Beteiligten **Gelegenheit zur Äußerung** zu geben, sofern der Verfasser der gutachtlichen Stellungnahme anregen will,

---

184 Vgl. dazu BayObLG v. 12. 5. 1977; OLG München v. 18. 9. 1978 m. Anm. von M. März ebenda, und Anm. von H. Wegener, NJW 1979, 1253; OLG Hamm v. 2. 6. 81, FamRZ 1982, 94; U. Fehnemann, FamRZ 1979, 661; Lange, NJW 1980, 2729; Baumiller/Winkler, § 12 Anm. 7c).
185 So OLG Hamm v. 2. 6. 81, FamRZ 1982, 94.
186 Bumiller/Winkler, § 12 Anm. 1 mit weiteren Nachweisen.
187 Zum Begriff s. u. FN 215.
188 Vgl. Klußmann, S. 102f.
189 Klußmann, a. a. O. (FN 188) in Anlehnung an Goldstein u. a., S. 49ff.
190 So Baur, S. 45 mit Hinweis auf Bärmann, J.: Freiwillige Gerichtsbarkeit und Notarrecht, 1968, § 16 I 4c.

in die Rechte eines Beteiligten einzugreifen. Das gilt z. B. im Falle des § 1666 BGB, § 1748 BGB und bei § 1671 BGB für den Elternteil, der das Sorgerecht nicht erhalten soll. Dieser Grundsatz kann dem Gesetz wiederum nicht direkt entnommen werden, da § 24 SGB X vom hier nicht begehrten Erlaß eines Verwaltungsaktes ausgeht. Rechtsstaatlichen Grundsätzen entspricht es jedoch, auch schon bei entscheidungsvorbereitenden Aktivitäten den Betroffenen einzubeziehen (Gewährung des rechtlichen Gehörs i. S. des Art. 103 GG). Mit Blick auf eben dieselbe Begründung (Art. 103 GG) stellt sich die Frage, ob die Betroffenen in JA-Akten einsehen dürfen, ob ihnen die Aussagen von Zeugen und Sachverständigen zur Kenntnis zu geben sind und ob ihnen die ganze gutachtliche Stellungnahme zuzusenden ist. Das SGB X, das wieder nur allenfalls dem Rechtsgedanken nach anwendbar ist, da Mitwirkung in Gerichtsverfahren kein Sozial-Verwaltungsverfahren i. S. d. § 8 SGB X darstellt[191], bestimmt in § 25, daß und in welchem Umfang **Akteneinsicht** zu gewähren ist. U. a. legt Abs. 2 S. 3 fest, daß Aussagen zur Entwicklung und Entfaltung der Persönlichkeit des Betroffenen diesem lediglich durch geeignete Bedienstete der Behörde zur Kenntnis gegeben werden können, wenn zu befürchten ist, daß die Akteneinsicht dem Beteiligten einen unverhältnismäßigen Nachteil zufügen würde.

Da die Mitwirkung der Vorbereitung des Gerichtsverfahrens dient und die Gerichtsakten gem. § 34 FGG in der Regel[192] ohne weiteres eingesehen werden können, ist hier primär zu erörtern, ob überhaupt Einsicht in JA-Akten zu gewähren ist. Das OVG Hamburg[193] – und ebenso die Vorinstanz – lehnte jüngst die Akteneinsicht im Zusammenhang mit einer Umgangsregelung ab. Es begründete seine Meinung damit, daß § 25 SGB X nicht anwendbar sei und die Voraussetzungen des normativ nicht geregelten im Ermessen der Behörde stehenden allgemeinen Akteneinsichtsrechts[194] nicht gegeben seien, da das Bedürfnis nach Einsicht gem. § 34 I FGG befriedigt werden könne. Diese Meinung dürfte zutreffend sein in Fällen, in denen die gutachtliche Stellungnahme – die ja dem Gericht vorliegt – die entscheidungsrelevanten Fakten vollständig und richtig wiedergibt und Fakten und Bewertung sauber getrennt sind. Hat der Betroffene aber gerade insoweit Bedenken, so kann zwar das Gericht bei Kenntnis der Einwände gem. § 12 FGG die JA-Akte beiziehen. Da sich aber die Verpflichtung zur Rechtshilfe des JA nicht auf das gesamte Aktenmaterial bezieht, sondern es im pflichtgemäßen Ermessen des JA liegt, die für die Entscheidung des Richters relevanten Unterlagen auszuwählen, kann es sein, daß der Betroffene so nicht klären kann, woher Falschinformationen und Fehlbeurteilungen stammen. In den beschriebenen Sonderfällen sollte daher den Betroffenen ein Akteneinsichtsrecht beim JA eingeräumt werden.

---

191 S. o. 6.2.2.1 (1), S. 134f.
192 Einschränkung, wenn durch die Bekanntgabe der Identität der am Verfahren beteiligten Pflegeeltern eine Gefährdung des Kindes zu besorgen ist: OLG Stuttgart v. 13.2.85, FamRZ 1985, 525.
193 A. a. O. (FN 167).
194 BVerwG v. 23.8.68, BVerwGE 30, 154.

Haben **Dritte** als Zeugen (Verwandte, Nachbarn, Schule etc.) oder Sachverständige (Ärzte, Psychologen etc.) **Aussagen gemacht**, so stellt sich die Frage, ob das JA die Beteiligten von dem Inhalt der Aussage in Kenntnis setzen muß. Wenn eine solche Zeugenvernehmung bzw. Sachverständigenanhörung vor Gericht stattgefunden hat, so stehen Rspr. und Literatur auf dem Standpunkt[195], das rechtliche Gehör gem. Art. 103 GG sei verletzt, wenn den Parteien keine Gelegenheit gegeben werde, sich zu derartigen Aussagen zu äußern. Zwar wäre es theoretsich denkbar, daß erst der Richter entsprechende Informationen weitergibt und es den Beteiligten freistellt, sich zu äußern. Allerdings ist dann die gutachtliche Stellungnahme des JA bereits abgegeben und evtl. auf falschen Aussagen aufgebaut. Um dem im Interesse der Betroffenen vorzubeugen, dürfte das JA verpflichtet sein, die Beteiligten zumindest über belastende Aussagen zu informieren.

Schließlich bleibt zu klären, ob das JA den Betroffenen seine ganze **gutachtliche Stellungnahme zur Kenntnis zu geben** hat. Wie bereits dargestellt[196], weist die Praxis hier eine große Vielfalt auf. Tatsache ist, daß die Betroffenen gem. § 34 FGG bei Gericht Akteneinsicht nehmen[197] und somit den Inhalt der Stellungnahme kennenlernen können. Ob das Recht der Beteiligten sich jedoch hierauf beschränkt, erscheint aus verschiedenen Gründen zweifelhaft:

– In der (statistischen) Mehrzahl der Konstellationen handelt es sich um Verfahren, die den Betroffenen aufgezwungen werden (Ausnahmen: §§ 1741ff. BGB, evtl. § 1632 IV BGB, evtl. § 1634 IV BGB, evtl. § 1672 BGB). Dann ist nicht einzusehen, daß diese sich zu ihrer Verteidigung selber um Akteneinsicht bemühen müssen.

– Anders als das Gericht, das Fakten sammelt und diese bestimmten Rechtsnormen zuordnet, erbringt das JA eine Leistung im Vorfeld der Normenzuordnung, die materiell der von Sachverständigen gleichsteht[198]. Wenn aber Sachverständigenäußerungen den Betroffenen mitzuteilen sind, damit diese sich ggf. verteidigen können, so muß dies für Bewertungen durch das JA ebenfalls gelten.

– In vielen Fällen wird das JA über die gutachtliche Stellungnahme hinaus den Betroffenen weitere helfende Kontakte anbieten wollen. Dann empfiehlt es sich, zur Klarstellung der Position keine Geheimniskrämerei zu betreiben, sondern »die Karten offen auf den Tisch zu legen«.

---

195 Vgl. statt aller Jansen, § 12 RNr. 89, mit zahlreichen Nachweisen aus Rspr. und Literatur.
196 S. o. S. 12 f.
197 So Bumiller/Winkler, § 34 Anm. 3 mit weiteren Literaturhinweisen.
198 S. o. S. 15 f. und u. 144 f.

6.2.2.2 Stellung des JA im Verhältnis zum VormG/FamG[199]

Nicht nur die Beziehung des JA zum Klienten, sondern auch die Beziehung des JA zum Gericht ist im Gesetz nirgendwo exakt dargestellt. Das Gesetz spricht von dieser Beziehung nur in der Weise, daß es das gem. § 87b I 1 i. V. m. § 86 I–IV KJHG zuständige JA verpflichtet, das VormG/FamG bei allen Maßnahmen zu **unterstützen,** welche die Sorge für die Person des Minderjährigen betreffen (§ 50 I 1 KJHG), **mitzuwirken** in den Verfahren, die in §§ 49, 49 a FGG genannt sind (§ 50 I 2 KJHG) sowie das Gericht **anzurufen,** wenn es dies zur Abwendung einer Gefährdung des Kindeswohls für notwendig hält (§ 50 III KJHG). Umgekehrt hat das Gericht – wiederum das gem. § 87b I 1 KJHG zuständige – das JA zu hören (§§ 49, 49 a FGG). Anders als die Polizei, die vom Gesetz als »Hilfsbeamte der Staatsanwaltschaft« bezeichnet wird und weisungsgebunden ist (vgl. § 152 GVG), steht das JA selbständig neben dem VormG/FamG[200] und ist ihm nicht untergeordnet. Das Gericht macht sich vielmehr durch eine Mitwirkung des JA dessen bessere Kenntnis in Fachfragen der Psychologie, Pädagogik etc. und im methodischen Ermitteln der Fakten zu eigen[201]. Sachlich gesehen steht die gutachtliche Stellungnahme in der Nähe der Begutachtung durch einen Sachverständigen (vgl. §§ 402–414 ZPO). Verfahrensrechtlich dagegen kann sie dies nicht sein; denn einen Gutachter darf sich das Gericht aussuchen (vgl. § 404 ZPO), das JA dagegen nicht (vgl. § 87b I 1 KJHG). Ein Gutachter kann auch wegen Besorgnis der Befangenheit abgelehnt werden (§ 406 ZPO), das JA wiederum nicht. Der Gutachter bekommt Sachverständigengebühren (vgl. § 413 ZPO), das JA ebenfalls nicht. Die Einholung und Verwertung der Jugendamtsstellungnahme gehört zur Stoffsammlung gem. § 12 FGG und löst daher keine Beweisgebühr für den Rechtsanwalt aus[202]. Die Abgabe einer Stellungnahme ist daher eher eine Art der **Amtshilfe, durch** die **eine sachverständige Behörde oder Fachbehörde**[203] dem Gericht gegenüber »ergänzende Hilfe« leistet. Zwar bezieht sich die echte Amtshilfe vorrangig auf Tatsachenfeststellungen, die der zuständigen Behörde – aus welchen Gründen auch immer – nicht möglich sind (vgl. § 4 SGB X, § 5 VwVfG). Das JA dagegen soll gleichwertig neben der Tatsachenermittlung Folgerungen aus ihnen ziehen. Dies ist inhaltlich vergleichbar mit der Aufgabe eines Sachverständigen. Man könnte das Tun des JA daher als **sachverständige Amtshilfe** bezeichnen, deren Inanspruchnahme der handelnden Behörde (= Gericht) nicht freisteht, sondern die **gesetzlich vorgeschrieben** ist.

Nun ist es zwar nicht eindeutig, welchen Normen die Amtshilfe des JA untersteht. Es ist jedoch ein allgemeiner Grundsatz in der Verwaltung, daß die

---

199 Vgl. zu der Gesamtproblematik DIV-Gutachten v. 31. 8. 84, AZ. J 2.161, ZfJ 1984, 570, und DIV-Gutachten v. 4. 10. 85, AZ. J 2.161, DAVorm 1985, 966.

200 BGH v. 21.5. 1954, FamRZ 1954, 2/9 = ZblJugR 1954, 236 sowie die einmütige Ansicht im Schrifttum.

201 BGH v. 21. 5. 54, a. a. O. (FN 199).

202 OLG Stuttgart v. 2. 1. 1987, FamRZ 1987, 406; OLG Bamberg v. 24. 2. 1988, FamRZ 1988, 1080.

203 Jans/Happe, § 48 a Anm. 2 A c; FrankfKo, § 50 RdNr. 2.

Amtshilfe von der ersuchten Stelle (= JA) nach ihrem eigenen Recht geleistet (vgl. z. B. § 7 I VwVfG, § 6 I SGB X) und daß die ersuchte Behörde (= JA) für die Durchführung der Amtshilfe verantwortlich ist (vgl. z. B. § 7 II VwVfG, § 6 II SGB X). Das bedeutet für das Tun des JA gegenüber dem Gericht folgendes: Das JA kann grundsätzlich entscheiden, in welcher **Form** es dem Amtshilfeersuchen nachkommt. Den Gepflogenheiten zwischen den Behörden entspricht es allerdings, dies schriftlich zu tun. Daß der Behördenleiter das Schriftstück abzeichnet ist dagegen nicht nötig. Um die Teilnahme des einzelnen zuständigen **Sachbearbeiters** des gem. § 87b I 1 KJHG zuständigen JA kann das Gericht zwar bitten, das JA darf hierüber jedoch in eigener Verantwortung entscheiden; denn »anzuhören« ist nicht ein SozArb, sondern »das JA«. Daß der SozArb eines unzuständigen JA vor Gericht erscheint, ist dagegen ausgeschlossen, da er dann eine Amtshandlung außerhalb seines Amtsbezirks vornehmen würde[204].

Geht es dem Richter darum, den **SozArb** zur Aufhellung einzelner Tatsachen zu hören, dann kann er dies erreichen, indem er ihn als **Zeuge** behandelt, d. h. entsprechend lädt, vernimmt, evtl. beeidet und auch entschädigt. Hierbei ist es allerdings möglich, daß der SozArb von seinem Zeugnis- bzw. Eidesverweigerungsrecht gem. § 15 FGG i. V. m. § 383 I Nr. 6 ZPO Gebrauch machen muß. Dies ist der Fall, wenn er i. von den Betroffenen nicht von seiner Verschwiegenheitspflicht entbunden ist, § 385 II ZPO, und wenn er keine Aussagegenehmigung seiner Behörde hat, § 376 I ZPO i. V. m. den beamtenrechtlichen Vorschriften des jeweiligen Bundeslandes (z. B. in NW § 65 LBG). In jedem Fall hat der Richter den SozArb vor einem Übergang von der Anhörung auf eine Zeugenvernehmung hierauf hinzuweisen.

Streitig ist neuerdings in der Praxis, ob das Gericht eine **gutachtliche Stellungnahme** nur von dem gem. § 87b I 1 KJHG für das Kind zuständigen JA oder ggf. auch **von einem unzuständigen JA**, in dessen Bezirk sich der Nichtsorgeberechtigte aufhält, anfordern kann.

Tatsache ist, daß von den Gerichten beklagt wird, daß es bei der Anhörung **zweier JÄ** häufig vorkommt, daß jedes von ihnen »seinen« Klienten für geeigneter als den nicht ortsansässigen hält. Dieses Phänomen ist allerdings erklärbar. Es beruht wohl darauf, daß in solchen Fällen der jeweilige SozArb meistens nicht in den anderen JA-Bezirk reisen (Verweigerung der Dienstreise durch Vorgesetzten; Verbot, in einem fremden JA Amtshandlungen vorzunehmen) und, weil der andere Elternteil auch nicht bereit ist, zu ihm zu kommen, diesen nicht kennenlernen kann. Um dieser Unzulänglichkeit entgegenzuwirken, gibt es Bestrebungen im Bezirk des LJA Rheinland, als unzuständiges JA dem Gericht die Stellungnahme gem. § 87b I 1 KJHG zu verweigern und statt dessen dem zuständigen JA im Rahmen der Amtshilfe Informationen zu geben. Diese soll das zuständige JA pflichtgemäß in einer einheitlichen Stel-

---

204 Das Gericht könnte allerdings den SozArb des unzuständigen JA als Zeugen vernehmen, jedoch unter den Einschränkungen, denen die Zeugeneinvernahme unterliegt. S. dazu nächster Absatz.

lungnahme verarbeiten[205]. Dieses Vorgehen erscheint uns aus der Sicht des Kindeswohls sachgerecht, ist aber bei der geltenden Rechtslage nicht erzwingbar. Zwar hat das Gericht gem. §§ 49, 49a FGG nur das gem. § 87b I 1 KJHG zuständige JA zu hören (Unterlassen = Verfahrensfehler). Dies schließt aber nicht aus, daß es auch das unzuständige JA auf der Basis des § 12 FGG (Pflichtgemäße Amtsermittlung) anhört. In diesem Sinne judizierten inzwischen auch das AG Bonn[206] sowie das OLG Köln[207]. In beiden Fällen hatte das für die Sorgerechtsregelung nicht zuständige JA sich geweigert, einer Verfügung des AG, sich gutachtlich zu äußern, nachzukommen und gegen die Verfügung (die ferner die Androhung enthielt, im Wege der Dienstaufsicht vorzugehen) Beschwerde eingelegt. Beide Gerichte hielten die Beschwerde bereits für unzulässig[208], äußerten sich aber dennoch zur Begründetheit im oben erwähnten Sinn[209]. Da es dem Gericht unbenommen sei, den SozArb des unzuständigen JA förmlich als Zeugen zu vernehmen, müsse es auch möglich sein, das JA formlos anzuhören[210].

Kommt das JA seiner Äußerungspflicht nicht nach, so hat das Gericht – anders als wenn das JA als Amtsvormund oder -pfleger tätig wird, wo es der Aufsicht des VormG untersteht – nur die Möglichkeit, im Wege der **Dienstaufsichtsbeschwerde** gegen den Behördenleiter vorzugehen[211]. Ferner kann es die **kommunale Rechtsaufsicht** (Oberkreisdirektor bzw. Regierungspräsident) einschalten[212]. Dagegen hat es nicht das Recht, dem JA die Verfahrenskosten aufzuerlegen, wenn das JA weder schriftlich Stellung genommen hat noch zum mitgeteilten Anhörungstermin erschienen ist und der Gerichtstermin daher vertagt werden muß[213]. Trotz der Unabhängigkeit des JA vom Gericht muß dieses darauf hinwirken, daß das JA überhaupt tätig wird, und es hat dafür Sorge zu tragen, daß die Äußerung des JA vollständig und ordnungsgemäß ist[214].

Prozessual gesehen ist die Stellungnahme des JA kein unmittelbares Beweis-

---

205 Schreiben des Landesbeauftragten für Datenschutz NW vom 6. 5. 1986 an eine überörtliche Behörde (ZfJ 1986, 451): Das zuständige JA kann das unzuständige JA förmlich um Amtshilfe gegenüber dem Gericht ersuchen.

206 V. 5. 9. 85, – 45 F 103/85 EA VG –.

207 V. 16. 9. 85, – 4 WF 249/85 –. Ebenso OLG Köln v. 13. 9. 1985, FamRZ 1986, 707.

208 Die Beschwerde sei nur gegen Entscheidungen, nicht dagegen gegen Zwischenverfügungen zulässig.

209 So auch OLG Hamm v. 22. 9. 1964, FamRZ 1965, 83; Keidel/Kuntze/Winkler, § 12 Rz. 87; Jansen, § 12 Rz. 53; Bumiller/Winkler, § 12 Anm. 8a. – Nach zutreffender Meinung des Datenschutzbeauftragten NW (s. o. FN 205) kann jedoch die Schweigepflicht des SozArb der Leistung von Amtshilfe entgegenstehen (§ 69 I Nr. 1 SGB X i. V. m. § 203 I Nr. 5 StGB).

210 Zweifelhaft ist diese Argumentation insofern, als es sich dabei um völlig verschiedene Dinge handelt: Die Zeugenvernehmung betrifft eine Einzelperson, die Anhörung eine Behörde.

211 Jans/Happe, § 48a Anm. 2 Ba.

212 Vgl. Ausarbeitung des Regierungspräsidiums Tübingen v. 28. 5. 1985 unter Bezug auf KG v. 7. 12. 34, JFG 12, 101.

213 LG Frankfurt v. 15. 5. 84, ZfJ 1984, 435 m. Anm. Rosenthal.

214 KG v. 7. 12. 34, JFG 12, 101.

mittel. Es entbindet das Gericht nicht von eigenen Ermittlungen und Beweiserhebungen (§§ 12, 50 a–c FGG)[215].

Unabhängig von der Streitfrage, wann das JA nur formell[216] und wann es materiell[217] **Beteiligter** ist, ist sicher, daß das JA ein **Beschwerderecht** hat. Mit diesem kann es sowohl geltend machen, daß es überhaupt nicht gehört worden sei, als auch, daß der Inhalt seiner Stellungnahme nicht genügend berücksichtigt worden und folglich das Kindeswohl nicht gewährleistet sei. Strittig ist hier allerdings wieder, in welchen Fällen die Beschwerde auf § 57 I Nr. 9 FGG und in welchen auf § 20 I FGG zu stützen ist. Da dies aber für die Arbeit des SozArb keine Bedeutung besitzt, soll hier auch nicht näher auf diese Frage eingegangen werden[218].

Bei den möglichen Beschwerden handelt es sich grundsätzlich um einfache, d. h. unbefristete. Nur wenn es das Gesetz ausdrücklich vorsieht (=»sofortige Beschwerde«), sind Fristen zu beachten. **Normalerweise** betragen diese 2 Wochen (§ 22 I 1 FGG), bei den **Familiensachen im Zusammenhang mit einer Scheidung** 4 Wochen (§ 621 e III 2 ZPO i. V. m. § 516 ZPO), **im übrigen** wieder nur 2 Wochen (§ 22 I 1 FGG). Gegen den die Beschwerde ablehnenden Beschluß ist weitere Beschwerde möglich, § 27 FGG. Handelte es sich dabei bei der Beschwerde gegen die erstinstanzliche Entscheidung um eine sofortige, so ist die weitere eine »weitere sofortige Beschwerde«, § 29 II FGG. Für die Fristen gilt das zuvor Ausgeführte.

Gegen Beschlüsse, die im Verfahren der **einstw. AO** ergangen sind, gibt es kein einheitliches Rechtsmittel. Handelt es sich um **Familiensachen der Freiwilligen Gerichtsbarkeit** (§§ 1671, 1634, 1632 I BGB) **im Zusammenhang mit einer Ehesache**, so gelten die §§ 620–620 g ZPO. Das heißt, daß bei einer solchen Sache die Entscheidung auf Antrag oder von Amts wegen geändert werden kann, wenn die Regelung der elterlichen Sorge betroffen ist oder wenn in den anderen beiden Fällen das JA vorher nicht gehört worden ist, § 620 b I FGG. In allen drei Fällen kann, sofern die einstw. AO ohne mündliche Verhandlung ergangen ist, Antrag auf mündliche Verhandlung gestellt werden, § 620 b II FGG. Der hierauf ergehende Beschluß kann im Falle der §§ 1671,

---

215 KG v. 19. 9. 60, FamRZ 1960, 500; OLG Stuttgart v. 2. 1. 1987, FamRZ 1987, 406; OLG Bamberg v. 24. 2. 1988, FamRZ 1988, 1080; OLG Frankfurt v. 28. 10. 1991, FamRZ 1992, 206.

216 **Beteiligter im formellen Sinn** ist, wer von einem ihm im Gesetz verliehenen Antrags- oder Beschwerderecht Gebrauch macht sowie jeder, der zur Wahrung seiner Interessen im Verfahren auftritt oder zu ihm hinzugezogen wird (Bumiller/Winkler, a. a. O. b). Derart Beteiligter wäre das JA z. B., wenn es als Amtspfleger gegen eine Entscheidung gem. § 1707 S. 1 Nr. 2 BGB Beschwerde einlegte.

217 **Beteiligter im materiellen Sinn** ist jeder, dessen Rechte und Pflichten durch die Regelung der Angelegenheit unmittelbar betroffen werden können, ohne Rücksicht darauf, ob er an dem Verfahren teilnimmt (Bumiller/Winkler, vor § 13 Anm. 1 a). Derart Beteiligter wäre das JA z. B. im Falle des § 1887 BGB.

218 Die Aufteilung von Fieseler/Herborth (S. 102): Bei Nichtanhörung § 20 FGG, im übrigen § 57 I Nr. 9 FGG, dürfte im Kern richtig sein, vernachlässigt jedoch, daß das JA als materiell Beteiligter immer gem. § 20 FGG vorgehen kann.

1632 I BGB durch sofortige Beschwerde, im Falle des § 1634 durch nichts angefochten werden, § 620 c. – Handelt es sich um **isolierte Familiensachen** der Freiwilligen Gerichtsbarkeit **oder Vormundschaftssachen** (z. B. §§ 1666, 1632 IV,
1741 ff. BGB), so unterliegen sie den Bestimmungen der §§ 18 ff. FGG. Demnach können sie gem. § 18 FGG abgeändert bzw. nach § 19 FGG mit der einfachen Beschwerde angefochten werden.
Zusammenfassend ist also festzuhalten, daß die JÄ in bestimmten Fällen
Akteneinsicht zu gewähren haben und daß Äußerungen von Dritten sowie die
gesamte gutachtliche Stellungnahme den Betroffenen zur Kenntnis zu geben
ist.

6.2.2.3 *Verhältnis des JA zu privaten Dritten*

Als Beweismittel im Verwaltungsverfahren kommt auch die Einholung von
Auskünften, die Vernehmung von Zeugen und Sachverständigen sowie die
Einholung von schriftlichen Äußerungen von Zeugen und Sachverständigen in
Betracht (vgl. § 21 SGB X, § 26 VwVfG).
Die Möglichkeiten, bei Dritten Informationen zu beschaffen, sind allerdings
durch den Datenschutz eingeschränkt. Es gelten insoweit die §§ 35 SGB I,
67–85 SGB X sowie die §§ 62 ff KJHG (§ 61 I KJHG). Demnach ist die Zulässigkeit einer derartigen Erhebung von Daten, da diese – wie ausgeführt – primär beim Betroffenen einzuholen sind, normalerweise abhängig von der Einwilligung des Betroffenen. Dies ergibt sich aus § 62 III KJHG, der davon
spricht, daß »ohne Mitwirkung des Betroffenen« personenbezogene Daten nur
unter bestimmten danach genannten Voraussetzungen erhoben werden dürfen.
Für den Bereich der Mitwirkung in Verfahren vor den VormGen und FamGen
können die folgenden der im Gesetz aufgezählten Fälle zur Anwendung
kommen.
(1) Eine Datenerhebung bei Dritten ist zulässig, wenn eine gesetzliche Bestimmung dies vorschreibt oder erlaubt (Abs. 3 Nr. 1). § 50 III KJHG erlaubt die
»Anrufung des Gerichts« bei Kindesgefährdung. Dann muß das JA auch
bereits im Vorfeld ohne Mitwirkung des Betroffenen tätig werden können.
Kindesgefährdungen sind u. a. Gegenstand folgender Normen: §§ 1632 IV,
§ 1634 II, 1666 I 1, 1671 V, 1680 I 1 und II, 1981 I 2, 1707 S. 3, 1748, 1763 BGB.
Das Staatliche Wächteramt wäre ein »Papiertiger«, wenn es bei dringendem
Verdacht für eine Gefährdung gegen eine Blockade des Betroffenen nichts
machen könnte.
(2) Eine Datenerhebung bei Dritten ist zulässig, wenn eine Erhebung beim
Betroffenen nicht möglich ist (Abs. 3 Nr. 2 Alt. 1). Damit kann nicht gemeint
sein, daß die Datenerhebung an der Mitwirkung des Betroffenen scheitert.
Sonst würde der gesamte Datenschutz in sein Gegenteil verkehrt. Angesprochen sind also z. B. Fälle, in denen sich die betroffenen Eltern abgesetzt haben
oder aufgrund einer psychischen Krankheit nicht einwilligungsfähig sind.
Zuweilen ist dann die Datenerhebung bereits ausdrücklich erlaubt (z. B. § 1747
IV BGB), teilweise jedoch nicht.
(3) Eine Datenerhebung bei Dritten ist zulässig, wenn die jeweilige Aufgabe

ihrer Art nach eine Erhebung bei anderen erfordert, die Kenntnis aber erforderlich ist für eine gerichtliche Entscheidung, die Voraussetzung für die Gewährung einer Leistung nach dem KJHG (§ 2 II) ist (Abs. 3 Nr. 2 d). Damit sind alle die Fälle gemeint, in denen ein Eingriff in das elterliche Sorgerecht nötig ist, damit anschließend eine entsprechende Hilfe (z. B. gem. §§ 27 ff. KJHG) geleistet werden kann.

(4) Eine Datenerhebung bei Dritten ist schließlich zulässig, wenn die Erhebung beim Betroffenen einen unverhältnismäßigen Aufwand erfordern würde und keine Anhaltspunkte dafür bestehen, daß schutzwürdige Belange des Betroffenen beeinträchtigt werden (Abs. 3 Nr. 3). Da hier aus Gründen der Verwaltungsvereinfachung ein Eingriff in das Recht auf informationelle Selbstbestimmung zugelassen wird, muß wenigstens sicher sein, daß die schutzwürdigen Belange des Betroffenen nicht beeinträchtigt werden.

Weigern sich Dritte, die als Zeugen oder Sachverständige gehört werden sollen, auszusagen, stellt sich auch hier die Frage, ob das **Zeugnis erzwungen** werden kann.

Das SGB X, dessen Rechtsgedanken in weiteren Bereichen der Mitwirkung angewandt werden können, enthält eine diesbezügliche Regelung in § 21. Nach seinem Abs. 3 S. 1 besteht für Zeugen nur dann eine Pflicht zur Aussage, wenn sie durch Rechtsvorschriften vorgesehen ist. Das ist bei Zeugenvernehmungen durch das JA im Zusammenhang mit der Mitwirkung in Gerichtsverfahren gem. § 50 KJHG nicht der Fall. Also hat der SozArb auch hier kein Zwangsmittel in der Hand.

Anders sieht es im Verhältnis zu Zeugen beim **Richter** aus. Gem. § 15 FGG, der auf die Vorschriften der ZPO (§§ 373 ff.) verweist, besteht für die Zeugen Zeugnispflicht, d. h. die Pflicht zum Erscheinen, zur Aussage und zur Beeidigung. Kommen sie dieser Verpflichtung nicht nach, so sind folgende Maßnahmen möglich: Auferlegung der Kosten, Verhängung eines Ordnungsgeldes (ggf. wiederholt) von 5,– bis 1 000,– DM; Ordnungshaft (ggf. mehrfach) von 1 Tag bis 6 Wochen; zwangsweise Vorführung bei wiederholtem Fernbleiben. Die Beeidigung steht im Ermessen des Gerichts, § 15 I 2 FGG. Sie ist nur in besonders wichtigen Angelegenheiten am Platz. Eine richterliche Anordnung, daß ein Dritter (z. B. der neue Partner der geschiedenen Mutter) sich einem psychologischen Test zu unterziehen habe, ist nicht zulässig, da er in das Persönlichkeitsrecht des Dritten eingreift[219].

Die möglichen richterlichen Zwangsmittel können dem Zeugen, der vor dem JA die Aussage verweigert, ggf. schon vom SozArb erläutert werden. In den meisten Fällen wird der Zeuge dann bereits der Behörde gegenüber die erforderliche Auskunft geben.

Sind die Dritten zwar bereit, Auskünfte zu erteilen, machen sie aber die Einschränkung, daß die **Informationsquelle** vor Gericht **nicht genannt** werden dürfe[220], so befindet sich der SozArb, der die Stellungnahme für das Gericht schreiben soll, in einer ausgesprochen mißlichen Lage. Einerseits braucht er

---

219 So OLG Hamm v. 9. 3. 81, FamRZ 1981, 706.
220 Vgl. hierzu Mösonef, BayWD 1970, 49/51.

die potentiellen Informationen, andererseits kann er unter rechtlichen Gesichtspunkten eine derartige Zusage nicht machen. Mit bestimmten Kenntnissen versehen ist der SozArb sog. mittelbarer Zeuge. In dieser Eigenschaft kann er nur dann die Aussage oder bestimmte Auskünfte (z. B. den Namen) verweigern, wenn er ein **Zeugnis- (§ 383 ZPO) bzw. Auskunftsverweigerungsrecht (§ 384 ZPO)** hat. Ein Zeugnisverweigerungsrecht steht dem SozArb im Zivilrecht – somit auch im Bereich der freiwilligen Gerichtsbarkeit – gem. § 383 I Nr. 6 ZPO (Personen, denen kraft ihres Amtes Tatsachen anvertraut sind, deren Geheimhaltung durch gesetzliche Vorschrift – §§ 35 SGB I, 67 ff. SGB X, §§ 64, 65 KJHG und § 203 StGB – geboten ist) zwar zu[221]. Das Zeugnis verweigern möchte er aber gerade nicht. Vielmehr will er nur eine bestimmte Aussage – Name des Informanten – nicht machen. Dies könnte er lediglich im Rahmen des Verweigerungsrechtes gem. § 384 ZPO. In dieser Vorschrift jedoch sind ausschließlich Fälle beschrieben, die den in Frage stehenden Sachverhalt eindeutig nicht erfassen. Somit steht dem SozArb aufgrund der allgemeinen Vorschriften kein Weigerungsrecht zu.

Zu prüfen bleibt, ob der SozArb, der in einem **öffentlich-rechtlichen Dienstverhältnis** steht (Beamter, Angestellter), evtl. aufgrund dienstlicher Vorschriften (§ 376 ZPO i. V. m. §§ 64, 65 LBG NW) berechtigt ist, die Auskunft über Namen des Informanten zu verweigern. Hier ist die Situation zwar so geregelt, daß der Beamte über dienstliche Erkenntnisse ohne Genehmigung nicht aussagen darf, § 64 II 1 LBG NW. Jedoch kann die Genehmigung nur dann versagt werden, wenn die Aussage dem Wohl des Bundes oder eines deutschen Landes Nachteile bereiten oder die Erfüllung öffentlicher Aufgaben ernstlich gefährden oder erheblich erschweren würde, §§ 65 I LBG NW. Diese Sachverhalte liegen in diesem Zusammenhang nicht vor. Der SozArb ist daher bei Kenntnis des Namens des Informanten nicht berechtigt, diesen bei einer Zeugenaussage vor Gericht zu verschweigen.

6.2.2.4 Beteiligung freier Träger an der Mitwirkung in Verfahren vor den VormGen/FamGen.

Das KJHG unterscheidet zwischen »Leistungen der Jugendhilfe« und »anderen Aufgaben der Jugendhilfe« (§ 2). Die Mitwirkung in Gerichtsverfahren ist eine »andere Aufgabe« (Abs. 3 Nrn. 6 und 8). Leistungen werden von öffentlichen und freien Trägern der Jugendhilfe erbracht (§ 3 II KJHG), andere Aufgaben primär von öffentlichen Trägern (§ 3 III 1 KJHG). Anerkannte freie Träger können jedoch nach Maßgabe des § 76 KJHG mit diesen Aufgaben betraut werden (§ 3 III 2 KJHG). Nach § 76 KJHG dürfen die Träger der öffentlichen Jugendhilfe Träger der freien Jugendhilfe u. a. an der Durchführung ihrer Aufgaben nach den §§ 50–52 KJHG beteiligen oder ihnen diese Aufgaben zur Ausführung übertragen. Sie bleiben dann allerdings trotzdem für die Erfüllung der Aufgaben verantwortlich.

---

221 A. A., aber sicher unzutreffend: OLG Köln v. 15. 4. 1986, FamRZ 1986, 708/709, das den § 35 SGB I nicht einmal erwähnt.

Hieraus folgt, daß konkrete Vereinbarungen (öffentlich-rechtlicher Vertrag) zwischen öffentlichem und freiem Träger getroffen werden können, wodurch diese z. B. für eine bestimmte Gruppe von Verfahren oder für die Verfahren, die Klienten betreffen, die ihnen bekannt sind, die Kontakte wahrzunehmen befugt sind.

Nimmt der freie Träger im Rahmen des § 76 KJHG Aufgaben des öffentlichen Trägers wahr, so ist er kein sog. »beliehener Unternehmer« (wie z. B. der TÜV), der auch die Machtbefugnisse des öffentlichen Trägers hat. Er muß vielmehr mit den Mitteln des privaten Bürgers die Angelegenheiten regeln. Das bedeutet konkret, daß er ohne die hoheitlichen Befugnisse z. B. des § 69 SGB X auskommen muß.

6.2.2.5 *Einschaltung anderer Behörden und Gerichte durch das JA (Amtshilfe/ Rechtshilfe)*[222]

Wie bereits dargestellt, muß gem. § 50 KJHG das nach § 87b I 1 KJHG i. V. m. § 86 I–IV KJHG zuständige JA durch das Gericht gehört werden. Allerdings ist es denkbar, daß dieses JA der Unterstützung anderer Institutionen bedarf, um zu einem abgerundeten Bild über die zu begutachtenden Personen zu kommen. Manchmal wird es so sein, daß es dem zuständigen JA **unmöglich** ist, selbst entsprechend tätig zu werden; manchmal wird es lediglich **zweckmäßiger** sein, andere Institutionen einzuschalten.

Benötigt das JA Auskunft über etwaige frühere oder gleichzeitige anhängige **Verfahren** des VormG/FamG, so hat es gem. § 34 FGG Anspruch auf Akteneinsicht, die in der Praxis im allgemeinen in Form von Übersendung der Vorgänge realisiert wird. Entsprechendes gilt für die Einsicht in Strafakten. Allerdings muß auch hier der Grundsatz der Erforderlichkeit beachtet werden. Das bedeutet, daß nicht die Akten schlechthin ausgehändigt werden dürfen, sondern nur die relevanten Teile.

Handelt es sich um **andere Informationen** so kann sich das JA diese im Wege der Rechts- oder Amtshilfe[223] beschaffen[224].

Für Behörden, die **Leistungsträger** i. S. der §§ 18–29 **SGB I** sind, leistet jede

---

222 Da der Behördenbegriff des KJHG funktional ist, gelten die nachstehenden Ausführungen auch für Abteilungen des JA untereinander.

223 Ist die ersuchte Stelle ein Gericht, so handelt es sich um **Rechtshilfe**; ist sie eine andere Behörde, so spricht man von **Amtshilfe** (vgl. Maunz/Dürig, Art. 35 Anm. 3).

224 Wiederum nicht ganz eindeutig ist, ob die Amtshilfevorschriften der §§ 3–7 SGB X nur für das Sozial-Verwaltungsverfahren i. S. d. § 8 SGB X gelten **oder darüber hinaus auch** für die gutachtliche Mitwirkung im Vormundschaftsgerichtswesen oder die Kontakt- und Vermittlertätigkeit der sozialen Dienste (vgl. zu dieser Problematik o. 6.2.2.2 (1). Von der Gesetzessystematik her müßte, da das Verwaltungsverfahren erst im 2. Abschnitt (Allgemeine Vorschriften über das Verwaltungsverfahren) definiert wird, **letzteres** zutreffen. Sollte das nicht der Fall sein, würden für die Amtshilfe im Bereich der Gerichtshilfe die ungeschriebenen Normen des nicht kodifizierten Verwaltungsrechts gelten. Diese dürften sich, da die §§ 3–7 SGB X und §§ 4–8 VwVfG im Grunde nur eine Kodifikation der allgemeinen Grundsätze darstellen, mit diesen decken.

von ihnen anderen Behörden auf Ersuchen ergänzende Hilfe (Amtshilfe), § 3 I
SGB X. Diese Vorschrift ist inhaltlich, wenn auch nicht dem Wortlaut nach,
deckungsgleich mit § 10 JWG, der am 1.1. 1981 außer Kraft getreten ist
(Art. II, § 26 des SGB-Verwaltungsverfahren).
Für Behörden, die **nicht Leistungsträger** i.S. des **SGB I** sind, ist Amtshilfe
gem. §§ 4–8 VwVfG zu leisten.
Die h.M.[225] steht auf dem Standpunkt, daß zur Amtshilfe auch die **kirchlichen
Behörden** verpflichtet seien, weil sie Körperschaften des öffentlichen Rechts
sind. Für die Praxis der Sozialarbeit und ihre Möglichkeiten aufgrund von
Amtshilfe bedeutet dies, daß ein JA bei der Leiterin eines Kindergartens in
Trägerschaft einer Kirchengemeinde Auskünfte über ein Kind anfordern kann,
nicht dagegen bei der Leiterin eines Kindergartens, der vom Caritasverband
unterhalten wird. Allerdings wird man davon ausgehen dürfen, daß derartige
kirchlich orientierte Träger – ebenso wie alle sonstigen freien Träger der
Jugendhilfe – unter dem Gesichtspunkt partnerschaftlichen Zusammenwirkens
(§ 4 KJHG) dazu bereit sein werden, bei den Aufgaben der öffentlichen Träger
mitzuwirken, solange ihr ureigenster Auftrag dadurch nicht gefährdet wird.
(1) *Ein JA kann um Amtshilfe insbesondere dann ersuchen, wenn es:*

– aus rechtlichen Gründen die Amtshandlung nicht vornehmen kann (§ 4 I
  Nr. 1 SGB X; § 5 I Nr. 1 VwVfG);

Beispiel: Aufgrund einer Anzeige von Nachbarn über die Vernachlässigung eines Kleinkindes (berufstätige Eltern sperren 3jähriges Kind angeblich tagsüber in der Wohnung
ein) will ein SozArb, um ggf. ein Verfahren nach § 1666 BGB anregen zu können,
Gewißheit über die Verhältnisse der Familie. Er bittet die Polizei um gewaltsame Öff-
nung der Haustür, weil sich bei mehreren versuchten Hausbesuchen auf wiederholtes
Läuten niemand gemeldet hat.

– aus tatsächlichen Gründen, besonders weil die zur Vornahme der Amtshandlung erforderlichen Dienstkräfte oder Einrichtungen fehlen, die Amtshandlung nicht selbst vornehmen kann (§ 4 I Nr. 2 SGB X; § 5 I Nr. 2
  VwVfG);

Beispiel: Im Rahmen einer Entscheidung nach § 1666 I BGB soll ein Kind, bevor das JA
weiteres veranlaßt, von einem jugendpsychiatrischen Dienst untersucht werden, über
den ein kleines Kreis-JA nicht verfügt. – Ein Recht, eine andere Behörde um Amtshilfe
zu ersuchen, wird man im allgemeinen aber wohl dann verneinen müssen, wenn der
Dienstkräftemangel darauf zurückzuführen ist, daß vorhandene Stellen nicht besetzt sind
oder als notwendig und wirtschaftlich vertretbar erkannte Stellen nicht eingerichtet
werden[226].

– zur Durchführung ihrer Aufgaben auf die Kenntnis von Tatsachen angewiesen ist, die ihr unbekannt sind und die sie selbst nicht ermitteln kann (§ 4 I
  Nr. 3 SGB X; § 5 I Nr. 3 VwVfG);

---

225 Vgl. zu den Nachweisen Jans/Happe, § 10 Anm. 4.
226 So sinngemäß Jans/Happe, § 10 Anm. 2 Cb, 5. Spiegelstrich.

Beispiel: Bei einer anstehenden Sorgerechtsregelung behauptet die Mutter, der Vater, der in einem Ministerium tätig und viel dienstlich unterwegs ist, könne sich gar nicht ausreichend und die Kinder kümmern. Der Vater bestreitet dies. Das JA bittet das Ministerium diesbezüglich um Auskunft.

Hier dürfte auch der neuerdings im Gespräch befindliche Fall einzuordnen sein, daß ein Elternteil außerhalb des Bezirks des gem. § 87b I 1 KJHG zuständigen JAs wohnt und das JA sich brieflich oder fernmündlich kein ausreichendes Bild über den Betroffenen machen kann, dieser aber auch nicht bereit oder nicht in der Lage ist, beim zuständigen JA zu erscheinen.

Beispiel: Mutter und Kind wohnen im Bezirk des JA X, der Vater im Bezirk des weit entfernt liegenden JA Y. Der Vater ist außerstande, die weite Reise zum JA X zu machen. Briefliche und telefonische Kontakte reichen nicht aus, Aussagen darüber zu treffen, ob die Kinder vier Wochen der Schulferien beim Vater verbringen können. – Das JA X bittet das JA Y um die Mitteilung entsprechender Fakten und seiner Einschätzung.

– zur Durchführung ihrer Aufgaben Urkunden oder sonstige Beweismittel benötigt, die sich im Besitz der ersuchten Behörde befinden (§ 4 I Nr. 4 SGB X; § 5 I Nr. 4 VwVfG);

Beispiel: Im Rahmen einer Stellungnahme gem. § 1680 (Frage nach alleiniger Ausübung der e. S., wenn sie dem anderen Elternteil gem. § 1666 BGB entzogen worden ist) erfährt das JA, daß die Mutter, der die e. S. nicht entzogen worden ist, früher einmal wegen Kindesmißhandlung zu einer geringeren Strafe als 6 Monate Freiheitsentzug verurteilt worden ist. Es fordert die Akten beim Strafgericht an.

– die Amtshandlung nur mit wesentlich größerem Aufwand vornehmen könnte als die ersuchte Behörde (§ 4 I Nr. 5 SGB X; § 5 I Nr. 5 VwVfG);

Beispiel: Ersuchen eines JA an ein anderes JA, die Verhältnisse des in seinem Bezirk lebenden jungen Mannes zu überprüfen, der ein minderjähriges junges Mädchen heiraten will, daß gem. § 1 II EheG Antrag auf Befreiung vom Erfordernis der Ehemündigkeit gestellt hat.

(2) *Die ersuchte Behörde darf die gewünschte Hilfe nicht leisten*[227], wenn

– sie hierzu aus rechtlichen Gründen nicht in der Lage ist (§ 4 II 1 Nr. 1 SGB X; § 5 II 1 Nr. 1 VwVfG);
– durch die Hilfeleistung dem Wohl des Bundes oder eines Landes erhebliche Nachteile bereitet würden (§ 4 II 1 Nr. 2 SGB X; § 5 II 1 Nr. 2 VwVfG).

Die ersuchte Behörde ist insbesondere zur Vorlage von Urkunden oder Akten sowie zur Erteilung von Auskünften nicht verpflichtet, wenn die Vorgänge nach einem Gesetz oder ihrem Wesen nach geheimgehalten werden müssen (§ 4 II 2 SGB X; § 5 II 2 VwVfG[228]). Gesetze, die eine solche Geheimhaltung

---

227 S. o. FN 223.
228 Zum Sozialgeheimnis siehe Papenheim/Baltes, Abschn. 33.2 und Oberloskamp/ Adams 1993, S. 82 und 136 ff.

vorsehen, sind z.B. § 35 SGB I und §§ 67 ff. SGB X sowie die §§ 64, 65 KJHG[229]. § 30 VwVfG dagegen bildet keine Schranke gegen die Weitergabe von Geheimnissen im Rahmen von Amtshilfeersuchen[230]. Im übrigen stellt § 203 StGB unbefugtes Offenbaren von Geheimnissen unter Strafe.

Beispiel: Das JA A, in dessen Bezirk Mutter und Kind leben, soll eine Stellungnahme zum Umgangsrecht abgeben, das dem Vater auf Wunsch der Mutter entzogen werden soll. Es bittet das JA B, in dessen Bezirk früher die ganze Familie, jetzt der Vater allein lebt, um Informationen über dessen Beziehung zum Kind. – Gem. § 35 SGB I ist das JA nicht befugt, hierüber Auskunft zu geben.

Nach den §§ 35 SGB I, 67 ff. SGB X sowie den §§ 64, 65 KJHG ist eine **Offenbarung** von an sich der Geheimhaltung unterliegenden Tatsachen **zulässig** und damit auch im Rahmen eines Amtshilfeersuchens erlaubt, wenn

– der Betroffene zustimmt, § 67 S. 1 Nr. 1 SGB X, oder
– eine gesetzliche Offenbarungsbefugnis nach den §§ 68–77 SGB X vorliegt, § 67 S. 1 Nr. 2 SGB X.

Beispiel: Ist im vorherigen Fall der Vater mit der Weitergabe von diesbezüglichen Informationen einverstanden (§ 67 S. 1 Nr. 1 SGB X), so kann das JA B die gewünschten Auskünfte geben. Erteilt er keine Einwilligung (negative oder gar keine Antwort), so kann das JA dennoch Auskünfte geben, weil die Mitwirkung in Familiengerichtsverfahren die Erfüllung einer gesetzlichen Aufgabe nach diesem Gesetzbuch (§§ 2 III Nr. 6, 50 KJHG) darstellt.

Die Offenbarungsbefugnis nach § 69 SGB X wird allerdings wieder eingeschränkt durch die §§ 64, 65 KJHG, so daß die ersuchte Behörde die gewünschte Hilfe doch nicht leisten kann. Nach § 64 I KJHG ist eine Offenbarung i. S. d. § 69 SGB X nicht zulässig, wenn dadurch der Erfolg einer zu gewährenden Leistung in Frage gestellt wird.

Beispiel: Nimmt V im vorausgehenden Beispiel die Beratung und Unterstützung des JA B gem. § 18 IV KJHG in Anspruch, um das Umgangsrecht mit seinem Kind wahrnehmen zu können, und vermutet der SA, daß der V die Beratungsgespräche abbrechen wird, wenn er hört, daß der SA dem JA A ohne die Einwilligung des V Informationen gegeben hat, so darf das JA B dem JA A keine Auskünfte erteilen (§ 64 I KJHG).

Beispiel: Hat V im vorausgehenden Beispiel dem SA im Beratungsgespräch erzählt, daß er K früher »im Suff« ein paarmal furchtbar geschlagen habe, daß er aber jetzt gar keinen Alkohol mehr trinke, weil er schwer leberkrank sei, dann darf der SA des JA B dies dem JA A nicht mitteilen. V hat dem SA die Tatsache des Schlagens »anvertraut«, d. h. darüber gesprochen in der Annahme, daß SA dies nicht weitererzählen wird. Er hat sie ihm anvertraut im Rahmen eines Beratungsgesprächs, d. h. zum Zweck persönlicher Hilfe. Eine Preisgabe dieser Information ist daher ohne Einwilligung nicht zulässig (§ 65 Nr. 1 KJHG).

---

229 Zur psychosozialen Diagnose in der Jugendhilfe in Niedersachen vgl. RdErl. d. MK v. 23. 10. 1981, Nds. MBl. Nr. 50/1981, S. 1254.
230 So Meyer/Borgs, § 30 RNrn. 15–18.

Beispiel: Erzählt V im vorherigen Beispiel, daß er das Kind auch jetzt noch regelmäßig verdresche, wenn es bei ihm sei, weil die Mutter es ja nicht »anständig erziehe« und er dies nachholen müsse, dann darf der SozArb des JA B diese Information an das JA A weitergeben. Durch regelmäßiges Schlagen ist ein Kind gefährdet. Wenn der V keine Bereitschaft zur Verhaltensänderung zeigt, muß sein Umgangsrecht ausgeschlossen werden. Dies ist über § 50 III KJHG möglich. Liegt ein solcher Fall vor, dann können auch anvertraute Daten gem. § 65 Nr. 3 (§ 203 I i. V. m. § 34 StGB) KJHG offenbart werden.

(3) *Die ersuchte Behörde braucht die gewünschte Hilfe nicht zu leisten*[231], wenn

– eine andere Behörde die Hilfe wesentlich einfacher oder mit wesentlich geringerem Aufwand leisten kann (§ 4 III Nr. 1 SGB X; § 5 III Nr. 1 VwVfG);
– sie die Hilfe nur mit unverhältnismäßig großem Aufwand leisten könnte (§ 4 III Nr. 2 SGB X; § 5 III Nr. 2 VwVfG);
– sie unter Berücksichtigung der Aufgaben der ersuchenden Behörde durch die Hilfeleistung die Erfüllung ihrer eigenen Aufgaben ernstlich gefährden würde (§ 4 III Nr. 3 SGB X; § 5 III Nr. 3 VwVfG).

6.2.3 Methodische Probleme bei der Datengewinnung

(1) Aussagen über die relativ konstante psychosoziale Situation von Klienten sollten sich in einer gutachtlichen Stellungnahme stets auf **mindestens zwei** voneinander unabhängige diesbezügliche **Informationen** stützen können. Nach unseren Beobachtungen wird von Berufsanfängern wie auch von erfahrenen SozArb leicht übersehen, daß ein Teil der Informationen im Aktenmaterial keine Neuinformation aus einer anderen Quelle, sondern nur die variierte Wiedergabe einer Aktennotiz ist, wodurch sie ihren Wert als zusätzlichen Beleg verliert.

(2) Methodisch zuverlässige Datengewinnung setzt voraus, daß der SozArb durch eine der Aufgabenstellung entsprechend umfassende **Anamnese**[232] die bisherige Entwicklungsgeschichte der Betroffenen erfaßt, in gezielten **Explorationen**[233] die Einstellung der Klienten zu entscheidungsrelevanten Fakten ermittelt und durch **Verhaltensbeobachtungen**[234] in den Lebensräumen der Klienten vorhandene Informationen erweitert und absichert. Für solche psychodiagnostischen Gespräche werden dem SozArb z. T. methodische Ansätze aus dem Bereich der Beratungsgespräche hilfreich sein.

(3) Angemessene Anamneseerhebung, Exploration und Verhaltensbeobachtung und ihre Auswertung **kosten viel Zeit** – ein weiteres Problem bei der Datengewinnung. Der Faktor »Zeitaufwand« wird noch größer, wenn der SozArb auch den erweiterten Lebensraum der Klienten (z. B. Kindergarten, Schule, Arbeitsplatz, Großeltern, Nachbarn usw.) in sein psychodiagnostisches

---

231 S. o. FN 227.
232 Bratt, S. 51–121; Schmidt/Kessler; Kemmler/Echelmeyer, S. 1628–1644.
233 Schraml, S. 868–897; Musaph; Argelander, Lutz.
234 Hasemann, S. 807–836; Donat, S. 130–167; Thomae 1976, S. 1–55; Köck; Köhne/ Klippstein.

Bemühen einbeziehen will. In der Praxis findet dieser erweiterte Lebensraum
für psychodiagnostische Überlegungen auch tatsächlich kaum Beachtung;
selbst wichtige Personen des engeren Lebensraumes (Vater und Mutter) werden vernachlässigt; nicht selten fehlen sogar Kontakte zum zu Beurteilenden
selbst[235], wodurch die auf so schmaler Basis gegründeten Aussagen an Rele-
vanz verlieren.

(4) Sofern der SozArb die notwendige Zeit zur angemessenen umfangreichen
Datengewinnung findet, stößt er nicht selten auf ein anderes Problem: die
Bereitschaft der Klienten **zur Mitarbeit** ist oft gering. Manchmal sind die
Widerstände geschickt verborgen, manchmal nur zu offensichtlich. Widerstände der Klienten zur Mitarbeit können umfassend sein, so z. B. in Fällen des
§ 1666 BGB, wenn die Sorgeberechtigten einen SozArb/SozPäd als Vertreter
einer Behörde erleben, der ihnen in ihre familiären Angelegenheiten hineinre-
gieren und etwas nehmen will. Eine eingeschränkte Bereitschaft der Klienten
zur Mitarbeit muß der SozArb vor allem in Fällen der §§ 1671 und 1672 sowie
1634 BGB berücksichtigen. In solchen Konflikten wird dem SozArb seine
Arbeit u. a. dadurch erschwert, daß manche Klienten ihn als den Parteigänger
des bisherigen Partners einschätzen, andere hingegen ihn zu einem solchen zu
machen suchen[236].

(5) Unter solchen Voraussetzungen ist von besonderer Bedeutung, wie der
SozArb die **Gesprächssituation zu gestalten** versteht[237], so daß es ihm gelingt,
Aufregung, Hemmungen oder gegen den Partner gerichtete ablehnende
Affekte teilweise aufzulösen oder so zu reduzieren, daß ein informatives
Gespräch möglich wird. Im weiteren Verlauf des Gesprächs hat der SozArb
darauf zu achten, daß er sich nicht von einem der Klienten »vereinnahmen«
läßt, dessen Konzepte übernimmt und von ihm den Verlauf des Gesprächs
kontrollieren, wenn nicht gar diktieren läßt. Nach unseren Beobachtungen
unterliegen besonders Berufsanfänger einer solchen Gefahr. Sie wird besonders stark für solche SozArb, die Fertigkeiten in Beratungsgesprächen besitzen, den Unterschied zum psychodiagnostischen Gespräch jedoch nicht kennen
oder anerkennen.

Ziel des psychodiagnostischen Gesprächs ist es, in einem ruhigen, verständnis-
vollen, von Wertungen unbelasteten Gesprächsklima

– möglichst konkrete Informationen zu sammeln, und zwar auch dann, wenn
  die Klienten sich in vage, verallgemeinernde Aussagen oder Anschuldigun-
  gen flüchten;
– dabei den Überblick über den Ablauf der Ereignisse, ihre wechselseitige
  Bedingtheit und die Auswirkungen auf das Kind nicht zu verlieren, auch
  dann nicht, wenn er mit vielen unbedeutenden Einzelheiten überschüttet
  wird.

---

235 Simitis u. a., S. 94 ff.
236 Näheres dazu s. o. S. 25 ff.
237 Näheres dazu bei Arntzen 1978, Musaph, Lutz.

Die hierfür notwendige Erfahrung in Gesprächsführung einsetzen zu können, ist ein zusätzliches Problem bei der Datengewinnung.

(6) Die **Informationen** von und über Klienten sollen nicht nur konkret sein, sie sollen auch **stimmen**. Die **Glaubwürdigkeit** von Klienten und anderen Informanten hinlänglich zu sichern, stellt ein psychodiagnostisch nicht befriedigend zu lösendes Problem dar. Hilfen zur Beurteilung der **Glaubhaftigkeit** ihrer Aussagen hingegen (vgl. S. 34f.) bieten u. a. die Berücksichtigung des Ausdrucksverhaltens (Verhaltensbeobachtung), der sprachlichen und inhaltlichen Gestaltung einer Aussage, was besonders für Gespräche mit Kindern bedeutsam wird. Zu den »Kennzeichen wahrheitsgemäßer Bekundungen« zählt *Undeutsch*[238]:

– Widerspruchslosigkeit zu anderweit feststehenden Tatsachen;
– Realistik und Wirklichkeitsnähe der Schilderung;
– Konkretheit, Anschaulichkeit, Originalität und individuelle Durchzeichnung der Aussagen;
– innere Stimmigkeit und Folgerichtigkeit der Darstellungen;
– eigentümliche oder ausgefallene Einzelheiten in einer Schilderung, die so nicht erdacht werden können.

Undeutsch verweist in diesem Zusammenhang auf die gebotene Vorsicht, mit diesen Kriterien umzugehen[239].

Praktische Hinweise auf Möglichkeiten, die Glaubhaftigkeit der Aussagen eines Informanten im Gespräch mit ihm abzuklären, finden sich auch bei *Arntzen*[240] und *Friedrichs*[241]. Auch die Weise, wie ein Klient sich mit den Aussagen oder Vorwürfen seiner Kinder oder seines ehemaligen Partners auseinandersetzt, bietet einen wertvollen Anhaltspunkt für die Einschätzung der Glaubhaftigkeit seiner eigenen Aussagen. Einzeltechniken der Gesprächsführung, die Beachtung typischer Fehler während der Gesprächssituation und das Bewältigen häufig zu beobachtender schwieriger Gesprächssituationen werden u. a. von *Musaph*[242], *Lutz*[243] und *Arntzen*[244] diskutiert, auf die hier stellvertretend für viele nur hingewiesen werden kann[245].

(7) Eine besondere Schwierigkeit bei der Datengewinnung besteht darin, die **Informationen** möglichst **genau festzuhalten**. Das Gedächtnisprotokoll reicht für längere und komplizierte Gespräche in der Regel hier nicht aus. Als Alternative bietet sich die Aufzeichnung mit einem Recorder oder die Mitschrift während des Gesprächs an. Beides wird in der Sozialarbeit selten verwendet. Gegen beide Formen gibt es begründete Einwendungen. Bandaufzeichnungen

---

238 S. 127 ff.
239 Vgl. auch Wegener 1981, S. 38 ff.
240 1978, S. 63–76.
241 S. 3–25.
242 S. 39–102.
243 S. 110–123.
244 1978, S. 8–32.
245 Vgl. auch die Ausführungen S. 34 f.

lösen bei Klienten oft zunächst Verunsicherung aus. Das trifft besonders dann zu, wenn es sich um sehr persönliche oder den Klienten belastende Äußerungen handelt. Die Mitschrift während des Gesprächs verlangt vom SA, seine Aufmerksamkeit auf das Gespräch mit dem Klienten und die Mitschrift aufzuteilen, was dann die Gesprächssituation beeinträchtigen kann.

(8) Besondere Probleme bei der Faktensammlung können sich ergeben, wenn **Kinder ins Gespräch einzubeziehen** sind. In diesem Zusammenhang sei erinnert

- an die begrenzte Einsicht kleinerer Kinder in komplexe Zusammenhänge;
- an die Manipulierbarkeit von Kinderaussagen;
- an die Ambivalenzkonflikte von Kindern, deren Eltern getrennt oder in Scheidung leben;
- an die psychische Belastung, die für manche Kinder ein psychodiagnostisches Gespräch darstellt.

Diese und andere Schwierigkeiten sind bei Berücksichtigung der kindlichen Erlebnis- und Auffassungsweise jedoch überwindbar. In jedem Fall sollte der Versuch unternommen werden, auch das betroffene Kind selbst zu sehen und zu hören[246]. Dabei wird darauf zu achten sein, das explorative Gespräch mit und die Verhaltensbeobachtungen am Kind wenigstens zu einem Teil in Abwesenheit von Vater und Mutter durchzuführen. Bei Kindern bis einschließlich Vorschulalter wird die Verhaltensbeobachtung in mehreren problemrelevanten Situationen besonders aufschlußreich sein. Diese Informationen sind durch Erkenntnisse aus Gesprächen mit Geschwistern, Großeltern, Nachbarn, Kindergärtnerinnen, Lehrern usw. zu erweitern und abzuklären, was nicht selten durch deren parteiische Einstellung oder eigene Betroffenheit erschwert wird.

(9) So können auch Schwierigkeiten bei der Datengewinnung den SozArb veranlassen, einen psychologischen oder medizinischen **Sachverständigen** mit einzubeziehen, dem für manche Bereiche spezielle Methoden zur Informationssammlung zur Verfügung stehen.

Gemeinsames Ziel aller an solcher Arbeit Beteiligten bleibt es, in verantwortlicher Weise **mit** den Klienten und am Wohl des Kindes lösungsorientiert zu arbeiten und **über** den Klienten möglichst nur Aussagen zu machen, die möglichst mit der Frage im Zusammenhang stehen, »welche Art von Zukunft er herbeizuführen sucht«[247].

---

246 Etwa in Anlehnung an § 50 b FGG.
247 Allport, S. 512.

7. Beispiele von Gutachten

In diesem Abschnitt werden einige Beispiele von gutachtlichen Stellungnahmen eines JA im Rahmen der Mitwirkung in Verfahren vor den VormGen/FamGen vorgestellt.

Kap. 7.1 enthält ein Originalaktenstück mit einem Fall zu § 1666 BGB. Nur Personaldaten und was sonst zur Identifikation der Beteiligten führen könnte, wurden verändert.

Zu diesem unter 7.1.1 gebrachten Vorgang stellen wir unter 7.1.2 ein Beispielgutachten zur Diskussion, in dem die von uns vorgeschlagenen Strukturmerkmale (Kap. 5) und die notwendigen Fakten (Kap. 6) berücksichtigt wurden – soweit sie vorhanden waren.

In Kap. 7.2 steht eine gutachtliche Stellungnahme eines JA im Original einer von den Autoren verfaßten Stellungnahme zu demselben Sachverhalt (§ 1671 BGB) zu Vergleichszwecken gegenüber.

Kap. 7.3 veranschaulicht, wie Studenten der Sozialarbeit bei entsprechender Anleitung die wesentlichen Aspekte einer gutachtlichen Äußerung eines JA (zu §§ 1741 ff. BGB) erarbeiten können und welche typischen Anfangsschwierigkeiten dabei zu überwinden sind (7.3.1).

Zum Vergleich findet sich unter 7.3.3 zum von den Studenten verwendeten Aktenmaterial der Versuch einer von den Autoren dieses Buches erarbeiteten gutachtlichen Äußerung. Auch sie leidet teilweise unter dem nur begrenzt informativen Aktenmaterial.

Die Aktenstücke haben sich über die fünf Auflagen nicht verändert. Inhaltlich besteht auch weiterhin keine Notwendigkeit hierfür, da die Gestaltung der Gutachten im Jahre 1981 nicht anders war als heute. Um den »jüngeren Lesern«, die das JWG nicht mehr kennen, das Verständnis zu erleichtern sind nach jedem Kapitel JWG und KJHG einander gegenübergestellt. Für die nächste Auflage wird überlegt, ein Beispiel für die einverständliche Sorgerechtsregelung bei Scheidungen einzufügen sowie einen geeigneten Fall zu § 1632 IV BGB auszuwählen. Die Autoren sind insoweit an Anregungen interessiert.

7.1 Gutachtenentwurf auf der Basis eines vollständigen Aktenstückes (§ 1666 BGB)*

7.1.1 Aktenstück (§ 1666 BGB)

1. Schreiben des Allgemeinen Sozialen Dienstes – ASD – an die Abteilung Pflegekinder

72 – 315 – 5   Blitzdorf, den 2. 9. 76

An das
Amt 72 – 14

Betr.: Pflegeerlaubnis für Frau Karin Ostern, geb. 30. 9. 02,
      wohnhaft in 1000 Blitzdorf 4, Sonnengasse 5
      Pflegekind: Paul Busch, geb. 1. 5. 67

Wie mir über die Körperbehindertenfürsorge (Gesundheitsamt Blitzdorf) bekannt wurde, befindet sich das Kind Paul B. seit dem 4. Lebensmonat in Pflege bei einer Frau Ostern. Eine Pflegeerlaubnis liegt nicht vor.
Paul B. leidet an einer angeborenen Kieferanomalie, einer Lippen-Kiefer-Gaumenspalte. Es wurden bereits 4 Operationen durchgeführt, und weitere Kontrollen werden sowohl vom Gesundheitsamt als der Zahnklinik regelmäßig angeordnet.
Paul besucht das 2. Schuljahr der Sprachbehindertenschule S. in Blitzdorf, Windgasse 13.
Die Kindesmutter Frau Hilde Busch ist als Küchenhilfe in der Karo-Fliesenfabrik beschäftigt und wohnt in Blitzdorf 3, Schneeweg 27. Wegen ihrer Berufstätigkeit hat sie ihren nichtehelichen Sohn vor 9 Jahren bei der ihr bekannten Frau O. untergebracht und hat angeblich täglich Kontakt zu ihrem Sohn gehabt.
Bei Frau O. habe ich inzwischen mehrere Hausbesuche durchgeführt. Die 73jährige alte Dame ist ledig und bewohnt mit einem Herrn Schneider, geb. 20. 8. 1901, eine geräumige Zwei-Zimmerwohnung mit großem Balkon in der Sonnengasse. Herr S. liegt schon mehrere Wochen im Krankenhaus und wurde beim Hausbesuch nicht angetroffen.
Die Wohnung war bei meinen Besuchen stets sauber und aufgeräumt. Für P. steht ein eigenes Zimmer mit einem großen Bett zur Verfügung.
Er ist altersgemäß entwickelt und macht einen sehr lebhaften, zufriedenen Eindruck. Trotz seiner Sprachbehinderung kann man sich gut mit ihm verständigen, und er scheint sich offensichtlich bei Frau O. wohlzufühlen.
Frau O hat sich ganz auf den Jungen eingestellt und versorgt und erzieht ihn mit viel Liebe und Geduld.
Von einer Nachbarin wurde mir gesagt, daß P. sich kein besseres Zuhause wünschen könne.
Frau O. bestätigte mir, daß die Kindesmutter täglich nach Dienstschluß ihren Sohn besuche und einen netten Kontakt zu ihm habe.
Auf die Dauer gesehen ist m. E. die Unterbringung des Kindes bei den alten Leuten nicht zu empfehlen, da sie ihn geistig nicht genügend fördern können und auch auftretenden Erziehungsschwierigkeiten nicht mehr gewachsen sind.

---

* Das Aktenstück stammt aus der Zeit vor Geltung des KJHG. Unter 7.1.4 (s. u. S. 187) finden sich kurze Erläuterungen zu den Unterschieden zwischen JWG und KJHG.

Zum gegebenen Zeitpunkt wäre jedoch die Herausnahme des Kindes aus der Pflegestelle für Frau O. eine Härte, die sie nicht verkraften könnte. Auch für P. wäre es ein seelischer Schock, da er m. E. bei Frau O. glücklich und zufrieden ist.

Unter diesen Umständen wird eine vorläufige Pflegeerlaubnis für Frau O. diesseits befürwortet.

Im Auftrage:
Lieb
(Sozialarbeiter)

2. Schreiben des ASD an die Abteilung Wirtschaftliche Jugendhilfe

72 – 315 – 5   Blitzdorf, den 25. 9. 76

An das
Amt 72 – 41

Betr.: Antrag auf Übernahme des Pflegegeldes für Paul Busch, geb. 1. 5. 1967
Pflegestelle: Frau Karin Ostern, 100 Blitzdorf, Sonnengasse 5

In der Anlage übersende ich ein Schreiben an das Amt 72 – 14, mit dem wir die Erteilung der Pflegeerlaubnis für das Kind Paul Busch befürworten.

Außer dem Kindergeld hat Frau B. bislang an Frau O. kein Pflegegeld gezahlt. Nach einer Rücksprache meinerseits am 20. 9. 76 ist Frau B. bereit, einen Zuschuß von 50 DM zu zahlen.

M. E. ist es Frau O. nicht zuzumuten, daß sie weiterhin kein Pflegegeld für P. erhält, zumal sie nur eine geringe Rente bezieht.

Frau B. kann ihren Sohn nicht bei sich aufnehmen, weil ihre Wohnung zu klein ist. Da P. aus den im Schreiben vom 2. 9. 76 genannten Gründen im Augenblick gut bei Frau O. untergebracht ist, wird diesseits befürwortet, daß P. in seiner jetzigen Umgebung verbleibt. Es wird daher gebeten, daß Sie die Pflegekosten übernehmen.

i. A. Lieb
(Sozialarbeiter)

Durchschrift der Pflegeerlaubnis des Jugendamtes Blitzdorf für Frau D. vom 6. 10. 76 übersandt an Amt 72 – 14 (ASD)

3. Vermerk

72 – 315 – 5   Blitzdorf, den 16. 3. 77

1) **Betr.:** Paul Busch, geb. 1. 5. 67, bei Frau Ostern, Blitzdorf 4, Sonnengasse 5

Frau O. sprach heute in der hiesigen Dienststelle vor und klagte über Erziehungsschwierigkeiten mit Paul.

Er sei zeitweise sehr unruhig, gebe freche Antworten und werfe mit schlechen Ausdrükken herum, bei den Schularbeiten sei er unkonzentriert und nachlässig.

Frau O. möchte gerne, daß der Junge nachmittags in einem Hort versorgt wird und unter Aufsicht seine Schularbeiten erledigen kann, da sie selbst nicht in der Lage ist, ihn dabei zu unterstützen. Ich habe mich daraufhin mit der Sprachbehinderten-Schule mit Herrn L. (Schulleiter) in Verbindung gesetzt.

Herr L. gab mir an, daß P. sehr verhaltensgestört sei und seine Klassenlehrerin erhebliche Schwierigkeiten mit ihm habe. Er wird jedoch im Klassenverband mit getragen, und Herr L. ist der Meinung, daß der Junge bei Frau O. für die nächsten Jahre gut aufgehoben ist. Frau O. sei rührend um den Jungen bemüht, es wäre jedoch wünschenswert, wenn Paul nachmittags sich im Hort aufhalten könnte, um Frau O. zu entlasten. Bislang waren meine Bemühungen um einen Hortplatz erfolglos. Frau B., die Mutter des Jungen, wurde für den 22. 3. 77 zu einer Unterredung vorgeladen.

Im Auftrage:
Lieb
(Sozialarbeiter)

2) z. d. A.
3) Wvl. sofort

4. Vermerk

72 – 315 – 5   Blitzdorf, den 23. 3. 77

1) **Betr.:** Paul Busch, geb. 1. 5. 67, Blitzdorf 4, Sonnengasse 5

Am 22. 3. 77 sprach Frau B. in der hiesigen Dienststelle vor. Sie gab mir an, daß sie fast täglich Kontakt zu ihrem Sohn habe und nicht damit einverstanden sei, daß Paul nach der Schulzeit einen Hort besuche. Sie wolle zunächst noch abwarten, wie Paul sich weiter entwickelt.

Frau B. selbst kann aus räumlichen Gründen P. nicht bei sich aufnehmen. Da sie m. E. auch über Gebühr dem Alkohol zuspricht, ist eine Aufnahme des Kindes in ihren Haushalt nicht zu empfehlen.

i. A. Lieb
(Sozialarbeiter)

2) Wvl. 3 Monate

5. Bericht gem. § 31 I JWG des ASD an die Abteilung Pflegekinder

AMT	Datum
	16. 7. 77

72 – 315 – 5

An
AMT   72 – 14

Betrifft:

X	Pflegestelle		Adoptionsstelle

Name, Vorname
Ostern, Karin

Anschrift
XXXX   Blitzdorf 4, Sonnengasse 5

X	Pflegekind		Adoptivkind

Name, Vorname
Busch, Paul

Geburtsdatum
1. 5. 67

Bitte beantworten Sie möglichst bald die folgenden Fragen.

Im Auftrage:

A. Pflegekind / Adoptivkind

1. Körperliche Entwicklung

Paul hat sich körperlich gut entwickelt, er ist sehr kräftig geworden.

Krankheiten (im letzten Berichtszeitraum)

keine ernsthaften Erkrankungen

Behinderungen

Sprachstörung nach angeborener Lippen-Kiefer-Gaumenspalte

2. Geistige Entwicklung

gestört, P. hat nach Ansicht des Kinderarztes Dr. A. einen angeborenen Hirnschaden

Schulbesuch

Schule/Klasse

Sprachbehindertenschule S., wiederholt das 2. Schuljahr

Verhalten

zeitweise unruhig und unkonzentriert

Leistungen

unter Durchschnitt

Lehre

Lehrstelle

entfällt

Verhalten

Leistungen

3. Soziale Entwicklung

Paul zeigt in den letzten Monaten erhebliche Verhaltensstörungen, er hat wenig Kontakt zu anderen Kindern.

Erziehungsschwierigkeiten

Frau O. klagt in der letzten Zeit über erhebliche Erziehungsschwierigkeiten.

Kontakte zu Bezugspersonen / Eltern

Die alte Frau O. und ihr Lebensgefährte Herr S. sind die
eigentlichen Bezugspersonen für P., aber auch zu der
leiblichen Mutter besteht ein Kontakt.

Freizeitgestaltung / Hobbys

Paul ist sehr tierlieb, er spielt viel mit seinem Hund.

B. Pflegeeltern / Adoptiveltern

1. Einstellung der Pflege- / Adoptiveltern zum Kind

Frau O. hängt sehr an P., aber in der letzten Zeit ist sie den
zunehmenden Erziehungsschwierigkeiten nicht mehr gewachsen.
P. ist zeitweise sehr aggressiv, er rennt und tobt dann in der
Wohnung herum und hat am 25. 8. 77 sogar Herrn S. tätlich angegriffen (siehe beiliegenden Bericht).

2. Veränderte persönliche Verhältnisse der Pflege- / Adoptiveltern

3. Veränderte wohnliche Verhältnisse

keine

4. Kontakt zu den leiblichen Eltern des Kindes

Frau B., die in erheblichem Maße dem Alkohol zuspricht,
besucht ihren Sohn mehrere Male in der Woche abends für 1–2
Stunden.

C. Zusammenhängender Bericht

In den letzten 14 Tagen habe ich bei Frau O. mehrere Hausbesuche
durchgeführt, auch mit der Kindesmutter habe ich wiederholt
telefoniert und hatte am 14. 7. 77 eine persönliche Rücksprache
mit ihr im hiesigen Amt. Frau Busch ist bereit, den Jungen wieder
zu sich zu nehmen, wenn er nach der Schulzeit einen Hort besuchen
kann, sie will auf keinen Fall ihre Berufstätigkeit aufgeben.
Mit einer Heimunterbringung ist Frau B. nicht einverstanden.
Meine Bemühungen um einen Hortplatz waren bislang erfolglos.

Bei Frau O., die am 30.9.77 75 Jahre alt wird, kann P. nicht mehr
verbleiben, die alte Frau ist plötzlich auftretenden Tobsuchts-
anfällen des Jungen nicht mehr gewachsen und kann nicht mehr
erzieherisch auf ihn einwirken. P. befindet sich zwar in Behandlung bei dem Kinderarzt Dr. A., der ihn auf Beruhigungstabletten
eingestellt hat, aber der verhaltensgestörte Junge muß m. E.
anderweitig untergebracht werden. Er braucht vor allem auch Kontakt zu anderen Kindern.
Falls keine andere Pflegestelle gefunden werden kann, ist m. E.
eine Heimunterbringung unumgänglich.
Frau B., die über Gebühr dem Alkohol zuspricht, ist m. E. nicht in
der Lage, ihrem Sohn gerecht zu werden.
P. befindet sich seit dem 4. Monat bei Frau O. und hat seine
Mutter nur besuchsweise erlebt. Ein echtes Mutter-Kind-Verhält-
nis besteht m. E. nicht.

Im Auftrag:
Lieb
(Sozialarbeiter)

---

6. Schreiben des Polizeidirektors an den ASD

Der Polizeidirektor Blitzdorf   26.8.77
– Schutzbereich X ABC –

Urschriftlich
dem
Stadtdirektor Blitzdorf
– Jugendamt –

mit der Bitte um Kenntnisnahme und weitere Veranlassung übersandt

I. A. Helfer
(PHK)

Auszug aus dem Bericht vom 25.8.77:
Am Mittwoch, den 25.8.77, gegen 21.30 Uhr, wurde der Streifenwagen XY zur Sonnen-
gasse entsandt. Dort wurden wir von einem Krankenwagen der Feuerwehr und dem
Zeugen
Fix, Heinrich, geb. 1.3.48 in Kuhdorf,
   Blitzdorf, Sonnengasse 5,
   Student,
erwartet. Herr F. teilte uns mit, daß sich seine Nachbarin Frau Ostern, Karin, ..., an ihn
um Hilfe gewandt habe. Herr F. verständigte die Polizei.
Frau O. teilte uns mit, daß ihr Pflegekind Busch, Paul, geb. 1.5.67 in Blitzdorf, in den
Abendstunden ihren Lebensgefährten, Herrn Schneider, angegriffen und Gegenstände
durch die Wohnung geworfen habe. Dies soll in einem Anfall von Tobsucht passiert sein.
Da Herr S. ein krankes Herz und Kreislaufbeschwerden habe, erlitt er daraufhin einen
Kreislaufkollaps. Frau O. zeigte uns einen Erlaubnisschein des Jugendamtes zur Auf-
nahme eines Pflegekindes, ausgestellt am 6.10.76 durch die Stadthauptsekretärin Frau
Fuchs, vor.

Das Sorgerecht über das Kind soll immer noch die Mutter,
Frau Busch, Hilde, geb. 10. 10. 31 in Plumm,
    Blitzdorf 3, Schneeweg 27,
    Arbeiterin,
besitzen. Der Sohn wurde der Mutter zugeführt. Da die Mutter nicht verheiratet und ganztägig berufstätig ist, kann dies jedoch nur eine vorübergehende Lösung sein. Das Kind scheint verhaltensgestört zu sein. Die Störung scheint noch dadurch begünstigt zu werden, daß er einen Wolfsrachen hat und deshalb schon viermal operiert wurde. Aufgrund dessen liegt auch eine Sprachstörung vor.
Es ist angebracht, daß sich sowohl das Jugendamt als auch das Gesundheitsamt mit dieser Angelegenheit beschäftigt.

Stark
(POM)

7. Vermerk

72 – 315 – 5   Blitzdorf, 10. 11. 77

1) **Betr.:** Paul Busch, geb. 1. 5. 67, Sonnengasse 5, Blitzdorf

Nach mündlicher Rücksprache mit Frau Katz, Pflegekinderwesen, ist eine neue Pflegestelle für Paul z. Zt. nicht zu ermitteln. Mit den Kinderheimen im Raume Blitzdorf habe ich mich telefonisch in Verbindung gesetzt. Zum jetzigen Zeitpunkt ist kein Heimplatz frei, evtl. Anfang des Jahres im Kinderheim M.
Frau Busch steht nach wie vor einer Heimunterbringung negativ gegenüber. Sie möchte Paul vorerst noch bei Frau O. belassen und jeden Nachmittag zu sich holen. Frau Busch gab mir an, daß sie in ihrer Wohnung mit P. keine Schwierigkeiten habe, er gehorche ihr und sei nicht aufsässig.
M. E. erlaubt sich P. den alten Leuten gegenüber, vor allem Herrn S. gegenüber, mehr Frechheiten, da er sich ihm überlegen fühlt.
Frau O. selbst trennt sich auch sehr ungern von P., sie hängt sehr an ihm, sieht aber ein, daß sie auf die Dauer P. nicht mehr verkraften kann.

I. A. Lieb
(Sozialarbeiter)

2) WVl. 4 Wochen

8. Bericht gem. § 31 I JWG des ASD an die Abteilung Pflegekinder

AMT	Datum 23. 12. 77

72 – 315 – 5
An
AMT   72 – 14

Betrifft:

X	Pflegestelle		Adoptionsstelle

Name, Vorname
Ostern, Karin

Anschrift
XXXX   Sonnengasse 5, Blitzdorf 4

X	Pflegekind		Adoptivkind

Name, Vorname Busch, Paul	Geburtsdatum 1. 5. 67

Nachstehend erhalten Sie den Prüfungsbericht zur Kenntnisnahme.

Im Auftrage:

(bitte in Originalschrift abfassen)

A. Pflegekind / Adoptivkind

1. Körperliche Entwicklung
sehr kräftig entwickelt

Krankheiten (im letzten Berichtszeitraum)
keine

Behinderungen
Angeborene Lippen-Kiefer-Gaumenspalte

2. Geistige Entwicklung
weiterhin retardiert

Schulbesuch

Schule/Klasse
2. Klasse Sprachbehinderten-Schule S.

Verhalten
Nach tel. Auskunft ist Paul aggressiv und terrorisiert
die ganze Klasse.

Leistungen
trotz Fördergruppe schlechte Leistungen

Lehre

Lehrstelle
entfällt

Verhalten

Leistungen

3. Soziale Entwicklung

Nach wie vor ist Paul in seinem Verhalten gestört, durch sein einengendes häusliches Milieu hat er kaum Kontakt zu anderen Kindern.

Erziehungsschwierigkeiten

Frau O. ist den Erziehungsschwierigkeiten Pauls nicht mehr gewachsen. Sie steht seiner Aggressivität und Zerstörungslust hilflos gegenüber.

Kontakte zu Bezugspersonen / Eltern

Frau Busch holt ihren Sohn am Wochenende zu sich, außerdem bringt Frau O. ihn nach dem Mittagessen zu der Mutter.

Freizeitgestaltung / Hobbys

keine besonderen Interessen, spielt gern mit Tieren.

B. Pflegeeltern / Adoptiveltern

1. Einstellung der Pflege- / Adoptiveltern zum Kind

Frau O. hängt sehr an P., sie sieht jedoch ein, daß sie ihm nicht mehr gerecht werden kann. Sie ist gesundheitlich sehr angegriffen und hat nicht mehr die Kraft, den zunehmenden Schwierigkeiten Pauls entgegenzutreten.

2. Veränderte persönliche Verhältnisse der Pflege- / Adoptiveltern

Schwester V. vom Kinderheim M. hat sich bereit erklärt, Paul vorerst tagsüber im Heim aufzunehmen. Infolge seiner Sprach-behinderung hält es Schwester V. für problematisch, P. in eine Gruppe zu integrieren und will es vorerst nach der Schulzeit am Nachmittag versuchen.

3. Veränderte wohnliche Verhältnisse

Voraussichtlich ab 1. 2. 78 wird P. bei der Mutter im Schneeweg 27 wohnen.

4. Kontakt zu den leiblichen Eltern des Kindes

C. Zusammenhängender Bericht

Sowohl mit Frau O. als auch mit Frau B. habe ich in den letzten Wochen mehrere Gespräche betr. der Unterbringung Pauls geführt. Frau B. sieht zwar ein, daß Frau O. den Schwierigkeiten nicht mehr gewachsen ist, ihn zu sehr verwöhnt und ihn unterfor-dert, so daß sein aggressives Verhalten nicht abgebaut wird, sondern zunimmt. Frau B. ist m. E. infolge ihres Alkoholkonsums auch nicht fähig, Paul ganztägig zu versorgen. Sie müßte dann auch ihre Berufstätigkeit aufgeben. Sie ist nunmehr damit ein-verstanden, daß
P. nach der Schule das Kinderheim M. besucht,

sie wird ihn gegen Abend dann zu sich holen, morgens zur Schule bringen, wo er dann nach Schulschluß vorerst von einer Betreuerin des Heims abgeholt wird, bis er sich an die Straßenbahn gewöhnt hat.

M. E. müßte man einige Wochen die weitere Entwicklung Pauls beobachten. Schwester V. wird auch versuchen, auf die Mutter einzuwirken, daß sie Paul gerecht wird, und uns verständigen.

Im Auftrag:
Lieb
(Sozialarbeiter)

9. Vermerk

72 – 315 – 5 Blitzdorf, 4. 1. 78

1) **Betr.:** Paul Busch, geb. 1. 5. 67, Sonnengasse 5

Zwischenzeitlich habe ich bei Frau O. mehrere Hausbesuche durchgeführt. Herr S. befindet sich wieder im Krankenhaus, und Frau O. ist auch gesundheitlich sehr angegriffen.
Sie bringt jetzt P. jeden Mittag in die Fliesenfabrik, wo Frau B. arbeitet. P. kann dort die Schularbeiten machen, jetzt während der Ferien beschäftigt er sich mit anderen Dingen, bis die Mutter ihn nach Dienstschluß mit nach Hause nimmt und in den Abendstunden wieder bei Frau O. abliefert.
Nach wie vor ist P. Frau O. gegenüber aggressiv. Sie ist dann auch nicht konsequent genug und versucht ihn zu beschwichtigen. Daß sie immer mehr von ihm tyrannisiert wird, erduldet sie und hat Angst, es Frau B. einzugestehen.
Ein Herr Fix, der schon jahrelang im Hause wohnt, hat sich auch telefonisch an uns gewandt. Er hält ein weiteres Verbleiben Pauls bei den alten Leuten O./S. nicht mehr für tragbar. Ich habe vor, in den nächsten Tagen bei Herrn F. vorzusprechen.

I. A. Lieb
(Sozialarbeiter)

2) Wvl. sofort

10. Vermerk

72 – 315 – 5 Blitzdorf, 17. 1. 78

Betr.: Paul Busch, geb. 1. 5. 67

Am 14. 1. habe ich Herrn Fix in seiner Wohnung angetroffen. Er kennt die Verhältnisse bei Frau O. schon seit 8 Jahren. Herr F. hält einen Milieuwechsel für Paul für dringend erforderlich, da die alten Leute dem Jungen nicht mehr gewachsen sind. Angeblich tobt P. oft noch in den Nachtstunden in der Wohnung herum und tyrannisiert die alten Leute. Ich habe heute einen Heimplatz für P. im Kinderheim M. gefunden und Frau B. telefonisch für den 18. 1. 78 in die hiesige Dienststelle bestellt.
Nach tel. Auskunft der Schule, Gespräch mit Frau Z. (Klassenlehrerin) ist P. auch dort zunehmend schwieriger geworden, er terrorisiert die ganze Klasse, brüllt herum und sprengt den ganzen Klassenverband. Obwohl er in der Fördergruppe ist, sind seine Leistungen sehr schlecht. Frau Z. hat Frau B. für Samstag zu sich bestellt.

I. A. Lieb
(Sozialarbeiter)

11. Vermerk

72 – 315 – 5   Blitzdorf, 28. 1. 78

1) **Betr.**: Paul Busch, geb. 1. 5. 67, Sonnengasse 5, Blitzdorf

Heute sprach Frau B. in der hiesigen Dienststelle vor. Sie war am 26. 1. 78 nochmals mit P. bei Schwester V. im M.-Heim und hat mit ihr vereinbart, daß P. ab 1. 2. 78 nach der Schulzeit das M.-Heim aufsucht.
Schwester V. will zunächst 4 Wochen beobachten, wie P. sich in der Gruppe entwickelt und ob er überhaupt zu integrieren ist. Nachts wird P. in diesen 4 Wochen noch bei Frau O. verbleiben.
Ich habe Frau Fischer, Wirtschaftliche Jugendhilfe, tel. davon in Kenntnis gesetzt, daß das Pflegegeld noch für weitere 4 Wochen gezahlt wird. Frau O. wird davon die Unterbringung Pauls bei Schwester V. bezahlen.

Im Auftrage
Lieb
(Sozialarbeiter)

2) Wvl. 4 Wochen

12. Schreiben der Schule an den ASD

Schule für Sprachbehinderte,   Blitzdorf, den 25. 1. 78
der Stadt Blitzdorf

An das
Jugendamt – ASD –
z. Hd. Herrn Lieb
Regenstr. 24
100 Blitzdorf 2

Auszug aus dem Bericht der Klassenlehrerin von Paul Busch:
Paul Busch (10; 8 J.) besuchte zunächst (1973–75) ohne Erfolg die Grundschule in der Hagelstr. Seit 2½ Jahren ist er Schüler der Sonderschule für Sprachbehinderte Blitzdorf. Er wurde im Schuljahr 1975/76 eingeschult, im Herbst 1976 mit schwachen Leistungen ins 2. Schuljahr versetzt und wiederholt jetzt die Klasse 2.
Pauls schulische Leistungen sind so schwach, daß eine Versetzung ins 3. Schuljahr unmöglich erscheint (s. Zeugnis). Er ist deshalb zur Sonderschule für Lernbehinderte gemeldet.
P. hat eine operierte Gaumen-Lippen-Kieferspalte. In der Sprachtherapie macht er Fortschritte, wenn er **einzeln** behandelt wird und sich die Lehrerin nur mit ihm beschäftigen kann.
Grobmotorisch ist P. sehr ungeschickt. Bei den Leibesübungen fällt ihm die Rolle vorwärts und das Balancieren vorwärts sehr schwer. Auch in der Feinmotorik weist P. Störungen auf (s. Schriftbild).
P. ist sehr unselbständig. Er wird mit seinen fast 11 Jahren täglich von seiner Pflegemutter in die Schule gebracht, und erst seit einem halben Jahr geht er alleine nach Hause. Nach der Turn- und Schwimmstunde kann er sich jetzt alleine anziehen. Zu Hause zieht ihn die Pflegemutter, Frau O., an.
Auffallend sind seine Bewegungen, wenn er in »Ekstase« gerät. Er macht z. B. dauernd

Türen auf und zu und spielt besonders mit Pendeltüren (Schwimmbad). Ebenso hat es ihm dort die kalte Dusche angetan, unter die er fortwährend läuft, ohne das Wasser nachher abzudrehen.

Während des Unterrichts lutscht er ständig am Zipfel seines Taschentuches, das er erst nach 3–5maligen Ermahnen in die Tasche steckt.

Es bleibt einem Facharzt überlassen, die dann von P. ausgeführten abartigen Bewegungen exakt zu definieren.

Ebenso auffallend sind seine stereotypen Redewendungen. Er kommt mitten im Unterricht x-mal ans Pult gelaufen und sagt mir, daß er ein neues Alpenveilchen oder einen neuen Fisch für sein Aquarium bekommen hat.

P. ist sehr personengebunden. Fehlt einmal die Klassenlehrerin, dann will er überhaupt nicht in die Schule gehen. Eine Trennung von seiner Pflegemutter wird vermutlich zunächst einen Schock für P. bedeuten. Trotzdem halte ich es auch als Klassenlehrerin für besser, daß P. nicht dauernd zwischen »Mami« und »Oma« (= Pflegemutter; Anm. d. Verf.) hin- und hergerissen wird und befürworte die Unterbringung in einem Heim.

A. Z.
(Klassenlehrerin)

Zusammenstellung der schulischen Leistungen von Paul:

Bibl. Geschichte		Rechnen	
Mündl. Ausdruck		Sachkunde	mangelhaft
Lesen	ausreichend	Schreiben	
Musik			
Zeichnen		Aufsatz	ungenügend
Leibesübungen		Rechtschreiben	

13. Schreiben des Polizeidirektors an den ASD

Der Polizeidirektor Blitzdorf   23. 2. 78
– Schutzbereich X ABC –

Urschriftlich
dem
Stadtdirektor Blitzdorf
– Jugendamt –

mit der Bitte um Kenntnisnahme und zum dortigen Verbleib übersandt.

I. A. Helfer
(PHK)

Auszug aus dem Bericht vom 12. 2. 78:

Am Samstag, 12. 2. 78, gegen 12.15 Uhr, erscheint der Student Heinrich Fix, ..., wohnhaft in Blitzdorf, Sonnengasse 5, und berichtet folgendes:

Seit ca. 10 Jahren lebt der Paul Busch bei der Familie Schneider. Herr S. ist mittlerweile ca. 75 Jahre alt und schwer herzkrank (letztmalig kam er erst vor 2 Tagen aus dem Krankenhaus). Auch die mit ihm lebende Frau Ostern ist schon über 65 Jahre alt und sehr kränklich.

Die beiden alten Leute sind nicht mehr gesundheitlich in der Lage, ihrer Aufsichts- und Erziehungspflicht gegenüber dem Jungen nachzukommen.

Die Mutter des Jungen, Frau Busch, wohnt in Blitzdorf, Schneeweg 27. Soviel mir bekannt ist, hat die Mutter noch das Sorgerecht über den Jungen. Nach meiner Feststellung ist Frau B. Trinkerin und selbst nicht in der Lage, für den Jungen zu sorgen; ihr Einfluß dürfte vielleicht sogar schädlich auf den Jungen wirken. Er soll sogar von seiner Mutter Alkohol bekommen. Da über den Kopf der Mutter vermutlich nichts entschieden werden kann, müßte der Mutter das Mutterrecht entzogen werden.

In dieser Sache ist das Jugendamt der Stadt Blitzdorf schon mehrmals tätig geworden. Mit ist bekannt, daß Herr Lieb die Sache bearbeitet. Bisher wurde das Kind immer wieder der Mutter oder letztendlich den alten Leuten zugeführt. Dies kann und darf kein Dauerzustand sein, denn nicht nur die alten Leute und alle Hausbewohner, sondern besonders das Kind müssen unter diesen Umständen leiden. Auch die Einweisung des Jungen in eine Tagesstätte der Stadt bringt nicht die gewünschten Erfolge.

Es erscheint dringlich, den Jungen in ein richtiges Heim einzuweisen, damit sichergestellt wird, daß von diesem Zeitpunkt an schädliche Einflüsse von dem Jungen ferngehalten werden. Es sollte jeglicher Kontakt zunächst einmal mit den alten Leuten (zur Gesundung) und der Mutter unterbunden werden.

Am heutigen Tage habe ich den Jungen aus der Wohnung des Herrn S. herausholen müssen, weil die alten Leute durch heftige Auseinandersetzungen mit dem Jungen nicht nur nervlich, sondern auch in bezug auf Kreislauf- und Herzstörungen in einer äußerst schlechten Verfassung angetroffen wurden. Die alten Leute waren sofort damit einverstanden, daß ich den Jungen herausholte. Ich wollte den Jungen zu seiner Mutter bringen. Seine Mutter traf ich aber nicht an; zumindest öffnete sie mir nicht.

Deshalb wandte ich mich an die Polizei, damit der Junge wenigstens über das Wochenende eine geeignete Unterkunft bekommt.

Mit meinem Bericht möchte ich erreichen, daß der Junge nicht immer wieder hin- und hergeschoben wird. Übergangslösungen – wie in der vergangenen Zeit – sollten bei Lage der Dinge absolut vermieden werden.

Geschlossen: v. g. u.
Stark   Heinrich Fix
Polizeikommissar

Vermerk: Mit der Jugendschutzstelle, Herrn Heim, wurde fernmündlich Verbindung aufgenommen. Der Junge wird dort bis zu einer Lösung der Sachlage aufgenommen.

14. Vermerke

72 – 315 – 5   23. 2. 78

Betr.: Paul Busch

1) Anruf von Herrn Fix am 15. 2. 78. Er gab an, daß Frau O. Paul in keiner Weise mehr gewachsen sei. Der Junge würde ständig Wutanfälle bekommen, und die Pflegemutter wäre bereits dreimal in der Wohnung zusammengebrochen. P. soll angeblich auch während der Nachtstunden in der Wohnung herumtoben. Am Samstag seien die Schwierigkeiten so massiv gewesen, daß Herr F. die Polizei geholt hätte, damit diese die Muter von den Mißständen unterrichtet und damit diese Einfluß auf ihren Sohn nehmen könne. Herr F. hält es für ausgeschlossen, daß P. bis zu seiner Einweisung in die Jugendpsychiatrie am 25. 2. 78 in der Pflegestelle O. bleibt.

2) Rücksprache mit Schwester V. vom M.-Heim. Sie gab an, daß sie keinen freien Heimplatz mehr für P. habe, auch in der Gruppe zeige er sich sehr problematisch. Deshalb habe man sich mit der Jugendpsychiatrie in Verbindung gesetzt und eine Unterbringung

für den 25. 2. 78 dort erreicht. Auch in Anbetracht der erheblichen Schwierigkeiten, die
P. in der Pflegestelle bereitet, ist Schwester V. nicht in der Lage, den Jungen aufzunehmen.
3) Rücksprache mit Schwester K. vom Kinderheim K. Sie ist bereit, den Jungen sofort
aufzunehmen.
4) Anruf bei Frau Busch, am 16. 2. 78. Sie ist nicht bereit, P. freiwillig aus der Pflegestelle herauszunehmen. Sie sieht nicht ein, daß ihr Sohn für die kurze Zeit noch einmal
das Heim wechseln soll. Außerdem ist sie davon überzeugt, daß Frau O. für die kurze
Zeit dem Jungen noch gerecht werden kann. Frau B. wurde darauf hingewiesen, daß die
Möglichkeit besteht, daß ihr die elterliche Sorge durch eine einstweilige Anordnung entzogen werden kann. Trotzdem weigert sich Frau B. entschieden, den Jungen aus der
Pflegestelle zu nehmen und legte vor Beendigung des Gespräches den Hörer auf.
5) Hausbesuch bei Frau O. am 16. 2. 78. Sie bat mich, P. doch noch bis zum 25. 2. 78 bei
ihr zu belassen, obwohl sie selbst einsieht, daß sie dem Jungen nicht mehr gerecht werden kann, zumal sie auch nervlich mit den Schwierigkeiten überfordert ist.
6) Rücksprache mit Herrn Fix am 16. 2. 78. Nach eingehender Darstellung der Situation
und unter Berücksichtigung der Tatsache, daß der Junge am 25. 2. 78 eine Einweisung in
die Jugendpsychiatrie hat, ist er bereit, Frau O. bei auftretenden Schwierigkeiten zu
unterstüzen, zumal er auch einsieht, daß ein erneuter Heimwechsel für die 10 Tage nicht
zum Wohle des Kindes ist. Deshalb kamen Frau O., Herr Fix und ich überein, daß P. bis
zum 25. 2. 78 in der Pflegestelle verbleiben kann.
7) Wvl. bei Anregung

I. A.
Lieb
(Sozialarbeiter)

15. Vermerke

72 – 315 – 5   1. 3. 78

Betr.: Paul Busch

1) Anruf von Schwester V. (M.-Heim) am 24. 2. 78. Sie teilte mit, daß P. gegen 9.30 Uhr
einen Termin bei Frau K. im Gesundheitsamt hatte. Frau B. wollte den Jungen vorher im
M.-Heim vorbeibringen. Sie sei jedoch nicht – wie verabredet – gekommen. Schwester
V. vermutet, daß sich P. wieder bei der Pflegestelle O. aufhält, obwohl Frau O. krank
sein soll.
2) Anruf von Herrn Fix. Er gibt an, daß P. sich bei Frau O. befindet und es wieder zu
Schwierigkeiten gekommen sei.
3) Hausbesuch in der Pflegestelle O., der am gleichen Tage durchgeführt wurde. Frau
O. scheint ernstlich krank zu sein. Sie braucht m. E. dringend ärztliche Behandlung. Sie
hat erhebliche Atembeschwerden und schlief so fest, daß sie von allem nichts mitbekam.
Auch Herr S. ist kaum in der Lage zu gehen. Er gibt an, daß der Arzt von Nachbarn
benachrichtigt worden sei.
P. konnte nach einigem Zureden dazu bewegt werden, mit mir ins Kinderheim zu gehen,
da der Verbleib in der Pflegestelle nicht mehr möglich ist.
4) P. wurde persönlich zu Schwester V. gebracht. Frau B. hatte zwischenzeitlich dort
angerufen. Sie hat angegeben, daß P. sich geweigert habe aufzustehen. Deshalb habe sie
den Jungen bei Frau O. gelassen, obwohl diese offensichtlich ernstlich krank ist.

Der Termin bei Frau K. ist auf Freitag, den 25. 2. 78, verschoben worden. Schwester V. will versuchen, Frau B. dazu zu bewegen, den Jungen eine Nacht im M.-Heim zu belassen, damit der Termin im Gesundheitsamt wenigstens am Freitag wahrgenommen werden kann.

5) Anruf von Schwester V. am 25. 2. 78. Sie teilt mir mit, daß Frau B. am vorangegangenen Tag nicht bereit war, den Jungen im M.-Heim zu belassen. Sie habe jedoch fest versprochen, am 25. 2. 78 pünktlich um 9.00 Uhr im Heim zu erscheinen, damit P. von dort aus mit den Unterlagen zum Gesundheitsamt zur Untersuchung gebracht werden kann. Schwester V. gab an, daß Frau B. jedoch nicht im Heim erschienen sei. Die Vorstellung des Jungen sei unter allen Umständen noch vor der Unterbringung in der Jugendpsychiatrie am Nachmittag des 25. 2. 78 dringend erforderlich. Schwester V. bittet mich, zu versuchen, P. zu finden und dann mit ihm ins Gesundheitsamt zu fahren.

6) Hausbesuch bei Frau B. im Schneeweg 27. Es wird mir nicht geöffnet.

7) Hausbesuch bei Frau O. P. ist nicht dort. Dabei stellte ich fest, daß sich Frau O. in einem sehr schlechten Gesundheitszustand befindet, so daß ich versuchen werde, den Hausarzt Dr. G. zu erreichen und eine Familienpflegerin zu besorgen.

8) Erneuter Versuch, Frau B. in ihrer Wohnung zu erreichen. Es wird mir nicht geöffnet. Daraufhin schelle ich bei der Nachbarwohnung, um zu erfahren, wo sich Frau B. aufhält. Es wird mir von P. geöffnet. Frau B. steht gerade aus dem Bett auf. Sie gibt an, daß sie sich nicht wohl fühle, hatte aber bereits eine erhebliche Fahne.

Frau B. und P. werden umgehend ins Gesundheitsamt begleitet.

Da offensichtlich der Verdacht besteht, daß Frau B. im Übermaß dem Alkohol zuspricht, wurde sie direkt ebenfalls von Herrn Dr. C. untersucht. Während der ganzen Zeit war Frau B. sehr aggressiv und äußerte die Absicht, P. nach der Entlassung aus der Jugendpsychiatrie zu sich nehmen zu wollen. Frau B. war noch immer der Meinung, daß Frau O. durchaus der Betreuung des Jungen gerecht werden könnte.

9) Rücksprache mit Frau Weise vom DPWV. Sie hat eine Familienpflegerin gefunden, die bereit ist, am Samstag zu Frau O. zu gehen. Frau Weise bittet mich jedoch, beim ersten Hausbesuch anwesend zu sein, um Frau O. einzuweisen.

10) Hausbesuch am 26. 2. 78 (Samstag). Dabei stellte ich fest, daß Frau O.s Zustand sehr kritisch ist. Ein Arzt war noch immer nicht da gewesen. Über die Arztrufzentrale wurde sofort ein Arzt, Herr Dr. N. geschickt, der Frau O. mit einer Lungenentzündung ins Krankenhaus einwies. Herr S. sei jedoch nach Ansicht des Arztes nur ein Pflegefall und könne nicht in einem Krankenhaus untergebracht werden. Mit Frau P. wurde besprochen, daß Herr S. bis Montag von ihr versorgt werden soll und dann evtl. über das Sozialamt in einem Altenpflegeheim untergebracht werden wird.

11) Telefonische Rücksprache mit Frau P. am 28. 2. 78. Sie teilte mir mit, daß Herr S. am Sonntag, dem 27. 2. 78, ebenfalls von Dr. N. ins Krankenhaus eingewiesen wurde. Damit erübrigt sich vorläufig eine Unterbringung im Altenpflegeheim.

12) Wvl. bei Anregung

I. A.
Lieb
(Sozialarbeiter)

7.1.2 Beispielgutachten (§ 1666 BGB)[1]

An das   Jugendamt
Amtsgericht Blitzdorf   – Allgemeiner Sozialer Dienst –
– Vormundschaftsgericht –   Regenstraße 24
Donnerstraße 13   100 Blitzdorf 2
100 Blitzdorf 1   1. 3. 78

Betr.: Eingriff in das Personensorgerecht gem. § 1666 I BGB
      Personensorgeberechtigte: Frau Hilde Busch,
      Schneeweg 27, 100 Blitzdorf 3
      Kind: Paul Busch, geb. am 1. 5. 1967, wohnhaft bei Frau
      Ostern,
      Sonnengasse 5, 100 Blitzdorf 4

Hiermit mache ich Anzeige gem. § 48 S. 2 JWG und äußere mich gem.
§ 48a I Nr. 5 JWG gutachtlich zu der Frage, ob in das Sorgerecht der
Frau Hilde Busch über ihren Sohn Paul eingegriffen werden soll.
Ich begründe diese Stellungnahme mit Erkenntnissen aus folgenden Vorgängen:

1. **Innerbetrieblicher Schriftwechsel** im Zusammenhang mit der
Pflegeerlaubnis:
1.1: 2. 9. 76 (Befürwortung der Erteilung der Pflegeerlaubnis)
1.2: 29. 9. 76 (Befürwortung auf Übernahme des Pflegegeldes)
1.3: 6. 10. 76 (Erlaubniserteilung)
1.4: 16. 9. 77 (1. Pflegebericht)
1.5: 23. 12. 77 (2. Pflegebericht).

2. **Kontakte mit Frau O**

2.1: 16. 3. 77 (im JA)
2.2: zwischen 2. und 16. 7. 77 (mehrere Hausbesuche)
2.3: in den Wochen vor dem 23. 12. 77 (verschiedene Kontakte)
2.4: 16. 2. 78 (Hausbesuch)
2.5: 24. 2. 78 (Hausbesuch)
2.6: 25. 2. 78 (Hausbesuch)
2.7: 26. 2. 78 (Hausbesuch)

3. **Kontakte mit Frau B**

3.1: 22. 3. 77 (im JA)
3.2: zwischen 2. und 16. 7. 77 (mehrere Telefongespräche)
3.3: 14. 9. 77 (im JA)
3.4: vor dem 10. 11. 77 (Gespräch)
3.5: in den Wochen vor dem 23. 12. 77 (verschiedene Kontakte)
3.6: 28. 1. 78 (im JA)
3.7: 25. 2. 78 (2 Hausbesuche, anschließende Begleitung von P und
    Frau B ins Gesundheitsamt)

4. **Berichte der Polizeibehörde Blitzdorf**
4.1: 25. 8. 77
4.2: 12. 2. 78

– 2 –
5. Kontakte mit der Schule
5.1: Kurz nach dem 16.3.77 (Telefongespräch mit Schulleiter)
5.2: vor dem 17.1.78 (Telefongespräch mit Klassenlehrerin)
5.3: 25.1.78 (Bericht der Klassenlehrerin)
6. Kontakte mit Herrn F (Nachbar von Frau O)
6.1: vor dem 14.1.78 (Telefonanruf im JA)
6.2: 14.1.78 (Hausbesuch)
6.3: 15.2.78 (Telefonanruf im JA)
6.4: 16.2.78 (Rücksprache)
6.5: 24.2.78 (Anruf im JA)
7. Kontakte mit Kinderheimen
7.1: 15.2.78 (Rücksprache mit Sr. V, M-Heim)
7.2: 25.2.78 (Anruf Sr. V, M-Heim)
8. Akte des Gesundheitsamtes Blitzdorf, Körperbehindertenfürsorge, Aktenzeichen: 272 A/66

I. Vorgeschichte und derzeitige Situation

Am 16.5.1967 wurde Paul Busch als nichteheliches Kind von Frau Hilde Busch, damals 36 Jahre alt, in Blitzdorf geboren.

Nach Informationen der Körperbehindertenfürsorge des Gesundheitsamtes Blitzdorf gab Frau B den Jungen im Alter von etwa 4 Monaten bei Frau Ostern in Pflege. Grund dafür sollen die ganztägige Berufsarbeit der Kindesmutter als Küchenhilfe sowie deren beengte Wohnungsverhältnisse gewesen sein.

Nach den Angaben von Frau B besuchte sie regelmäßig mehrmals wöchentlich den Jungen in der Pflegestelle für 1–2 Stunden. Als Pflegegeld zahlte sie Frau O in den ersten neun Jahren ausschließlich das Kindergeld. Nach unserer Rücksprache mit ihr am 20.9.76 erklärte sie sich bereit, zusätzlich einen monatlichen Betrag von DM 50,– zu zahlen.

Als Frau O Paul in Pflege nahm, war sie 65 Jahre alt und lebte als Rentnerin mit einer kleinen Rente in einer 2-Zimmerwohnung zusammen mit Herrn Heinrich Schneider, damals 66 Jahre alt. Paul bekam eines der Zimmer.

Über die Entwicklung des Jungen während der ersten neun Lebensjahre wurde relativ wenig bekannt[2]. Nach Aussagen der Körperbehindertenfürsorge wurde er in diesem Zeitraum viermal wegen einer angeborenen Kieferanomalie (Lippen-Kiefer-Gaumenspalte) operiert. Aus gleichem Anlaß mußte er wiederholt im Gesundheitsamt und der Zahnklinik in Blitzdorf vorgestellt werden.

1973 wurde Paul in der Grundschule Hagelstraße eingeschult. Dort konnte er 1975 auch nach Wiederholung der Klasse 1 nicht versetzt werden und wurde daher – unter Berücksichtigung seiner Sprachbehinderung – an die Sprachbehindertenschule Eisgasse überwiesen.

- 3 -

Am 6. 10. 76 erhielt Frau O, zu diesem Zeitpunkt 74 J. alt, erstmals für Paul die Pflegeerlaubnis.

Den zuvor erhobenen Bedenken der Abtlg. Pflegekinder, Frau O könne Paul nicht angemessen geistig fördern, sie sei erziehungsschwierigen Situationen nicht mehr gewachsen, standen Beobachtungen aus meinem Hausbesuch vom 1. 9. 76 entgegen, die zeigten, daß Frau O sich intensiv auf den Jungen eingestellt hatte, ihn gut versorgte, liebevoll und geduldig mit ihm in seiner Sprachbehinderung umging und Paul sich bei ihr wohl zu fühlen schien.

Im Gespräch vom 16. 3. 77 gab Frau O erstmals zu verstehen, daß sie sich durch Pauls Verhalten in der Erziehungsarbeit überfordert fühle: er sei zeitweise sehr unruhig, gebe freche Antworten und erledige seine Schulaufgaben unkonzentriert und nachlässig. Frau O bat für Paul um einen Hortplatz, wo er nach der Schule betreut werden könne.

Nach Aussagen von Herrn D, Sprachbehindertenschule, soll Paul auch in der Schule bereits zu dieser Zeit in seinem Verhalten auffällig gewesen sein.

Frau B lehnte im Gespräch am 23. 3. 77 einen Hortbesuch ihres Sohnes ab. Sie erweckte in diesem Gespräch den Verdacht, alkoholabhängig zu sein.

Nach einem Polizeibericht vom 25. 8. 77 tobte Paul in der Pflegestelle, warf mit Gegenständen um sich und griff Frau O's Lebensgefährten, Herrn S, der herzkrank sein soll, so an, daß Frau O ihren Nachbarn, Herrn Fix, um Hilfe bat. Die Polizei übergab den Jungen der Mutter, die ihn am folgenden Tag wieder zu Frau O zurückbrachte. Die Feuerwehr fuhr Herrn S in das Krankenhaus Ottogasse, wo ein Kreislaufkollaps diagnostiziert wurde.

Bei Hausbesuchen und Gesprächen mit Frau O in der Zeit vom 2.–16. 7. 77 wurde von ihr hervorgehoben, daß Paul in lotzter Zeit des öfteren unruhig in der Wohnung hin- und herrenne, in solchen Erregungszuständen verbal und tätlich aggressiv werde, zu Kindern angeblich wenig Kontakt finde, mit seinem Hund jedoch liebevoll umgehe. Seine schulischen Leistungen seien schlecht. Paul bekomme vom Kinderarzt Dr. A, der bei ihm einen angeborenen Hirnschaden vermute, Beruhigungstabletten. Trotz dieser Tabletten könne sie Paul nicht mehr angemessen erzieherisch beeinflussen. Obwohl sie sehr an ihm hänge, müsse sie sich von ihm trennen.

In den im selben Zeitraum geführten Gesprächen mit der Kindesmutter gab diese zu verstehen, daß sie einer Heimunterbringung des Jungen nicht zustimmen werde, Paul am liebsten weiterhin bei Frau O lassen möchte, notfalls bereit wäre, den Jungen zu sich zu nehmen, sofern er nachmittags in einen Hort gehen könne. Sie habe mit ihrem Sohn, wenn er in ihrer Wohnung sei, keine Erziehungsprobleme. Auch bei diesen Kontakten ergaben sich Hinweise dafür, daß Frau B übermäßig Alkohol zu sich genommen hatte.

- 4 -

– 4 –

Nach Aussagen von Herrn F soll Paul Anfang Januar 1978 noch unruhiger geworden sein und bis in die späte Nacht hinein bei Frau O getobt und Herrn S wieder tätlich angegriffen haben. Die beiden alten Leute sollen dem körperlich recht kräftig entwickelten Jungen nicht mehr gewachsen gewesen sein.

Auch die Klassenlehrerin der Sprachbehindertenschule berichtete von diesem Zeitraum, daß Paul schwieriger geworden sei. Seine Schulleistungen seien so schlecht, daß er trotz Wiederholung der 2. Klasse der Sprachbehindertenschule nicht versetzt werden könne, sondern an eine Sonderschule für Lernbehinderte überwiesen werde.

Nicht nur im geistigen, sondern auch im motorischen Bereich sei er nicht altersgemäß entwickelt. Frau O kümmere sich mit übergroßer Fürsorge um den Jungen. Sie bringe ihn täglich zur Schule. Erst seit einem halben Jahr gehe der Elfjährige allein aus der Schule nach Hause. Dort würde ihm Frau O noch immer beim An- und Ausziehen helfen. Paul sei sehr stark von der Zuwendung der Lehrer abhängig. Fehle die Klassenlehrerin einmal, wolle er nicht zur Schule gehen. Während des Unterrichts komme er mitunter mehrfach zum Pult der Klassenlehrerin, um ihr stereotyp von etwas zu erzählen, was er bekommen habe. Zu seinen Klassenkameraden finde er nur schlecht Kontakt, oft verhalte er sich ihnen gegenüber ausgesprochen aggressiv. Er zeige in der Schule ein starkes Bedürfnis, an seinem Taschentuch zu lutschen. In Erregungszuständen neige er dazu, lebhaft hin- und herzurennen.

Da Frau O sich durch Paul überfordert fühlte, wurde der Junge seit dem 1. 2. 78 nach der Schulzeit bis zum Abend im Kinderheim M betreut, von wo aus er zum Schlafen zu Frau O ging. In der Heimgruppe verhielt er sich so auffällig, daß von dort aus eine jugendpsychiatrische Untersuchung des Kindes beantragt und auf den 25. 2. 78 festgesetzt wurde.

Am 12. 2. 1978 brachte Herr F Paul zur Polizei, Schutzbereich II. Hier wie an anderer Stelle wies Herr F darauf hin, daß es angesichts des Gesundheitszustandes der alten Leute ihnen gegenüber unzumutbar sei, Paul länger bei ihnen zu belassen. Frau O sei in letzter Zeit nach Auseinandersetzungen mit dem Jungen dreimal zusammengebrochen. Die Mutter sei nach seinen Wahrnehmungen erziehungsunfähig. Sie sei Alkoholikerin. Es bestehe der Verdacht, daß sie Paul Alkohol gegeben habe.

Zwei Tage später, am 14. 2. 78 rief Herr F noch einmal die Polizei, weil Paul während der Nachtstunden so heftig getobt habe, daß Frau O und Herr S gesundheitlich gefährdet gewesen wären.

Trotz dieses Sachverhaltes weigerte sich Frau B in einem fernmündlichen Gespräch vom 16. 2. 78, Paul aus dieser Pflegestelle zu nehmen und bis zur jugendpsychiatrischen Untersuchung in einem Heim unterbringen zu lassen.

–5–

– 5 –

Auf die Möglichkeit eines einstweiligen Entzugs des Personensorgerechts hingewiesen, brach Frau B das Telefongespräch ab. Am 24.2.78 versäumte Frau B, Paul verabredungsgemäß ins Kinderheim M und von dort zu einer amtsärztlichen Untersuchung ins Gesundheitsamt zu bringen. Auf Befragen gab Frau B an, der Junge habe nicht aufstehen wollen, deshalb habe sie ihn bei Frau O gelassen.

Frau O war zu diesem Zeitpunkt so schwer an einer Lungenentzündung erkrankt, daß sie die Vorgänge um sich herum vermutlich nicht hinreichend wahrnahm.

Paul konnte dazu bewegt werden, mit mir in das Kinderheim M zu gehen, wo er bis zum anderen Morgen bleiben sollte, um von dort mit Schwester V das Gesundheitsamt aufzusuchen.

Am 25.2.78 teilte Schwester V mit, daß Frau B ihren Sohn zum Schlafen für diese eine Nacht nicht im Heim gelassen und ihn wieder nicht zum Besuch beim Gesundheitsamt gebracht habe.

Bei meinem ersten Hausbesuch am Freitag, den 25.2.78 öffnete Frau B nicht. Bei einem zweiten Hausbesuch gegen 10.30 Uhr öffnete Frau B zunächst wieder nicht. Als ich bei der Nachbarin schellte, kam Paul aus der Wohnungstür der Mutter, die dabei war, aus dem Bett aufzustehen, zu dieser Zeit jedoch bereits unter starkem Alkoholeinfluß stand.

Auf meine Aufforderung hin kamen Frau B und Paul mit mir ins Gesundheitsamt. Während Paul und sie von Dr. C untersucht wurden, zeigte Frau B sich sehr aggressiv. Sie betonte, Paul nach seinem Aufenthalt in der Jugendpsychiatrischen Klinik zu sich zu nehmen, und vertrat nach wie vor die Auffassung, Paul könne durchaus von Frau O weiter betreut werden.

Seit dem 25.2.78 befindet sich Paul zur Beobachtung in der Jugendpsychiatrischen Klinik von Blitzdorf.

II. Psychosozialer Befund

1.1/1.2/1.4/ 1.5[3]	Paul ist ein kräftig gebauter, für sein Alter körperlich sehr gut entwickelter und gesund wirkender Junge, der sich zur Zeit in der Vorpubertät befindet.
5.3	In seinen Körperbewegungen ist er trotz seiner Kräfte unsicher und schwerfällig. Bewegungsabläufe im Bereich der Grob- wie Feinmotorik werden von ihm noch nicht altersgemäß beherrscht.
2.1/5.3	In Erregungszuständen neigt Paul dazu, stereotyp hin- und herzulaufen.
1.1/1.2/1.4/ 1.5/3.5	Trotz Behinderung durch seine Kieferanomalie kann er sich mit seiner Umwelt hinreichend gut verständigen.

- 6 -

5.2/5.3/1.5	Vergleicht man die schulischen Leistungen des jetzt 11; 6 J. alten Jungen mit denen seiner acht- jährigen Mitschüler, so sind sie trotz seines Altersvorsprungs nicht ausreichend, eher schlechter.
5.3	Seine beträchtlichen schulischen Leistungsrück- stände erstrecken sich auf nahezu alle Lernberei- che. Er bedarf der Betreuung durch eine Sonder- schule für Lernbehinderte.
1.5/5.3	Das Kind ist in Bewältigung vieler einfacher lebenspraktischer Aufgaben wie An- und Ausklei- den, Schulgang ohne Begleitung o. ä. noch recht un- selbständig.
1.4/1.5/4.1/ 4.2/5.3/6.1	Paul neigt dazu, plötzlich auftretenden Impulsen und Bedürfnissen unmittelbar nachzugeben und dabei mit seiner sozialen Umwelt oft in Konflikt zu geraten.
1.4/1.5/2.1/ 5.3/6.1–6.4	Es gelingt ihm nur unzulänglich, seine Antriebe zu steuern. In Belastungssituationen sind bei ihm oft verbale oder handgreifliche Aggressionen zu beobachten.
5.3	Paul bedarf in höherem Maße als andere Kinder der emotionalen Zuwendung Erwachsener. Im Umgang mit solchen Bezugspersonen verhält er sich noch stark kleinkindhaft anklammernd.
5.3	Stärker als andere Jungen seines Alters erlebt er äußere Vorgänge – wie Abwesenheit einer Person – als Gefährdung der Nähe oder Zuwendung dieser Bezugspersonen und reagiert dann darauf situa- tionsadäquat, indem er ihm gestellte Aufgaben kaum oder nur mit Schwierigkeiten nachkommt.
1.4/1.5/5.3	Mit Kindern vermag Paul selten befriedigende Beziehungen aufzunehmen. Vielmehr sind aggressive Formen der Auseinandersetzung mit Gleichaltrigen bei ihm eher zu erwarten.
1.1/1.2/2.5/ 2.3/6.1/5.3	Seiner Pflegemutter gegenüber dürfte Paul ausge- sprochen ambivalente Gefühle besitzen: Einerseits erlebt er sie wohl noch immer als die Person, bei der er sich in selbstverständlicher Weise aufge- hoben weiß, andererseits scheint er in ihr eine ihm inzwischen in vielem unterlegene alte Frau zu erfahren, der gegenüber er seine Ansprüche wenig gesteuert durchzusetzen sucht.

-7-

– 7 –

2.6/5.3	Seiner Mutter gegenüber scheint er eine gewisse Vertrautheit aufzubringen. Wie eng und belastbar seine emotionale Beziehung zur Mutter tatsächlich ist, läßt sich aus den bisher vorliegenden Informationen nicht mit Sicherheit sagen.
5.3	Paul scheint bislang vorwiegend gegenüber der Pflegemutter, der Mutter und der Klassenlehrerin positivere Gefühlsregungen aufzubringen und sich dadurch sein soziales Umfeld einzuengen.
2.3/4.1/4.2	Andere, insbesondere männliche Bezugspersonen, dürften in seiner Erlebniswelt bisher eine recht geringe Rolle gespielt haben. Eine angemessene „Vaterfigur" hat Paul bislang nicht erlebt. Ausgesprochen ablehnende Impulse werden bei Paul gegenüber O's Lebensgefährten, Herrn S, beobachtet.
1.4/1.5/5.3	Während Paul Menschen seiner sozialen Mitwelt gegenüber eher aggressiv begegnet, zeigt er ausgesprochen liebevolle Zuwendung zu Tieren, insbesondere zu seinem Hund.
1.1/1.2/1.4/ 1.5/2.3/2.4	Die Pflegemutter, Frau O, ist an Paul emotional sehr stark gebunden. Trotz ihres sehr schlechten Gesundheitszustandes und ihres hohen Alters, zeigt sie sich immer wieder bereit, Paul bei sich aufzunehmen und ihn zu versorgen. Bislang scheint sie ihn überfürsorglich betreut zu haben.
2.1/1.1/1.2/ 2.3/6.1/6.2/ 2.6	Zum derzeitigen Zeitpunkt ist Frau O mit ihren 76 Jahren physisch und psychisch überfordert, Paul weiterhin erzieherisch angemessen zu begegnen. Sie vermag diesen Sachverhalt realistisch einzuschätzen.
1.4/1.5	Die Kindesmutter, Frau B, 47 J. alt, zeigt sich weniger als Frau O imstande, die Situation ihres Sohnes realitätsgerecht zu beurteilen. Es gelingt ihr nicht, aus der Situation entsprechende Konsequenzen zu ziehen.
1.3/3.2/ 3.4/3.7	Deutlich wird bei Frau B der Wunsch erkennbar, Paul in keine Fremderziehung wie Hort- oder Heimerziehung zu geben. Allein Frau O akzeptiert sie als Fremderzieherin ihres Sohnes. Das tut sie jedoch in einer Weise, als hätte sie Frau O gegenüber fast so etwas wie einen Anspruch auf deren Pflegetätigkeit.

–8–

– 8 –

1.2/1.4/ 1.5/3.7	Wirtschaftliche Erfordernisse, die Frau O durch Pauls Aufenthalt entstehen, vermag Frau B von sich aus ebenso wenig wahrzunehmen wie Frau O's Grenzen ihrer psychophysischen Belastbarkeit. Sie sieht nicht ein, daß Paul bei Frau O nicht mehr angemessen gefördert werden kann.
3.1/3.2/3.7/ 3.6/7.2/7.3/ 3.7	Wird Frau B damit konfrontiert, zum Wohle ihres Jungen Entscheidungen fällen zu müssen, die im Gegensatz zu ihren bisherigen Einstellungen stehen, zeigt sie in der Regel uneinsichtiges und ausweichendes Verhalten: sie bricht ein Gespräch ab, versäumt vereinbarte Termine, öffnet Angehörigen des Jugendamtes nicht die Wohnung, versucht den Jungen quasi zu verstecken.
1.4/1.5/3.1/ 4.2/3.7	Bei Frau B deutet sich eine verstärkte Zuwendung zum Alkohol an.
3.6/3.7	Wenn Frau B an ihrem auseichenden Verhalten gehindert wird, zeigt sie sich aggressiv und noch weniger bereit, wichtige Entscheidungen sorgfältig zu überdenken.

III. Diagnose

Die Frage, inwieweit Pauls intellektuelle Schwächen und/oder sein aggressives Verhalten Folgen eines angeborenen Hirnschadens sind, läßt sich heute nicht mit an Sicherheit grenzender Wahrscheinlichkeit beantworten und ist gegenwärtig noch Gegenstand der jugendpsychiatrischen Untersuchung des Jungen.

Auch der eventuelle Anteil genetischer Faktoren an seiner derzeitigen Schädigung ist u. a. wegen der fehlenden Informationen über den Vater nicht abzuschätzen.

Daß Paul sich in den letzten Monaten zunehmend aggressiv und ungesteuert verhielt, dürfte z. T. in vorpubertären Vorgängen und der sich bei ihm abzeichnenden disharmonischen Akzeleration begründet sein.

Sicher sind jedoch in größerem Umfange Sozialisationseinflüsse bei der Erklärung von Pauls derzeitigem Verhalten mit zu berücksichtigen.

Insbesondere sollte man m. E. folgende Gegebenheiten einbeziehen:

1. Auswirkungen von Hospitalismusschäden können als Ursache für Pauls auffälliges Verhalten insofern nicht mit Sicherheit ausgeschlossen werden, da Paul während der ersten 8 Jahre mindestens viermal längere Klinikaufenthalte durchstehen mußte, deren genauer Zeitpunkt nicht sicher zu ermitteln war.

–9–

– 9 –

2. Die für eine Identitätsfindung des Jungen notwendige Ausbildung geschlechtsspezifischen Rollenverhaltens war ihm bislang
kaum möglich, da ihm eine geeignete männliche Bezugsperson in
der Vergangenheit fehlte.

3. Seine Unselbständigkeit in lebenspraktischen Dingen wie auch
ein Teil seiner sozialen Ängste, die Paul heute beeinträchtigen,
dürften in der übermäßig behütenden Erzieherhaltung der für
diese Aufgabe zu kranken und zu alten Pflegemutter begründet
sein.

4. Pauls ambivalentes, teils aggressives, teils distanzlos ver-
einnahmendes Sozialverhalten ist mit großer Wahrscheinlichkeit
durch den Umstand verstärkt worden, daß Paul die von ihm ange-
strebte Nähe zu Frau O mit deren Lebensgefährten teilen und
wegen dessen schlechten Gesundheitszustandes obendrein auf ihn
noch Rücksicht nehmen sollte.

5. Die verhältnismäßig niedrige Frustrationstoleranz des Jungen dürfte u. a. dadurch begünstigt sein, daß Paul erzieherisch
notwendigen Begrenzungen und Forderungen seitens Frau O in den
relativ häufigen Kontakten mit seiner Mutter ausweichen konnte.

6. Erkenntnisse der Entwicklungspsychologie legen die Annahme
nahe, daß Paul in dem Zeitraum, in dem er zunehmend aggressiv
wurde, erstmalig das Erlebnis seiner Kieferanomalie und der
damit verbundenen Sprachbehinderung zu verarbeiten hatte und
hierin von der Pflegemutter wie von der leiblichen Mutter nicht
angemessen unterstützt werden konnte.

7. Pauls schlechte schulische Leistungen sind, wenn auch nicht
ausschließlich, so doch zu einem erheblichen Teil, dadurch zu
erklären, daß Frau O erzieherisch überfordert war, den Jungen im
kognitiven Bereich angemessen zu fördern.

Ohne dem ausstehenden psychiatrischen Befund vorgreifen zu wollen, scheinen Pauls Verhaltensauffälligkeiten vor allem einen
neurotischen Hintergrund zu haben.

Möglichkeiten, sein vorwiegend negativ getöntes Selbstkonzept
durch Leistungen im intellektuellen, sportlichen, sozialen oder
anderen Bereich positiv zu verändern, fehlen ihm.

Es bestehen auch sonst keine Anhaltspunkte dafür, daß Pauls Verhaltensauffälligkeiten mit der Zeit von selbst abklingen werden. Struktur und bisherige Entwicklung des gestörten Verhaltens lassen unter den gegebenen Umständen vielmehr erwarten, daß
Pauls intra- und interpersonale Konflikte zunehmen werden.

Auch die Wohnverhältnisse bei der Pflegemutter wie bei Frau B
sind für Pauls weitere Unterbringung wenig geeignet. Er kann
dort keine Kontakte zu Gleichaltrigen pflegen und somit nicht
selbständiger werden.

– 10 –

– 10 –

IV. Zusammenfassende Beurteilung der psychosozialen Situation
des Kindes Paul Busch

Gilt es nun zu prüfen, ob der Tatbestand des § 1666 I 1 BGB erfüllt
ist, so sind folgende sich aus dem Befund und der Diagnose/Pro-
gnose ergebende Erkenntnisse gegeneinander abzuwägen:

So sehr Paul auch heute die liebende Zuwendung eines Menschen
wie die von Frau O benötigt, so problematisch erscheint für diesen Jungen, insbesondere im Hinblick auf seine Rückstände in der
motorischen Entwicklung und Selbständigkeit in diesem Bereich,
Frau O's überfürsorgliche Erziehungshaltung. Obwohl Frau B über
die Tragweite dieses entwicklungsbeeinträchtigenden Sachverhalts seit langem informiert ist, weigert sie sich bislang,
ihren Sohn aus diesem Lebensraum herauszunehmen.

Auch die Möglichkeit, Paul wenigstens durch außerschulische
Maßnahmen in seiner motorischen Entwicklung zu fördern, nutzte
sie nicht. Diese Unterlassung wiegt um so schwerer, als Frau B
seitens der Sprachbehindertenschule wiederholt auf diese Notwendigkeit hingewiesen wurde.

Für die Frage, ob auch im seelisch-geistigen Bereich Paul durch
das bisherige Verhalten seiner Mutter gefährdet worden ist, sind
folgende Aspekte zu berücksichtigen: Frau B zeigte kontinuierlich ein Interesse an ihrem Sohn. Über die Jahre hinweg
bemühte sie sich – wenn auch unterschiedlich intensiv –, zu
ihrem Kind Kontakt zu behalten und im ihr möglichen Rahmen für
ihn da zu sein. Dadurch auch war es möglich, daß Paul während der
Erkrankung der Pflegemutter keine Übergangslösungen zugemutet
werden mußten.

Diesem deutlichen Interesse an ihrem Sohn stehen bei Frau B folgende, Pauls Entwicklung beeinträchtigende Verhaltensweisen
entgegen:

Sie zeigte sich längere Zeit nicht bereit anzuerkennen, daß Paul
im Hinblick auf seine durchweg mangelhaften Schulleistungen
einer qualifizierteren Betreuung als der durch Frau O bedurft
hätte. Sie erkannte nicht, daß Frau O überfordert war, Pauls
ungesteuerten Antrieb wirkungsvoll zu begegnen. Sie ignorierte
Pauls soziale Ängste und seine Fixierung auf die Klassenlehrerin, auf die Pflegemutter und ihre eigene Person. Erst der Einsatz von Polizeimaßnahmen löste bei Frau B eine begrenzte
Kompromißbereitschaft – z. B. in Form der Zustimmung zu einer
Nachmittagsbetreuung ihres Sohnes in Hort und Heim – in ihrem
Erziehungsverhalten aus.

Als Pauls erhebliche Auffälligkeitn seine jugendpsychiatrische
Untersuchung und die Unterbringung in einem Heim erforderlich
machten, verweigerte Frau B wiederum zunächst ihre Zustimmung.
Auch hier konnte sie erst durch intensive Bemühungen des Jugendamtes bewegt werden, wenigstens der ärztlichen Untersuchung

–11–

– 11 –

zuzustimmen. Einer Unterbringung des Jungen in einer Erziehungseinrichtung, die seinen gravierenden Störungen besser gerecht werden könnte, leistet sie, im Rückgriff auf ihr Sorgerecht nach wie vor Widerstand.

So betrachtet unterließ Frau B es immer wieder, für Pauls Entwicklung Notwendiges zu veranlassen oder selber zu tun. Darüber hinaus verhinderte sie aktiv, daß andere an ihrer Stelle das erzieherisch Erforderliche für Paul tun konnten. Sucht man hingegen in ihrem erzieherischen Tun Maßnahmen, mit denen sie vielleicht ihre Unterlassung zu kompensieren sich bemüht hätte, so findet man keine.

Insofern stellen ihre Unterlassungen, Versäumnisse und Widerstände m. E. eine wiederholt mißbräuchliche Ausübung ihres Personensorgerechts und eine den Jungen in seiner Entwicklung gefährdende Vernachlässigung dar.

Diese Tatsachen sowie ihre zunehmende Abhängigkeit vom Alkohol machen es unwahrscheinlich, daß Frau B in der Lage ist, diese ihren Jungen gefährdende Situation aus eigener Kraft zu verändern. Auch in Zusammenarbeit mit dem Jugendamt dürfte sie dazu kaum imstande sein.

Ein Eingriff in das elterliche Sorgerecht von Frau B ist daher m. E. die einzig ausreichende Maßnahme. Dabei erscheint es nicht genügend, ihr dieses Recht nur teilweise einzuschränken. Sie hat sich nämlich in allen für Paul bedeutsamen erzieherischen und pflegerischen Bereichen als unfähig erwiesen, das Erforderliche zu erkennen und die notwendigen Maßnahmen zu ergreifen.

In Anbetracht der erheblichen Verhaltensauffälligkeiten des Jungen ist es pädagogisch wenig vertretbar, Paul erneut mit einer fremden Betreuungsperson als Pfleger zu konfrontieren, was bei der Übernahme der Pflegschaft durch einen Einzelvormund oder einen Mitarbeiter eines freien Trägers der Fall wäre. Das Prinzip der Kontinuität wäre am besten durch die weitere Betreuung durch das Jugendamt gewahrt.

V. Entscheidungsvorschlag

Unter den gegebenen Umständen schlage ich vor, Frau B das Personensorgerecht zu entziehen. Des weiteren schlage ich vor, das Jugendamt Blitzdorf zum Pfleger im Bereich des Personensorgerechts zu bestellen.

– 12 –

7.1.3 Anmerkungen zum Beispielgutachten (7.1.2)

1. Die ausführliche Quellenangabe, wie sie hier zusammengestellt wurde, dient lediglich Übungszwecken. Mit ihr wird erreicht, daß die Studenten gezwungen werden, das Material so vollständig wie möglich zu erfassen. In der Praxis sollte eine Kurzfassung gewählt werden, die z. B. aus den Überschriften 1–8 bestehen könnte.
2. Da wir im Beispielgutachten nur von der uns verfügbaren Originalakte als einziger

Grundlage ausgehen konnten, mußte der Sachverhalt teilweise recht global wiedergegeben werden. In der Praxis wäre an dieser Stelle eine ergänzende Anamnese oder Exploration erforderlich.

Diese Schwierigkeit, mit relativ wenigen konkreten Informationen eine halbwegs fundierte Stellungnahme abzugeben, wird auch an anderen Stellen dieser gutachtlichen Äußerung sichtbar und verweist somit auf die Bedeutung ausführlicher Aktennotizen u. dgl.

3. Die Fundstellen beziehen sich auf die Quellenangaben im Einleitungsteil. Auch sie haben Übungscharakter. Sie zwingen den Verfasser offenzulegen, aus welchen Vorgängen er seine verallgemeinernde Darstellung (= Befund) gewonnen hat. In der Praxis können diese Hinweise entfallen.

4. Ein echtes Abwägen ist im vorliegenden Fall nur begrenzt möglich, da nur wenige Fakten bekannt sind, die dafür sprechen, Frau B das Sorgerecht uneingeschränkt zu belassen.

7.1.4 Abweichungen von der geltenden Rechtslage

– Nach den §§ 27, 28 JWG, die dem § 44 KJHG entsprechen, war die Erteilung der Pflegeerlaubnis in sehr viel größerem Umfang erforderlich als heute. Im vorliegenden Fall wäre allerdings auch nach KJHG eine Erlaubnis nötig.
– Nach JWG war unklar, ob das Kindergeld auf das Pflegegeld anzurechnen war. Nach § 39 VI KJHG ist dies eindeutig so.
– § 48 S. 2 JWG entspricht § 50 III KJHG, § 48a I Nr. 5 JWG dem § 49 I Nr. 1f. FGG.

7.2 Gutachten eines Jugendamtes im Vergleich mit einem Beispielgutachten (§ 1671 BGB)*

7.2.1 Die gutachtliche Stellungnahme eines Jugendamtes (§ 1671 BGB)[1]

Amtsgericht	Jugendamt
– Familiengericht –	– Allgemeiner Sozialer Dienst –
Donnerstraße 1	Regenstr. 13
1000 Blitzdorf 3	1000 Blitzdorf 1
	Frau Solidar

26. 1. 1979

Familienrechtssache Helwig, Berggasse 11, 1000 Blitzdorf 2[2]

Bezug: Dort. Schreiben v. 18. 11. 1978 – hier eingegangen am 15. 12. 1978 –
Az.: – 12b F 360/78 –

Die Verhältnisse der Eheleute Helwig sind hier seit 1973 bekannt[3].
Die Eheleute Helwig hatten erstmalig am 19. 9. 1961 die Ehe geschlossen, die aber am 15. 11. 1969 geschieden wurde. Die Ehe war kinderlos.
Am 9. 5. 1971 hat Frau Helwig die Tochter Monika nichtehelich geboren. Das Kind wurde nach der Geburt in Tagespflegestellen untergebracht, da Frau Helwig berufstätig war.
Bereits im April 73 erfolgte auf Antrag beider Eheleute eine Namenserteilung.

---

* Das Aktenstück stammt aus der Zeit vor Geltung des KJHG. Unter 7.2.5 (s. u. S. 204) finden sich kurze Erläuterungen zu den Unterschieden zwischen JWG und KJHG.

Am 20. 11. 1972 heirateten die geschiedenen Eheleute erneut. Das Kind kam daraufhin in den Haushalt der Kindesmutter und des Stiefvaters.

Erneuter Kontakt zur Familie Helwig wurde im April 76 aufgenommen, als Frau Helwig den Antrag auf Erteilung der Erlaubnis zum Halten eines Halbtagspflegekindes stellte. Das Pflegekindverhältnis endete aber schon nach wenigen Wochen wegen Unstimmigkeiten zwischen der leiblichen Mutter und Frau Helwig.

Am 25. 5. 1978 beantragten beide Eheleute die Adoption des Kindes durch den Stiefvater. In meiner Stellungnahme zu dem Adoptionsantrag schrieb ich u. a.:»Bei früheren Hausbesuchen und auch bei meinem jetzigen Besuch hatte ich den Eindruck, daß Herr Helwig dem Kind mit weit größerer Ruhe und Gelassenheit begegnet als die leibliche Mutter[4]. Frau Helwig wirkte sehr hektisch und nervös[4]. Sie gibt an, daß sie sich z. Zt. mit der Erziehung des Kindes überfordert fühlt. Gleichzeitig erwähnt sie aber, daß es erstaunlich ist, wie gut Monika sich in anderer Umgebung einfügt. Weder im Kindergarten noch bei Verwandten, wo sie gelegentlich vorübergehend ist, werden Klagen laut. Auch wenn Herr Helwig sich um das Kind kümmert, sind die Schwierigkeiten geringer. Frau Helwig läßt sich von dem Kind provozieren und reagiert ärgerlich und aufgeregt[4]. Sie ist nicht konsequent und gibt letztlich dem Drängeln des Kindes immer nach, weil sie ihre Ruhe haben will[4]. Ich habe ihr ein Beratungsgespräch mit unserer psychologischen Beratungsstelle empfohlen und auch inzwischen vermittelt. Die Adoption des Kindes Monika durch den Stiefvater wird sehr befürwortet. Beide Eheleute gehen davon aus, daß Monika in jedem Falle gesichert sein muß, falls der Mutter einmal etwas zustoßen sollte. Herr Helwig weiß, daß er z. Zt. keinerlei Rechte hat. Er fühlt sich als Vater des Kindes und möchte auch die rechtliche Stellung haben«.

Aufgrund des Beratungsgespräches in der psychologischen Beratungsstelle und der psychologischen Stellungnahme zur Adoption erhielt ich von Herrn Diplompsychologen Schneider am 27. 6. 1978 einen Bericht, in dem es u. a. heißt:

»Unsere Beobachtungen ergaben, daß die Verbindung Stiefvater – Tochter intensiver und unkomplizierter ist als diejenige zwischen Mutter und Tochter. Erstaunlicherweise scheint Frau Helwig ihrer Tochter schon jetzt nicht mehr gewachsen zu sein, von der sie sich häufig provozieren läßt und bewußt geärgert fühlt. Dies ist sicherlich auch ein Zeichen dafür, daß Frau Helwig das zunächst gewünschte Kind jetzt gewissermaßen als Hemmschuh in der Hinsicht ansieht, daß Monika sie an der gewünschten Berufstätigkeit hindert. Die Mutter wirkt aber insgesamt recht umtriebig und ruhelos, so daß auch eine erneute Berufstätigkeit wahrscheinlich nur eine Lösung auf Zeit darstellen würde[5]. Aufgrund dieser Konstellation stimmen wir dem Adoptionsverlangen des Herrn Helwig hinsichtlich seiner Stieftochter Monika voll zu. Er ist der ruhende Pol in der Familie[5] und vermag sicherlich durch seine positive Beziehung zu ihr die Erziehung in einer wünschenswerten Weise zu beeinflussen. Der Mutter wird dies auf die Dauer vermutlich ohnehin nicht gelingen, so daß Monika durch eine stärkere Anbindung an ihren Stiefvater die besseren Zukunftschancen eingeräumt werden müssen. Dies gilt auch besonders für den Fall, daß ihre Mutter es in Zukunft an Stetigkeit und Durchhaltevermögen fehlen lassen sollte.«

Zum Zeitpunkt der Gespräche haben beide Eheleute nicht erwähnt, daß akute Ehekrisen sich schon angebahnt hatten.

Ich habe aufgrund des Scheidungsantrages mit beiden Eheleuten eingehend gesprochen und auch das Kind in seiner jetzigen Umgebung besucht. Frau Helwig ist am 23. 9. 1978 aus der ehelichen Wohnung ausgezogen und hat das Kind bei ihrem Mann gelassen. Seitdem wird Monika tagsüber von der im gleichen Hause wohnenden Großmutter und verheirateten Schwester des Herrn Helwig versorgt. Monika macht angeblich keine besonderen Schwierigkeiten. Das Kind ist altersentsprechend entwickelt, sehr lebhaft und aufgeweckt[6]. Es besuchte damals das 2., jetzt das 3. Schuljahr der Grundschule in Blitzdorf. Zu der 18jährigen Nichte des Herrn Helwig hat Monika einen besonders guten Kontakt. Herr

Helwig hat gegen 17.00 Uhr Arbeitsschluß und ist abends mit dem Kind zusammen. Monika schläft in ihrem früheren Kinderzimmer und frühstückt morgens mit dem Vater. Der Schwager des Herrn Helwig nimmt Monika morgens mit zur Schule, da sie einen verhältnismäßig weiten Schulweg hat. Meistens wird sie auch nach Schulschluß von einem Familienangehörigen abgeholt.

Herr Helwig möchte das Kind auf jeden Fall behalten. Er kann keine eigenen Kinder haben und hat sich daher besonders auf dieses Kind eingestellt, das ja bereits mit 1½ Jahren in seinen Haushalt kam. Er hat eine Aussteuer- und Lebensversicherung zugunsten des Kindes abgeschlossen, so daß das Kind auch wirtschaftlich sichergestellt ist, wenn ihm einmal etwas passieren sollte.

Zur Zeit, als der Scheidungsantrag gestellt wurde, war Frau Helwig mit dem Verbleib des Kindes im Haushalt ihres getrennt lebenden Mannes und mit der Übertragung der elterlichen Gewalt auf Herrn Helwig einverstanden. Sie fühlte sich mit der Erziehung und Versorgung des Kindes überfordert und benötigt nach eigenen Angaben ihre Freiheit.

Wegen des Verkehrsrechts gab es die ersten Monate nach der Trennung keinerlei Schwierigkeiten. Nach Angaben von Herrn Helwig hat seine getrennt lebende Frau das Kind nur einige Male besucht, aber häufiger mit ihm telefoniert. Herr Helwig wollte von Anfang an die Verbindung zwischen Mutter und Kind auf keinen Fall unterbrechen und war bereit, ihr das Kind besuchsweise zu überlassen, wenn sie es wünscht.

Frau Helwig sah damals selbst sehr klar, daß Monika beim Vater die größeren Zukunftschancen hat und eine kontinuierliche Erziehung und Versorgung gesichert ist. Sie betonte, daß zwischen ihrem getrennt lebenden Mann und dem Kind eine echte Vater-Kind-Beziehung besteht. Auch mit der Versorgung durch die 70jährige Großmutter und die verheiratete, nicht berufstätige Schwägerin war sie einverstanden.

Im Zusammenhang mit den ersten Kontakten nach Stellung des Scheidungsantrages habe ich auch mit Frau Helwig sen. und der Schwester des Herrn Helwig, Frau Bühler, sowie der 18jährigen Tochter der Frau Bühler gesprochen. Alle Beteiligten bestätigten mir, daß sie Monika behalten wollen, bis sich eine andere Lösung, evtl. durch eine spätere Wiederheirat des Herrn Helwig abzeichnet. Monika scheint in dem Haushalt der Angehörigen des Vaters voll integriert zu sein.

In den folgenden Monaten – insbesondere im Februar und April 1979 – äußerte Frau H verschiedentlich gegenüber dem ASD den Wunsch, M doch zu sich zu nehmen. Ihre Mutter, bei der sie wohnte und mit der sie auch häufig Auseinandersetzungen wegen Frau H's zahlreichen Männerbekanntschaften hatte, sprach sich dagegen aus, ihr das Kind zu überlassen. Sie gab an, Herr H verwöhne M sehr. Er schlafe mit ihr im ehelichen Schlafzimmer. Außerdem trinke er abends zuweilen. Frau M, die Schwester von Herrn H, beschwerte sich angeblich, weil Frau H sich nicht genug um das Kind kümmere. Zwischen September und März hatte Frau H die 2. Arbeitsstelle und den 3. Bekannten.

Das Verhältnis zu M besserte sich in dieser Zeit, da Frau H das Kind nur in ihrer Freizeit sah und sich nicht so sehr von ihm provozieren ließ. Herr H zeigte sich hinsichtlich des Besuchsrechts seiner Frau immer wieder großzügig und gab auch ihren kurzfristigen und spontanen Wünschen nach. Das Kind hatte sich so gut auf den Vater eingestellt, daß es sogar bei Aufenthalten bei der Mutter vorzeitig zurück wollte.

Im April 1979 berichtete Frau M, die Schwester von Herrn H, daß Frau H geäußert habe, sich das Leben zu nehmen, wenn sie um das Kind kämpfen müsse. Während der Schwangerschaft habe Frau H auch einen Selbstmordversuch gemacht.

Frau H ist sehr spontan im Handeln und auch in ihren Äußerungen. Sie ist zwar sehr nervös und unstet in ihrem Verhalten, aber grundsätzlich lebensbejahend. M.E. neigt sie nicht zu enormen depressiven Verstimmungszuständen. Sie ist in der Lage, in schwierigen Situationen ihre Probleme zu besprechen und grundsätzlich auch vernünftigen Argumenten gegenüber einsichtig[7].

Im Juli 79 informierte Frau M den ASD darüber, daß Frau H sich seit 6 Wochen, d.h. während der ganzen Sommerferien, nicht um M gekümmert habe. Anfangs sei M traurig gewesen, jetzt erwähne sie die Mutter nur noch gelegentlich. Frau H habe einen neuen Bekannten, einen Witwer mit einer Tochter in M's Alter, die auch M's Klasse besucht. Sie habe geäußert, diesen heiraten und M dann zu sich nehmen zu wollen. Frau H trug hierzu bei einem Gespräch mit der SA am 5. 8. 79 vor, daß sie M auf Anraten der Klassenlehrerin und nicht aus Gleichgültigkeit nicht mehr besucht habe; die Lehrerin habe nämlich mitgeteilt, daß M nach den Kontakten mit der Mutter immer verwirrt und unruhig sei. Bei dieser Unterredung äußerte Frau H eindeutig, daß ihr Mann das Sorgerecht haben solle, weil sie wegen ihrer ganztägigen Berufstätigkeit M nicht betreuen könne.

Im Laufe des September kam es zu zwischenzeitlichen Schwierigkeiten, weil M Besuche bei der Großmutter mütterlicherseits nicht wahrnehmen wollte, es Eifersüchteleien zwischen M und der Tochter des Bekannten ihrer Mutter gab und weil Frau H gegen ihren Mann eine unberechtigte Unterhaltsklage erhoben hatte. M. E. neigen Großmutter und Kindesmutter sehr zum Theatralischen. Sie überbewerten die Situation. Außerdem ist die Kindesmutter auch wankelmütig in ihrer Haltung[8].

Am 3.9. 1979 teilte Frau M dem ASD mit, daß ihr Bruder sich wieder zu binden gedenke. Es handele sich um eine geschiedene Frau, deren Kinder im Ausland bei ihrem Mann seien. Die Familie von Herrn H sei mit ihr sehr einverstanden.

Frau H hat zwar verschiedentlich den Wunsch geäußert, M zu sich zu nehmen. Formal ist es aber bei dem einverständlichen Scheidungsantrag und einverständlicher Besuchsregelung geblieben. Nach Überprüfung der Gesamtverhältnisse bestehen keine Bedenken, dem Wunsch der getrennt lebenden Eheleute zu entsprechen, die elterliche Sorge über M auf den Vater zu übertragen. Allerdings sollte das Umgangsrecht unbedingt näher geregelt werden[9].

7.2.2 Anmerkungen zu der gutachtlichen Stellungnahme eines Jugendamtes (7.2.1)

1. Die Stellungnahme ist nicht gegliedert. Daher fällt es dem Leser schwer zu unterscheiden, was Faktenwiedergabe und was Bewertung ist. Das birgt die Gefahr in sich, daß Bewertungen fortgeschrieben werden, ohne daß nach einiger Zeit noch festgestellt werden kann, worauf die Einschätzungen beruhen und ob sie vielleicht revidiert werden müssen.
2. Die Praxis bedient sich im Betreff unterschiedlicher Formulierungen. Wichtig ist, daß sie den gemeinten Vorgang ausreichend charakterisieren und die ladungsfähigen Anschriften der Betroffenen enthalten. Da die Eltern bereits getrennt leben, sollte auch die Adresse der Mutter genannt werden.
3. In welchem Zusammenhang wurden die Verhältnisse bekannt? Beim weiteren Lesen kann man ahnen, daß es mit der Namenserteilung zusammenhängt. Es wäre gut, dies gleich ausdrücklich festzustellen oder diese Information später im chronologischen Zusammenhang zu bringen. Diese Aussage ist auch bedeutsam im Hinblick auf eine evtl. Aktenbeiziehung durch das Gericht.
4. Das ist Befund. Welche Beobachtungen liegen diesen Aussagen zugrunde? Hier zitiert sich die Sozialarbeiterin mit ihrer gutachtlichen Stellungnahme zur Adoption. Schon damals hätte sie die Fakten berichten und nicht verallgemeinernd beschreiben sollen. Im übrigen sollte – wenn ein Zitieren früherer Berichte unumgänglich ist – dies auf das unbedingt Notwendige beschränkt werden. Hier sind Passagen referiert, die nur für die Adoption von Bedeutung waren.

5. Auch diese Informationen enthalten Verallgemeinerungen und sind daher Befund. Da sie aber nicht von der Sozialarbeiterin stammen und die Quelle mitgeteilt wird, sind sie nicht zu beanstanden.
6. Wieder Befund. Zudem ist unklar, von wem diese Aussage stammt, ob von Großmutter oder Schwester oder Sozalarbeiterin.
7. Dies ist ebenfalls Befund. Allerdings sind die diesen verallgemeinernden Aussagen zugrundeliegenden Fakten in den vorhergehenden und nachfolgenden Abschnitten enthalten.
8. Aussagen mit Befundcharakter, die kaum durch Fakten belegt und zudem sehr abwertend sind (Frau H bekommt die Stellungnahme vom Gericht!).
9. Dieser letzte Absatz entspricht unserem Entscheidungsvorschlag. Allerdings fehlen konkrete Empfehlungen zur Umgangsregelung.

Zusammenfassung:

Im Vergleich mit unserer Empfehlung enthält die gutachtliche Stellungnahme aus der Praxis lediglich die Vorgeschichte und eine Situationsbeschreibung. Dazwischen eingestreut finden sich Passagen, die einem Befund zuzuordnen wären. Was völlig fehlt, sind Erklärungen für das relativ konstante Erleben und Verhalten der Beteiligten (psychosoziale Diagnose) und eine zusammenfassende Beurteilung der psychosozialen Situation mit evtl. Prognose. Gerade die Erstellung dieser zwei Abschnitte jedoch gehört zu den ureigenen Aufgaben eines Sozialarbeiters in der Gerichtshilfe. Denn hier ist der Richter auf die Mitwirkung von Fachleuten angewiesen, weil er insoweit im allgemeinen nur laienhaft dazu Stellung nehmen kann.

7.2.3 Beispielgutachten (§ 1671 BGB)

```
Amtsgericht                    Jugendamt
– Familiengericht –            – Allgemeiner Sozialer Dienst –
Donnerstraße 1                 Regenstraße 13
1000 Blitzdorf 3               1000 Blitzdorf 1
                               Frau Solidar
                               26. 1. 1980
```

Betr.: Familienrechtssache Helwig
   hier: Regelung der elterlichen Sorge und des Umgangsrechts gem. §§ 1671, 1634 BGB i. V. m. § 621 I Nr. 1, 2 ZPO

   Inhaber des elterlichen Sorgerechts:
   Karl-Heinz Helwig, Berggasse 11, 1000 Blitzdorf 2
   Kirsten Helwig, geb. Meier, Talstraße 21, 1000 Blitzdorf 2
   Kind: Monika Helwig, geb. 9. 5. 71

Bezug: Dort. Schreiben vom 18. 11. 1978 – hier eingegangen am
   14. 12. 78 – und vom 15. 2. 1979 – hier eingegangen am
   28. 2. 1979 –
   AZ.: 12b F 360 / 78

Hiermit nehme ich gem. § 48a I Nr. 6 und 4 JWG Stellung zu der
Frage, welche Sorgerechts- und Umgangsregelung für das Kind
Monika getroffen werden soll.

Meine Stellungnahme beruht auf
1. Kontakten mit den Eheleuten H und dem Kind M (Hausbesuche,
 Gespräche im JA, Telefongespräche),
2. Kontakten mit der Familie des Ehemannes: dessen Mutter,
 Schwester, Nichte (Hausbesuche, Telefongespräche),
3. Kontakten mit der Familie der Ehefrau: Mutter (Telefongespräche),
4. Kontakten mit der Mutter des Pflegekindes, das bei Frau H war
 (Telefongespräche, Hausbesuche),
5. Mitteilungen der Abteilung Pflegekinder, der Adoptionsvermittlungsstelle, der Psychologischen Beratungsstelle (Gutachten),
6. Informationen durch das FamG.

I. Vorgeschichte und derzeitige Situation
Frau Kirsten H. geb. M (heute 39 Jahre) ist 1940 als jüngstes von
3 Geschwistern geboren. Da ihr Vater im Krieg vermißt ist, wuchs
sie nur mit ihrer Mutter und ihren 2 Geschwistern auf. 1945–1953
besuchte sie die Volksschule und wurde dort aus dem 7. Schuljahr
entlassen. Anschließend machte sie eine dreijährige Haushalts-
lehre. Danach übte sie Tätigkeiten als Hausangestellte, Hausge-
hilfin, Haustochter im Elternhaus, angelernte Arzthelferin,
Stationshilfe, Mannequin, Büroangestellte bei Behörden und Ver-
käuferin aus.[1]

– 2 –

– 2 –

Herr Karl-H. H (heute 41 Jahre) ist 1938 geboren; er hat noch
eine Schwester. Er besuchte 1944–53 die Volksschule, durchlief
danach eine Facharbeiterlehre und ließ sich anschließend als
Techniker umschulen. Später machte er eine Ausbildung als tech-
nischer Zeichner. In diesem Beruf war er bei mehreren Firmen
tätig[2].

Am 19. 9. 1961 heiratete Karl-H. H (damals 23 Jahre) Kirsten M
(damals 21 Jahre) zum ersten Mal. Die Ehe blieb kinderlos,
angeblich – so die Angaben von Frau H – weil Herr H wegen einer
früheren Erkrankung zeugungsunfähig sei.

Am 15. 11. 1969 wurde die Ehe durch Urteil des LG B aus dem Verschulden der Ehefrau geschieden. Frau H nahm ihren Mädchennamen,
M, wieder an. Nach Angaben der Eheleute gab es verschiedene
Ursachen dafür, daß sie auseinander gingen, u. a. den Druck durch
die Eltern des Mannes, seine Unfähigkeit, ihren Kinderwunsch zu
erfüllen und die Hintertreibung einer Adoption durch die Familie
des Mannes wegen erbrechtlicher Konsequenzen.

Am 9. 5. 1971 brachte Frau M die nichteheliche Tochter M zur Welt.
Der Kindesvater, H.-P. U (damals 40 Jahre alt), Beamter, wohnhaft . . ., erkannte die Vaterschaft an und zahlte anfangs monat-
lich 126 DM Unterhalt in 2 Raten. Da er verheiratet war und mehrere Kinder hatte, sei – so Frau M –, obwohl M ein Wunschkind
gewesen sei, eine Eheschließung nicht in Betracht gekommen.
Ihrer Absicht, das Kind abzutreiben, soll sich der Kindesvater
widersetzt haben, als angeblich Frau M bewog, das Kind auszutra-
gen. Da Frau M nach der Geburt wieder halbtags berufstätig war,
brachte sie das Kind in einer Halbtagspflegestelle unter. Allerdings wechselte sie die Familie anschließend mehrmals. Nachmittags kümmerte sie sich selbst um das Kind.

Am 20. 11. 1972 heirateten die geschiedenen Eheleute zum zweiten
Mal. Nach Angaben beider Eheleute soll ihr Verhältnis zueinander
mehrere Jahre besser als in der ersten Ehe gewesen sein.

Die Eheleute zogen wieder in das Elternhaus des Ehemannes. Im
gleichen Haus wohnte außer seiner Mutter seine verheiratete
Schwester, die selbst eine damals 13jährige Tochter hatte.

Mit Wirkung vom 30. 7. 1973 erteilte Herr H dem nichtehelichen
Kind seiner Frau seinen Namen. Von einer Adoption sah er damals
angeblich deshalb ab, weil er die Unterhaltszahlungen des Kin-
desvaters nicht verlieren wollte[3]. Diese Einbenennung war vom
Jugendamt sehr befürwortet worden, weil es so aussah, als wenn
die Ehe nunmehr Bestand haben würde, der Stiefvater das Kind
nach Angaben seiner Mutter wie sein eigenes behandelte und M
sich offensichtlich wohl fühlte.

Ende November 1974 stellte Frau H erstmals einen Antrag auf
Erteilung einer Pflegeerlaubnis, den sie dann wegen Erkrankung
von M wieder zurücknahm. Ab April 1976 bemühte sie sich wieder um

–3–

– 3 –

ein Tages-Pflegekind. Bei der Überprüfung der Verhältnisse der Familie H vom 17. 4. 1976 wurde unter der Rubrik: „Persönlichkeit, Intelligenz und Charakter" ausgeführt: Frau H scheine von mäßiger Intelligenz zu sein, sie wirke sehr lebhaft und überschwenglich. Ob sie eine gewisse Beständigkeit habe, sei fraglich. Sie sei schnell zu begeistern und leicht zu beeinflussen. Zu Herrn H wurde festgestellt, von seinem beruflichen Werdegang könne man auf ein gewisses Maß an Intelligenz schließen. Zur Ehe hieß es damals, daß ihre Harmonie und Beständigkeit schwer zu beurteilen sei. Die Eheleute schienen charakterlich und vom Wesen her sehr unterschiedlich zu sein. Wegen der Erziehung von M komme es angeblich gelegentlich zu Meinungsverschiedenheiten. Unter Motiv für die Aufnahme eines Kindes hieß es: „Erziehungsbereitschaft ist gegeben. Als Motiv. . . wird zunächst eine gewisse Kinderliebe angegeben, zumal die Eheleute keine gemeinsamen Kinder haben können. – Es spielen jedoch auch finanzielle Gründe eine Rolle. Frau H kann keiner Berufstätigkeit mehr nachgehen. Sie sucht dafür einen finanziellen Ausgleich"[4].

Nach Erteilung der Pflegeerlaubnis hatte Frau H knapp 6 Wochen ein Kind in Halbtagspflege. Da es immer wieder zu Auseinandersetzungen zwischen ihr und der Mutter des Kindes, Frau C, kam, nahm diese das Kind aus der Pflegestelle. Frau C gab als Grund dafür an, daß Frau H ständige Anforderungen an sie gestellt und fortwährend etwas anderes von ihr erwartet habe[5]. Nach dem Eindruck von Frau C habe Frau H zu ihrer Tochter M. ein gespanntes Verhältnis gehabt. Das Kind habe einen sehr nervösen Eindruck gemacht und sei von der Mutter oft lautstark zurechtgewiesen worden.

Am 25. 5. 1978 sprach Herr H bei der AdVermiSt des Jugendamtes vor, um die Annahme seines Stiefkindes M in die Wege zu leiten. Herr H gab damals an, ein gutes Verhältnis zu M zu haben. Wegen des Kindes komme es zwischen ihm und seiner Frau nicht zu Streit. Er betrachte M als seine Tochter und wolle auch rechtlich für sie einstehen. Seine Mutter und seine Schwester seien mit einer Adoption einverstanden. Möglicherweise wüßten sie zwar nicht, daß das Kind hierdurch erbberechtigt sei und M etwas von dem großen Grundstück seines Vaters erhalten würde. Er sehe dies aber nicht als Problem an. Unsicherheit bestand zwischen den Eheleuten darüber, wie sie das Kind über seine wirkliche Herkunft informieren sollten. Herr H erklärte sich dazu bereit, diese Aufgabe zu übernehmen. Die zuständige SozArb der AdVermitSt meinte, Herr H sei ruhiger und gleichmütiger als seine Frau und insofern sicher eher in der Lage, das Kind aufzuklären.

Aufgrund von früheren Hausbesuchen und dem anläßlich des Adoptionsantrags von Herrn H hatte die SozArb des ASD den Eindruck, daß Herr H mit M mit viel größerer Ruhe umging als die leibliche Mutter. Diese gab (damals) selbst an, mit der Erziehung

– 4 –

– 4 –

überfordert zu sein. Weder bei ihrem Mann, noch bei Verwandten noch im Kindergarten mache M Schwierigkeiten. Die SozArb hatte den Eindruck, daß Frau H sich von M provozieren lasse und aufgeregt und ärgerlich reagiere. Sie sei nicht konsequent und gebe dem Drängeln des Kindes immer nach, um ihre Ruhe zu haben. Die Verhaltensschwierigkeiten des im übrigen altersgemäß entwickelten Kindes konzentrieren sich lediglich auf die Mutter. Sie vermittelte M daher an die psychologische Beratungsstelle, die auch anläßlich des Annahmewunsches von Herrn H ein psychologisches Gutachten erstellte.

In diesem Gutachten vom 27. 6. 1978[6] und in dem vorab geführten Telefongespräch des Psychologen mit der SozArb des ASD hieß es unter anderem:

Herr H wirke vom Temperament her sehr verhalten, ohne rechte Dynamik und (im Persönlichkeitsbild) überwiegend autoritätshörig. Spontane und energische Reaktionen seien ihm relativ fremd.

Frau H sei eine außerordentlich lebhafte, bis hin zur Nervosität umtriebige Frau, der es erheblich an Ruhe, Gelassenheit und Ausgeglichenheit mangele. Sie sei immer mit ihrer jeweiligen Situation unzufrieden gewesen, und dies werde sich wohl auch nicht ändern, auch wenn sie wieder einer Berufstätigkeit nachgehen könne.

M sei – abgesehen von der Sprache – altersgemäß entwickelt und erweise sich nach anfänglicher Zurückhaltung als recht gut angepaßt, lebhaft und frei in ihren Äußerungen und ihrem Verhalten. Die Verbindung Stiefvater/Tochter sei intensiver und unkomplizierter als die zwischen Mutter und Tochter. Frau H scheine M nicht gewachsen zu sein, sie fühle sich häufig von ihr provoziert und bewußt geärgert. Herr H sei der ruhende Pol in der Familie, und er könne Ms Erziehung sicher positiv beeinflussen. Falls die Ehe, die im Moment noch stabil scheine, erneut zerbrechen sollte, würde M sogar evtl. zu Herrn H tendieren, der für das Kind eine echte Bezugsperson geworden sei.

Auf der Grundlage der positiven Stellungnahme vom ASD, AdVermiSt und Psychologischer Beratungsstelle wurde die Kindesannahme am 19. 8. 1978 (AZ 12b XV 57/77) ausgesprochen.

Am 23. 9. 1978 zog Frau H aus der ehelichen Wohnung aus. (Im Scheidungsantrag wird behauptet, daß die Eheleute bereits seit Mai getrennt leben.) Das Kind ließ sie bei ihrem Mann. Seitdem wird M tagsüber von der im gleichen Haus wohnenden Großmutter und der verheirateten, nicht berufstätigen Schwester des Herrn H betreut. M macht angeblich keine besonderen Schwierigkeiten. Herr H hat um 17 Uhr Arbeitsschluß und ist abends mit dem Kind zusammen. Morgens frühstückt M mit dem Vater, wird dann vom Schwager des Herrn H in die Schule gebracht und mittags von einem Familienmitglied abgeholt.

–5–

– 5 –

Herr H hat eine Aussteuer- und Lebensversicherung zugunsten des Kindes abgeschlossen.

Frau H senior und deren Tochter sowie die 18jährige Enkelin äußerten übereinstimmend, M im Hause behalten zu wollen.

Herr und Frau H waren sich im Zeitpunkt der Trennung darüber einig, daß M bei Herrn H bleiben soll. Frau H erklärte, sie fühle sich mit der Erziehung des Kindes überfordert und brauche ihre Freizeit. Zwischen M und ihrem Mann bestehe eine echte Vater-Kind-Beziehung, und M sei voll in die Familie ihres Mannes integriert. Sie lege lediglich Wert auf ein ausreichendes Besuchsrecht.

In den folgenden Monaten – insbesondere im Februar und April 1979 – äußerte Frau H verschiedentlich gegenüber dem ASD den Wunsch, M doch zu sich zu nehmen. Ihre Mutter, bei der sie wohnte und mit der sie auch häufig Auseinandersetzungen wegen Frau Hs zahlreichen Männerbekanntschaften hatte, sprach sich dagegen aus, ihr das Kind zu überlassen. Sie gab an, Herr H verwöhne M allerdings sehr. Er schlafe mit ihr im ehelichen Schlafzimmer. Außerdem trinke er abends zuweilen. Frau M, die Schwester von Herrn H, beschwere sich angeblich, weil Frau H sich nicht genug um das Kind kümmere. Zwischen September 1978 und März 1979 hatte Frau H die 2. Arbeitsstelle und den 3. Bekannten.

Das Verhältnis zu M besserte sich in dieser Zeit, da Frau H M nur in ihrer Freizeit sah und sich nicht so sehr von ihr provozieren ließ. Herr H zeigte sich hinsichtlich des Besuchsrechts seiner Frau immer wieder großzügig und gab auch ihren kurzfristig mitgeteilten Besuchswünschen nach. Das Kind hatte sich so gut auf den Vater eingestellt, daß es sogar von Aufenthalten bei der Mutter vorzeitig zurück wollte.

Im April 1979 berichtete Frau M, die Schwester von Herrn H, daß Frau H geäußert habe, sich das Leben zu nehmen, wenn sie um das Kind kämpfen müsse. Während der Schwangerschaft habe Frau H auch einen Selbstmordversuch gemacht.

Im Juli 1979 informierte Frau M den ASD darüber, daß Frau H sich seit 6 Wochen, d. h. während der ganzen Sommerferien, nicht um M gekümmert habe. Anfangs sei M traurig gewesen, jetzt erwähne sie die Mutter nur noch gelegentlich.

Frau H habe einen neuen Bekannten, einen Witwer mit einer Tochter in M's Alter, die auch M's Klasse besucht. Sie habe geäußert, diesen heiraten und M dann zu sich nehmen zu wollen.

Frau H trug hierzu bei einem Gespräch mit der SozArb am 5. 8. 1979 vor, daß sie auf Anraten der Klassenlehrerin und nicht aus Gleichgültigkeit M nicht mehr besucht habe; die Lehrerin habe nämlich mitgeteilt, daß M nach den Kontakten mit der Mutter immer verwirrt und unruhig sei. Bei dieser Unterredung äußerte Frau H eindeutig, daß ihr Mann das Sorgerecht haben solle, weil sie wegen ihrer ganztägigen Berufstätigkeit M nicht betreuen könne.

–6–

– 6 –

Im Laufe des August kam es zu einigen Schwierigkeiten: M wollte
angeblich Besuche bei der Großmutter mütterlicherseits nicht
wahrnehmen. Es soll Eifersüchteleien zwischen M und der Tochter
des Bekannten ihrer Mutter gegeben haben. Außerdem hatte Frau H
gegen ihren Mann eine unberechtigte Unterhaltsklage erhoben.
Am 3. 9. 1979 teilte Frau M dem ASD mit, daß ihr Bruder sich wieder
zu binden gedenke. Es handele sich um eine geschiedene Frau,
deren Kinder im Ausland bei ihrem Mann seien. Die Familie von
Herrn H sei mit ihr sehr einverstanden.

II. Psychosozialer Befund[7]

Die fast achtjährige Monika ist ihrem Erscheinungsbild nach ein
körperlich gesundes und altersgemäß entwickeltes Kind.

Den Leistungsanforderungen der Schule entspricht das Mädchen,
ohne besonders positiv oder negativ aufzufallen.

Seine leichten Rückstände im sprachlichen Ausdruck sind nicht so
groß, daß sie sich nachteilig auf Monikas intellektuelle Leistungen auswirkten.

Monika ist psychisch relativ gut belastbar. Sie hat eine altersgemäße Bindungsfähigkeit entwickelt, die besonders gegenüber
dem Adoptivvater und dessen Herkunftsfamilie gut ausgebildet
ist. Sie kann trotz Wissen um ihre nichteheliche Geburt recht
offen auf den Adoptivvater zugehen, bei ihm Anlehnung suchen und
von ihm Informationen und Weisungen annehmen. Monika fühlt sich
bei Herrn H und dessen Familie geborgen. Monika verhält sich in
der Regel zu Gleichaltrigen ebenso wie zu ihrem Adoptivvater und
dessen Angehörigen und – nach einer kurzen, von Zurückhaltung
gekennzeichneten Anlaufphase – auch Fremden gegenüber situa-
tionsgemäß. Dagegen neigt sie im Umgang mit der Mutter dazu,
deren Verhaltenserwartungen nicht ohne weiteres nachzukommen.
Vielmehr versucht sie, diesen eigene Wünsche nachdrücklich ent-
gegenzustellen und sie durch „Drängeln" durchzusetzen. Im Zwei-
felsfall tendiert sie eher dazu, es auf einen Konflikt mit der
Mutter ankommen zu lassen oder ihr aus dem Weg zu gehen, als sich
kooperativ mit den Erwartungen ihrer Mutter auseinanderzusetzen.

Vor die Wahl zwischen Mutter und Adoptivvater gestellt, zeigt
Monika deutlich stärkere emotionale Gebundenheit an den Adoptivvater und dessen Herkunftsfamilie.

Dennoch hat Monika zu ihrer Mutter eine eher positive, wenn auch
gestörte Beziehung.

Selbst nach dem Weggang der Mutter kann das Mädchen, wenn auch
mit größerer Zurückhaltung, auf die Mutter zugehen.

Es gibt Hinweise dafür, daß Monika sich bedroht fühlt, ihre Mutter zu verlieren und diese nicht vollständig verlieren möchte.

–7–

– 7 –

Auf die belastenden Beziehungen zur Mutter antwortet Monika
u. a. mit Konzentrationsstörungen, Vorsichtshaltung gegenüber
der Mutter und verstärkter Zuwendung zum Adoptivvater. Insgesamt tendiert Monika in diesem Zusammenhang vor allem dazu, enttäuschende Situationen zu vermeiden und nur selten deutlich ihre
Bedürfnisse hinsichtlich ihrer Mutter anzumelden.
Der leibliche Vater des Mädchens spielt bislang in Monikas Erleben keine bedeutsame Rolle. Als ihr „zu Hause" erlebt Monika
offensichtlich die Umgebung ihres Adoptivvaters.
Frau H, Monikas Mutter, heute 38 Jahre alt, erweist sich als nur
mäßig intelligent. Ihr Erleben und Verhalten wird weniger von
planenden Überlegungen und realitätsbezogenen Zielsetzungen
bestimmt; vielmehr neigt sie zu spontanen, wenig vorausschauba-
ren, oft sprunghaft wechselnden Handlungen.
Sie wirkt im Umgang mit anderen sehr lebhaft, mitunter überschwenglich. Ihre soziale Umwelt erlebt sie oft als unruhig und
unausgeglichen, fast umtriebig. Nicht selten sind stärkere
Gefühlsschwankungen bei ihr zu beobachten.
Frau H läßt sich leicht beeinflussen, verhältnismäßig rasch für
etwas begeistern, ohne dann Angestrebtes mit einiger Beständigkeit durchzuführen.
Frau H ist an Berufstätigkeit außerhalb des Hausfrauenbereichs
interessiert, vermag jedoch nur jeweils für kurze Zeit in einem
Beruf und in einer Arbeitsstelle auszuhalten.
Es bereitet Frau H Schwierigkeiten, Belastungssituationen
standzuhalten und sie konstruktiv zu verändern.
Frau H äußert ihrer Umwelt gegenüber oft hohe Ansprüche, die sie
dann nicht erfüllt sieht.
Enttäuschungsursachen neigt sie weniger in sich als in anderen
zu suchen.
Mit fremden Männern kann Monikas Mutter leicht näheren und teilweise intensiven Kontakt aufnehmen. Solche Beziehungen vermag
sie jedoch in dieser Weise meist nur für kurze Zeit aufrecht zu
erhalten, um sich dann neuen Männerbekanntschaften zuzuwenden.
Ihren bisherigen Ehemann scheint sie einerseits noch heute als
einen Menschen einzuschätzen, auf den Verlaß ist, andererseits
erlebt sie ihn in mancherlei Hinsicht als einen Gegensatz zu
sich selbst.
Zu ihrer Tochter Monika besitzt Frau H seit Beginn der Schwangerschaft eine deutlich ambivalente Einstellung. Sie fühlt sich
häufig durch Monikas Verhalten herausgefordert und in ihrer
Erziehungsfähigkeit überfordert.
Wenn Frau H zu wählen hat zwischen mehr persönlichem Freiraum
oder Nähe zu und damit Gebundenheit an ihr Kind, bevorzugt sie
ihren privaten Freiraum.

–8–

– 8 –

<u>Monikas Adoptivvater, Herr H</u>, heute 41 Jahre alt, ist ein im allgemeinen recht ruhiger und ausgeglichen wirkender Mann. In zwischenmenschlichen Beziehungen hält er sich lieber persönlich zurück; er gibt sich so wenig spontan und durchsetzungsfreudig, daß er zunächst als ein Mensch mit geringer Dynamik angesehen werden kann.

Im Gegensatz zu seiner Frau ist Herr H mindestens gut durchschnittlich intelligent. Ihn kennzeichnet vorausschauendes, planendes und abwägendes Verhalten. Er besitzt Interesse an beruflicher Fort- und Weiterbildung, die er zielstrebig und konsequent wahrnimmt.

Herr H vermag Enttäuschungen und andere psychische Belastungen gut auszuhalten, ohne zu resignieren oder anderen Vorwürfe zu machen.

Monikas Adoptivvater ist emotional ansprechbar und zu starken emotionalen Bindungen fähig.

Insbesondere gegenüber seinen Eltern und der Familie seiner Schwester bestehen starke Bindungen, die partiell zu Abhängigkeiten führen. Aber auch gegenüber seiner Frau scheinen solche Gefühle zu bestehen. Vor allem aber hat Herr H zu seiner Adoptivtochter Monika eine belastbare bejahende Einstellung entwickelt.

Er zeigt sich bereit und fähig, für Monika Verantwortung zu übernehmen, für ihre materielle Sicherheit zu sorgen und sich erzieherisch um sie zu kümmern.

Wenn es um Monikas Interessen geht, ist er bereit, Belastungen und Unannehmlichkeiten auf sich zu nehmen. Mitunter scheint es allerdings, als binde er das Mädchen zu eng an sich.

Die im gleichen Haus wohnenden Angehörigen aus Herrn H's Herkunftsfamilie akzeptieren Monika als seine Adoptivtochter und setzen sich für das Kind ein.

<u>Monikas Großmutter</u> mütterlicherseits sieht ebenfalls die Entwicklung des Mädchens am besten durch den Adoptivvater gewährleistet.

III. <u>Diagnose</u>

Obwohl Monika in den ersten 18 Monaten ihres Lebens durch den häufigen Wechsel der Halbtagspflegestellen stärkeren seelischen Belastungen ausgesetzt war, zeigte sie in ihrer bisherigen körperlichen, geistigen und seelischen Entwicklung keine nennenswerten Verhaltensauffälligkeiten.

Das gibt zunächst Grund zur Annahme, daß M von ihren anlagemäßigen Voraussetzungen her belastbarer als manches andere Kind ist. Wesentlich dürfte jedoch zu ihrer bisherigen Entwicklung auch der sichere Lebensraum beigetragen haben, den ihr der Adoptivvater sehr bald verschaffte, indem er eine stabile bejahende

–9–

– 9 –

Einstellung zum Kinde entwickelte, angemessen erzieherisch mit ihm umging, sehr früh durch Namenserteilung unnötigen Beunruhigungen des Kindes durch Altersgenossen oder Erwachsene vorbeugte und durch ein angemessenes aufklärendes Gespräch das Kind über seine Herkunft informierte, ohne die gute Beziehung zu ihm zu verlieren.

Inwieweit Monikas leichte Rückstände im Sprachverhalten als Folge eines zu geringen Angebots von entsprechenden Anreizen durch die wenig intelligente Mutter anzusehen sind, ist noch weiter zu überprüfen.

Ihr provozierendes Verhalten gegenüber der Mutter, Monikas einzige deutlich wahrnehmbare Verhaltensauffälligkeit vor dem Zeitpunkt der Trennung, verweist einerseits wiederum auf recht durchsetzungsfreudige Antriebe im Kind, andererseits auf beträchtliche Defizite in der Beziehung zwischen Monika und ihrer Mutter. Frau H trug zur bestehenden Beeinträchtigung der Mutter-Kind-Beziehung bei

– durch ihre bereits seit Beginn der Schwangerschaft bestehende ambivalente Einstellung zum Kind,

– durch ihr unüberlegtes, inkonsequentes, primär von der Befriedigung eigener Bedürfnisse bestimmtes Erziehungsverhalten,

– durch ihr antriebsunmittelbares, wenig vorausschaubares und recht unbeständiges Verhalten insgesamt, das Monika die Orientierung an und emotionale Zuwendung zu ihrer Mutter erschwerte.

Die Spannungen zwischen Monika und ihrer Mutter während der Zeit des Zusammenlebens in der elterlichen Wohnung haben dazu beigetragen, daß Frau H für ihre Tochter ein wenig attraktives Identifikationsobjekt wurde.

Wenn Monika dennoch ohne nennenswerte Schwierigkeiten ihre eigene Geschlechtsrolle anzunehmen lernt, dann wohl eher bedingt durch positive Erfahrungen an ihrer Tante und Cousine. Mit den Eifersüchteleien gegenüber der künftigen Stieftochter ihrer Mutter gibt das Mädchen zu erkennen, daß ihr trotz allem noch immer daran gelegen ist, sich beide Elternteile als beständige Bezugsperson zu erhalten.

Diese Möglichkeit ist jedoch mit an Sicherheit grenzender Wahrscheinlichkeit auszuschließen, weil beide Elternteile im Begriff sind, mit anderen Partnern eine neue Ehe einzugehen. Und selbst bei Wegfall dieser Voraussetzung hätte auch ein dritter Versuch der Elternteile, miteinander zusammenzuleben, die gleichen geringen Aussichten auf Bestand wie die ersten beiden Versuche, da es sich bei den bisherigen ehelichen Beziehungen von Frau und Herrn H mit großer Wahrscheinlichkeit um eine gestörte Partnerbeziehung im Sinne des Kollusionskonzepts (Willi, J.:

– 10 –

– 10 –

Die Zweierbeziehung (Spannungsursachen, Störungsmuster, Klärungsprozesse, Lösungsmodelle), 7. Aufl., Hamburg 1977) handelte, ein Miteinander also, das überwiegend von überwertigen Ergänzungsbedürfnissen bestimmt war.
Die vollzogene Trennung der Eltern und die nur unregelmäßigen Kontakte mit der Mutter sowie deren geringes und wechselhaftes Interesse am Mädchen wirken auf Monika belastender, als sie nach außen zu erkennen gibt.
Monikas erhöhte Unruhe und Unkonzentriertheit in der Schule sind Hinweise darauf, daß das Mädchen sich in seiner Vorstellungs- und Erlebniswelt mit seinen Verlustängsten auseinanderzusetzen hat.
Monika versucht den angst- und schmerzauslösenden Erfahrungen vor allem dadurch zu begegnen, daß sie sich ihrer Mutter gegenüber mehr zurücknimmt und sich nach wie vor stark an ihren Adoptivvater und die Angehörigen seiner Herkunftsfamilie anlehnt und auch dort anlehnen kann.
Indem Herr H noch immer seiner früheren Frau verhältnismäßig ruhig und tolerant begegnet und indem er noch intensiver für Monika sorgt, unterstützt er das Mädchen in seinen notwendig gewordenen Versuchen der Neuorientierung.
Soweit bei Monika Gefühle von Sicherheit und Unbefangenheit zu beobachten sind, werden sie überwiegend durch die zuverlässige und bejahende Zuwendung des Adoptivvaters zum Kind ermöglicht.
Herr H's ausgeprägte Beständigkeit im Durchhalten von Zielsetzungen sowie seine deutliche stabile gefühlsmäßige Gebundenheit an das Kind sprechen dafür, daß Monika auch in Zukunft von ihm versorgt werden wird, wobei freilich nicht ganz auszuschließen ist, daß eine leichte verwöhnende Zuwendung zum Kind bei ihm auftreten und Monika von ihm in Teilbereichen die Rolle eines Partnersubstituts (Richter: Eltern, Kind, Neurose, Hamburg 1967) zugesprochen bekommen könnte.

IV. Zusammenfassende Beurteilung der psychosozialen Situation des Kindes Monika H

Die aus der Vorgeschichte, dem psychosozialen Befund und den diagnostischen bzw. prognostischen Überlegungen gewonnenen Erkenntnisse weisen darauf hin, daß unter den gegebenen Umständen für Monika körperliches, seelisches und geistiges Wohl wenig gesorgt ist, wenn Frau H das elterliche Sorgerecht zugesprochen würde.
Frau H ist sehr wechselhaft gegenüber ihrer Tochter und dem Wunsch, für sie Verantwortung zu übernehmen. Die Abtreibung ihres Kindes unterließ sie, weil der Kindesvater damals nicht zustimmte. Ihre latent ablehnende Haltung gegenüber Monika bzw. ihr wenig stabiles Interesse an ihrem Kind zeigt sich u. a. auch

–11–

— 11 —

darin, daß sie zu einem Zeitpunkt, als für sie bereits fest-
stand, daß sie die Familie verlassen würde, in die Adoption der
Tochter durch den Stiefvater einwilligte.

Seitdem sie von ihrer Familie getrennt lebt, war sie mehrfach
schwankend, Monika künftig zu sich zu nehmen, obwohl sie gleichzeitig die Ansicht vertrat, daß für ihr Kind bei Herrn H besser
gesorgt sei.

Falls Frau H das Sorgerecht zugesprochen und Monika in die künftige neue Familie ihrer Mutter genommen würde, ist mit starken
Rivalitäten zwischen Monika und der gleichaltrigen Tochter des
künftigen Mannes ihrer Mutter zu rechnen. Zu diesem eventuellen
„Stiefvater" hat Monika bislang kein Verhältnis.

Angesichts der geringen Beständigkeit von Frau H – auch in Bezug
auf Männerbekanntschaften – ist die Gefahr nicht auszuschließen, daß Monika in der zweiten Ehe ihrer Mutter eine erneute
Trennung der Familienmitglieder verarbeiten muß.

Frau H's geringe Erziehungsfähigkeit und die seit Jahren sichtbaren Spannungen zwischen ihr und dem Kind sprechen ebenfalls
dagegen, Frau H das Sorgerecht zu übertragen.

Herr H ist gewillt und in der Lage, für Monikas materielle
Sicherheit zu sorgen.

Er bejahte die Adoption und die damit verbundenen nicht unbe-
trächtlichen Erbrechte des Mädchens, obwohl seine Frau kurz
davor stand auszuziehen. Nachdem Frau H sich von ihm getrennt
hatte, sorgte er ohne zu wissen, ob ihm das Elternrecht für das
Kind zugesprochen würde, zusätzlich für das materielle Wohl des
Mädchens, indem er für Monika eine Aussteuerversicherung und
eine Lebensversicherung abschloß.

Monika behält bei ihrem Adoptivvater das ihr vertraute soziale
Umfeld. In dessen Herkunftsfamilie ist sie voll integriert.
Durch die von Herrn H beabsichtigte neue Eheschließung entstehen
für Monika keine Probleme durch eventuelle Stiefgeschwister.

In Herrn H erlebt Monika ihren Vater, der zuverlässig für sie da
ist.

Die gegenüber seiner Herkunftsfamilie in Teilbereichen zu beobachtende Abhängigkeit konnte Herr H – beispielsweise im Zusammenhang mit Monikas Adoption – zu einem guten Teil überwinden.

Durch seine neue Eheschließung wird auch die angesprochene
Gefahr, Monika als Partnersubstitut festzulegen, reduziert.

Die Eheleute H haben einen gemeinsamen Vorschlag zur Regelung
der elterlichen Sorge unterbreitet und an ihm trotz einiger
Schwankungen von Frau H festgehalten.

Nach allen vorliegenden Erkenntnissen scheint es nicht erforderlich, zum Wohle des Kindes Monika von diesem Vorschlage abzuweichen (§ 1671 III 1 BGB).

—12—

– 12 –

Wie erörtert hat Monika ausgeprägte, wenn auch emotional gestörte Beziehungen zu ihrer Mutter. Diese sollte daher das ihr gem. § 1634 I 1 BGB zustehende Umgangsrecht behalten. Allerdings sollte das Gericht den Umfang der Befugnis gem. § 1634 II 1 BGB regeln. Die Mutter, die sehr sprunghaft ist, hat seit dem Getrenntleben der Ehepartner verschiedentlich durch ihr Verhalten gezeigt, daß sie es in ihrer unberechenbaren Art fertigbringt, Monika völlig zu verunsichern. Dem soll eine Umgangsregelung vorbeugen.

Sollten sich mit der jetzt beschlossenen Regelung Unzuträglichkeiten aufgrund des Verhaltens von Frau H oder aufgrund der Tatsache ergeben, daß Frau H wieder heiratet, müßte die Umgangsregelung neu überdacht werden.

V. Entscheidungsvorschlag

1. Ich schlage vor, dem Adoptivvater gem. § 1671 I, IV 1 BGB die elterliche Sorge über Monika zu übertragen.
2. Des weiteren schlage ich vor, folgende Bestimmungen zu treffen:
   – Frau H darf Monika einmal im Monat, und zwar an dem Wochenende, an dem sie Samstags keine Schule hat, von Freitagnachmittag bis Sonntagabend zu sich nehmen.
   – Die Oster- und Weihnachtsfeiertage verbringt Monika beim Adoptivvater, die Pfingsttage sowie Sylvester und Neujahr verbringt sie bei ihrer Mutter.
   – Auf ausdrücklichen Wunsch des Kindes sind diese Feiertagsblöcke austauschbar.

– 13 –

7.2.4 Anmerkungen zum Beispielgutachten (7.2.3)

1. Diese Aussagen, die in der Stellungnahme des JA fehlen, tragen wesentlich dazu bei, über die Mutter Bedeutsames zu vermitteln.
2. Auch diese Informationen sagen Wesentliches über die Persönlichkeit des Vaters aus.
3. Wichtig, weil der Druck der Familie des Mannes angeblich mit ein Scheidungsgrund war.
4. Diese Aussagen gehören von ihrem Charakter her in den Befund. Da sie aber von einer anderen Stelle als der jetzt begutachtenden herrühren und die Quelle angegeben wird, können sie in der Vorgeschichte aufgeführt werden.
5. Diese Ergebnisse haben zwar mit der jetzigen Scheidung nichts zu tun, geben aber Auskunft über die Unstetigkeit der Mutter.
6. Siehe Anm. 4!
7. Wenn der psychosoziale Befund an manchen Stellen der Vorgeschichte ähnelt, so ist das dadurch begründet, daß wir die für die Vorgeschichte wichtigen Einzelinformationen nur der Originalakte entnehmen konnten. Diese bestand aber leider weitge-

hend aus bereits verallgemeinernden (= befundähnlichen) Feststellungen. Dieser Umstand verweist wieder auf die Notwendigkeit konkreter Notizen über Verhaltensbeobachtungen und Gesprächsinhalte.

7.2.5 Abweichungen von der geltenden Rechtslage

- § 48 a I Nr. 6 und 4 JWG entspricht § 49 a I Nr. 2 und 1 FGG.
- Für ein Tagespflegekind wird heute gem. § 44 I S. 3 Nr. 2 KJHG keine Pflegeerlaubnis mehr benötigt.
- Vor 1980 hieß das Umgangsrecht gem. § 1634 BGB Besuchsrecht.
- Auch unter dem geltenden KJHG würde im vorliegenden Fall wegen der ungewöhnlichen Sachlage – nicht die leibliche Mutter, sondern der Adoptivvater soll das Sorgerecht behalten – dem Gericht ein differenziertes psychosoziales Gutachten abzuliefern sein. Ein weiterer Grund hierfür wäre das wiederholte Schwanken der Mutter, die einmal auf das Kind verzichtet und dann wieder mit Suizid droht, wenn sie es nicht bekommt.

7.3 Das Gutachten von Sozialarbeitsstudenten im Vergleich mit einem Beispielgutachten (§§ 1741 ff. BGB)*

7.3.1 Die gutachtliche Stellungnahme von Sozialarbeitsstudenten (§§ 1741 ff. BGB)

An das	Jugendamt
Amtsgericht Blitzdorf	– Allgemeiner Sozialer Dienst –
– Vormundschaftsgericht –	Regenstraße 13
Donnerstraße 1	100 Blitzdorf 1
100 Blitzdorf 3	1. Februar 1980

Betr.: Annahme eines Minderjährigen als Kind gem. §§ 1741 ff. BGB
Inhaber des elterlichen Sorgerechts: Frau Monika Kreuz, Pflaumenweg 1, 100 Blitzdorf 2[2].
Pflegeeltern: Hannes und Christa Illner, Quittenweg 3, 100 Blitzdorf 4.
Kind: Heike Kreuz, geb. 2. 11. 77

Bezug: Ihr Schreiben v. 10. 1. 80 – hier eingegangen am 14. 1. 80
Az.: 30 XVI 75/78

Hiermit nehme ich Stellung gem. § 48 a I Nr. 10 JWG[3] und beantrage[4], dem Ehepaar Illner die Annahme der Heike Kreuz als Kind zu gestatten.
Ich begründe diesen Antrag mit Erkenntnissen aus folgenden Vorgängen[5]:

1. Innerbehördlicher Schriftwechsel
1. 1. 23. 04. 78 Bitte um Gewährung eines erhöhten Pflegegeldes[6]
1. 2. 23. 04. 78 Bitte um Überwachung der Pflegestelle Illner
1. 3. Datum unbekannt; Bitte um Gewährung eines erhöhten Pflegegeldes

---

* Das Aktenstück stammt aus der Zeit vor Geltung des KJHG. Unter 7.3.5 (s.u. S. 224) finden sich kurze Erklärungen zu den Unterschieden zwischen JWG und KJHG.

9. 2.   27. 05. 78   Ärztliche Bescheinigung zur Vorlage beim JA
9. 3.   19. 11. 78   Bescheinigung des JA über die Dauerpflege

I. Vorgeschichte und derzeitige Situation[7]

Am 20. 6. 70 schlossen Hannes Illner, geb. 27. 12. 34[8] und Christa, geb. Meixner, gesch. Schick, geb. am 16. 4. 41[8] miteinander die Ehe[9]. Frau Illner ist von Beruf Papierarbeiterin, Herr Illner geht der Tätigkeit als Kraftfahrer nach. Frau Illners erste Ehe wurde aus alleinigem Verschulden des Ehemannes geschieden. Die jetzige Ehe ist kinderlos. Nach einer im März 1976 erfolgten Operation ist Frau Illner nicht mehr in der Lage, schwanger zu werden.

Am 13. 6. 77 beantragte das Ehepaar die Aufnahme eines Pflegekindes mit dem Ziel der Adoption.

Die Verhältnisse des Ehepaares wurden vom JA Blitzdorf geprüft. Sie werden als zufriedene strebsame Menschen geschildert, die einen guten Leumund haben und sich sehnlichst ein Kind wünschen. Am 11. 9. 77 wurde eine Adoption befürwortet, zu diesem Zeitpunkt kann[10] dem Ehepaar jedoch kein Kind vermittelt werden.

Am 10. 7. 77 wird[10] beim Blitzdorfer JA Frau Maria Kreuz, geb. am 6. 2. 45, vorstellig[11]. Sie ist von Beruf medizinisch-technische Assistentin[12], zur Zeit jedoch krank geschrieben, da sie unter einer schizophrenen Psychose[13] leidet. Sie erwartet[10] zum Ende November/Anfang Dezember ein Kind, das sie zur Adoption freigeben möchte, da sie aufgrund ihrer Krankheit nicht in der Lage ist, es zu versorgen. Ihren 1971 geborenen Sohn[14] hat sie ebenfalls bei Adoptiveltern untergebracht.

Das JA Blitzdorf fragt[10] bei der Psychiatrischen Klinik, in der Frau Kreuz in Behandlung ist, nach ihrem Krankheitsverlauf und etwaiger Schädigung des ungeborenen Kindes durch medikamentöse Behandlung.

Die Klinik berichtet[10], daß sich die Krankheit immer zeitweilig bemerkbar macht[16], dazwischen lägen Zeitabschnitte, in denen Frau Kreuz beschwerdefrei sei und keiner stationären Behandlung bedürfe. Über das zu erwartende Kind sähe[16] sich die Klinik außerstande, bindende Aussagen zu machen[17].

Am 5. 9. 77 wendet[10] sich das Blitzdorfer JA an die Adoptionsvermittlungszentrale der Ev. Kirche mit der Bitte, bei der Ermittlung von Adoptiveltern behilflich zu sein, die bereit wären, nach der Adoption Kontakt mit Frau Kreuz zu halten und ihren gelegentlichen Besuchen zuzustimmen[18].

Im November 1977 sprachen im Blitzdorfer JA die Eheleute Jedermann aus Heckendorf vor. Sie haben[10] aufgrund eigener Initiative Verbindung mit Frau Kreuz aufgenommen und möchten das Kind gleich nach der Geburt zu sich nehmen[19].

Am 2. 11. 77 kam Heike Kreuz zur Welt.

Sie blieb vorerst in der Kinderklinik, wo sie wegen einer Nasenmißbildung operiert wurde.

Unsere fernmündliche Anfrage[20] am 1. 2. 78 in der Kinderklinik ergibt[10] folgende Erkenntnisse:

Heike ist auf dem linken Auge blind, eine Behinderung, die sich auch nicht durch eine Operation beheben ließe[21]. Das Auge sei wesentlich kleiner, was sich auf das Äußere des Kindes negativ auswirken werde. Außerdem läge[21] die Vermutung nahe, daß auch ein Hirnschaden vorhanden sei.

Am 13. 12. 78 teilten die Eheleute Jedermann mit, daß sie angesichts Heikes Behinderung an einer Aufnahme des Kindes nicht mehr interessiert seien[22].

Im Laufe des März 1978 interessieren[23] sich die Ehepaare Pauls und Meier für Heikes Adoption, nehmen[23] jedoch schnell davon Abstand[22]. Am 3. 4. 78 teilte uns Frau Keuz mit, sie habe Familie Illner kennengelernt. Sie wären[21] mit Heike sehr liebevoll umgegangen, und diese hätte[21] sofort Vertrauen zu ihnen gefaßt. Sie als Mutter sei mit ihnen als Pflege- und später Adoptiveltern einverstanden.

Am 20. 4. 78 nimmt[23] das Ehepaar Illner Heike in Pflege mit dem Ziel der Adoption. Die Pflegeerlaubnis wird[23] am 24. 4. 78 ausgesprochen.

Inzwischen steht[23] fest, daß Heike neben den genannten Behinderungen auch noch Spastikerin ist.

Am 4. 7. 78 wurde von uns eine Prüfung der Pflegestelle vorgenommen. Diese Prüfung wie auch die nächstfolgenden am 31. 1. 79 und 7. 10. 79 verlaufen[23] mit sehr positivem Ergebnis. Heike gedeiht dort sehr gut, hat zu den Pflegeeltern ein sehr gutes Verhältnis, und diese bemühen sich sehr um die Förderung des Kindes[24]. Am 23. 5. 79 beantragen[23] die Eheleute Illner ein zweites Kind, das sie in Tagespflege nehmen wollen.

Auf unsere Veranlassung ziehen[23] sie im September 79 in eine größere Wohnung um.

Am 22. 10. 80 wurde dem Ehepaar die Pflegeerlaubnis für Mario Schwan, geb. am 12. 10. 78, erteilt.

II. Psychosozialer Befund

Heike ist ein mehrfachbehindertes Kind von 2–3 Jahren. Sie ist auf einem Auge blind und Spastikerin. Eventuell liegt noch eine weitere[25] Behinderung aufgrund einer Hirnschädigung vor.

Körperlich scheint sie sich gut zu entwickeln. Auf diesem Gebiet macht sich ein Entwicklungsrückstand nicht bemerkbar[26].

Zur Zeit beträgt der geistige Entwicklungsrückstand[27] nach Ansicht der Kinderärztin[28] mindestens ½ Jahr. Sie macht den Eindruck eines Spätentwicklers, der sich aber ständig weiter entwickelt[29].

Über Heikes Entwicklung im sozialen Bereich läßt sich aufgrund ihres Alters noch nicht viel sagen. Aus den Pflegeberichten[28] geht hervor, daß sie eine sehr herzliche Beziehung zu ihren Pflegeeltern hat und den Eindruck eines zufriedenen und frohen Kindes macht.

Über ihr Verhalten im Umgang mit anderen Personen läßt sich wenig sagen, da sie bisher nur Kontakt mit Pflegeeltern und der leiblichen Mutter hatte[30].

Ihr Spielverhalten wird als altersgemäß geschildert[28].

Frau Illner ist 38 Jahre alt. Sie hat nach ihrer Flucht aus der DDR sehr schnell Fuß gefaßt und war nach einer 2jährigen Haushalttätigkeit bis zur Übernahme des Pflegekindes als Papierarbeiterin tätig[31].

Herr Illner ist 45 Jahre alt. Auch er hat sich nach seiner Flucht in den Westen schnell eingelebt. Nach einer kurzen Tätigkeit als Bau- und Hilfsarbeiter ist er seit 18 Jahren bei der Firma S. als Kraftfahrer beschäftigt.

In verschiedenen Quellen[28] werden die Eheleute Illner übereinstimmend als ordentliche, strebsame und zufriedene Menschen geschildert. Sie leben in geordneten familiären und wirtschaftlichen Verhältnissen.

Ursprünglich wollten die Eheleute Illner nur ein körperlich und geistig normal entwickeltes Kind adoptieren. Trotz dieses Wunsches haben sie sich entschlossen, das mehrfach behinderte Kind Heike in Pflege zu nehmen, obwohl ihnen bewußt war[32], daß sie mit einem erheblichen Mehraufwand an Kosten und besonders an Zeit und Zuwendung für das Kind rechnen mußten.

In diesem Zusammenhang soll erwähnt werden, daß Frau Illner seit dem Zeitpunkt der Inpflegenahme von Heike ihre Berufstätigkeit aufgegeben hat[28].

In den zwei Jahren, die Heike bei den Pflegeeltern lebt, hat sich ein herzliches Verhältnis zwischen beiden Teilen entwickelt.

Die Pflegeeltern erziehen das Kind liebevoll und tun alles[33], um seine Entwicklung zu fördern, auch wenn dieses eine starke Belastung besonders für Frau Illner bedeutet, da mit dem Kind täglich gymnastische Übungen gemacht werden müssen und häufige Besuche beim Arzt und der Krankengymnastin nötig sind.

Herr und Frau Illner bemühen sich, möglichst objektiv Heikes Entwicklungsstand mit dem anderer Kinder zu vergleichen.

Auch mit der Aufrechterhaltung des Kontaktes zwischem dem Kind und seiner leiblichen Mutter sind die Pflegeeltern einverstanden. Diese Beziehung hat bisher keine negativen Auswirkungen auf die Entstehung eines Eltern-Kind-Verhältnisses gehabt.

Die leibliche Mutter, Maria Kreuz, ist an der Entwicklung des Kindes sehr interessiert und möchte auch im Falle einer Adoption den Kontakt zum Kind, das sie nicht selber versorgen kann, aufrechterhalten[34].

Sie möchte sich nicht in die Erziehung einmischen, sondern sich aus der Ferne »wie eine Patin« um das Kind kümmern. Frau Kreuz hat schon einen Sohn zur Adoption freigegeben, der jetzt 8 Jahre alt ist. Auch zu diesem Kind wollte Frau Kreuz den Kontakt nicht abreißen lassen, was normalerweise ziemlich problematisch ist[32]. Nach Aussagen der Adoptiveltern[28] dieses Jungen gibt es keine Schwierigkeiten, da sich Frau Kreuz an die Vereinbarungen hält[35].

III. Diagnose

1. Die **Pflegeeltern Illner** haben durch den Wunsch, Heike anzunehmen, sehr viel Mut und Risikobereitschaft[36] gezeigt. Gerade die Entscheidung für dieses Kind dürfte ihnen nicht leicht gefallen sein, da sie ursprünglich nur ein gesundes Kind adoptieren wollten. Durch ihr bisheriges Verhalten dem behinderten und äußerlich wenig ansprechenden Kind gegenüber wurde deutlich, daß es ihnen bei einer Adoption nicht darum geht, mit Hilfe des Kindes eigene Vorstellungen und Ziele zu verwirklichen, sondern in erster Linie darum, das Kind ein harmonisches Familienleben erfahren zu lassen, es in seiner persönlichen Eigenart zu akzeptieren und seinen Möglichkeiten entsprechend zu fördern. Trotz ihrer einfachen Schulbildung und fehlender pädagogischer Erfahrung zeigten Herr und Frau Illner bei Heikes Erziehung sehr viel Verständnis und Einfühlungsvermögen[37].

Jeder der Ehepartner hat mehrfach in seinem Leben bewiesen, daß er nicht der Typ ist, der schwierigen Situationen lieber ausweicht, sondern eher versucht, sie durch persönliches Engagement zu überwinden[36]. Beide Partner waren auch mit der Pflege und Erziehung von Heike nicht überfordert. Sowohl Heikes bisherige positive Entwicklung, als auch der Wunsch, ein zweites Kind in Pflege zu nehmen, stellen den Beweis dafür dar. Durch die Aufnahme eines zweiten Pflegekindes kann einer zu starken Fixierung der Eltern auf das Kind vorgebeugt werden, was besonders leicht in einer Beziehung der Eltern zu einem behinderten Kind geschieht[37].

Herr und Frau Illner besitzen auch das nötige Selbstbewußtsein, um einer offenen Adoption gewachsen zu sein. Sie sind in der Lage, eigene Wünsche bei der Gestaltung der Rolle der leiblichen Mutter in dieser Beziehung durchzusetzen und dieses Verhältnis für alle Beteiligten befriedigend zu regeln[37].

2. Trotz schwieriger Voraussetzungen konnte **Heike** das nötige Vertrauen zu sich und ihrer Umwelt entwickeln[38]. Das Defizit an Zuwendung, das durch den langen Krankenhausaufenthalt zu Beginn ihres Lebens und das dadurch bedingte Fehlen einer konstanten Bezugsperson entstanden war, konnte durch sehr intensive und liebevolle Zuwendung von seiten der Pflegeeltern ausgeglichen werden[39].

3. Bei der **leiblichen Mutter**, Frau Maria Kreuz, handelt es sich um eine trotz psychischer Erkrankung verantwortungsbewußte und zuverlässige Frau[38]. Sie ist sich der Bedeutung einer Familie für die gesunde Entwicklung eines Kindes bewußt und sorgt dafür, daß sowohl ihr Sohn als auch Heike in einer geeigneten Familie aufwachsen können, die sie ihnen nicht bieten kann.

Zugunsten der Kinder verzichtet sie auf ihre Rechte und Ansprüche als Mutter und versucht nicht, die Kinder zu behalten, was für diese zwangsläufig »Heim« bedeuten würde. Weil Frau Kreuz aber doch eine endgültige Trennung von den Kindern fürchtet, hat sie sich für den Kompromiß einer offenen Adoption entschlossen, welche für ihre eigenen Bedürfnisse noch einen gewissen Raum offenläßt. Dieser Entschluß, die Entwicklung der Kinder aus der Ferne nur zu beobachten, erfordert sehr viel Einsicht, Disziplin und Verantwortungsbewußtsein[40].

IV. Zusammenfassende Beurteilung der psychosozialen Situation

Wie aus der Vorgeschichte, dem psychosozialen Befund und der Diagnose hervorgeht, entstand zwischen Heike und den Pflegeeltern ein gutes Eltern-Kind-Verhältnis. Durch die intensive Pflege und Zuwendung, die Heike von den Pflegeeltern erhielt, entwickelte sie sich wider Erwarten gut. Das Ehepaar Illner ist trotz starker Belastung bemüht, alle ärztlichen Ratschläge zu befolgen, um alle Chancen, die Heike bei einer frühen Förderung hat, auszunutzen[41].

Inwieweit bei Heike eine geistige Behinderung vorliegt oder möglicherweise später eine Psychose auftreten könnte, ist noch nicht absehbar[42].

Herr und Frau Illner sind trotz der Kenntnis dieser Tatsache entschlossen, Heike zu adoptieren. Aufgrund ihrer gefestigten Persönlichkeit scheinen sie sehr belastbar und Heikes Erziehung gewachsen zu sein[43].

Auch eine offene Adoption ist in diesem Falle vertretbar, da sich die leibliche Mutter, Frau Kreuz, nicht in die Erziehung des Kindes einmischt und sich unter Wahrscheinlichkeit an die Abmachungen in bezug auf die Besuchsregeln hält.

Bei dem Ehepaar Illner lebt Heike in bescheidenen, aber gut geordneten materiellen Verhältnissen[41, 44].

V. Entscheidungsvorschlag

Unter den gegebenen Umständen schlage ich vor, der Adoption des Kindes Heike zuzustimmen.

Der Wunsch der Mutter, den Kontakt zu dem Kind aufrechtzuerhalten, wird von den Adoptiveltern akzeptiert. Die Regelung kann auch weiter in der bisherigen Form gehandhabt werden, da sich bisher keine Beeinträchtigung für die Beziehung Heikes zu den Adoptiveltern ergeben hat.

Doch sollte sich der Kontakt zu Familienangehörigen nur auf die Mutter, Frau Kreuz, beschränken und nicht noch die Großeltern oder andere verwandte Personen einbeziehen[45].

7.3.2 Anmerkung zu dem Entwurf einer gutachtlichen Stellungnahme von Sozialarbeitsstudenten (7.3.1)

7.3.2.1 Zu Einleitung und Vorgeschichte

1. Im Normalfall – und der vorliegende ist ein solcher – wird bei der Adoptionsvermittlung die Adoptionsvermittlungsstelle (AdVermiSt) und nicht der ASD gutachtlich tätig (vgl. § 56d FGG). Nur wenn die Vermittlung nicht von einer Vermittlungsstelle durchgeführt wurde (z. B. Verwandtenadoption, Stiefkindadoption), muß das JA – und hier dann in der Regel der ASD – angehört werden (vgl. § 48a Nr. 10 JWG).

2. Wenn es sich um ein nichteheliches Kind handelt, ist es erforderlich, den Pfleger anzugeben. Für die Einwilligung des gesetzlichen Vertreters (§ 1746 BGB) ist er

nämlich zuständig (§ 1706 Nr. 1 BGB). – Falls die leiblichen Eltern schon eingewilligt haben, ist nunmehr das JA gem. § 1751 BGB Adoptionsvormund. Wenn gleichzeitig mit dem Annahmeantrag die Ersetzung der Einwilligung beantragt wird, empfiehlt es sich, zur Wahrung des Adoptionsgeheimnisses die Angaben über die Annehmenden zu verfremden.

3. § 56d FGG; siehe oben Anm. 1.

4. Nicht das JA, sondern die Annehmenden »beantragen«; das JA kann nur befürworten.

5. Aus Gründen der Übung haben wir in unserem Gutachtenseminar alle Erkenntnisquellen auflisten lassen, damit kein Gesichtspunkt übersehen wird. In der Praxis empfiehlt sich die Kurzfassung wie im Beispielgutachten.

6. Aus den aufgeführten Vorgängen wird deutlich, daß die Studenten den Begriff »Erkenntnisquelle« nicht verstanden haben. Erkenntnisquellen sind Situationen, die ich persönlich (= unmittelbare) oder andere für mich (= mittelbare) wahrgenommen habe(n). Eine Mitteilung der AdVermiSt selber an andere Stellen ist keine Erkenntnisquelle, auch wenn sie neue Informationen enthält. Quelle ist der Vorgang, durch den die AdVermiSt diese Informationen erhalten hat (Hausbesuch, Telefongespräch, Mitteilung der Lehrerin etc.).

7. Die Anlage der Studenten, Vorgeschichte und derzeitige Situation in einem Abschnitt zu behandeln und die Personalien nicht herauszuziehen, ist nicht zu beanstanden. Wir haben der Übersichtlichkeit halber diese drei Abschnitte getrennt, insbesondere weil nach Inpflegegabe die Vorgeschichte von Kind und Pflegeeltern ineinander übergeht.

8. Es empfiehlt sich, das Alter der Betroffenen in Klammern dahinterzusetzen, damit der Leser nicht zu rechnen genötigt ist.

9. Hier ist vieles von der Vorgeschichte der Beteiligten unter den Tisch gefallen, was zur Abrundung eines Bildes von ihnen nützlich wäre (Schule, Ausbildung, Flucht, Tätigkeiten . . .).

10. Hier und im folgenden wechseln die Schreiber grundlos die Zeit.

11. Nicht der Verlauf, das Vorstelligwerden, ist bedeutsam, sondern der geäußerte Wunsch, ein Kind wegzugeben.

12. Auch hier ist die Vorgeschichte zu sehr verkürzt (Schule, Erststudium, Studiumsabbruch . . .).

13. Hier fehlen die Angaben (zumindest) über die gesundheitliche Situation der Familie. Wie sich aus der Diagnose ergibt, könnten allerdings auch Stellung und Einstellung der Familie Bedeutung haben.

14. Da zwischen Schwangerwerden und Erkranken bei beiden Kindern ein deutlicher Zusammenhang besteht, hätten die genauen Daten von erster stationärer Behandlung und 1. Geburt angegeben werden müssen.

15. Die Klinik hat auch über die erste Erkrankung berichtet. Es hätte sich empfohlen, schlicht chronologisch über Frau Kreuz zu berichten.

16. Falsche Modusformen! Richtig ist: mache, sehe

17. Immerhin lautet die Aussage dahingehend, daß zu 84% mit keiner Schädigung zu rechnen sei.

18. Dieser Abschnitt kann wegfallen. Er sagt nichts über die Beteiligten aus, lediglich über die Aktivitäten des JA, die den Richter in diesem Zusammenhang nicht interessieren. Wichtig dagegen wären die über die Ev. Adoptionszentrale erhaltenen Aussagen der Adoptiveltern des 1. Kindes und ihre Erfahrungen mit einer offenen Adoption gewesen.

19. Auch diese Information ist überflüssig.

20. **Wie** die Information gewonnen wurde, ist gleichgültig.

21. Falscher Modus! Richtig ist: lasse, liegen, seien, habe
22. Siehe Anm. 14! Das hätte man in einem Satz zusammenfassen können.
23. Zeitwechsel!
24. Diese Aussagen sind zu mager. Vor allem sagen sie zu wenig über die Entwicklung des Kindes während der drei Prüfungen und über ihren Entwicklungsstand überhaupt. Auch über das Verhalten der Pflegeeltern erfährt man so nichts.

7.3.2.2 Zum Befund

25. Ungenaue Aussage ohne echten Informationswert hinsichtlich eventueller Beeinträchtigung des Kindes.
26. Die Mißbildungen von Auge und Nase blieben unberücksichtigt.
27. Rückstand in der geistigen Entwicklung.
28. Kein Befund, sondern **in dieser Form**, d. h. mit Quellenangabe, Vorgeschichte. Es bleibt offen, ob es jetzt noch stimmt.
29. Die beabsichtigte Aussage hinsichtlich Entwicklungsmöglichkeiten des Kindes kommt nur undeutlich zum Ausdruck.
30. Aussage ohne Informationswert. Entwicklungsalter bleibt außerdem in dieser Überlegung unberücksichtigt.
31. Aus dem Befund geht nicht hervor, daß Frau I infolge Totaloperation keine Kinder bekommen kann.
32. Aussage ohne Informationswert.
33. Pauschale, eher wertende Aussage. Es wäre hier zu nennen, was sie in der Regel konkret für das Kind tun.
34. Die Krankheit der Kindesmutter, ihre Persönlichkeit, insbesondere ihr bereits bekanntes Verhalten zu Adoptiveltern bleiben hier unberücksichtigt.
    Im allgemeinen braucht bei einer gutachtlichen Stellungnahme zur Kindesannahme auf die leiblichen Eltern nicht näher eingegangen zu werden. Das ist jedoch anders, wenn
    – es sich um eine Adoption mit Einwilligungsersetzung gem. § 1748 BGB oder
    – um eine offene Adoption handelt oder
    – gesundheitliche Schäden auf seiten der Abgebenden (Geisteskrankheiten, Drogensucht, Alkoholismus oder sonstige Erbkrankheiten) bekannt sind, die sich auf das Kind auswirken können, oder
    – das Kind Erkrankungen oder Behinderungen aufweist, die möglicherweise ererbt oder durch Einwirkungen (Drogen, Alkohol) in der pränatalen Phase verursacht sein können.
35. Hinweise auf Kindesvater fehlen.

7.3.2.3 Zu Diagnose/Prognose

36. Bewertung statt Diagnose. Die Aussagen der Studenten könnten allenfalls für prognostische Überlegungen verwendet werden, nämlich dann, wenn sie zu den derzeitigen Behinderungen des Kindes und seinen Entwicklungschancen in Beziehung gesetzt werden.
37. Teil einer zusammenfassenden Beurteilung.
38. Befund statt Diagnose.
39. Diagnostische bzw. prognostische Aussagen über die Behinderung des Kindes, soweit bekannt, fehlen.
40. In dieser Form keine diagnostische oder prognostische Aussage im Hinblick auf das Kind. Eine prognostische Aussage wäre z.B.: Aufgrund der offenen Adoption ist

eine die Entwicklung des Kindes irritierende Einflußnahme der Mutter nicht auszuschließen.

7.3.2.4 Zur Beurteilung

41. Befund statt Beurteilung.
42. Diagnose statt Beurteilung.
43. Wenig konkrete Beurteilung der psychosozialen Situation.
44. Zu der zusammenfassenden Beurteilung wäre die besondere Erziehungsfähigkeit
    der Adoptiveltern sowie deren Auseinandersetzungen mit ihren Wunschvorstellun-
    gen angesichts der Behinderungen des Kindes zu erörtern.

7.3.2.5 Zum Entscheidungsvorschlag

45. In den Entscheidungsvorschlag gehört nur das, was der Richter aufgrund seiner
    Kompetenz entscheiden kann. Ist eine Adoption ausgesprochen, haben die Anneh-
    menden das Sorgerecht wie natürliche Eltern und können der Frau K. aufgrund
    dieses Rechts den Umgang mit dem Kind untersagen und dies sogar ggf. gerichtlich
    durchsetzen (§ 1632 II BGB). Der Vormundschaftsrichter kann die offene Adop-
    tion daher nur insoweit in seine Entscheidung einbeziehen, als er mögliche Kompli-
    kationen auf diesem Gebiet als Ablehnungsgrund für eine Kindesannahme ansieht.
    Entsprechendes gilt für den Vorschlag des SozArb; Ausführungen dazu gehören
    jedoch in die zusammenfassende Beurteilung. Im Entscheidungsvorschlag kann es
    allenfalls heißen: Obwohl die angestrebte Kindesannahme eine offene Adoption ist,
    schlage ich vor, dem Antrag der Adoptivbewerber stattzugeben.

7.3.3 Beispielgutachten (§§ 1741 ff. BGB)

Das nachfolgende Beispielgutachten (S. 218–226) stützt sich ebenso wie das der Studenten (7.3.2) ausschließlich auf die Originalakte eines JA.
Der Vergleich des Beispielgutachtens mit dem der Studenten soll zeigen,
1. daß bei einiger Übung und Sorgfalt auch aus einer weniger informativ geführten Akte
zahlreiche Einzelerkenntnisse für eine Stellungnahme zu holen sind;
2. daß manche Vorgänge in der Praxis so dürftig dokumentiert sind, daß allein schon
deshalb – trotz Übung und Sorgfalt im Aktenstudium – die gutachtliche Stellungnahme
z. T. unzulänglich ausfallen muß.
Uns war zu §§ 1741 ff. BGB keine Akte verfügbar, die eine differenziertere Ausgangsba-
sis für ein Beispielgutachten abgegeben hätte. Insofern ist das folgende Beispielgutachten wohl seinem formalen Aufbau nach als »Musterentwurf« zu verstehen; für seine
inhaltliche Ausgestaltung gilt das nur begrenzt.

An das   Jugendamt Blitzdorf
Amtsgericht Blitzdorf   — Adoptionsvermittlungsstelle —
— Vormundschaftsgericht —   Regenstraße 13
Donnerstraße 1   100 Blitzdorf 1
100 Blitzdorf 3   1. Februar 1980

Betr.: Annahme eines Minderjährigen als Kind gem. §§ 1741 ff. BGB
       <u>Inhaber des elterlichen Sorgerechts:</u> Frau Monika Kreuz,
       Pflaumenweg 1, 100 Blitzdorf 2
       <u>Pfleger:</u> Jugendamt Blitzdorf
       <u>Pflegeeltern:</u> Hannes und Christa Illner, Quittenweg 3,
       100 Blitzdorf 4
       <u>Kind:</u> Heike Kreuz, geb. 2. 11. 77

Bezug: Dort. Schreiben v. 10. 1. 80 — hier eingegangen
       am 1. 4. 1980 —
       Az.: 30 XVI 75/78

Hiermit nehme ich gem. § 56 d FGG Stellung zu der Frage, ob dem
Adoptionsantrag der Eheleute Illner stattgegeben werden soll.

Ich begründe meine Stellungnahme mit Erkenntnissen aus folgenden Vorgängen:
1. Innerbehördlicher Schriftwechsel
2. Kontakte mit der Kindesmutter
3. Kontakte mit dem Ehepaar Illner
4. Briefwechsel mit der Adoptionszentrale der Ev. Kirche
5. Briefwechsel mit der psychiatrischen Klinik in Schönbronn
6. Kontakte mit der Kinderklinik in Blitzdorf
7. Bescheinigungen sonstiger Stellen

<u>Personalien:</u>
1. <u>Leibliche Mutter von Heike Kreuz:</u>
Monika Kreuz, geb. 6. 2. 45 in Königsdorf, deutsch, ev., ledig.
Med. techn. Ass., z. Z. krankgeschrieben, Pflaumenweg 1,
100 Blitzdorf 2

2. <u>Leiblicher Vater von Heike Kreuz:</u>
unbekannt[1]

3. <u>Kind Heike Kreuz</u>
Heike Kreuz, geb. 2. 11. 77 in Blitzdorf, deutsch, nicht getauft,
nichtehelich, wohnhaft bei den Pflegeeltern Hannes und Christa
Illner (s. u. 4. und 5.), Pfleger: Jugendamt Blitzdorf

4. <u>Adoptivvater (Pflegevater):</u>
Hannes Illner, geb. am 27. 12. 1934 in Holzberge, deutsch, rk.,
Kraftfahrer, verheiratet mit der Adoptivmutter seit dem 20. 6.
1971, keine eigenen Kinder, 1 Pflegekind (Junge), wohnhaft
Quittenweg 3, 100 Blitzdorf 2

                                       —2—

– 2 –

5. Adoptivmutter (Pflegemutter):
Christa Illner geb. Meixner, geb. am 16. 4. 1941 in Waldau,
deutsch, ev., ohne erlernten Beruf, tätig lange als Papierarbeiterin, jetzt Hausfrau, im übrigen wie oben.

I. Vorgeschichte und derzeitige Situation

1. Leibliche Mutter

Monika K (heute 34 J.) wurde als 3. von sechs Kindern der Eheleute
K. (Studienrat/Hausfrau) geboren. Ihr Vater leidet an einer
erworbenen Epilepsie; im übrigen sind in der Familie keine
außergewöhnlichen Krankheiten aufgetreten. Die Geschwister
sind alle Akademiker, Studenten oder Gymnasiasten. Ihre Schulzeit absolvierte sie ohne Besonderheiten von 1952–1965
(Abitur). Nach einem praktischen Jahr (Haustochter im Ausland,
Pflege geistig behinderter Kinder) begann sie 1966, Theologie zu
studieren. 1970/71 brach sie ihr Studium aus gesundheitlichen
Gründen ab. Laut Auskunft von Prof. Dr. Klug des Psychiatrischen
Krankenhauses in Schönbronn erkrankte sie in dieser Zeit an
einer schizophrenen Psychose und wurde acht Monate in der Ner-
venklinik in Altstadt stationär behandelt. Am 1. 8. 1971 brachte
sie ihren ersten Sohn Walter zur Welt, der inzwischen von der
Familie Schmied in Bergdorf in offener Adoption als Kind angenommen worden ist. Monika K. hat regelmäßige und gute Kontakte
zu den Adoptiveltern und ihrem Kind, das weiß, daß sie seine
leibliche Mutter ist.
Nach Mitteilung des genannten Psychiaters machte sie im Januar
1972 einen Suizidversuch und wurde anschließend 2 Monate im LKH
in Sommerberg behandelt. Nach einer Überbrückungsphase mit
Halbtagsarbeit 1971/72 absolvierte sie 1972–75 eine Ausbildung
als M.T.A. und war danach in diesem Beruf tätig. 1976 wurde sie
zum zweitenmal schwanger und erkrankte erneut. Vom 5. 2. 76 –
17. 5. 76 wurde sie im Psychiatrischen Krankenhaus Schönbronn
behandelt. Die Medikamente, die sie erhielt, bezeichnete der
behandelnde Arzt als zu 84 % unschädlich für das erwartete Kind.
Am 2. 11. 1977 brachte sie das Kind Heike zur Welt. Seit Wissen
von der Schwangerschaft hatte sie vorgehabt, auch das zweite
Kind wegzugeben, und zwar wiederum auf dem Wege der offenen
Adoption. Inzwischen ist Monika K. wieder gesund und voll
berufstätig. Sie ist damit einverstanden, daß Heike in der Kon-
fession der Wahleltern, jedoch möglichst evangelisch erzogen
wird[2]. Sie hält daran fest, daß es keine Inkognito-Adoption sein
soll und daß sie das Kind „wie eine Patin" besuchen möchte. Nach
Aussagen der Adoptiveltern ihres ersten Kindes hält sie sich an
getroffene Absprachen und hat zu diesen und dem Kind ein freund-
schaftliches Verhältnis[3].

                                                              –3–

- 3 -

2. Leiblicher Vater

Ebenso wie über den Vater des ersten Kindes ist über den des
zweiten Kindes nichts bekannt.

3. Adoptivkind (Pflegekind)

Am 2. 11. 1977 wurde Heike (heute 2; 3 Jahre) geboren. Sie wog
2 400 g und war 48 cm groß[4]. Da sie eine Nasenmißbildung hatte,
wurde sie in die Kinderklinik verlegt und operiert. Dort stellte
sich heraus, daß Heike auf dem linken Auge blind ist. Da die
Anlage des Sehnervs völlig fehlt, verspricht eine Operation keinerlei Erfolg. Das blinde Auge ist kleiner als das gesunde. Weitere Beobachtungen und Untersuchungen ergaben, daß Heike außerdem Spastikerin ist und möglicherweise einen Hirnschaden hat.
Nachdem drei Adoptiv- bzw. Pflegekindbewerber von einer Aufnahme des Kindes Abstand genommen hatten, wurde Heike am 20. 4.
1978 aus der Kinderklinik entlassen und von den Eheleuten Illner
in Dauerpflege genommen. Am 24. 4. 1978 wurde die Pflegeerlaubnis erteilt. Wegen der vielfältigen Behinderungen des Kindes
wurde ihnen ein erhöhtes Pflegegeld gewährt.

4. Adoptiveltern (Pflegeeltern)

Die Pflegemutter (heute 38 Jahre) besuchte 1948 – 1956 die
Volksschule. Ab 1956 war sie in der DDR als Arbeiterin tätig.
1961 flüchtete sie in die Bundesrepublik. Hier arbeitete sie
zunächst im Haushalt, dann in einer Behörde, später in einer
Firma[5]. 1971 wurde sie von ihrem ersten Ehemann aus dessen alleiniger Schuld geschieden. Seit 1974 bis 1979 war sie in einer
Papierfabrik beschäftigt und verdiente dort ca. 700 DM netto.
Der Pflegevater (heute 45 Jahre) besuchte acht Jahre die Volksschule. 1946 mußte er mit seiner Familie Schlesien verlassen.
1951/52 arbeitete er als Waldarbeiter in der DDR; 1952 flüchtete
er nach Westdeutschland, wo er zunächst als Bauarbeiter tätig
war[6]. Seit 1957 arbeitet er bei derselben Firma als Kraftfahrer,
wo er ca. 1 000 DM netto verdient. Sein Arbeitgeber hat ihm ein
sehr gutes Zeugnis ausgestellt.
Seit 1971 sind die Eheleute verheiratet. Im Jahre 1977 mußte
Frau Illner bei sich eine Totaloperation vornehmen lassen. Kurze
Zeit nach dem Eingriff bewarben sich die Eheleute um ein Adoptivkind. Sie wünschten sich primär, aber nicht ausschließlich,
ein Mädchen im Alter bis zu 2 Jahren, das körperlich gesund und
normal entwickelt sei. Es sollte kein Mischlingskind sein. Sie
wollten es katholisch erziehen. Zu der Zeit wohnten die Bewerber
in einer modern eingerichteten, sehr gepflegten Zweizimmerwoh-
nung mit Küche, Bad, für die sie mit Heizung 450 DM zahlten. Frau
Illner war bereit, für das Kind ihre Arbeit aufzugeben. Die
SozArb der Pflegekinderabteilung, die einen Hausbesuch bei Ehepaar Illner machte, beschrieb die Eheleute als sehr ordentliche,

—4—

– 4 –

zufriedene, strebsame Menschen[7] und befürwortete, ihnen ein Kind anzuvertrauen.

5. Situation seit Inpflegegabe von Heike bei Ehepaar Illner

Im ersten Pflegebericht am 4. 7. 1978 wurde ausgeführt, daß die körperliche Entwicklung von Heike (damals 7 Monate)[8] altersentsprechend und auch in ihrer geistigen Entwicklung bisher nichts besonderes anzumerken sei. Heike werde regelmäßig heilgymnastisch betreut, sei ein ruhiges, wenig schreiendes Kind, das gut esse und schlafe. Heike fange an, sich mit sich selbst und Puppen zu beschäftigen. Die Pflegeeltern behandelten sie wie ein eigenes Kind und versorgten sie mit Liebe und Güte. Sie brächten ihr viel Verständnis entgegen und bemühten sich, das Kind in jeder Hinsicht zu fördern[9]. Lediglich durch die häufigen Besuche der leiblichen Mutter fühlten sich die Pflegeeltern gestört.

Im 2. Pflegebericht vom 31. 1. 1979 hieß es, daß Heike (1; 2 J.)[8] sich in einem guten Ernährungs- und Pflegezustand befinde und körperlich und geistig altersgemäß entwickelt sei.

Ab Sommer 1979 bemühten sich die Eheleute Illner um die Aufnahme eines zweiten Pflegekindes. Außerdem zogen sie im September in eine größere Wohnung (3ZKB) um.

Im 3. Pflegebericht vom 7. 10. 1979 wurde ausgeführt: Heike (1; 10 J.)[8] mache körperlich einen gut entwickelten Eindruck. Im Gehen sei sie einigermaßen sicher. Die Fontanelle, die drei Finger breit gewesen sein soll, sei fast ganz geschlossen. Eine Operation in der Nasenhöhle müsse noch durchgeführt werden. Nach Aussagen der Kinderärztin betrage der Rückstand in der geistigen Entwicklung mindestens 1/2 Jahr. Heike wirke jedoch nicht wie ein geistig gestörtes, sondern wie ein etwas zurückgebliebenes Kind.

Im übrigen mache Heike einen sauberen, gepflegten und frohen Eindruck.

Die Pflegeeltern hätten ein herzliches Verhältnis zu Heike. Sie beobachteten aufmerksam die Entwicklung des Kindes und bemühten sich festzustellen, inwieweit Heike anders als andere Kinder sei[10]. Frau Illner habe ihre Berufstätigkeit aufgegeben und wolle noch immer ein zweites Pflegekind aufnehmen.

Die leibliche Mutter komme Heike etwa alle 3 Monate besuchen. Einmal wurde sie dabei von ihren Eltern begleitet, die ihr Enkelkind kennenlernen wollten.

Anfang 1979 erhielten die Eheleute Illner einen 1¼ Jahre alten Jungen als Pflegekind.

– 5 –

II. Psychosozialer Befund

[Eine fachlich vertretbare Beurteilung der psychosozialen
Situation der Betroffenen – die Grundlage des sich daraus ergebenden Entscheidungsvorschlags – setzt einen differenzierten
und hinreichend gesicherten psychosozialen Befund und sich darauf beziehende diagnostisch/prognostische Überlegungen voraus.
Im vorliegenden Fall fehlen in der Originalakte viele dafür notwendige Daten. Die wurden zu Demonstrationszwecken von uns
wenigstens in Teilbereichen erfunden und durch eckige Klammern
kenntlich gemacht.]

1. Sieht man von den Zeiten akuter psychotischer Erkrankung ab,
so erweist sich Frau Kreuz als eine vielseitig interessierte,
geistig rege und Argumenten zugängliche Frau.

Sie neigt dazu, aus ihren Einsichten Konsequenzen für ihr Handeln abzuleiten und diese auch dann durchzuhalten, wenn sie persönliche Bedürfnisse spürbar zurückstellen muß.

Frau K. sorgt sich um das Wohlergehen ihrer Kinder und bemüht
sich, auch nach der Adoption zu ihnen Kontakt zu behalten und auf
ihre Erziehung wenigstens begrenzt Einfluß zu nehmen, ohne sich
jedoch den Kindern aufzudrängen.

Während der hierbei auftauchenden Schwierigkeiten mit den
jeweiligen Adoptiveltern versucht Frau K., ihre Wünsche und Vorstellungen anzumelden und durchzusetzen, zeigt sich jedoch auch
imstande, in Auseinandersetzungen mit den Adoptiv- bzw. Pflegeeltern deren Bedürfnisse zu verstehen und zu respektieren.

Frau K. fühlt sich religiös gebunden und möchte Heike grundsätzlich im evangelischen Glauben erzogen wissen, ohne jedoch starr
darauf zu bestehen.

Auch Heikes Großeltern mütterlicherseits sind an ihren Enkeln
interessiert und suchen Kontakt zu den Adoptiveltern. Sie versuchen jedoch, sich mit ihren Erziehungsvorstellungen zurückzuhal-
ten und sich nicht in die Arbeit der Adoptiveltern einzumischen.

2. Die zweieinhalbjährige Heike ist ihrem körperlichen Erscheinungsbild nach altersgemäß entwickelt. Durch ihr linkes Auge,
das blind und deutlich kleiner als ihr rechtes ist, wirkt Heike
beim ersten Anblick leicht entstellt.

Infolge Operation beeinträchtigt die bei Geburt gegebene Nasenmißbildung des Mädchens sein Aussehen nicht mehr. Eine notwendige Operation der Nasenhöhle steht noch aus.

Im Bereich der Grobmotorik ist Heike nahezu altersgemäß entwik-
kelt, verfügt jedoch noch nicht über die ihrem Alter entsprechende Sicherheit in der Kontrolle des Bewegungsapparates.

Hinsichtlich ihrer geistigen Fähigkeiten hat Heike im Vergleich
zu Altersgenossen einen Rückstand von etwa einem halben Jahr.

[Heike zeigt altersgemäße Spielinteressen. Sie ist ein ruhiges
Mädchen, das sich selbst beschäftigen kann.]

– 6 –

- 6 -

[Den Pflegeeltern (Adoptiveltern) begegnet Heike mit viel
Zutrauen. Oft sucht sie Körperkontakt bei Frau I. Sie scheint
sich bei Frau und Herrn I. geborgen zu fühlen.]
[Heike kann das seit vier Monaten in der Adoptivfamilie lebende
zweite Pflegekind nach anfänglichen Schwierigkeiten ihrem Alter
entsprechend als Geschwisterkind akzeptieren.]
3. Die Eheleute Illner leben in einer gut eingerichteten und
geräumigen Wohnung und verfügen durch Herrn Illners Berufstätigkeit als Kraftfahrer über ein zwar bescheidenes, aber sicheres Einkommen.
[Frau und Herr I. wirken sehr zufrieden mit ihrer Lebenssituation und gehen in der Regel freundlich und offen miteinander
um.] Bei Meinungsverschiedenheiten neigt Herr I. dazu, den Vorstellungen seiner Frau eher nachzugeben als umgekehrt. [Herr I.
akzeptiert, daß Frau I. ihre Berufstätigkeit aufgab und lieber
ausschließlich Hausfrau und Mutter sein möchte,] obwohl durch
den Wegfall von Frau I's Verdienst ihre wirtschaftlichen Möglichkeiten spürbar eingeschränkt wurden.
Die Eheleute I. wünschen ein Kind zu adoptieren, da sie wegen
Frau I's Totaloperation keine gemeinsamen Kinder haben können.
Es sollte ein Mädchen bis zu 2 Jahren sein, kein Mischling, körperlich gesund und normal entwickelt.
Die Adoptiveltern verfolgen Heikes Entwicklung aufmerksam, aber
nicht ängstlich.
Sie akzeptieren Heike mit ihren Behinderungen [und sind bereit,
sich auch mit eventuell erst später sichtbar werdenden Schäden
angemessen auseinanderzusetzen. Vor Fremden, Nachbarn und Verwandten stehen sie zu Heike als einem behinderten Kind].
Die Adoptiveltern sind sich der damit verbundenen Schwierigkeiten bewußt.
Anweisungen des Arztes bezüglich des Kindes beachten sie sorgfältig.
Frau I. nimmt viele Mühen auf sich, das Mädchen so weit wie möglich zu fördern, ohne es zu überfordern. [Wenn dem Kinde etwas
nicht gelingt, ermutigt Frau I. es ruhig und freundlich, mitunter scherzend, es noch einmal zu versuchen.]
Die Adoptivmutter bemüht sich, Heikes Bedürfnisse zu erkennen
und im Rahmen des Möglichen zu befriedigen. [Des Mädchens ausgeprägten Wunsch nach körperlicher Nähe kann sie gut zulassen. In
solchen Situationen nimmt sie das Kind für eine Weile in den Arm
oder läßt das Mädchen sich an sich anschmiegen, während sie ihm
über den Kopf streichelt.]
[Bei aller emotionaler Nähe zum Kind legt Frau I. Wert darauf,
daß Heike ihren Aufforderungen nachkommt bzw. gesetzte Grenzen
einhält.]

-7-

– 7 –

[In Konfliktsituationen mit dem Kind versucht Frau I. in der
Regel, ihre Forderungen ruhig zu wiederholen, mitunter erklärend etwas hinzuzufügen und notfalls die angedrohten Konsequenzen folgen zu lassen.]
[Wenn Frau I. straft, tut sie es verbal bzw. durch Liebes-
entzug.]
[Zwischen den Eheleuten I. besteht hinsichtlich des erzieherischen Umgangs mit Heike weitgehend Übereinstimmung.] Bei der
bestehenden Konfessionsverschiedenheit der Ehepartner wollen
die Adoptiveltern ein Adoptivkind nach der Religion des Adoptivvaters, d. h. katholisch erziehen. Herr I. teilt auch die Auffassung seiner Frau, daß zum gegenwärtigen Zeitpunkt Heikes unmittelbare Erziehung vor allem von Frau I. zu leisten sei. [Nach
Feierabend, besonders aber an Wochenenden, findet Herr I. Zeit,
mit Heike eine Weile spazieren zu gehen, zu spielen, ihr etwas zu
zeigen oder ihr etwas mitzubringen.]
Beide Eheleute bewerten übereinstimmend das gemeinsame Umsorgen
des Kindes als eine Bereicherung ihres bisherigen Lebens.
Mitunter wird bei den Eheleuten I. die Sorge spürbar, Frau Kreuz
könne auch nach der Adoption versuchen, auf Heikes Erziehung
nachhaltig Einfluß zu nehmen, und sie wären dann wegen der geistigen Überlegenheit der Kindesmutter u. U. nicht in der Lage,
ihre eigenen Vorstellungen angemessen durchzusetzen.

III. Diagnose / Prognose
Heike wurde ca. 14 Tage nach dem errechneten Zeitpunkt geboren;
sie war also keine Frühgeburt. Dennoch liegen ihr Geburtsgewicht
(2 400 g) und ihre Geburtsgröße (48 cm) deutlich unter den Durch-
schnittswerten.
Die bei ihr zu beobachtenden Mißbildungen (fehlender Sehnerv,
mißgebildetes linkes Auge, mißgebildete Nase) und Funktionsstö-
rungen (spastische) sind in Zusammenhang mit der medikamentösen
Behandlung ihrer Mutter zum Zeitpunkt der Schwangerschaft zu
sehen und legen die Annahme einer pränatalen Schädigung nahe.
Aufgrund der Eigenart der o. g. Schäden ist der jetzige Intelligenzrückstand des Mädchens von einem halben Jahr kaum als Folge
des Klinikaufenthaltes des Kindes während der ersten 5 Lebensmonate, sondern eher als Folge einer vorgeburtlichen Hirnschädigung anzusehen.
Da Heike außerdem im motorischen und optischen Bereich behindert
ist, muß man damit rechnen, daß der Intelligenzrückstand trotz
Übungen nur begrenzt kompensiert werden kann. Heikes weitere
Entwicklung im kognitiven Bereich wird mit großer Wahrscheinlichkeit nicht störungsfrei verlaufen. Während des späteren
Schulbesuchs des Mädchens ist mit Schwierigkeiten in Form von
Lernstörungen zu rechnen.

–8–

– 8 –

Wegen ihres leicht entstellten Aussehens und der spastischen
Störungen wird Heike unter Kindern auffallen und schwerer als
andere ein positives Selbstkonzept und ein belastbares Sozialverhalten entwickeln können.
Ob und ggf. inwieweit das Mädchen durch erbliche Belastungen
(Schizophrenie der Mutter, Epilepsie des Großvaters) in seinem
künftigen Erleben und Verhalten beeinträchtigt werden wird, ist
nach Mitteilung von Ärzten z. Z. nicht abzuschätzen.
Die Besonderheiten dieses Kindes setzen voraus, daß die
Adoptiveltern über ein gutes Maß an psychophysischer Belastbarkeit verfügen, aus einer primär kindbezogenen Motivation heraus
ein Adoptivkind suchen und keine unrealistischen Erwartungen
hinsichtlich des Leistungsverhaltens ihres Adoptivkindes
haben.
Der Wille der Kindesmutter, nur einer offenen Adoption
zuzustimmen und ihr Wunsch, wie eine Patentante nahen Kontakt
zu ihrem Kind behalten zu können, werden nur dann für die
Entwicklung des Kindes ohne negative Folgen sein, wenn die
betreffenden Adoptiveltern hinreichend über Selbstvertrauen
und Durchsetzungsfähigkeit einerseits und Einfühlungsvermögen
in die besondere Lage der Kindesmutter andererseits verfügen.
Sonst besteht die Gefahr, daß die Adoptiveltern ständig zwischen aggressiver Selbstbehauptung und schuldgefühlbeladenem
Nachgeben gegenüber Frau Kreuz schwanken und das Kind darunter
leidet.

IV. Zusammenfassende Beurteilung der Annahme als Kind aus
    psychosozialer Sicht

1. Eignung des Kindes
Heike ist so behindert, daß sie zur Zeit einer gezielten fach-
lichen Förderung (Krankengymnastik) und auch später intensiver
Zuwendung bedarf, um sich angemessen entwickeln zu können.
Ihre Beeinträchtigungen sind jedoch nicht der Art, daß diese
Förderung nur bei gleichzeitiger Unterbringung in einer Klinik
oder einem Heim möglich wäre.
Vielmehr verfügt Heike über gute Voraussetzungen im emotionalen, sozialen und hinreichende im kognitiven und körperlichen
Bereich, um sich in einer geeigneten Familie gut entwickeln zu
können.
Gegenüber den Adoptiveltern I., die für sie seit dem Klinik-
aufenthalt während ihrer ersten 5 Lebensmonate die ständigen
Bezugspersonen waren, hat Heike stabile Gefühle der Zuwendung
und des Vertrauens entwickelt. Sie erlebt ihre Pflegeeltern als
ihre Eltern und erfährt den Lebensraum der Eheleute I. als ihr
„zu Hause".

–9–

– 9 –

Ihre Annahme als Kind könnte diese positiven Erfahrungen nur verstärken und stabilisieren.

2. Eignung der Annehmenden

2.1 Erwartung der Adoptiveltern

Die Adoptiveltern I. hatten hinsichtlich ihres Adoptivkindes Erwartungen, denen Heike nur begrenzt entspricht (Alter, Geschlecht).

Ihre ursprüngliche Absicht, kein sozial auffälliges Kind (Mischling, Behinderter) zu adoptieren, läßt zunächst befürchten, daß die Eheleute I. sich u. U. nicht stark genug fühlen, sich mit einem Kinde zu identifizieren, das in irgendeiner Weise nicht „normal" ist.

Die Praxis der fast zweijährigen Pflegezeit[11] hat jedoch erwiesen, daß Frau und Herr I. von ihrem wohl verständlichen Wunsch nach einem völlig gesunden Kind abrücken konnten. Durch die herzliche Beziehung, die sie zwischen sich und dem Kinde in der Pflegezeit aufbauten, wurde es ihnen möglich, Heike so zu bejahen, wie es für ihre Entwicklung förderlich ist.

2.2 Erziehungsfähigkeit der Annehmenden

Die Adoptiveltern, insbesondere die Adoptivmutter, haben ein ausgesprochen kindzentriertes Erziehungsverhalten. Ihre Ruhe, relative Ausgeglichenheit und ihre Belastbarkeit im körperlichen und seelischen Bereich sind für den erzieherischen Umgang mit einem behinderten Kind, wie Heike es ist, von besonderem Wert.

Es besteht ein hohes Maß an Wahrscheinlichkeit, daß die Adoptiveltern durch die gegebenen und noch zu erwartenden Belastungen, die die Erziehung des Mädchens mit sich bringen wird, nicht überfordert sein werden.

Wie schon erwähnt, können für die Adoptiveltern einige Schwierigkeiten in der Erziehungsarbeit entstehen, falls sie sich infolge der offenen Adoption zu sehr mit direkten oder indirekten Ansprüchen der Kindesmutter auseinanderzusetzen haben.

Unter den gegebenen Umständen ist eine Inkognito-Adoption dieses Kindes durch diese Adoptiveltern nicht mehr möglich. Das Kind deshalb aus dieser Pflegefamilie zu nehmen, um eine anderweitige Inkognito-Adoption zu ermöglichen, scheint mir aus zwei Gründen nicht vertretbar:

1. Die bisherigen Vermittlungsbemühungen zeigten, daß es sehr schwierig ist, für die behinderte Heike Adoptiveltern zu finden.

2. Zwischen Pflegeeltern und Kind hat sich eine so günstige Beziehung entwickelt, daß nur äußerst schwerwiegende Gründe es

– 10 –

– 10 –

verantwortbar erscheinen ließen, dem Kinde diese Entwicklungs-
chance zu nehmen.

Will man die sich aus einer offenen Adoption möglicherweise
ergebenden Probleme abschließend beurteilen, so sind Vorgeschichte und psychosozialer Befund zu berücksichtigen.
Sie zeigen:
1. Während der Pflegezeit hatten die Adoptiveltern in dieser
Hinsicht einige Schwierigkeiten, konnten sie jedoch hinreichend
meistern.
2. Die Kindesmutter ist Argumenten gegenüber offen und vermag
zum Wohle ihrer Kinder ihre persönlichen Bedürfnisse zu steuern.

Gemäß § 9 II AdVermiG wird es Aufgabe des zuständigen Jugendamtes
sein, in der nachgehenden Beratung der Adoptiveltern sie gerade
hinsichtlich dieses Problemes zu unterstützen.

2.3 Familiäre Situation der Annehmenden
Die Beziehung der Eheleute I. untereinander scheint herzlich und
stabil zu sein.

So weit von außen her beurteilbar, kann davon ausgegangen werden, daß Heike einen Verlust der Adoptiveltern durch Scheidung
nicht zu befürchten braucht.

Heike ist für die Eheleute I. und ihre Beziehung zwar eine
Bereicherung, jedoch kein notwendiger Bestandteil.

Die Annahme als Kind dürfte auch keine besonderen belastenden
Veränderungen in die Partnerbeziehung der Annehmenden einbringen, da die Adoptiveltern in der zweijährigen Pflegezeit die
durch das Hinzukommen eines Kindes sich ergebenden Erfahrungen
miteinander gemacht und offensichtlich auch verarbeitet haben.

Das angenommene zweite Pflegekind ist geeignet, Heike gegenüber
eine Geschwisterrolle einzunehmen.

2.4 Wirtschaftliche Situation der Annehmenden
Durch die Annahme als Kind verlieren die Eheleute I. für Heike das
Pflegegeld, das wegen der durch die Behinderung des Kindes entste-
henden, zusätzlichen Kosten überdurchschnittlich hoch war.

Herr I. hat ein bescheidenes Einkommen, das nur durch das Pflegegeld für das zweite Pflegekind ergänzt wird.

Die wirtschaftlichen Möglichkeiten der Annehmenden werden durch
den Verlust des Geldes bei Bestehenbleiben der erhöhten Ausgaben
für Heike spürbar eingeengt.

Die Annehmenden haben jedoch keine Schulden und sind sehr gut
eingerichtet, so daß Anschaffungen in großem Umfange in nächster
Zeit nicht erforderlich sind.

Frau und Herr I. sind sich der wirtschaftlichen Konsequenzen

–11–

– 11 –

bewußt. Sie versuchen, durch sparsame Lebensführung und zusätzliche Arbeit die wirtschaftlichen Mehrbelastungen aufzufangen. Ihre realistische Lebensauffassung wie ihre Belastbarkeit berechtigen zur Annahme, daß die Adoptiveltern mit dieser Schwierigkeit als einer gemeinsamen Aufgabe fertig werden.

V. Beurteilung der Annahme als Kind unter juristischen Gesichtspunkten

Unter juristischen Gesichtspunkten bestehen keine Bedenken gegen eine Annahme des Kindes Heike durch die Adoptivbewerber. Diese erfüllen die Alterserfordernisse des § 1743 I BGB, sind unbeschränkt geschäftsfähig (§ 1743 IV BGB) und haben Heike eine angemessene Zeit (2 Jahre) in Pflege gehabt (§ 1744 BGB). Die erforderlichen Einwilligungen (die des Kindes, vertreten durch das JA Blitzdorf, gem. § 1746 I BGB und die der leiblichen Mutter gem. § 1747 II 1 BGB) liegen auch vor.

VI. Entscheidungsvorschlag

Da eine Annahme des Kindes Heike unter psychosozialen und juristischen Gesichtspunkten zu befürworten ist, schlage ich vor, dem Antrag der Eheleute Illner stattzugeben.

– 12 –

7.3.4 Anmerkungen zum Beispielgutachten (7.3.3)

1. Zwar muß die Mutter den Namen des Erzeugers nicht bekanntgeben. Dennoch ist das JA gem. § 1706 Nr. 1 BGB verpflichtet, sich um eine Vaterschaftsfeststellung zu bemühen. Im vorliegenden Fall gilt das um so mehr, als zunächst sehr unwahrscheinlich ist, daß das Kind je adoptiert werden könnte. In dieser Situation müßte das JA um so eher an der Vaterschaftsfeststellung interessiert sein, als es den Mann dann gem. §§ 81 ff. JWG zu den Pflegekosten heranziehen könnte. Darüber hinaus hat jedes Kind zumindest einen moralischen Anspruch darauf zu erfahren, wer sein Vater ist. Die Bemühungen des JA, den Vater herauszufinden, werden dagegen nicht in dessen Interesse durchgeführt, um ihm seine Rechte gem. §§ 1747 II 2, 3 BGB; 51 b JWG zu wahren.
2. Diese Informationen fehlen bei den Studenten.
3. Diese Mitteilung fehlt bei den Studenten.
4. Diese Angaben fehlen oben.
5. Dies fehlt oben.
6. Dies ist oben weggelassen.
7. Dies sind Formulierungen, die eigentlich in den Befund gehören. So wird nicht deutlich, worauf diese Folgerungen beruhen. Leider läßt das Aktenmaterial insoweit Wünsche offen.
8. Es erspart dem Leser zu rechnen, wenn das Alter sogleich in Klammern angegeben wird.
9. Siehe Anm. 7!
10. Auch hier hätte man sich konkretere Aussagen in der Akte gewünscht.
11. Eine konkrete Beurteilung der Adoptionsbewerber während der Pflegezeit wäre

hier erforderlich, war den Verfassern jedoch wegen des unzulänglichen Ausgangs-
materials (Originalakte als einzige Grundlage des Beispielgutachtens) nicht möglich.

7.3.5 Abweichungen von der geltenden Rechtslage

- § 48 a I Nr. 10 JWG entspricht § 49 I Nr. 1 m Alt. 1 FGG.
- Eine Pflegeerlaubnis für die Adoptivpflegeeltern wäre nach KJHG (§ 44 I 3 Nr. 1) nicht nötig.
- Auch für den Pflegesohn Mario, der offenbar nicht adoptiert werden soll, wäre keine Pflegeerlaubnis nötig, weil er durch das JA zwecks Gewährung von Hilfe zur Erziehung vermittelt wurde, § 44 I 2 Nr. 1 KJHG.
- [Zu 7.3.4 Nr. 1] Seit BVerfG v. 31. 1. 1989, FamRZ 1989, 255 hat jeder Mensch ein Recht auf Kenntnis der eigenen Abstammung.
- § 51 b JWG entspricht § 51 III KJHG.

8. Konsequenzen für die soziale Arbeit

8.1 Das Jugendamt als Fachbehörde – der Sozialarbeiter als Experte

Bedenkt man die von uns aufgewiesenen theoretischen Anforderungen an gutachtliche Äußerungen und ihre Verwirklichung in der sozialen Praxis, so bleibt zu überlegen, welche Konsequenzen sich daraus ergeben könnten. Wenn wir von Stellungnahmen eines **Jugendamtes** sprachen, setzten wir ein bestimmtes Verständnis von »Jugendamt« voraus, wie es von den Verfassern des dritten Jugendberichts der Bundesregierung (1972) umschrieben wurde: »Das Jugendamt ist, zwar noch nicht in der Realität, wohl aber seiner Konzeption und Aufgabenstellung nach, wie das Gesundheits-, das Bau- und das Schulamt eine Fachbehörde...«[1]. Mitarbeiter einer Fachbehörde zu sein, setzt jedoch auch eine entsprechend hohe Qualifikation voraus. »Der zweite Jugendbericht der Bundesregierung hat... gezeigt, daß die Jugendämter und ihr Personal erst auf dem Wege zu einer solchen Qualifikation und Fortbildung sind, wie sie eine Fachbehörde erfordert«[2]
Inzwischen sind seit dem 2. Jugendbericht (1968) zweieinhalb Jahrzehnte ins Land gegangen, und auch der 3. Jugendbericht (1972) liegt schon wieder viele Jahre zurück. Die Aussage, daß die JÄ erst im Begriff sind, eine Fachbehörde zu werden, hat heute nicht mehr in der gleichen Weise Geltung wie damals. Zweifelsfrei sind in Praxis und Ausbildung manche Anstrengungen unternommen worden, die Qualität der Arbeit zu verbessern. Teilweise sind auch durchaus beachtliche Erfolge erzielt worden. Trotzdem bleibt noch manches zu tun. Daß dies insbesondere für den Bereich der Abgabe gutachtlicher Stellungnahmen bei der Mitwirkung in Verfahren vor den VormGen/FamGen gilt, ist – wie wir zeigen konnten – nicht nur die persönliche Erfahrung der Autoren. U.E. hat das wiederholt angesprochene Defizit eine Vielzahl von Gründen, auf die abschließend noch einmal nachdrücklich hingewiesen werden soll. Uns fällt auf, daß es SozArb bzw. Studenten der Sozialarbeit insbesondere schwerfällt,

– sich überhaupt schriftlich zu äußern;
– vorhandene fachtheoretische Kenntnisse auf praktische Fälle anzuwenden;
– die Theorie in der Praxis nicht völlig auszuklammern;
– selbst bei Zeitdruck Aufgaben noch angemessen, d. h. klientgerecht zu erledigen;
– gutachtliche Stellungnahmen anzufertigen, d. h. hier vor allem, notwendige Gestaltungsprinzipien anzuerkennen;
– auch bei persönlichen Vorbehalten (Selbstverständnis des SozArb; stärkeres Interesse an verwaltender, beratender oder therapeutischer, geringeres an diagnostischer Tätigkeit; Werthaltungen u. a. m.) gegen gutachtliche Äußerungen, letztere in der notwendigen Differenziertheit zu erstellen;

---

1 3. Jgdber. S. 35.
2 A. a. O., S. 35.

– trotz Konkurrenzdruck (Richter, Anwälte und Sachverständige als spezieller und scheinbar damit »besser« Ausgebildete) sich mit seinen Fachkenntnissen adäquat einzubringen.

8.2 Forderungen an die Fachhochschule

»Aus der von der Kommission (des dritten Jugendberichts[3]) vertretenen Konzeption der Jugendamtsarbeit ergibt sich als generelle Forderung, daß im Mittelpunkt dieser Arbeit die sozialpädagogisch ausgebildete Fachkraft zu stehen hat...
Diese... Fachkraft wird neben bestimmten Grundqualifikationen in der Regel über besondere Fähigkeiten auf einem bestimmten Gebiet verfügen müssen...«[4] [(3. Jgdber., S. 123)].

Wissenschaftlichkeit

Nur mit Hilfe der Theorien, Denkweisen und Einsichten der Erziehungswissenschaft, der Psychologie und der Soziologie sind Berufsqualifikationen zu erwerben, die fachlich fundiertes Handeln in der JA-Praxis ermöglichen[5, 6].
Unsere in diesem Buch erhobene Forderung nach mehr Wissenschaftlichkeit in der Ausbildung sehen wir u. a. auch von *Carspecken*[7] bestätigt, wenn er schreibt: »Der Wert der Ausbildung und längeren Praxis wird um so entscheidender, je bedeutender oder wertvoller das Arbeitsziel ist. Das gilt auch für die Durchführung von Aufgaben..., die auf den Mitmenschen... gerichtet sind, darunter auch für die Tätigkeit des Jugendamtes[8].«
Wir meinten nicht nachdrücklich genug betonen zu können, daß die Forderung nach einer qualifizierten Ausbildung in Sozial- und Verhaltenswissenschaften besonders für jene SozArb und SozPäd gilt, die sich gutachtlich über Menschen und ihre Lebensverhältnisse äußern. Noch immer ist nämlich in der Praxis der verhängnisvolle Umstand zu beobachten, »daß in bezug auf psychische Sachverhalte sich jeder Laie in weit höherem Maß auch als Fachmann fühlt als etwa bei der... Beurteilung eines Leichenbefundes oder einer technischen Materialanalyse[9].«

---

3 Erg. d. Verf.
4 3. Jgdber., S. 123.
5 3. Jgdber., S. 125.
6 So auch Wesche, JugWo 1980, 244/250.
7 ZblJugR 1979, S. 339–343.
8 S. 339.
9 Thomae 1967, S. 753.

Integrativer, praxisbezogener Ansatz

Übereinstimmend mit den Verfassern des dritten Jugendberichts der Bundesregierung heben wir ferner noch einmal hervor:»die Ausbildung sollte stärker als bisher an Praxisproblemen orientiert sein, das heißt in einer Form verlaufen, die das in den verschiedenen Disziplinen vorhandene Wissen auf Probleme der Jugendhilfe bezieht[10].«

»Die Bezeichnung ›Fachlichkeit‹ setzt immer voraus, daß eine bestimmte Tätigkeit oder Leistung auf einen speziellen wissenschaftlichen Fachbereich oder ein besonderes Fach bezogen und von dort nach Grund und Art gestaltet oder gewährt wird. In der Jugendhilfe ergibt sich hierzu aber eine Schwierigkeit: sie kann... keinem bestimmten Fach oder Fachbereich allein oder vorrangig zugeordnet werden. Sie ist lediglich ein Oberbegriff, in dem die verschiedensten... Tätigkeiten zusammengefaßt sind... Nach den heutigen Erkenntnissen sind bei der Ausführung (dieser Tätigkeiten[11]) die Fachbereiche Psychologie, Pädagogik, Medizin,... aber auch z.B. Verwaltungsrecht, Familien- und Jugendrecht allgemein, Verwaltungskunde und Verwaltungsverfahren, eng miteinander verwoben. Beispielsweise zur Frage: was ist aus pädagogischen oder psychologischen Gründen notwendig..., muß als zweites die Frage kommen: auf welche Weise ist es durchsetzbar[12].«

Dieses Buch stellt unseren Versuch dar, dieser Forderung nach einer integrativ angelegten Aus- und Fortbildung in einem begrenzten Bereich zu entsprechen. FHen, die SozArb und SozPäd ausbilden, werden sich immer wieder die Frage stellen lassen müssen, inwieweit sie bereit und in der Lage sind, Kontakt zur beruflichen Praxis zu halten, ihre Studienangebote an Praxisproblemen zu orientieren und interdisziplinär, unter Einbeziehung kompetenter Vertreter der beruflichen Praxis, durchzuführen[13]. Die Diskussionen während des 69. Deutschen Fürsorgetages in Frankfurt 1980, besonders die im Themenbereich V. »Soziale Berufe zwischen Generalisierung und Spezialisierung« geführten Gespräche, lassen einige der Probleme erkennen, die sich aus den Fachhochschulgesetzen durch die dort getroffenen Regelungen für die praxisnahe Ausbildung und Mitarbeit von »Praktikern« ergeben.

8.3 Forderungen an die Praxis

Die Forderung, Curricula von FHen sollten sich an den Erfordernissen der beruflichen Praxis orientieren, sagt freilich noch nichts darüber aus, inwiefern die tatsächliche Praxis der JÄ, in unserem Zusammenhang speziell ihre Handhabung bei gutachtlichen Stellungnahmen, maßgebend sein kann.

Auch der beruflichen Praxis gegenüber, für den in der Jugendhilfe »an der

---

10 3. Jgdber., S. 753.
11 Erg. d. Verf.
12 Carspecken a. a. O., S. 340.
13 So auch Wesche, a. a. O. (FN 6).

Basis« tätigen SozArb auf andere Weise als für den verantwortlichen Leiter, können Forderungen hinsichtlich Erweiterung der fachlichen Kompetenz ihre Berechtigung haben, auf die wir in unseren Ausführungen hinzuweisen suchten. Zusammenfassend seien hier einige mögliche Konsequenzen angesprochen.

Für manchen mit Stellungnahmen sich befassenden **SozArb** kann es bedeuten, daß er überprüfen muß,

– inwieweit sein eingeschliffenes Tun dem heutigen Wissensstand entspricht;
– inwieweit er bereit ist, durch die Auseinandersetzung mit Neuem entstehende Verunsicherungen auszuhalten;
– in welchem Ausmaß er neben seiner Berufsarbeit (trotz eventueller Freistellung) Zeit und Kraft aufzubringen vermag, sich fortzubilden;
– ob uneingestandene Statusprobleme ihn dazu verleiten, ihm ungewohnte Modellvorschläge als praxisfernes Theoretisieren abqualifizieren zu lassen;
– ob ausschließlich Zeitmangel die Ursache dafür ist, Kooperationsangebote von FHen abzulehnen oder doch nur der Form halber anzunehmen.

Die von den Verfassern des dritten Jugendberichts erhobene Forderung nach einer wissenschaftlich wie praxisorientiert ausgebildeten Fachkraft könnte u. E. von **leitenden Persönlichkeiten des JA besser realisiert werden**

– durch Förderung von Fortbildungsmaßnahmen, wenn möglich auch gemeinsam mit Richtern[14],
– durch Förderung eines intensiven Erfahrungsaustausches innerhalb des JA,
– durch wenig rigide Handhabung von Rechtsgrundlagen bei Kooperationsversuchen von Praxis und FH[15].

---

14 Vgl. dazu auch Grosse, ZblJugR 1982, 504/512 sowie Oberloskamp, ZblJugR 1982, 519/526.
15 Vgl. die Vorschläge von Wesche, a. a. O. (FN 6).

9. Rückblick/Ausblick

Im Rückblick mögen manchem Leser die Ausführungen in Kapitel 1–3 gegenüber den Erkenntnissen in Kapitel 6–8 widersprüchlich vorkommen: Die anfangs hervorgehobene Kompetenz der SozArb für gutachtliche Äußerungen in der Mitwirkung in Gerichtsverfahren scheint in den späteren Kapiteln mitunter fragwürdig zu werden.

Sicher würde die vereinfachte Behauptung, diese Gegensätze markierten den Soll- bzw. Istzustand gutachtlicher Stellungnahmen in der Sozialarbeit, viel Empörung in der sich redlich mühenden Praxis hervorrufen.

Tatsache bleibt jedoch – und dies steht besonders seit der Untersuchung von *Simitis* u. a., die leider durch keine neuere Untersuchung widerlegt oder bestätigt wird, empirisch fest –, daß die von der Praxis erstellten gutachtlichen Äußerungen trotz der theoretisch vorhandenen Kompetenz der SozArb die von Gesetz, Richter und Betroffenen an sie gerichteten Erwartungen immer noch nicht ganz erfüllen.

Bei den **Vormundschafts- und Familienrichtern**, denen man in früheren Jahren häufig ihre Inkompetenz, über das Kindeswohl zu entscheiden, vorgeworfen hat, hat ein Umdenkungsprozeß eingesetzt. Ob es die Richterakademien in Trier und Wustrau, das sogenannte Bielefelder Modell[1] oder weniger spektakuläre Bemühungen auf örtlicher Ebene sind: überall wird der Versuch deutlich, wenigstens durch Fortbildung das an Kenntnissen zu erwerben, was im Hinblick auf die Bedeutung der Sache als angemessen zu erwarten ist. Darüber hinaus hat der Gesetzgeber 1980 durch die Schaffung neuer Verfahrensvorschriften (§§ 50ff. FGG) das Seinige dazu getan, die Gerichtspraxis zu verändern.

Im Bereich der **Sozialarbeit** sind solche Bemühungen regional und lokal unterschiedlich. Seit Inkrafttreten des KJHG 1991 ist sogar die Tendenz festzustellen, bei Scheidung jegliche Kooperation in Form von Gutachtenabfassung einzustellen. Daß ein solches Vorgehen vom Willen des Gesetzgebers des KJHG gedeckt sein könnte, ist durch nichts zu belegen.

All diese Tatsachen lassen uns abschließend noch einmal fragen: Sehen manche SozArb tatsächlich nicht, daß ihre Arbeit teilweise unzureichend ist? Ist ihnen nicht klar, daß sie so in Gefahr sind, sich selber zu »Handlangern« der Gerichte zu machen? Bemerken sie nicht, daß sie im Sektor der Mitwirkung in Gerichtsverfahren unter Umständen auf Dauer neben mittlerweile fachkundigen Richtern überflüssig werden könnten, wenn sich die Qualität ihrer Arbeit nicht ändert? Registrieren sie nicht, daß bei Veränderung der unangenehmen Funktionen des staatlichen Wächteramtes das JA gespalten zu werden droht in eine »feine« Leistungs- und eine »schmutzige« Eingriffsbehörde?

Wir meinen, daß sich diese Fragen durchaus mit »doch« beantworten lassen und wollen gerne vor unserer eigenen Türe kehren: Vermutlich ist in der Ausbildung bisher nicht genügend beachtet worden, wie wichtig der Bereich der

---

1 Vgl. dazu Prestien und Klenner in DAVorm 1979, 807.

Gutachtenerstellung ist und wieviel Zeit darauf verwendet werden muß, die Studenten für die Praxis richtig vorzubereiten. Ein Jurist hat in seiner Ausbildung -zig Gerichtsentscheidungen geübt und geschrieben, bis sie eine brauchbare Qualität hatten. Der Psychologe hat in seinem Studium viele Gutachten verfaßt, bis sie den Anforderungen entsprachen. SozArb und SozPäd fehlt vergleichbares in ihrer Aus- und Fortbildung.

Mit diesem Buch wollten wir einen Beitrag dazu leisten, daß SozArb/SozPäd einen Teil ihrer Aufgaben im Rahmen der Mitwirkung in Gerichtsverfahren künftig mit größerer Sachkompetenz erfüllen können.

Literaturverzeichnis

Adorno, Th. W.: Studien zum autoritären Charakter, Frankfurt 1973

Allport, G. W.: Gestalt und Wachstum der Persönlichkeit, Meisenheim am Glan 1970

Alternativ-Kommentar zum Bürgerlichen Gesetzbuch, (Familienrecht) Bd. 5, Neuwied 1981

Ammon G.: Kindesmißhandlung, München 1979

Arbeitsgemeinschaft der Jugendämter der Länder Niedersachsen und Bremen (Hrsg.): Neue Wege im Pflegekinderwesen. 3. Aufl., Wolfsburg 1985

Argelander, H.: Das Erstinterview in der Psychotherapie. 2. Aufl., Darmstadt 1983

Arndt, J.: Psychosoziale Implikationen einstweiliger Anordnungen. In: Fthenakis, W. E. (Hrsg.): Regelung der elterlichen Sorge, München, i. Vb.

Arndt/Oberloskamp: Die gutachtliche Äußerung einer Adoptionsvermittlungsstelle gem. § 56 d FGG. In: ZblJugR 1977, 273

Arndt, J.: (1993). Beratung ungewollt kinderloser Ehepaare, in: Hoksbergen/Textor (Hrsg.) (s. u.) S. 144–157

Arnold, H.: Der Kommissionsentwurf einer Verfahrensordnung für die freiwillige Gerichtsbarkeit. In: Rpfleger 1979, 161–166 und 241–246

Arntzen, F.: Vernehmungspsychologie, München 1978

ders.: Elterliche Sorge und persönlicher Umgang mit Kindern, München 1980

ders.: Psychologie der Zeugenaussagen, 2. Aufl., München 1983

ders.: Psychologische Beurteilung der Glaubwürdigkeit von Zeugenaussagen. In: Lösel, F. (Hrsg.): Kriminalpsychologie, Weinheim, Basel 1983, S. 173–179

Baer, J.: Die neuen Regelungen der Reform des Rechts der elterlichen Sorge für das Dauerpflegekind. in: FamRZ 1982, 221

Baer/Faltermeier/Gross: Adoptions- und Adoptionsvermittlungsgesetz nach drei Jahren Praxis – Erste Erfahrungen. In: NDV 1980, 370

Baer/Gross: Adoption und Adoptionsvermittlung. 2. Aufl., Frankfurt 1981

Bärmann, J.: Freiwillige Gerichtsbarkeit und Notarrecht, Berlin 1968

Bahr-Jendges, J.: (1993). Gleichberechtigung und Kindeswohl – ein Widerspruch? Die rechtliche Gestaltung von Geschlechter- und Elternbeziehungen bei der Regelung des Sorgerechts. Streit, 27–38

Balloff, R.: (1991). Gemeinsame elterliche Sorge – anzustrebender Regelfall? Report Psychologie, 16–21

Balloff, R.: (1992a). Kinder vor Gericht. Opfer, Täter, Zeugen. München

Balloff, R.: (1992b). Psychologische Sachverständigentätigkeit in der Familiengerichtsbarkeit (S. 48–56) In: Kühne, A. (Hrsg.). Aktuelle Beiträge zur Rechtspsychologie. Bonn

Balloff R.: (1992c). Reaktionen der Kinder auf die Trennung oder Scheidung der Eltern – die Regelung der elterlichen Sorge nach einer Trennung und Scheidung der Eltern. Sozialmagazin, 11, 26–29

Balloff, R.: (1992c). Das KJHG – Noch einmal: Zum Spannungsverhältnis von Beratung und Familiengerichtshilfe nach §§ 17 und 50 KJHG. ZfJ, 79, 444–457

Balloff, R. & Walter, E.: (1991). Gemeinsame elterliche Sorge als Regelfall. Einige theoretische und empirische Grundannahmen. FamRZ, 445–454

Balloff, R. & Walter, E.: (1991). Der psychologische Sachverständige in Familiensachen. Historischer Exkurs, Bestandsaufnahme und Grundlagen der Arbeit. FuR, 334–341

Balloff, R. & Walter, E.: (1991). Reaktionen der Kinder auf die Scheidung der Eltern bei alleiniger oder gemeinsamer elterlicher Sorge. Psychologie in Erziehung und Unterricht, 81–95

Balloff, R. & Walter, E.: (1993). Möglichkeiten und Grenzen beratender Interventionen am Beispiel der Mediation nach §§ 17, 28, 18 Abs. 4 KJHG. ZfJ, 65–75

Baumbach/Lauterbach/Albers/Hartmann: Zivilprozeßordnung, Kommentar. 46. Aufl., München 1988

Baur, F./Wolf, M.: Grundbegriffe der freiwilligen Gerichtsbarkeit, 2. Aufl., Stuttgart 1980

Beach, L. R./u. a.: Wollen Sie ein Kind? In: Psychologie heute 1977, 14

Becker, R.: Jugendgerichtshilfe als Institution sozialer Kontrolle. In: Kriminologisches Journal 1980, 108

Beckmann, D.: Übertragungsforschung. In: Pontgratz, L. J.: Klinische Psychologie, Göttingen 1978, S. 1242–1257

Belchaus, G.: Elterliches Sorgerecht, Köln 1980

Bell, R. T.: Eltern, Kinder und reziproke Einflüsse. In: Report Psychologie 1980, 24

Beres, M.: Das Kindeswohl in der familiengerichtlichen Praxis. In: ZblJugR 1982, 1

ders.: Das Kindeswohl – Ein Wunschtraum? – Versuch einer Bilanz. In: ZblJugR 1982, 449

ders.: Gemeinsames Sorgerecht nach Scheidung. In: FamRZ 1983, 16–18

Blume-Banniza/Gross: Der Sozialarbeiter in der Vormundschafts- und Familiengerichtshilfe, Teil II: Der Bericht des Jugendamtes, Frankfurt 1981

Boerner, K.: Das psychologische Gutachten. 2. neubearb. Aufl., Weinheim 1982

Böhm, R.: Rechtliche Probleme der Anordnung, Einstellung und Verwertung von Sachverständigengutachten im Rahmen familiengerichtlicher Entscheidungen in Sorgerechtssachen. In: DAVorm 1985, 731–733

Boxdorfer, D.: Kindeswohl und elterliche Gewalt nach Scheidung. In: RdJB 1972, 260–262

Brauchli, A.: Das Kindeswohl als Maxime des Rechts, Zürich 1982

Bratt, N.: Gespräch und Behandlung in der sozialen Arbeit, Weinheim 1971

Brüggemann, D.: Familiengerichtsbarkeit. In: Kühn/Tourneau, S. 103

Brunner, E. J.: (1984). Interaktion in der Familie. Berlin

Brusten, M.: Prozesse der Kriminalisierung – Ergebnisse einer Analyse von Jugendamtsakten. In: Otto/Schneider, Gesellschaftliche Perspektiven der Sozialarbeit, II, Neuwied 1972, S. 85–125

Brusten/Müller: Kriminalisierung durch Instanzen sozialer Kontrolle – Analyse von Akten des Jugendamtes. In: Neue Praxis 1972, 174

Buber, M.: Einsichten, Wiesbaden 1953

Bumiller/Winkler: Freiwillige Gerichtsbarkeit, Kommentar. 5. Aufl., München 1992

Bundesarbeitsgemeinschaft der Landesjugendämter und überörtlicher Erziehungsbehörden (Hrsg.): Empfehlungen zur Adoptionsvermittlung vom 1. 6. 1983, Bonn 1983

Bundesminister für Jugend, Familie und Gesundheit (Hrsg.): Dritter Jugendbericht, Bonn 1972

Bundesministerium für Familie und Senioren (1993) (Hrsg.): Familie und Beratung. Familienorientierte Beratung zwischen Vielfalt und Integration. Gutachten des Wissenschaftlichen Beirats für Familienfragen beim Bundesministerium für Familie und Senioren. Band 16. Stuttgart: Kohlhammer

Buschmann, W.: Künftiges Scheidungsrecht und Kindeswohl aus sozialwissenschaftlicher Sicht. In: RdJB 1977, 282

Carspecken, F.: Fragen der »Fachlichkeit« der Jugendhilfe. In: ZblJugR 1979, 339

Cherlin, A. J., Furstenberg, F. F., Chase-Lansdale, P. L., Kiernan, K. E., Robins, P. K., Morrison, D. R. & Teitler, J. O.: (1991). Longitudinal Studies of Effects of Divorce on Children in Great Britain and the United States. Science, Vol. 252, 6, 1386–1389

Coester, M.: (1992). Sorgerecht bei Elternscheidung und KJHG. FamRZ, 617–625

Cowitz, J.: Der Familienfluch. Seelische Kindesmißhandlung. Alten/Freiburg 1992

Coester, M.: Das Kindeswohl als Rechtsbegriff, Frankfurt a. M. 1983

ders.: Sorgerechtsentscheidungen und Grundgesetz. In: NJW 1981, 981

v. Cranach/Frenz: Systematische Beobachtung. In: Graumann, F. C. (Hrsg.): Sozialpsychologie, Göttingen 1969, S. 269–331

Deutscher Familiengerichtstag (Hrsg.): Erster: 1978; Zweiter: 1979; Dritter: 1980; Bd. 1, Bielefeld 1981; Vierter: 1981, Bd. 2, Bielefeld 1982, Fünfter: 1983; Bd. 3, Bielefeld 1984; Sechster: 1985, Bd. 4, Bielefeld 1986; Siebter: 1987, Bd. 5, Bielefeld 1988; Achter: 1989, Bielefeld 1990; Neunter: 1991, Bielefeld 1992

Deutscher Kinderschutzbund (Hrsg.): Der Anwalt des Kindes – Das Konzept des DKSB in der Diskussion, Eigenverlag des DKSB, Hannover 1983

Deutsches Familienrechtsforum (Hrsg.): 1980; 1981; 1982

Dickmeis, F.: Der Jugendamtsbericht als Entscheidungshilfe des Gerichts. In: ZblJugR 1983, 164

ders.: Die Umgangsbefugnis im Spiegel elterlicher Verantwortung – Versuch einer interdisziplinären Betrachtung. In: ZblJugR 1982, 271

ders.: Die gemeinsame Sorge – ein engagiertes Plädoyer, ZfJ 1989, 57

Ditzen, Chr.: Gedanken zur gemeinsamen elterlichen Sorge nach Scheidung, FamRZ 1987, 239

Dold, P.: Scheidungskinder. In: Partnerberatung 1981, 133

Donat, H.: Persönlichkeitsbeurteilung. 2. Aufl., München 1970

Dürr, R.: Verkehrsregelungen gemäß § 1634 BGB. 2. Aufl., Stuttgart 1978

Duss-von Werdt, J. (Hrsg.): Kindeszuteilung, Zürich 1985

Ernst, H.-H., Mohr, A. & Stracke, H.: (1991). Aus der Sicht des Jugendamtes: Interessenvertretung für Kinder und Eltern. In: Buskotte, A. (Hrsg.). Ehescheidung: Folgen für Kinder. Ein Handbuch für Berater und Begleiter. Hamm

Ebert, E.: Orientierungsformen von Sozialarbeitern – Inhaltsanalytische Auswertung von Berichten der Jugendgerichtshilfe. In: Neue Praxis 1975, 300

van Els, H.: Der Verbund als Wartesaal für Entscheidungen zum Kindeswohl. In: FamRZ 1983, 438

ders.: Der Anwalt des Kindes. In: ZfJ 1984, 509

Engisch, K.: Einführung in das juristische Denken. 8. Aufl., Stuttgart 1983

Fahrenhorst, J.: Sorge- und Umgangsrecht nach der Ehescheidung und die Europäische Konvention zum Schutz der Menschenrechte und Grundfreiheiten, FamRZ 1988, 238

Faltermeier, J. & Fuchs, P. (1992) (Hrsg.): Trennungs- und Scheidungsberatung durch Jugendhilfe: Klärung der Rolle und Aufgaben öffentlicher und freier Träger. Frankfurt am Main: Eigenverlag des Deutschen Vereins für öffentliche und private Fürsorge, Am Stockborn 1–3, 6000 Frankfurt/Main 50

Fehmel, H.-W.: Ist das Verbot des gemeinsamen elterlichen Sorgerechts nach der Scheidung (§ 1671 IV 1 BGB) verfassungswidrig? In: FamRZ 1980, 758

ders.: Die Anhörung des Kindes im Sorgerechtsverfahren. In: DAVorm 1981, 170
ders.: Nochmals: Kindesanhörung im Sorgerechtsverfahren. In: ZblJugR 1982, 654
Fehnemann, M.: Zu den Fragen des Beweiswerts und der verfassungsrechtlichen Zulässigkeit von Tests für Gutachten vor dem Familiengericht. In: FamRZ 1979, 661
Fieseler, G.: Rechtsgrundlagen sozialer Arbeit, Stuttgart 1977
Fieseler/Herborth: Recht der Familie und der Jugendhilfe, 3. Aufl., Heidelberg 1993
Figdor, H.: (1991). Kinder aus geschiedenen Ehen: Zwischen Trauma und Hoffnung. Eine psychoanalytische Studie. Mainz
Finger, P.: Besprechung von Arndt/Oberloskamp, 2. Aufl. In: Archiv für Wissenschaft und Praxis der sozialen Arbeit 1984, 140
Firsching, K.: Handbuch der Rechtspraxis, Bd. 5, Familienrecht. 5. Aufl., München 1992
Fisseni, H.-J.: Persönlichkeitsbeurteilung. Göttingen 1982
Fochen/Pfeiffer: Thesen zur Zusammenarbeit des Jugendrichters mit dem jugendpsychiatrischen, -psychologischen Sachverständigen. In: ZblJugR 1979, 378–383
Foth, H.: Der Sozialarbeiter in der Vormundschafts- und Familiengerichtshilfe, Teil I: Die juristische Orientierung, Frankfurt 1980
Freund, H.: Die Anhörungspflicht gem. § 50 b FGG – nützliche Pflicht oder »des Guten zuviel«? Ein Vorschlag de lege ferenda. In: DRiZ 1982, 268
Friedrichs, H.: Die aussagepsychologische Exploration. In: Undeutsch, U.: Forensische Psychologie, Göttingen 1967, S. 3–25
Fthenakis, W. E.: Psychologische Beiträge zur Bestimmung von Kindeswohl und elterlicher Verantwortung, München, o. J.
ders.: Kindeswohl, Gesetzlicher Anspruch und Wirklichkeit. In: Brühler Schriften zum Familienrecht, Bd. 3. Fünfter Deutscher Familiengerichtstag, Bielefeld 1984 a, 33–36
ders.: Gemeinsame elterliche Sorge nach Scheidung. In: Remschmidt, H. (Hrsg.): Psychiatrie und Familienrecht, Stuttgart 1984 b, 36–53
ders.: Väter, Bd. I und II, München 1985
ders. (Hrsg.): Regelung der elterlichen Sorge. Ein Handbuch, München 1986
ders.: (1991) (Hrsg.): Nichtsorgeberechtigte Väter und Mütter und die Beziehung zu ihren Kindern. Bamberg: Mehr Zeit für Kinder e. V., Schmidtstraße 12, Frankfurt am Main 1
ders.: (o.J.). Fragen, die vom Mitarbeiter des Jugendamtes bei der Regelung der elterlichen Sorge zu beantworten sind. Unveröffentlichtes Manuskript
Fthenakis/Niesel/Kunze: Ehescheidung. Konsequenzen für Eltern und Kinder. München/Wien 1982

Gastiger, S.: Funktion des Rechts in Sozialarbeit/Sozialpädagogik, Stuttgart 1974
Gefroi, M.: Keine praktikable Lösung. In: BlWPfl 1983, 11
Geiser, K.: Der Bericht in der Sozialarbeit. In: Sozialarbeit (Schweiz) 9/1986, 2
Gerber, U. (Hrsg.): Kindeswohl contra Elternwillen?, Berlin 1975
Gernhuber, J.: Kindeswohl und Elternwille. In: FamRZ 1973, 229
ders.: Lehrbuch des Familienrechts. 3. Aufl., München 1980
Giesen, D.: Familienrechtsreform zum Wohl des Kindes. In: FamRZ 1977, 594
Goldstein/Freud/Solnit: Jenseits des Kindeswohls, Frankfurt 1974
dies.: Diesseits des Kindeswohls, Frankfurt 1982
Goldstein, S. & Solnit, A.: (1989). Wenn Eltern sich trennen: Was wird aus den Kindern? Stuttgart
Gräber, F.: Jugendwohlfahrtsgesetz, Kommentar, München 1963
Gross, H.: Ersetzung der Einwilligung eines Elternteils zur Adoption seines Kindes. In: NDV 1979, 158

Grosse, S.: Die Kooperation zwischen Familiengericht, Jugendamt und Psychologischer Beratungsstelle – Probleme und Möglichkeiten. In: ZblJugR 1982, 504

Gschwind/Petersohn/Rautenberg: Die Beurteilung psychiatrischer Gutachten im Strafprozeß. Stuttgart 1982

Haffter, C.: Kinder aus geschiedenen Ehen. 3. unveränd. Aufl., Bern 1979

Häsing-Levend, H.: (1992). Jeder will Opfer, keiner Täter sein. Kritische Anmerkungen zur Mediation und zum gemeinsamen Sorgerecht. Streit, 1–2, 14–18

Hagner, K.: Zur Rolle des Familiengutachters und seinem Verhältnis zum Familienrichter im streitigen Sorgerechtsverfahren. Elemente einer systematischen Betrachtungs- und Vorgehensweise. In: Familiendynamik 1984, 323–338

Hahn, J.: (1992). Die Mitwirkung der Jugendhilfe in familiengerichtlichen Verfahren. In J. Hahn, B. Lomberg & H. Offe. Scheidung und Kindeswohl. Beratung und Betreuung durch scheidungsbegleitende Berufe (S. 71–89). Heidelberg

Hallermann/Karger: Forensische Jugendpsychiatrie, Berlin 1970

Handbuch des gesamten Jugendrechts: (Hdbch JugR), Rechts- und Verwaltungsvorschriften, Hrsg.: E. G. Leydhecker/P. Seipp, Neuwied 1950–1976

Handbuch des gesamten Jugendrechts: (Hdbch JugR), Rechts- und Verwaltungsvorschriften, Hrsg.: P. Seipp/K. Fuchs, Neuwied, ab 1976, 95. Lieferung, Stand: Mai 1993

Happe, G.: Elternrecht, Kindesrecht, Eingriffsrecht. In: FS Hermann Stutte: Jugendpsychiatrie und Recht, Köln 1979, S. 203–222

ders.: Hat sich das Jugendwohlfahrtsgesetz auch ohne Jugendhilferechtsreform überlebt? In: FamRZ 1981, 635

Harris, Th. A.: Ich bin o. k., Du bist o. k., 4. Aufl., Hamburg 1975

Hartmann, H.: Psychologische Diagnostik. 2. Aufl., Stuttgart 1973

ders.: Zur Ethik gutachterlichen Handelns. In: Hartmann, H. A. u. Haubl, R.

Hartmann/Haubl (Hrsg.): Psychologische Begutachtung, München 1984

Hartwieg, O./Rebe, B.: Familienrecht und Familiensoziologie. In: Kühn/Tourneau, S. 17–68

Hasemann, K.: Verhaltensbeobachtung. In: Heiß, R. (Hrsg.): Psychologische Diagnostik, Göttingen 1964, S. 807–836

Hassenstein, B.: Der Begriff des Kindeswohls in der Sicht der Verhaltensbiologie. In: Mitglieder-Rundbrief der AFET 1975, 66

ders.: Biologische und soziale Grundbedürfnisse des Kindes. In: Kühn/Tourneau, S. 215–234

Hassenstein/Uhlmann: Entscheidungshilfen im Vormundschaftsgerichtsverfahren. In: Mitglieder-Rundbrief der AFET 1977, 49

dies.: Unterbringung von Kindern, Entscheidungshilfen für Jugendämter und Familienrichter. In: UJ 1978, 146 und 201

Haubl, R.: Praxeologische und epistemologische Aspekte psychologischer Begutachtung. In: Hartmann, H. A. u. Haubl, R. (Hrsg.): Psychologische Begutachtung, München 1984, S. 33–74

ders. (Hrsg.): Psychologische Begutachtung. Problembereiche und Praxisfelder, München 1984, S. 3–32

Heekerens, H.-P.: (1991). Familientherapie und Erziehungsberatung. Erfahrungen – Materialien – Modelle. 2. korrigierte Auflage. Heidelberg

Heinz, G.: Fehlerquellen forensisch-psychiatrischer Gutachten. Heidelberg 1982

Heiß, R.: Psychologische Diagnostik: Einführung und Überblick. In: Heiß, R. (Hrsg.): Psychologische Diagnostik, Göttingen 1964, S. 3–16

ders.: Technik, Methodik und Problematik des Gutachtens. In: Heiß, R. (Hrsg.): Psychologische Diagnostik, Göttingen 1964, S. 975–995

Hellwig, A.: Psychologie und Vernehmungstechnik bei Tatbestandsermittlungen. 4. Aufl., Stuttgart 1951

Hetherington, E. M.: Scheidung aus der Perspektive des Kindes. In: Report Psychologie 2/1980, 16

Hinz, M.: Elternverantwortung und Kindeswohl – Neue Chancen zu ihrer Verwirklichung für die Rechtsprechung. In: ZfJ 1984, 529–533

Hoksbergen, R./Textor, M.: Adoption. Grundlagen, Vermittlung, Nachbetreuung, Beratung. Freiburg 1993

Holzapfel, M.: Überlegungen zur Kooperation von Jugendamt und Vormundschafts-/Familiengericht aus Veranlassung der Neuregelung des Rechts der Elterlichen Sorge aus der Sicht des Jugendamtes. In: Landschaftsverband Westfalen-Lippe, Mitteilungen des LJA Nr. 64, 1981, 31–35

Honig, M.-S.: Kindesmißhandlung, München 1982

Jäger, R. S.: Der diagnostische Prozeß, Göttingen 1983

Jans/Happe: Gesetz zur Neuregelung des Rechts der elterlichen Sorge. 2. neubearb. Aufl., Stuttgart, 12. Lfg. September 1988

dies.: Jugenwohlfahrtsgesetz, Kommentar. 2. Aufl., Köln 1971/1985, Stand: 11. Lfg., Mai 1987

Jans/Happe/Saurbier: Kinder- und Jugendhilferecht, Kommentar. 3. Aufl., Berlin u. a., 3. Lfg. Februar 1993

Jansen, P.: Gesetz über die Angelegenheiten der freiwilligen Gerichtsbarkeit, 2. Aufl., Berlin 1969/1971

Jopt, U.-J.: Nacheheliche Elternschaft und Kindeswohl – Plädoyer für das gemeinsame Sorgerecht als anzustrebender Regelfall, FamRZ 1987, 875

ders.: (1992). Im Namen des Kindes. Plädoyer für die Abschaffung des alleinigen Sorgerechts. Hamburg

Jungmann, J.: Adoption unter Vorbehalt? – Zur psychischen Problematik von Adoptivkindern –. In: Praxis der Kinderpsychologie und Psychotherapie 1980, 225

Kaiser, M.: ...im Zick-Zack von Profilen – Tätigkeiten von FH-Absolventen, UNI-Berufswahlmagazin 6/1980, 6

Kaminski, G.: Das Bild vom anderen, Berlin 1959

Kannenberg, E.: Zur Adoption älterer und entwicklungsgestörter Kinder. In: UJ 1981, 437

Kaufmann, F.: (1991). Beratung in Fragen der Partnerschaft, Trennung und Scheidung als Aufgabe der Jugendhilfe – Juristische und sozialpädagogische Aspekte der praktischen Umsetzung von § 3 17 KJHG (S. 319–342). In: Wiesner, R. & Zarbock, W. H. (Hrsg.). Das neue Kinder- und Jugendhilfegesetz (KJHG) und seine Umsetzung in die Praxis. Köln

ders.: (1991). Das Jugendamt: Helfer für die Betroffenen oder Helfer für das Gericht? – Aspekte der Anwendung des § 17 KJHG (Partnerschafts-, Trennungs- und Scheidungsberatung). ZfJ, 18–22

Keidel/Kuntze/Winkler: FGG, Bd. 1, 11. Aufl., München 1978

Kelly/Wallerstein: Kurzzeitintervention bei Kindern aus Scheidungsfamilien. In: Psychosozial 3/1980, 15

Kemmler, L.: Die Anamnese in der Erziehungsberatung. 3. Aufl., Bern 1974

Kemmler/Echelmeyer: Anamnese-Erhebung. In: Pongratz, L.: Klinische Psychologie, Göttingen 1978, S. 1628–1644

Kemper, R.: Konsequenzen aus der Reform des Ehe- und Familienrechts für Jugendämter. In: ZblJugR 1976, 421

ders.: Konsequenzen aus der Reform des Ehe- und Familienrechts für Jugendämter. In: ZblJugR 1976, 478

ders.: Aufgaben des Jugendamtes auf Grund der Eherechtsreform, insbesondere bei der Regelung von Scheidungsfolgesachen. In: ZblJugR 1977, 411

KGSt (Hrsg.): Organisation des Jugendamtes: Personalrichtwerte für den Allgemeinen Sozialdienst, Bericht Nr. 4/1985

Klar, W.: Entscheidungsrelevante psychologisch-pädagogische Faktoren im Sorgerechtsverfahren von Scheidungskindern. In: Zeitschrift für Kinder- und Jugendpsychiatrie 1973, 37

Klenner, W.: Gedanken über die Anwendung psychologischer Erkenntnisse durch den Familienrichter. In: DAVorm 1979, 807

Klußmann, R. W.: Das Kind im Rechtsstreit der Erwachsenen, Stuttgart 1981

ders.: Der verfassungsgemäße Ausschluß des gemeinsamen Sorgerechts geschiedener Eltern (§ 1671 IV 1 BGB). In: FamRZ 1982, 118

Klußmann/Ell/Beer: Die Anhörung von Kindern. In: UJ 1981, 304

Knapp, W.: (Hrsg.): Die wissenschaftlichen Grundlagen der Sozialarbeit und Sozialpädagogik, Stuttgart 1980

Knappert, Chr.: (1991). Die öffentliche Jugendhilfe als professionelle Scheidungsbegleiterin. ZfJ, 398–403

dies.: (1992). Erfahrungen im Umgang mit Scheidungsfamilien im Rahmen behördlicher Arbeit (S. 143–152). In: Hahn, J., Lomberg, B. & Offe, H. Scheidung und Kindeswohl. Beratung und Betreuung durch scheidungsbegleitende Berufe. Heidelberg

Köck, P.: Praxis der Beobachtung, Donauwörth 1981

Köhne/Klippstein (Hrsg.): Pädagogische Verhaltensdiagnostik in der Praxis, Freiburg 1979

Kolhosser, H.: Zur Problematik eines »Allgemeinen Teils« in einer Verfahrensordnung für die Freiwillige Gerichtsbarkeit. In: ZZP 1980, 265

Kolodziej, V.: Akten... muß das sein?, Freiburg 1982

ders.: Zusammenarbeit des Familiengerichts mit dem Jugendamt. In: JugWo 1982, 99

Kraag, B.: Strategien diagnostischer Urteilsbildung. In: Sozialpädagogik, 1976, 121

Krug/Grüner/Dalichan: KJHG, Sozialgesetzbuch. 8. Buch, Starnberg, 6. Lfg. Februar 1993

Kühn/Tourneau: Familienrechtsforum – Chance einer besseren Wirklichkeit, Bielefeld 1978

Kunkel, P.-C.: (1991). Datenschutz »pervers«? Anmerkungen zum Beitrag von Mörsberger »Datenschutz kontrovers«. ZfJ, 459–463

Kunkel, P.-C.: (1991). Die zusätzlichen Regelungen des Sozialdatenschutzes im KJHG (SGB VIII) – zugleich eine Entgegnung auf Mörsberger in ZfJ, Heft 6/1990 –. ZfJ, 111–114

Kunkel, P.-C.: (1992). Macht der Sozialdatenschutz die Familiengerichtshilfe zu einem Torso? – Kritische Anmerkungen zu den Empfehlungen des Deutschen Vereins zur Beratung in Fragen der Trennung und Scheidung und zur Mitwirkung der Jugendhilfe im familiengerichtlichen Verfahren. DAVorm, 1021–1024

Kunkel, P.-C.: (1993). Die Familiengerichtshilfe des Jugendamtes – Mitwirkung ohne Wirkung? FamRZ, 505–508.

Der Kultusminister des Landes Niedersachsen (Hrsg.): Richtlinien zur Erstellung psychosozialer Diagnosen. Nds. MBl. Nr. 42/1976, 1681

Kurth, W.: Das Gutachten. Anleitung für Mediziner, Psychologen und Juristen. München 1980

Lamprecht, R.: Kampf ums Kind, Reinbek 1982
Landesregierung von Nordrhein-Westfalen (Hrsg.): Landeskinderbericht 1980, Düsseldorf 1980, S. 74–84
Lang, A.: Psychodiagnostik als ethisches Dilemma. In: Triebe, J. K. u. Ulich, E. (Hrsg.): Beiträge zur Eignungsdiagnostik, Bern 1977, 190–213
Lange, R.: Anthropologische Grenzbereiche zwischen Psychiatrie, Psychologie und Recht. In: NJW 1980, 2729
Larenz, K.: Methodenlehre der Rechtswissenschaft. 5. Aufl., München 1983
Lau/Wolff: Bündnis wider Willen – Sozialarbeiter und ihre Akten. In: Neue Praxis 1981, 199
Lautmann, R.: Soziologie vor den Toren der Jurisprudenz, Stuttgart 1971
Lehr, U.: Das Problem der Sozialisation geschlechtsspezifischer Verhaltensweisen. In: Graumann (Hrsg.), Sozialpsychologie, Göttingen 1972, S. 886–954
dies.: Die Bedeutung der Familie im Sozialisationsprozeß, Stuttgart 1973
Lempp, R.: Das Wohl des Kindes in §§ 1666 und 1671 BGB. In: NJW 1963, 1659
ders.: Wer soll das Kind holen und bringen bei der Durchführung der Befugnis zum persönlichen Umgang mit dem Kind gemäß § 1634 Abs. 1 BGB? In: ZblJugR 1979, 517
ders.: Das Kindeswohl und das neue Scheidungsrecht. In: ZblJugR 1979, 49
ders.: Die Ehescheidung und das Kind. 4. Aufl., München 1982
ders.: Das gemeinsame Sorgerecht aus kinderpsychiatrischer Sicht. In: ZblJugR 1984, 305
ders.: Die Bindungen des Kindes und ihre Bedeutung für das Wohl des Kindes gem. § 1671 BGB. In: FamRZ 1984, 741
Lempp/Röcker: Die kinder- und jugendpsychiatrische Problematik bei Kindern aus geschiedener Ehe. In: Zeitschrift für Kinder- und Jugendpsychiatrie 1973, 25
Lent/Jauernig: Zivilprozeßrecht. 20. Aufl., München 1983
Liebel/v. Uslar: Forensische Psychologie: Eine Einführung, Stuttgart 1975
Limbach, J.: Gemeinsame Sorge geschiedener Eltern, Heidelberg 1988
ders.: Die gemeinsame Sorge geschiedener Eltern in der Rechtspraxis. Eine Rechtstatsachenstudie. Köln 1989
Lüderitz, A.: Die Rechtsstellung ehelicher Kinder nach Trennung ihrer Eltern im künftigen Recht der Bundesrepublik Deutschland. In: FamRZ 1975, 605
ders.: Problemfelder des Adoptionsrechts. In: FamRZ 1981, 524
Lukas, H.: (1991). Jugendämter im Umbruch? Verändertes Handeln in traditionellen Arbeitsbereichen und Etablierung neuer Handlungsfelder. Soziale Arbeit, 110–117 = ZfJ, 300–305
Luthin, H.: Aus der Praxis zum Sorgerechtsgesetz. In FamRZ 1981, 111
ders.: Nochmals: Zu den durch das Sorgerechtsgesetz normierten Anhörungspflichten. In: FamRZ 1981, 1149
ders.: (1987) Gemeinsames Sorgerecht nach der Scheidung. Bielefeld
Lutz, R.: Das verhaltensdiagnostische Interview, Stuttgart 1978

Mähler, G. & Mähler, H.-G.: (1992). Trennungs- und Scheidungsmediation in der Praxis. Familiendynamik, 347–372
März, M.: Das Bundesverfassungsgericht und der »Verfahrenspfleger« des minderjährigen Kindes im Sorgerechtsverfahren. In: FamRZ 1981, 736

Mann, L.: Sozialpsychologie, 7. Aufl., Weinheim 1984

Maunz/Dürig/Herzog/Scholz: Grundgesetz, Kommentar. 29. Lfg., München, Stand: September 1991

Menne, K.: (1992). Zwischen Beratung und Gericht: Aufgaben der Erziehungsberatungsstellen und des Allgemeinen Sozialen Dienstes bei Trennung und Scheidung, 2, 66–75

Merz, F.: Die Beurteilung unserer Mitmenschen als Leistung. In: Lienert (Hrsg.): Ber. 23. Kongr. D. Ges. Psychol. Würzburg 1962, Göttingen 1963, S. 32–51

Metzger, W.: Über die Auswirkungen der Verpflanzung eines Kindes in eine fremde Umgebung. In: Unsere Jugend 1971, 153

Mey, H. G.: Prognostische Beurteilung des Rechtsbrechers: Die deutsche Forschung. In: Undeutsch, U.: Forensische Psychologie, Göttingen 1967, S. 511–564

Meyer/Borgs: Kommentar zum Verwaltungsverfahrensgesetz. Frankfurt 1976, 2. Aufl. 1982

Mietzel, G.: Pädagogische Psychologie. 2. Aufl., Göttingen 1975

Mnookin, R. H.: Was stimmt nicht mit der Formel »Kindeswohl«? In: FamRZ 1975, 1

Mörsberger, T.: (1991). Datenschutz kontrovers. Anmerkungen zum Beitrag von Kunkel über den Sozialdatenschutz im KJHG. ZfJ, 114–116

Mörsberger, T.: (1993). Trennungs- und Scheidungsberatung für Eltern ist Hilfe für deren Kinder ist Mitwirkung im Familiengerichtlichen Verfahren. Grundsätzliches zu § 50 KJHG. Jugendhilfe, 164–168

Mösonef, H.: Zusammenwirken von Vormundschaftsgericht und Jugendamt. In: BayWD 1970, 49 und 65

Mohr, G.: Die psychische Situation der abgebenden Mutter. In: JugWo 1980, 365

Momberg, R.: Die Ermittlungstätigkeit der Jugendgerichtshilfe und ihr Einfluß auf die Entscheidung des Jugendrichters, Diss. jur. Göttingen 1982

ders.: Der Einfluß der Jugendgerichtshilfe auf die Entscheidung des Jugendrichters. In: MschrKrim 1982, 65

Moritz, H. P.: Anm. zu KG v. 28. 5. 1980. In: JA 1981, 188

ders.: Anm. zu KG v. 28. 5. 1980. In: RdJB 1981, 319

ders.: Gemeinsame Elterliche Sorge beider Elternteile nach der Scheidung im bisherigen und neuen Recht. In: ZblJugR 1981, 11

Müller, S.: Aktenanalyse in der Sozialarbeitsforschung, Weinheim 1980

Müller-Alten, L.: (1991). Familiengerichtshilfe und Datenschutz. ZfJ, 454–459

Mueller/Thomas: Einführung in die Sozialpsychologie, Göttingen 1974, 2. Aufl. 1976

Müller-Freienfels, W.: Der Einfluß der Schuldigerklärung auf die Regelung der elterlichen Gewalt. In: JZ 1959, 339

ders.: Ehe und Recht, Tübingen 1962

Müller-Luckmann, E.: Die psychologische Begutachtung der Glaubwürdigkeit insbesondere in Jugendschutzsachen. In: Blau, G./Müller-Luckmann, E. (Hrsg.): Gerichtliche Psychologie, Neuwied 1962, S. 130–147

Münchener Kommentar: Bürgerliches Gesetzbuch, Bd. V 1, (Familienrecht). 2. Aufl., München 1989; Bd. VIII (Familienrecht II), 3. Aufl., München 1992 (zitiert: MünchKo/Bearbeiter)

Münder, J.: Elterliche Gewalt und Wohl des Kindes. In: RdJB 1977, 358

ders.: »Wohl des Kindes« in vormundschaftsgerichtlichen und familiengerichtlichen Entscheidungen, In: RdJB 1981, 82

ders.: Kindeswohl, Kindesmißhandlung und Kindesrechte – Eine Sammelrezension, In: RdJB 1981, 314

ders.: Das Wohl des Kindes und Kindesrecht, RdJB 1985, 212

ders.: Familien- und Jugendrecht. 2. Aufl., Weinheim 1985 (zitiert: Münder LB)

Münder, J. u. a.: Frankfurter Kommentar zum Jugendwohlfahrtsgesetz. 4. Aufl., Weinheim 1988
Münder, J. u. a.: Frankfurter Lehr- und Praxiskommentar zum Kinder- und Jugendhilfegesetz. Münster 1991
Münder, J.: (1993). Jugendhilfe und Justiz: Die Notwendigkeit neuer Perspektiven. Jugendhilfe, 31, 146–157
Musaph, H.: Technik der psychologischen Gesprächsführung. 2. Aufl., Salzburg 1970

Neddenriep-Hanke, F.: (1987). Umgangsrecht und Kindeswohl. Eine Darstellung der Jugendamtstätigkeit. Stuttgart
Niesel, R.: (1983).»Die Regelung verletzt das Elternrecht.« Anmerkungen zum Urteil des Bundesverfassungsgerichtes zur gemeinsamen elterlichen Sorge nach der Scheidung. Blätter der Wohlfahrtspflege 1983, 130, 10–12
Niesel, R.: (1991). Was kann Mediation für Scheidungsfamilien leisten? Zeitschrift für Familienforschung, 84–102
Nentzel, E.: Auswahl von Fällen in der Praxisanleitung. In: NDV 1971, 261

Oberloskamp, H.: Die Ersetzung der Einwilligung der leiblichen Eltern in die Annahme ihres Kindes (§ 1748 BGB). In: ZblJugR 1980, 581
dies.: Elterliche Sorge bei Getrenntleben und nach Scheidung der Eltern – Rechtsprechungsübersicht: In: Caritas in NRW 2/1981, Fach K II, S. 1
dies.: Zusammenarbeit Jugendamt – Familiengericht/Vormundschaftsgericht aus der Sicht der Fachhochschule. In: ZblJugR 1982, 519
dies.: Haager Minderjährigenschutzabkommen, Kommentar, Köln 1983
dies.: Verpflichtungen und Möglichkeiten des Jugendamtes bei Zerbrechen der Ehe. In: Speck/Peterander/Innerhofer (Hrsg.): Kindertherapie. München 1986, S. 204–212
dies.: Mehr Einzelvormünder/Einzelpfleger statt Amtsvormünder/Amtspfleger, FamRZ 1988, 7
dies.: Kindschaftsrechtliche Fälle für die soziale Praxis, 3. Aufl., Frechen 1989
dies.: Die Zusammenarbeit von Vormundschafts-/Familiengericht und Jugendamt, FamRZ 1992, 1241
dies.: Ich erziehe mein Kind allein. 3. Aufl., München 1993
dies.: Wie adoptiere ich ein Kind? Wie bekomme ich ein Pflegekind? 3. Aufl., München 1993
dies.: Das deutsche Adoptionsrecht: seine geschichtliche Entwicklung und seine gegenwärtige Ausgestaltung, in: Hoksbergen/Textor (Hrsg.) (s. o.), S. 14–29
Oberloskamp/Adams: Jugendhilferechtliche Fälle für Studium und Praxis. 8. Aufl., Heidelberg 1993
Oswald, G.: Systemansatz und soziale Familienarbeit. Methodische Grundlagen und Arbeitsformen, Freiburg 1988

Palandt, O.: Bürgerliches Gesetzbuch, Kommentar. 52. Aufl., München 1993
Papenheim/Baltes: Verwaltungsrecht für die soziale Praxis. 10. Aufl., Frechen 1993
Pechstein, J.: Frühadoption und soziale Elternschaft. In Biermann, G. (Hrsg.): Jahrbuch der Psychohygiene, Bd. 2, S. 206–218. München/Basel 1974
Peschel-Gutzeit, L. M.: Das Recht zum Umgang mit dem eigenen Kind, Berlin 1989
Pfäfflin, F.: Vorurteilsstruktur und Ideologie psychiatrischer Gutachten über Sexualstraftäter, Stuttgart 1978

Pfeiffer, P.: Adoption und Behinderung. In: UJ 1981, 444

Pfeiffer/Pfeiffer-Schramm/Scheller: Zur Psychologie der Adoption – Ein Strukturmodell psychologischer Intervention im Adoptionsprozeß. In: Zeitschrift für Entwicklungspsychologie und Pädagogische Psychologie 1980, 217

Pfeiffer/Pfeiffer-Schramm: Psychologische Entscheidungsmuster in der Adoptionsvermittlung. In: NDV 1981, 329

Plessen, U./Bommert, H.: Empirische Untersuchung zum Begriff des »Kindeswohls«. 13. Kongreß für Angewandte Psychologie des BDP, Bonn 1985

Presting, G.: (1991) (Hrsg.). Erziehungs- und Familienberatung. Untersuchungen zu Entwicklung, Inanspruchnahme und Perspektiven. Weinheim

Preiser, S.: Personenwahrnehmung und Beurteilung. Darmstadt 1979

Presse- und Informationsdienst der Bundesregierung (Hrsg.): Gesellschaftliche Daten 1979, Bonn 1979

Prestien, H. Chr.: Die Arbeitsweise des Familiengerichts Bielefeld. In: DAVorm 1979, 807

ders.: Die Berücksichtigung des Kindeswohls in Gesetzgebung und Rechtsprechung. In: BlWPfl 1981, 259

Proksch, R.: (1988). Gerichtsbezogene Trennungs- und Scheidungsberatung – ein neues Instrument offensiver Familiengerichtshilfe. Überlegungen zu einem neuen Jugendhilferecht. NDV, 265–268

ders.: (1992). Vermittlung (Mediation) in streitigen Sorgerechts- und Umgangsrechtsverfahren, Streit, 395–414

ders.: (1993). Verhältnis von Jugendhilfe und Vormundschaftsgerichten – unter Berücksichtigung der Anforderungen des KJHG. Jugendhilfe, 158–163

Puls, J.: Zusammenarbeit zwischen Familiengericht und Jugendamt. in: Brennpunkte der Jugendarbeit, Heidelberg 1979, 66

dies.: Beteiligung von Psychologen und Psychiatern als Sachverständige in Familiengerichtlichen Verfahren. In: ZfJ 1984, 8

Rahm, W. (Hrsg.): Handbuch des Familiengerichtsverfahrens. Köln 1978/79; 21. Lfg. Dezember 1992

Reiter, L.: (1983). Gestörte Paarbeziehungen. Theoretische und empirische Untersuchungen zur Ehepaardiagnostik. Göttingen

Reiter, L., Brunner, E.J., Reiter-Theil, S. (1988) (Hrsg.): Von der Familientherapie zur systemischen Perspektive. Berlin

Richter, H.E.: Eltern, Kind und Neurose, Psychoanalyse der kindlichen Rollen, 1972

Riedrich/Rick: Die fachliche Legitimation von Gutachten in der Jugendhilfe. In: Forum Jugendhilfe 4/1981, 20

Rogers, C.R.: A theory of therapy, personality and interpersonal relationships as developed in the client-centered framework. In: Koch, S. (Hrsg.): Psychology: A study of a science. New York 1959, zitiert in: Rogers, C.R. 1976

ders.: Eine neue Definition von Einfühlung. In: Jankowski, P. u.a.: Klientzentrierte Psychotherapie heute, Göttingen 1976, S. 33–52

ders.: Die klientzentrierte Gesprächspsychotherapie, München 1972, Neuaufl. 1978

Roestel, G.: Aufgabe und Form des Berichtes der Jugendgerichtshilfe. In: UJ 1965, 543

Roscher-Grätz, D.: Richterliche Erfahrungen mit den Neuregelungen des Ehe- und Familienrechts, BlWPfl 1983, 17

Roth, H.: Pädagogische Anthropologie, Bd. II. 2. Aufl., Hannover 1976, S. 446–588

Salgo, L.: Brauchen wir den Anwalt des Kindes? – Vorüberlegungen. In: ZfJ 1985, 259

ders.: Kindeswohl oder Elternrecht? Ein Gespräch mit J. Goldstein über notwendige Entwicklungen zum Schutz des Kindeswohls. In: np 1986, 333

ders.: Pflegekindschaft und Staatsintervention. Darmstadt 1987

ders.: Der Anwalt des Kindes, Köln 1993

Salzgeber, J. & Höfling, S.: (1991). Der diagnostische Prozeß bei der Familienpsychologischen Begutachtung. Ein Beitrag zur Datenbasis und zur Intervention des psychologischen Sachverständigen im Rahmen des Begutachtungsprozesses. ZfJ, 388–394

dies.: (1993). Familienpsychologische Begutachtung: Rahmenbedingungen und Möglichkeiten psychologischer Interventionen. ZfJ, 238–245

Schäffle, E.: Keiner ist Gewinner – Zur Situation von Kindern nach Scheidung ihrer Eltern. In: Hochschulbrief der evangelischen Fachhochschulen Darmstadt/Freiburg/Ludwigshafen/Reutlingen 1979, 25

Scheuerer-Englisch, H.: (1993). Beratung statt Begutachtung. Ein Modell der Zusammenarbeit von Erziehungsberatung und Familiengericht (S. 213–225). In: Menne, K., Schilling, H. & Weber, M. (Hrsg.). Kinder im Scheidungskonflikt. Beratung von Kindern und Eltern bei Trennung und Scheidung. Weinheim

Schellhorn/Wienand: KJHG, Kommentar zum Kinder- und Jugendhilfegesetz. Neuwied 1991

Schiepek, G.: Systemische Diagnostik in der klinischen Psychologie, Weinheim/München 1986

Schlippe, v., A.: Familientherapie im Überblick. Basiskonzepte, Formen, Anwendungsmöglichkeiten, Paderborn 1987

Schlippe, A. v. & Kriz, J. (1987) (Hrsg.): Symposion Familientherapie. Kontroverses – Gemeinsames. Wildberg

Schmid/Keßler: Anamnese, Weinheim 1976

Schmitter, C.: Die gutachtliche Stellungnahme. In.: Sozialarbeit (Schweiz), 9/1986, 27

Schneewind, K.A.: (1991). Familienpsychologie. Stuttgart

Schneider, H.J.: Prognostische Beurteilung des Rechtsbrechers: Die ausländische Forschung: In: Undeutsch, U. (Hrsg.) Forensische Psychologie, Göttingen 1967, S. 397–510

Schraml, W.: Das psychodiagnostische Gespräch. In: Heiß, R. (Hrsg.): Psychologische Diagnostik. Göttingen 1964, S. 868–897

Schünemann, H.-W.: Sozialwissenschaften und Jurisprudenz, München 1976

Schütz, H.: Gemeinsame elterliche Sorge nach Scheidung, durch Gesetz zum Regelfall zu erhebende Chance für Eltern und Kind oder für die Praxis ungeeignetes Ausnahmemodell? ZfJ 1987, 189

Schunk, U.: Die Umgangsregelung gem. § 1634 BGB bei gescheiterter Ehe, Dortmund 1981

Siegismund/Tiesler: Fallstudien aus der sozialen Arbeit, Heidelberg 1979

Simitis, Sp.: Tendenzen der Rechtsprechung zum Sorge- und Besuchsrecht. In: 2. DFGT 1979, 164–188

Simitis u. a.: Kindeswohl, Frankfurt 1979

Simon, F.B. & Stierlin, H.: (1994). Die Sprache der Familientherapie. Ein Vokabular. Kritischer Überblick und Integration systemtherapeutischer Begriffe, Konzepte und Methoden. Stuttgart

Simon, H.P.: Das Wesen des Umgangsrechts (§ 1634 BGB). Zugleich ein Beitrag zur Grundlage des Eltern-Kind-Verhältnisses. Diss. jur. Stuttgart 1978

Simoneit, M.: Charakterologische Symptomlehre. Stuttgart 1953

Sodhi, S.: Sozialpsychologie. In: Meile, R./Rohracher, H.: Lehrbuch der experimentellen Psychologie. Bern 1963

Statistisches Bundesamt (Hrsg.): Statistisches Jahrbuch, Stuttgart, Mainz 1982, 1983, 1984, 1985, 1986, 1987, 1988, 1989, 1990, 1991, 1992

Steffens, G.: Lebensqualität und Persönlichkeitsentwicklung nach Ehescheidung, Sorgerechts- und Verkehrsregelung. In: ZblJugR 1977, 129

Stein-Hilbers, M.: (1991). Männer und Kinder. Reale, ideologische und rechtliche Umstrukturierungen von Geschlechter- und Elternbeziehungen. FuR, 198–205

Sternbeck, E. u. Däther, G.: Das Familienpsychologische Gutachten im Sorgerechtsverfahren. In: FamRZ 1986, 21

Tausch/Tausch: Erziehungspsychologie. 9. Aufl., Göttingen 1979

Tägert, J.: Forensische Psychologie im Bereich des Familienrechts. In: Undeutsch, U. (Hrsg.): Forensische Psychologie, Göttingen 1967, S. 598–633

Thomae, H.: Prinzipien und Formen der Gestaltung psychologischer Gutachten. In: Undeutsch, U. (Hrsg.): Forensische Psychologie, Göttingen 1967, S. 743–767

ders.: Das Individuum und seine Welt. Göttingen 1968

ders.: Beobachtungen und Beurteilung von Kindern und Jugendlichen. 12. Aufl., Basel, New York 1976

Thomas/Putzo: Zivilprozeßordnung, Kommentar. 18. Aufl., München 1993

Timms, N.: Der Bericht in der Sozialarbeit. Freiburg i. Br. 1974

Trankell, A.: Der Realitätsgehalt von Zeugenaussagen. Göttingen 1971

Trenk-Hinterberger, P.: Rezension von Arndt/Oberloskamp: Gutachtliche Stellungnahmen in der sozialen Arbeit. 2. Aufl., Heidelberg 1983. In: FamRZ 1985, 37

Troje, E.: Gemeinsame elterliche Sorge nach Scheidung. In: NDV 1981, 17

Troje/Meyer: Familiendynamik und Familiengerichtsbarkeit. In: Familiendynamik 1984, 304

Trube-Becker, E.: Mißbrauchte Kinder. Sexuelle Gewalt und wirtschaftliche Ausbeutung. Heidelberg 1992

Uffelmann, P.: Das Wohl des Kindes als Entscheidungskriterium im Sorgerechtsverfahren. Diss. jur. Freiburg i. B. 1977

Ullmann, Chr.: Kindeswohlbeurteilung aus medizinrechtlicher Sicht, FamRZ 1987, 1109

ders.: Menschenrechtliche Probleme bei der Tätigkeit der Jugendämter im Rahmen von § 48 a JWG, DAVorm 1988, 333

ders.: Eingriffslegitimation in die Familien und ihre Grenzen nach der europäischen Menschenrechtskonvention, ZfJ 1988, 522

Ullrich, H.: Der Bericht der Jugendgerichtshilfe – Vordruck oder freie Fassung? In: ZblJugR 1969, 185

ders.: Der Sozialarbeiter in der Jugendgerichtshilfe. Arbeitsanleitung für Jugendgerichtshelfer, Frankfurt 1982

Undeutsch, U.: Beurteilung der Glaubhaftigkeit von Zeugenaussagen. In: Undeutsch, U. (Hrsg.): Forensische Psychologie. Göttingen 1967, S. 26–181

Voigt, R. (Hrsg.): Verrechtlichung, Königstein/Ts. 1980

Vollertsen, G.: Die Besuchsregelung nach § 1634 BGB.In: ZblJugR 1977, 230

Wagner, R.: Die Bedeutung des Jugendgerichtshilfeberichts in der Verhandlung vor dem Jugendrichter. In: JugWo 1977, 280

Wagnerová, A.: Wir adoptieren ein Kind, Freiburg 1981

Wallerstein, J. & Blakeslee, S.: (1989). Gewinner und Verlierer. Frauen, Männer, Kinder nach der Scheidung. München

Walter, M.: Die ermittelnden, berichtenden und beratenden Aufgaben der Jugendgerichtshilfe. In: ZblJugR 1973, 485

Watzlawick, P. u. a.: Menschliche Kommunikation. 6. Aufl., Bern 1982

Weber, R. & Beck, L.: (1991). Elterliche Verantwortung und Sozialarbeit (S. 207–225). In: Krabbe, H. (Hrsg.). Scheidung ohne Richter. Neue Lösungen für Trennungskonflikte. Reinbek bei Hamburg

Wegener, H.: Anm. zu OLG München vom 18. 9. 1978, FamRZ 1979, 337. In: NJW 1979, 1253

ders.: Einführung in die forensische Psychologie. Darmstadt 1981

Weimar, R.: Psychologische Strukturen richterlicher Entscheidungen. Basel/Stuttgart 1969

Werner, H. M.: Die Persönlichkeitsforschung im Jugendstrafverfahren. Hamburg 1967

Werner-Schneider, C.: (1992). Mediation im Spannungsfeld zwischen Kindeswohl und Emanzipation der Frauen, Streit, 18–21.

Wesche, H.: Zur Situation der Sozialarbeiter und Sozialpädagogen zwischen Hilfe am Menschen und bürokratischer Verwaltung. In.: JugWo 1980, 224

Weyer, M.: Die Adoption fremdländischer Kinder, Stuttgart 1979

Wiesner, R.: Die Kompetenz des Vormundschaftsgerichts bei der Abwehr von Gefahren für das Kindeswohl. In: ZblJugR 1981, 509

Willi, J.: Die Zweierbeziehung. 7. Aufl., Hamburg 1977

Winter-v. Gregory, W.: Jugendgerichtshilfe als Verwaltung sozialer Kontrolle. In: Neue Praxis 1979, 437

Wynne, L. C. u. a.: Kommunikation von Adoptiveltern Schizophrener. In: Familiendynamik 2/1977, 125

Zenz, G.: Kindesmißhandlung und Kindesrechte. 2. Aufl., Frankfurt 1981

Zorn, F.: Zusammenarbeit Jugendamt – Familiengericht – aus der Sicht des Jugendamtes. In: ZblJugR 1982, 479

Stichwortverzeichnis

Fachliteratur für Studium und Praxis

Hörster/Müller (Hrsg.)

Jugend, Erziehung und Psychoanalyse

Zur Sozialpädagogik
Siegfried Bernfelds
1992, 238 Seiten,
DM 35,– / öS 270,– /
sFR 33,–
ISBN 3-472-00497-5

Siegfried Bernfeld (1892 – 1955) wird zu seinem 100. Geburtstag neu entdeckt: Als Jugendforscher und als Repräsentant des jüdischen Zweiges der Jugendbewegung, als Mitbegründer der Kibbutz-Erziehung wie der psychoanalytischen Pädagogik, als Erziehungswissenschaftler.

Das Buch ist so interdisziplinär wie Bernfeld's Denken multiperspektivisch war. Es ist ebenso Hommage an einen großen Querdenker der Pädagogik dieses Jahrhunderts wie der Versuch, aktuelle Fragen der Sozialpädagogik im Lichte seiner Ansätze weiter zu treiben.

Rauschenbach/ Gängler (Hrsg.)

Soziale Arbeit und Erziehung in der Risiko-gesellschaft

1992, 208 Seiten,
DM 29,– / öS 223,– /
sFR 27,80
ISBN 3-472-00498-3

Im Mittelpunkt dieses Buches steht die Bestandsaufnahme und Neuvermessung Sozialer Arbeit und Erziehung unter den gegenwärtig sich wandelnden gesellschaftlichen Bedingungen. Dieses Leitmotiv wird in den Beiträgen jeweils thematisch eigenständig verdeutlicht.

Adelheid Stein

Sozial-therapeu-tisches Rollenspiel

2. Auflage 1993,
208 Seiten,
DM 29,80 / öS 229,– /
sFR 28,–
ISBN 3-472-01221-8

Erfahrungen von Sozialarbeitern und Sozialpädagogen in Arbeitsfeldern der Sozialtherapie waren Anlaß, das an die klassischen Formen der Sozialarbeit anschließende therapeutische Rollenspiel zu entwickeln.

Es ist ein sozialpädagogisches Arbeitsmittel, das auf der Ausbildung zum Sozialarbeiter/Sozialpädagogen aufbaut. Das heißt: Während des Studiums an Fachhochschulen kann es informativ gelehrt werden, im Rahmen der Arbeitsformen vorgestellt und zum Zwecke der Selbsterfahrung angeboten werden. Die Fähigkeit, dieses therapeutische Verfahren selbst anzuwenden, wird jedoch erst mit der Ausbildung zum Spielleiter – also in der Weiterbildung – erworben. Diese Form »sozialer Arbeit« ist besonders geeignet bei Klienten oder Patientengruppen von Alkohol-/Drogen- und Medikamentenabhängigen, psychisch Kranken und Straffälligen.

Zu beziehen über Ihre Buchhandlung oder direkt beim Verlag.

Luchterhand Verlag
Postfach 2352
56513 Neuwied

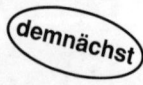